Dietmar Schirmer

Mythos – Heilshoffnung – Modernität

Studien zur Sozialwissenschaft

Band 114

Dietmar Schirmer

Mythos – Heilshoffnung – Modernität

Politisch-kulturelle Deutungscodes in der Weimarer Republik

Westdeutscher Verlag

Der Westdeutsche Verlag ist ein Unternehmen der Verlagsgruppe Bertelsmann International.

Umschlaggestaltung: Christine Nüsser, Wiesbaden
Druck und buchbinderische Verarbeitung: Weihert-Druck, Darmstadt
Gedruckt auf säurefreiem Papier
Printed in Germany

ISBN 3-531-12359-9

Inhalt

Verzeichnis der verwendeten Abkürzungen

ADGB	Allgemeiner Deutscher Gewerkschaftsbund
BAS	Bergische Arbeiterstimme
BAYK	Bayerischer Kurier
BLA	Berliner Lokalanzeiger
BT	Berliner Tageblatt
BVC	Bayerische Volkspartei-Correspondenz
BVP	Bayerische Volkspartei
DAZ	Deutsche Allgemeine Zeitung
DDP	Deutsche Demokratische Partei
DGA	Generalanzeiger für Dortmund und das gesamte rheinisch-westfälische Industriegebiet
DNVP	Deutschnationale Volkspartei
DOB	Deutscher Offiziersbund
DTZ	Deutsche Tageszeitung
DVP	Deutsche Volkspartei
FZ	Frankfurter Zeitung
GER	Germania
HILFE	Die Hilfe
HF	Hamburger Fremdenblatt
KPD	Kommunistische Partei Deutschlands
KZfS	Kölner Zeitschrift für Soziologie und Sozialpsychologie
KVZ	Kölnische Volkszeitung
LVZ	Leipziger Volkszeitung
MNN	Münchener Neueste Nachrichten
MSP(D)	Mehrheitssozialdemokratische Partei (Deutschlands)
NSDAP	Nationalsozialistische Deutsche Arbeiterpartei
PVS	Politische Vierteljahresschrift
RF	Die Rote Fahne
RFR	Die Rote Front
RWZ	Rheinisch-Westfälische Zeitung
SH	Der Stahlhelm - Bund der Frontsoldaten
SPD	Sozialdemokratische Partei Deutschlands
SSQ	Social Science Quarterly
STA	Die Standarte
STÜ	Der Stürmer
TAG	Der Tag
USPD	Unabhängige Sozialdemokratische Partei Deutschlands
VOSS	Vossische Zeitung
VW	Der Vorwärts
WaA	Welt am Abend
WB	Westdeutscher Beobachter

Einleitung

Wie kaum ein Abschnitt der deutschen Geschichte ist die kurze Ära der Weimarer Republik bis heute auf irritierende Weise präsent. Ganz ist die Frage, ob Bonn nicht doch Weimar sei, nie verstummt; und unter dem Eindruck der deutschen Einigung stellt sie sich manchen mit neuer Dringlichkeit. Die zweite Nachkriegsgeschichte ist, unter vielen Aspekten, auch eine Geschichte der Bemühungen, erahnte oder gewußte Analogien zur ersten zu verhindern. Der Marshall-Plan, der als Anti-Versailles den Deutschen (West) die Rückkehr in den Kreis der wohlhabenden Völker ermöglichen sollte, die Fünf-Prozent-Klausel gegen Zersplitterung, der Radikalenerlaß, die Kraft von Begriffen wie "wehrhafte Demokratie" und "Konsens der Demokraten" sind echte und falsche Reflexe auf das Weimarer Syndrom. Daß bundesrepublikanische Politik stets, wenn Anzeichen von Instabilität oder Diffusion sich bemerkbar machen, ausgesprochen oder unausgesprochen auf die weimarische projiziert wird, ist nicht der unbedeutendste Bestandteil aktueller politischer Kultur.

Umso erstaunlicher ist es, daß gerade die politische Kultur eben jener Weimarer Republik, die wie kaum eine andere Zeit Gegenstand einer gewaltigen Menge wissenschaftlicher wie nichtwissenschaftlicher Literatur ist, so gut wie unerforscht geblieben ist. Noch 1982 zieht Hagen Schulze das nüchternde Resümee:

"Und in den Bereichen des politischen Denkens, der politischen Kultur, sind wir kaum über das Anfangsstadium der Medienauswertung und der traditionellen Ideengeschichte hinausgekommen."[1]

Zwar hat sich zwischenzeitlich einiges getan.[2] Aber von einem konsolidierten und gesicherten Wissensbestand über die politische Kultur der ersten deutschen Demokratie kann dennoch nicht die Rede sein. Die Unternehmungen haben -

---

[1] Hagen Schulze, 1982: *Weimar. Deutschland 1917-1933* (Die Deutschen und ihre Nation, Band 4, Berlin, 2. Aufl. 1983, S. 416. Vgl. detailliert dazu den in zwei Teilen erschienenen Literaturbericht: Klaus Megerle/Peter Steinbach, 1981: *Politische Kultur in der Krise (I)*, in: PVS-Literatur 2/81, S. 123-157, sowie dies., 1982: *Politische Kultur in der Krise (II)*, in: PVS-Literatur 1/'82, S. 6-26.

[2] Genannt seien stellvertretend etwa die auf lokaler und regionaler Ebene angesiedelten Studien Eike Hennigs zur politischen Kultur am Ende der Weimarer Republik und in der Zeit des Faschismus. Siehe z.B. Eike Hennig, 1987: *Politischer Wandel und parochial-partizipative Politische Kultur-Formen - Bemerkungen zum mikro-makropolitischen Kontinuum des Landkreises Kassel in der Endphase der Weimarer Republik*, in: Dirk Berg-Schlosser/Jakob Schissler (Hg.), 1987: Politische Kultur in Deutschland. Bilanz und Perspektiven der Forschung (PVS-Sonderheft 18), Opladen, S. 96-111.

hier noch mehr, als dies für die Belange der politischen Kulturforschung überhaupt gilt - tastenden Charakter.

1985 begann am Fachbereich Politische Wissenschaft der Freien Universität Berlin die Arbeit an einem Forschungsprojekt zur "Politischen Kultur in der Weimarer Republik",[3] in dessen Rahmen die vorliegende Studie entstanden ist. Ausgehend von der These, daß aufgrund verschiedener historischer Vorbelastungen und krisenhafter Entwicklungen in der Weimarer Republik keine einheitliche noch eine dominierende politische Kultur sich ausbilden konnte, sie vielmehr nur unter dem Aspekt ihrer Segmentierung zu begreifen sei, wurden zunächst auf heuristische Weise unterschiedliche politisch-kulturelle Milieus isoliert und die Tragfähigkeit des Konzepts in einer Pilotstudie anhand von Pressematerialien zu drei politischen Gedenktagen einer ersten Prüfung unterzogen.[4] Zu diesem Zwecke wurden einerseits Einzelanalysen der zuvor heuristisch abgegrenzten Teilkulturen angefertigt und andererseits auf wahlanalytischer Grundlage die quantitative Stärke der politisch-kulturellen Milieus abgeschätzt. Schließlich sollte, um die qualitativen Einzelanalysen systematisch integrieren und die Relationen zwischen den Teilkulturen herausarbeiten zu können, eine inhaltsanalytische Studie durchgeführt werden.

Das letztgenannte Vorhaben entwickelte seine eigene Dynamik, die es den Rahmen einer reinen Pilotstudie nachhaltig durchbrechen ließ. Resultat dessen ist die vorliegende Untersuchung zur politischen Deutungskultur der Weimarer Republik.

Um dem Leser vorweg einen Überblick zu geben über das, was ihn erwartet, und um die Logik des gesamten Vorgehens transparent zu machen, sollen die großen Schritte der Arbeit, die den vier Kapiteln entsprechen, knapp skizziert werden: Erstens geht es, ganz unabhängig von den Verhältnissen in der Weimarer Republik, um eine theoretisch stringente Konzeptualisierung des nach wie vor strittigen, häufig in nominalistischer Beliebigkeit oder psychologistischer Verengung gebrauchten Begriffs politischer Kultur (1). Zweitens hat das erst noch zu entwerfende Konzept sich in der Anwendung auf einen konkreten Gegenstand, hier: Aspekte der politischen Kultur in der Weimarer Republik, zu bewähren. Es soll der Nachweis geführt werden, daß es sich zu einem konkreten Forschungsdesign operationalisieren läßt (2). Drittens ist das Interesse methodischer Art. Dazu, andere Wege zu gehen als jenen immer noch beliebtesten, der über die Auswertung von Umfragedaten zu politischer Kultur m.E. eher führen soll als tatsächlich führt, nötigt schon die simple Tatsache, daß für die Weimarer

---

[3] Vgl. dazu: Detlef Lehnert/Klaus Megerle (Bearb.), 1985: *Forschungsprojekt "Politische Kultur in der Weimarer Republik. Identitäts- und Konsensprobleme in einer fragmentierten Gesellschaft* (Fachbereich Politische Wissenschaft der FU Berlin, Occasional Papers No. 13), Berlin.

[4] Die Ergebnisse dieser Pilotstudie versammelt der Band: Detlef Lehnert/Klaus Megerle (Hg.), 1989: *Politische Identität und nationale Gedenktage. Zur politischen Kultur der Weimarer Republik*, Opladen.

Republik kein entsprechendes demoskopisches Material existiert. Dennoch hat die Inhaltsanalyse, die hier zur Anwendung kommt, nicht den Status einer Behelfslösung, sondern wird durchaus in der Überzeugung durchgeführt, daß ihr im methodischen Instrumentarium der politischen Kulturforschung prinzipiell ein neben anderen gleichrangiger Platz gebührt (3). Viertens schließlich erhebt die Arbeit selbstredend den Anspruch, zu triftigen, systematischen und empirisch belegten Aussagen über ihren materialen Gegenstand, die politische Kultur Weimars, zu gelangen (4).

1. Der hier vertretene theoretische Entwurf politischer Kulturforschung will, im guten Sinne des Wortes, eklektizistisch sein: Ausgehend vom klassischen Konzept, wie die Väter des Forschungsfeldes, Almond und Verba, es formulierten, sollen dessen Stärken und Schwächen, Versprechungen und Versagungen herausgearbeitet werden. Um den faszinierendsten Aspekt politischer Kulturforschung - in dem gleichzeitig ihre eigentlich *kulturelle* Substanz steckt -, nämlich die Vermittlung zwischen Makro- und Mikropol, zwischen objektiven gesellschaftlichen und politischen Strukturen und den subjektiven politischen Orientierungen, Einstellungen, Werthaltungen und Verhaltensweisen, vor den Fängen behavioristischer Reduktionismen zu bewahren, scheint es vordringlich notwendig, sich von den politischen *Einstellungen*, die traditionell das Gravitationszentrum der Bemühungen politischer Kulturforschung bilden, zu verabschieden. Stattdessen wird, darin Elkins, Simeon und Rohe folgend, dafür votiert, politische *Vorstellungen*, gedacht als Elemente eines regelmäßig organisierten politisch-kulturellen *Codes*, für die maßgeblichen Analyseeinheiten politischer Kulturforschung zu erklären. Durch diese Operation kann zwar, wenigstens begrifflich, die Hegemonie der Einstellungsforschung gebrochen werden - ein stringentes Konzept ist damit freilich noch nicht gewonnen. Zwar wurde der Perspektivwechsel vom überdeterminierten *Einstellungs*begriff zu den *Vorstellungen* in präziser Kenntnis der Beschränkungen, die dem traditionellen Konzept auferlegt sind, des öfteren empfohlen, auch wurde die Richtung, in die die weitere Konzeptualisierungsarbeit zu weisen hätte, skizziert. Genauere Ausarbeitungen aber fehlen bislang. Weil dem so ist, wird dann der Versuch unternommen, sich andernorts, bei außerhalb des Kreises der Politische-Kultur-Forscher gelegenen Adressen, kundig zu machen. Der Kern des Problems ist rasch skizziert: Es geht darum, in Erfahrung zu bringen, auf welche Weise politische Vorstellungen die Vermittlung von politischer Struktur und politischer Praxis organisieren. Es ist also, insofern gesellschaftliche Strukturen einerseits allemal Objektivationen menschlicher Tätigkeit sind und andererseits als objektive die Freiheit menschlichen Tuns auf bestimmte Handlungsspielräume begrenzen, ein dialektisches Problem. Um dem Rechnung zu tragen, wird Politische Kultur - in Anlehnung an das *Habitus*-Konzept Pierre Bourdieus - einerseits als Ressource (an politischen Vorstellungen, Symbolen) der Stiftung subjektiven Sinns, der *Deutung* von Politik konzipiert und gleichzeitig als eine Art kulturelle *Institution*, die die Modi (und damit die Resultate) politischen Deutens objektiv koordiniert.

2. Systematischer Ausgangspunkt der Arbeit ist die These, daß die politische Kultur in der Weimarer Republik und ihre politisch-kulturelle Krise unter Aspekten der Segmentierung in unterschiedliche Teilkulturen zu beschreiben sei. Übertragen auf das oben angedeutete Konzept, heißt das: Es existieren mehrere politische-kulturelle Segmente, die, weil ausgestattet mit je unterschiedlichen und unvereinbaren *Deutungscodes*, nur sehr eingeschränkt kommunikations- und konfliktfähig sind. Die Qualität der Operationalisierung des Konzepts hängt nun davon ab, ob es gelingt, Analysematerialien so auszuwählen, daß die maßgeblichen politisch-kulturellen Segmente darin vertreten sind. Weil die Bestimmung dieser Segmente aber erst das Ziel der Analyse ist, muß zu einer Hilfskonstruktion Zuflucht genommen werden: Wenn politische Kultur, so die Überlegung, politische Praxis koordiniert, so scheint es sinnvoll, die elementarste Form politischer Praxis, die Wahlentscheidung, zum Strukturprinzip zu machen. Ausgehend von Konzepten, die dazu entworfen wurden, auf der Grundlage sozialstruktureller und kultureller Merkmale das Wahlverhalten zu erklären, wird eine Gliederung der politischen Landschaft Weimars eingeführt, die zwar nicht den Anspruch erheben kann, bereits die politisch-kulturelle Segmentierung hinreichend zu beschreiben, aber als eine Art vorläufige Taxonomie sämtliche wesentlichen politisch-kulturellen Differenzierungen in sich zu bergen und damit eine Materialauswahl anleiten zu können, in der die politisch-kulturellen Segmente der Weimarer Gesellschaft ihren Platz haben.

Ein zweites Operationalisierungsproblem besteht darin, daß das Konzept Politische Kultur zwar mit den politischen Vorstellungen die entscheidende Analysedimension benennt, aber keine Auskunft darüber gibt, *welche* politischen Vorstellungen zu untersuchen seien. Hier kann wiederum nur der Forschungsgegenstand selber die entscheidenden Hinweise geben: Wenn politische Kulturforschung praktische Erklärungskraft haben soll, muß sie sich für jene Politikbereiche interessieren, um die sich maßgeblich die politischen Diskussionen in einer Gesellschaft (oder einer subgesellschaftlich bestimmten Einheit) unter bestimmten historischen Bedingungen dreht. Es muß also nach den Bruchstellen des politischen Deutens gefragt werden, um daraus die *Analyseebenen* herzuleiten. Das können bspw. Konflikte zwischen Ökonomie und Ökologie oder zwischen Rüstung und Abrüstung sein. Dabei wird es nicht möglich sein, das Gesamt der politischen Diskussion, die sich ja stets auf unendlich differenzierbaren Ebenen bewegt, zu erfassen. Vielmehr geht es darum, die großen Themen und Probleme, an denen die Geister sich scheiden, benennen und in die Analyse aufnehmen zu können.

In dieser Studie über die politische Kultur der Weimarer Republik werden es drei Ebenen sein, auf denen den politischen Vorstellungen als den Bausteinen politisch-kultureller *codes* nachgegangen wird: Erstens wird der politische Diskurs in der Weimarer Republik nachhaltig durch den Streit über die *Staatsform* geprägt. Zweitens gibt es einen tiefgreifenden Dissens über die Frage der legitimen Mittel der politischen Auseinandersetzung, eine Frage, die auf unterschiedliche Weisen der Unterscheidung zwischen politischen *Freunden* und *Gegnern* bzw. *Feinden* zurückweist. Und drittens soll - in einer Phase, die von politischer und gesellschaftlicher Modernisierung und von heftigen Affekten gegen die Moderne gleichermaßen gekennzeichnet ist - jener tiefgreifenden Verunsicherung über die Bestimmung des eigenen geschichtlichen Ortes nachgegangen werden, die ihren Ausdruck in unterschiedlichen Deutungen der Struktur der geschichtlichen Zeit und ihrer Bewegungskräfte findet.

Als Materialgrundlage dient eine Auswahl von insgesamt 30 Zeitungen und Zeitschriften, die das politische Spektrum der Weimarer Republik repräsentieren und jene vorläufige Taxonomie ihrer politischen Landschaft, die zuvor auf der Basis von Konzepten zur Erklärung des Wahlverhaltens erstellt wurde, ausfüllen. Um die Vergleichbarkeit des Materials zu gewährleisten, werden nicht einzelne Ausgaben oder Artikel nach einem Stichprobenverfahren gezogen, sondern sämtliche Beiträge zu einem politischer Teildiskurs, an dem die politisch-kulturelle Krise Weimars sich exemplarisch verdeutlicht, nämlich dem Diskurs um einen Nationalfeiertag, ausgewählt.[5] Die in diesem Fundus enthaltenen Leitartikel und Kommentare, hie und da ergänzt durch andere journalistische Textsorten, konstituieren das Textsample, auf dem die vorliegende Studie beruht.

3. Die Untersuchung dieses Textsamples erfolgt mit Hilfe einer quantitativen Inhaltsanalyse, deren Kategorien die politischen Vorstellungen hinsichtlich der zuvor festgelegten Analyseebenen erfassen. Das Resultat dieser Analyse ist ein Datensatz, der zunächst für jeden einzelnen Text des Textsamples beschreibt, ob und, wenn ja, wie häufig eine bestimmte politische Vorstellung darin aufgefunden wurde. In der Aggregation können dann für alle in der Untersuchung befindlichen Zeitungen Vorstellungsprofile gebildet werden, die zeigen, aus welchen Elementen ihr politisches Weltbild zusammengesetzt ist.

Damit sind zwar bereits allerlei Einsichten gewonnen, noch nicht aber die zentrale Fragestellung nach der Segmentierungsstruktur der politischen Kultur Weimars beantwortet. Die Beantwortung dieser Frage kann man sich bildlich dergestalt vorstellen, daß eine Art politisch-kultureller *Raum* konstruiert wird, in dem verschiedene politische Vorstellungen und Muster von politischen Vorstellungen in größerer oder kleinerer Entfernung voneinander verteilt sind. Im günstigsten Fall mag es sich zeigen, daß in einzelnen Ecken oder Teilräumen dieses Raumes je ganze Gruppen politischer Vorstellungen zusammenklumpen, die sich dann als Elemente kontingenter Modelle der Politikdeutung interpretieren ließen. Gelingt es außerdem, neben den untersuchten politischen Vorstellungen auch die Zeitungen, denen das Material entnommen wurde, als die Träger und Distributeure der politischen Vorstellungen in diesem Raum zu plazie-

---

[5] Die Materialrecherche erfolgte im Rahmen und aus Mitteln des bereits angesprochenen Projekts "Politische Kultur in der Weimarer Republik. Identitäs- und Konsensprobleme in einer fragmentierten Gesellschaft" am Fachbereich Politische Wissenschaft der Freien Universität Berlin.

ren, so könnte auf dieser Grundlage die Struktur der politischen Kultur Weimars, soweit sie durch die Untersuchung erfaßt wird, beschrieben werden. Zur Konstruktion dieses Raumes werden die inhaltsanalytisch erhobenen Daten mit Hilfe einer *Korrespondenzanalyse*, einem multidimensionalen Verfahren zur Exploration kategorialer Daten, ausgewertet.

4. Ein solcher analytisch konstruierter Raum kann freilich nur den Ausgangspunkt für die Beantwortung der Fragestellung bilden. Immerhin könnte es ja sein, daß die Verteilung der Variablen (das sind: Zeitungen und politische Vorstellungen) bloß statistische, unter politisch-kulturellen Gesichtspunkten aber belanglose Kontingenzen wiedergibt. Was im vierten Schritt erfolgen soll, ist die qualitative Interpretation des mathematischen Konstrukts. Als erfolgreich kann die erst gelten, wenn es gelungen ist, die statistischen Zusammenhänge als Resultate objektiver Regelmäßigkeiten, denen das politische Deuten in den verschiedenen Teilräumen folgt, auszuweisen. Mit anderen Worten: Es muß die Tatsache, daß zwischen Gruppen politischer Vorstellungen statistisch positive Zusammenhänge bestehen, dadurch erklärt werden können, daß diesen Vorstellungen eine gemeinsame Logik politischer Sinnstiftung zugrunde liegt. Die Ergebnisse dieser interpretatorischen Arbeit werden, durch ausgiebige Zitate aus dem Untersuchungsmaterial veranschaulicht, im letzten und umfänglichsten Kapitel vorgestellt.

Der Autor dieser Studie möchte all jenen danken, die ihm, auf welche Weise auch immer, ihre Unterstützung und Solidarität haben zukommen lassen. Danken möchte ich Prof. Dr. Ralf Rytlewski, der die Arbeit betreut, PD Dr. Detlef Lehnert, der mich zur Bearbeitung dieses Themas angeregt hat, sowie allen Mitarbeitern und Mitarbeiterinnen des Projekts "Politische Kultur in der Weimarer Republik". Ohne die Einbindung in seinen Forschungszusammenhang hätte diese Studie nicht realisiert werden können. Gedankt sei auch den wissenschaftlichen und studentischen Hilfskräften, die die Materialien recherchierten oder auf anderem Wege zur Realisierung des Projekts beigetragen haben, insbesondere aber Kordula Doerfler, die im Zuge der Inhaltsanalyse an der Kodierung des Materials beteiligt war. Jörg Blasius und Harald Rohlinger (beide Universität zu Köln) bin ich zu Dank dafür verpflichtet, daß sie mir das von ihnen entwickelte Programm zur Korrespondenzanalyse überlassen haben.

Widmen möchte ich diese Arbeit dem Andenken an meinen Freund und Kollegen Dr. Manfred Opp de Hipt, der kurz vor der Fertigstellung einer Erstfassung dieses Textes verstorben ist.

1. Zur Konzeption politischer Kulturforschung

1.1 Vorbereitung

1.1.1 Netzwerk oder Nachspeise - Zur Metaphorologie eines umstrittenen Begriffs

Politische Kultur ist eher eine intellektuell anregende Provokation als ein verbindlich bestimmter Begriff. Nach wie vor müssen sich Beiträge zur Erforschung dessen, was unter dieser Chiffre gehandelt wird, darüber erklären, was denn ihr Gegenstand und wie er theoretisch zu bestimmen und operational zu fassen sei. Bisher wenigstens ist der "Versuch, (den; D.S.) Pudding an die Wand zu nageln", wie eine von einem Studenten vor Jahren geprägte und von Max Kaase erfolgreich ventilierte Metapher die vielfältigen Bemühungen um die Übersetzung des offenen Konzepts Politische Kultur in eine verbindliche Forschungsanweisung beschreibt,[1] gescheitert.

Noch die jüngste und umfassendste Bilanzierung wenigstens der bundesdeutschen fachwissenschaftlichen Diskussion um den zusehends popularisierten Begriff[2] bestätigt die Richtigkeit der zwei Jahre älteren Einschätzung Wolf Michael Iwands:

"Bisher haben alle vorliegenden Operationalisierungen lediglich experimentellen Charakter: Taxonomien für ein Forschungsvorhaben, das sich erst durch die Überprüfung der eingeführten Dimensionen, Variablen und deren Indikatoren bewähren muß."[3]

Die politikwissenschaftliche Zunft beginnt sich indessen mit dem Gedanken anzufreunden, unter ihrem Gegenstand eher ein - theoretisch wie methodisch - weites und offenes Forschungsfeld sich vorzustellen denn eine stringent und verbindlich formulierte Konzeption, die ihren Anwendern einen differenzierten

---

1 Vgl. Max Kaase, 1983: *Sinn oder Unsinn des Konzepts "Politische Kultur" für die vergleichende Politikforschung, oder auch: Der Versuch, einen Pudding an die Wand zu nageln*, in: Max Kaase/H.-D. Klingemann (Hg.) 1983: Wahlen und politisches System. Analysen zur Bundestagswahl 1980, Opladen, S. 144-171.

2 Dirk Berg-Schlosser/Jakob Schissler (Hg.), 1987: *Politische Kultur in Deutschland. Bilanz und Perspektiven der Forschung* (PVS-Sonderheft 18), Opladen.

3 Wolf Michael Iwand, 1985: *Paradigma Politische Kultur. Konzepte, Methoden, Ergebnisse der Political-Culture-Forschung in der Bundesrepublik*, Opladen, S. 516.

Kanon von Selbstverständlichkeiten, Verläßlichkeiten und Verfahrensregeln vorzugeben vermöchte. So skizzieren Berg-Schlosser und Schissler die Perspektiven politischer Kulturforschung folgendermaßen:

"(Es werden; D.S.) auch weiterhin neue Teilbereichstheorien, neue wissenschaftsphilosophische und -theoretische Konzepte entwickelt werden, die für den Ansatz der politischen Kulturforschung von Bedeutung sind und die Forschung in diesem Bereich anregen. Einerseits werden dadurch die Forschungsansätze noch heterogener werden, die Zahl der jeweiligen Begründungen für einzelne Forschung mit Hilfe des Ansatzes wird zunehmen. Damit steigt die Summe der Aussagen, die allesamt nach einem gemeinsamen Nenner suchen, immens an, ohne daß dieser Nenner wohlfeil zu erwerben wäre. Andererseits wird aber diese Forschung, die nicht von einem autoritativen Ansatz ausgeht und nur in bestimmten Bereichen der Forschung in kumulativer Absicht durchgeführt wird, nach zusammenfassenden synoptischen Interpretationen verlangen. Diese heterogenen Forschungsergebnisse werden aber dichtere Interpretationen über die politische Kultur in Deutschland erlauben."[4]

Sie greifen dabei zu einer Metapher, die Kaases spöttisch-pessimistischem Bild vom Pudding eine optimistische Deutung der Tatsache des "vorparadigmatischen" oder "taxonomischen" Status des Konzepts entgegensetzt:

"(Man könnte; D.S.) diesen Tatbestand mit einem Netz vergleichen, das immer größer und dichter geflochten wird, wobei jedoch die Zahl der Löcher zunimmt. Die regulative Idee dahinter, die allerdings niemals vollständig eingelöst werden kann, geht davon aus, daß aus dem Netz eines Tages ein dicht geknüpftes Gewebe wird."[5]

Die Hartnäckigkeit, mit der das Konzept Politische Kultur sich seit seiner Begründung vor gut 30 Jahren heterogen entwickelt, ist zwar auch, aber keineswegs in erster Linie Folge laxen und unreflektierten Begriffsgebrauchs, wie zahlreiche kritische Einwände behaupten[6], vielmehr allerdings ein Tribut an ein gesteigertes Problembewußtsein. Der entwaffnend unbefangene Nominalismus der al-

---

[4] Dirk Berg-Schlosser/Jakob Schissler, 1987a: *Perspektiven Politischer Kulturforschung*, in: dies., 1987: a.a.O., S. 429-435.

[5] Ebd.; in diesem Sinne hat schon 1972 Lucian W. Pye für eine gemeinsame Konzentration der Anstrengungen auf zu verabredende Schlüsselthemen geworben, um durch die Gruppierung unterschiedlicher Arbeiten zu gleichen Themen die Möglichkeit der Validierung durch Plausibilität zu eröffnen: "If studies in political culture were to converge more with respect to key themes then it would be easier to extent to which particular studies have successfully added to our capacity to understand particular systems." (Lucian W. Pye, 1972: *Culture and Political Science*, in: SSQ 53/2, S. 285-296, hier: S. 295).

[6] Vgl. bspw. die Überschriften einiger Beiträge zum PVS-Forum Politische Kultur in den Jahren 1980/81: "Politische Kultur - Ist der Begriff zu retten?" (K.L. Shell, PVS 2/22, Juli 1981) - "Zum Schlagwort deformiert" (O.W. Gabriel, PVS 2/22, Juli 1981).

lerersten Definition Politischer Kultur durch Gabriel A. Almond - "Every political system is embedded in a particular pattern of orientations to political action. I have found it useful to refer to this as the political culture."[7] - ist nach Investition erheblicher intellektueller Energien und nach dem Abklingen der behavioristischen Euphorie, in deren Kontext die Definition entstand, nicht mehr möglich. Ich will im folgenden aus den Entstehungsbedingungen des v.a. von Almond, Verba und Pye initialisierten Konzepts Politischer Kultur heraus den Stand der durch deren Vorgaben bestimmten Diskussion entwickeln, um so das Terrain für die operationale Konzeption politischer Kulturforschung in historischer Perspektive, wie sie dieser Arbeit zugrunde liegt, vorzubereiten.

1.1.2 Über die Folgerichtigkeit der Diversifizierung des Konzepts Politische Kultur

Für die Auffächerung des ursprünglich einigermaßen straff formulierten Konzepts Politische Kultur zu einem ganzen Syndrom theoretischer Ansätze, in dessen Zentrum der Begriff als Katalysator wissenschaftlich disziplinierter Assoziationen fungiert, gibt es gute Gründe, die in den wissenschaftsgeschichtlichen, historischen und wissenschaftssoziologischen Entstehungsbedingungen des Konzepts zu suchen sind.
Wissenschaftsgeschichtlich wurden erst durch

- die behavioralistische Revolution, die die traditionelle politikwissenschaftliche Beschränkung auf die Analyse politischer Institutionen durchbrechen half und das ganze Feld der Erforschung politischen Verhaltens öffnete;
- die Integration von Konzepten wie *personality*, *culture* oder *character* aus anderen sozialwissenschaftlichen Disziplinen, v.a. der damals innovativen Anthropologie und der Psychologie; sowie
- die systematische Entwicklung von Modellen und Methoden der Datenerhebung und Analyse, angeregt und ermöglicht durch neue Techniken der Verarbeitung von Massendaten und euphorisch adaptiert als Chance der "Verwissenschaftlichung" unter dem Primat der Quantifizierung;

die Voraussetzungen geschaffen, um unter dem Titel "Politische Kultur" die "subjektive Dimension" der Politik als politikwissenschaftliches Forschungsfeld zu avisieren. Dadurch aber bekam das Konzept, das seine Faszinationskraft nicht zuletzt der strategisch bedeutsamen Perspektive verdankt, die Lücke zwischen Mikro- und Makroanalyse überbrücken zu helfen[8], von Anfang an einen

---

[7] Gabriel A. Almond, 1956: *Comparative Political Systems*, in: The Journal of Politics 18, S. 391-409.

[8] "We would like to suggest that this relationship between the attitudes and motivations of the discrete individuals who make up political systems and the charakter and performance of political

psychological bias. Der kommt bereits darin zum Ausdruck, daß Almond und Verba ihre klassische, die bis heute einflußreichste und meistzitierte Definition Politischer Kultur folgendermaßen vorbereiten:
"We appreciate the fact that anthropologists use the term culture in a variety of ways, and that by bringing it in the conceptual vocabulary of political science we are in danger of importing its ambiguities as well as its advantages. Here we can only stress that we employ the concept of culture only in one of its many meanings: *that of psychological orientations toward social objects*."[9], um dann mit dem berühmt gewordenen Satz: "The political culture of a nation is the particular distribution of patterns of orientation toward political objects among the members of the nation."[10] fortzufahren. Damit werden über den psychologischen *bias* als Folge des umstandslosen Ansatzes beim Individuum hinaus vor allem durch die Formulierung "...the particular distribution of ... among the members..." zwei weitere Entscheidungen vorweggenommen, nämlich erstens allgemein die zugunsten quantifizierbarer Daten als Grundlage der Arbeit und zweitens für die Einstellungsforschung als konkreter Methode. In dieser Hinsicht erweist sich die *Civic Culture*-Studie als außerordentlich folgenreich. Obwohl ihre Nachfolgestudie, die zweite große Untersuchung der politischen Kulturforschung, die unter der Ägide der Gründerväter entstand,[11] methodisch ganz anders angelegt war - es werden zehn wenig homogenisierte *area studies* zu Politischer Kultur und politischer Entwicklung in zehn Ländern vorgestellt - , blieb die in *The Civic Culture* präferierte Einstellungsforschung bis heute die Methode der Wahl im *mainstream* der politischen Kulturforschung. Daß dies so ist, scheint mir weniger ein wissenschaftstheoretisches als ein wissenschaftssoziologisches Problem zu sein.

Seither bilden Bemühungen, diese frühen Einengungen des Konzepts aufzubrechen, einen wesentlichen Teil des Potentials seiner heterogenen Entwicklung. Denn in dem Moment, in dem man politische Kultur konsequent als eine Kollektiveigenschaft begreift, folglich durch die den individualpsychologischen Ansatz operationalisierende Einstellungsforschung nicht schon Politische Kultur selber, sondern lediglich einen möglichen Indikator erhoben sieht, kann Politischer Kultur prinzipiell im gesamten politischen Raum, in allen seinen Bereichen, auf allen Ebenen und mit allen zu Gebote stehenden Mitteln nachgeforscht werden.

---

systems may be discovered systematically through the concepts of political culture that we have stretched out above. In other words the connecting link between micro- and macropolitics is political culture." (Vgl. Gabriel A. Almond/Sidney Verba, 1963: *The Civic Culture. Political Attitudes and Democracy In Five Nations*, Princeton, S. 32 ff., hier: S. 33.

9 Almond/Verba, 1963: a.a.O., S. 14 (Hervorhebung D.S.).

10 Ebd., S. 14.

11 Lucian W. Pye/Sidney Verba (Hg.) 1965: *Political Culture and Political Development*, Princeton.

Daß genau dieses geübt wird, läßt sich wiederum anhand des einschlägigen PVS-Sonderhefts illustrieren.[12] Die dort versammelten Beiträge untersuchen bspw. die ästhetische Dimension nationalsozialistischer Politik (Reichel), Habitusformen und politische Rituale (Loiperdinger, Rytlewski/Sauer/Treziak), die vertikale Vermittlung Politischer Kultur durch Eliten (Hoffmann-Lange), Parteiprogramme (Opp de Hipt) oder Aspekte politischer Sozialisation (z.B. Claußen, Behrmann). Ähnlich vielfältig stellt sich das für solche Unternehmungen aufgebotene methodische Arsenal dar: Neben die Einstellungsforschung (z.B. Schumann) als dem Klassiker unter den Methoden politischer Kulturforschung treten Symbolanalysen (Rytlewski/Sauer/Treziak), Wahl- (z.B. Schacht) oder Inhaltsanalysen (Opp de Hipt).

Zwar haben angesichts dieser Vielfalt von Ansätzen und des "Methodenpluralismus", mit dem man der zahlreichen Indikatoren Politischer Kultur habhaft zu werden versucht, alle Mahnungen, das Konzept nicht zur "Residualkategorie" oder zum "*catch-all-term*" verkommen zu lassen, ihr gutes Recht. Insbesondere machen die zahlreichen Verästelungen und Verzweigungen der politischen Kulturforschung ein Problem augenfällig, das freilich - weniger offensichtlich - von Anfang an bestand: das der relativen Beliebigkeit jener Inhaltskataloge, mit denen das Konzept material ausgefüllt wird.[13] Welche *basic beliefs*, *attitudes* oder *orientations* es nun präzise sein sollen, die die Substanz Politischer Kultur ausmachen, ist in aller Regel nicht systematisch hergeleitet - oft schon aus dem ganz einfachen Grund, daß politische Kulturforschung häufig als Sekundäranalyse von zu ganz anderen Zwecken erhobenen Daten durchgeführt wird. Dennoch: es wäre ein durchaus falscher Drang zur Konkretion, sich angesichts all dieser Unklarheiten und Disparitäten in die Kindheitsjahre des Konzepts zurückzuflüchten, weil damit die innere Notwendigkeit dieser Auffächerung negiert würde. Fortschritte in der politischen Kulturforschung waren, wie mühsam auch immer, nach ihrem grandiosen Einstand mit *The Civic Culture* nur möglich durch Reflektion auf den überindividuellen und konzeptionellen Charakter ihres Gegenstandes, der sich in einer Verteilungsfunktion indi-

---

[12] Berg-Schlosser/Schissler, 1987: a.a.O.. In ähnlicher Weise ließe sich die systematische und methodische Öffnung des Konzepts z.B. anhand der umfassenden Sammlung und Beschreibung von Ansätzen der politischen Kulturforschung, wie sie Wolf Michael Iwand geleistet hat (vgl. ders., 1985: a.a.O., insb. Teil III, S. 307-454), oder im Rekurs auf das sehr viel ältere Symposium "*The Idea of Culture In the Social Sciences*" (in: SSQ 53/2) demonstrieren.

[13] Es existiert ein weitverbreitetes Unbehagen über diese inhaltliche Unklarheit. So hält bspw. Eike Hennig "...kritische Bemerkungen zur Beliebigkeit der Auswahl und des Vorgehens von Politische Kultur-Forschung (für) angebracht" (ders., 1987: *Politischer Wandel und parochial-partizipative Politische Kultur-Formen*, in: Berg-Schlosser/Schissler, a.a.O., S. 96-111, hier: S. 96). Und Jürgen Gebhardt hält für erklärungsbedürftig, "...warum auch heute noch, dreißig Jahre später, (...) der theoretische Status des Konzepts als nicht aureichend definiert und stets erneut auf die Beliebigkeit seines materialen Gehalts verwiesen wird" (ders., 1987: *Politische Kultur und Zivilreligion*, in: Berg-Schlosser/Schissler, a.a.O., S. 49-60, hier: S. 49f.).

vidueller Einstellungen eben nicht erschöpft. Der Preis, Verlust an Kohärenz, muß bezahlt werden.

Die theoretische - und in der Folge: methodologische - Weiterentwicklng des Ansatzes vollzieht sich in gewisser Weise als eine Reihe von Versuchen, der grundlegenden Aporie der Parsonschen Orthodoxie zu entrinnen: der restlosen Reduktion eines kollektiven Phänomens auf das Aggregat individueller Eigenschaften, weil nur diese den Sozialvermessungstechniken, die allein als Garanten wissenschaftlicher Objektivität man anerkennt, zugänglich sind.[14] Dieser wissenschaftstheoretisch motivierte Schritt zurück hinter die erkenntnistheoretisch gebotene Konzeption Politischer Kultur als eines überindividuellen Phänomens wurde zunächst deswegen als wenig störend empfunden, weil das durch den historischen Kontext evozierte Erkenntnisinteresse an den subjektiven Bedingungen stabiler demokratischer Herrschaft mit dieser Restriktion ganz gut leben konnte. Es waren insbesondere das Scheitern demokratisch verfaßter Systeme in Europa - wobei für die Transformation der Weimarer Republik in den NS-Staat mit dem gängigen Wort von der "Republik ohne Republikaner" bereits von Zeitgenossen eine im weiteren Sinne politisch-kulturelle Erklärung angeboten worden war - und die Probleme des *nation building* in der Dekolonisierungsphase, die dieses Interesse hervorbrachten:

"The faith of the Enlightenment in the inevitable triumph of human reason and liberty has been twice shaken in recent decades. The development of Fascism and Communism after World War I raised serious doubts about the inevitability of democracy in the West; and we still cannot be certain that the continental European nations will discover a stable form of democratic process suitable to their particular cultures and social institutions; nor can we more than hope that together they will discover a European democracy. Without having first resolved these doubts, the events since World War II have raised questions of the future of democracy on a world scale. The 'national explosions' in Asia and Africa and the almost universal pressure by previously subjected and isolated peoples for admission into the modern world put this more special political question into the broader context of the future character of the world's culture."[15]

---

14 Vgl. Pye, 1972: a.a.O. Pye erörtert dieses Problem unter der Zwischenüberschrift "Misplaced Precision: When the Parts Are More Than the Whole" (S. 291 f.) und illustriert es anhand einer Analogie zur Entwicklung der Wirtschaftswissenschaften: "...what might have happened if a behaviorally orientated revolution had hit economics before Keynes made his great breakthrough in depicting the basic model of national income flows (?). (...) One thing we could be confident of is that no matter how skillful or precise they (d.s. behavioralistische Wirtschaftsforscher) where in their measuring of attitudes, they never would have been able to total up the subjective worlds and arrive at the Keynesian model of macro-economic theory." (S. 292).

15 Almond/Verba, 1963: a.a.O., S. 3; vgl. auch die nahezu identische Textpassage in: Almond, 1980: *The Intellectual History of the Civic Culture Concept*, in: Almond/Verba (Hg.), 1980: The Civic

Am Anfang der politischen Kulturforschung stand also die durch praktisch-politische Problematiken induzierte Frage nach den subjektiven Bedingungen des Aufbaus respektive der Stabilität repräsentativer Demokratien. Weil bereits durch diese Fragestellung Politische Kultur klar als die unabhängige, Systemstabilität als die abhängige Variable definiert wurde, war der systematische Stellenwert des Konzepts und damit die Psychologisierung des gesellschaftlichen Tatbestandes 'Kultur' zunächst einigermaßen unproblematisch.

Als ein weiterer Effekt des historischen Entstehungskontextes wurde durch die pragmatische Entscheidung, die Orientierungsmuster und Einstellungssets der relativ stabilsten unter den bekannten Demokratien, der britischen und der us-amerikanischen, als Meßlatte an die politischen Kulturen anderer Nationen anzulegen, de facto der vorgefundene Realtyp der *civic culture* in den Rang eines Ideals - ausdrücklich nicht eines Idealtyps im Weberschen Sinne als eines "begriffliche[n] Hilfsmittel[s]", sondern als eines "Sein sollenden, 'Vorbildlichen'"[16] - gehoben und dem Konzept ein normativer *bias* zugunsten der angelsächsischen Demokratien gegeben. Allerdings gilt hier, was schon für die methodologische Fixierung auf die Einstellungsforschung bemerkt wurde: Es handelt sich dabei nicht um wissenschaftstheoretische begründete Festlegungen, sondern eher um forschungspraktische Entscheidungen und wissenschaftssoziologische Effekte. Denn alle bereits in *The Civic Culture* betonten diesbezüglichen Einschränkungen[17] und späteren Revisionen haben es schwer, gegen das Beharrungsvermögen der durch die *Civic Culture*-Studie selber einmal gesetzten Maßstäbe aufzukommen. Tatsächlich weisen die normativen Implikationen das

---

Culture Revisited, Boston, Toronto 1. Aufl., S. 1-36, hier: S. 6 ("We suggest that the failure of enlightenment and liberal expectations as they related to political development and political culture set the explanatory problem to which political culture research was a response, and the development of social theory (...) and social science methodology (...) provided the opportunity for solving this problem.").

16 Max Weber, 1920: *Die "Objektivität" sozialwissenschaftlicher und sozialpolitischer Erkenntnis*, in: ders., 1922: Gesammelte Aufsätze zur Wissenschaftslehre, Tübingen, 7. Aufl. 1988, S. 147-214, hier: S. 196 und S. 192.

17 "Our study will suggest that there exists in Britain and the United States a pattern of political attitudes and an underlying set of social attitudes that is supportive of a stable democratic process. In the other three nations studied - Germany, Italy and Mexico - this is less the case. But (...) our conclusions ought not to lead the reader to complacency about democracy in the first two nations. As long as full participation in the political system and access to the channels of social betterment are denied to significant segments of their populations, their democratic promise remains unfulfilled." (Almond/Verba: 1963: a.a.O., S. VII f.).
Es sei am Rande darauf hingewiesen, daß Peter Reichel - ohne sich explizit darauf zu beziehen - genau den im letzten Satz des Zitats ausgeführten Gedanken aufnimmt und weiterspinnt, wenn er unter veränderten historischen Bedingungen - die Stabilität der parlamentarischen Demokratie in der Bundesrepublik ist keine Frage von allzu großer Priorität mehr - eine "partizipationstheoretische Neubegründung des politischen Kulturkonzepts" vorschlägt (vgl. Peter Reichel, 1980: *Politische Kultur - mehr als ein Schlagwort?*, in: PVS 4/21, S. 382-399, hier: S. 393, sowie ders., 1981: *Politische Kultur der Bundesrepublik*, Opladen).

Konzept, wenn man nur die Erfahrungen mit dem deutschen Nationalsozialismus und dem italienischen Faschismus als Kontrastfolie dahinterhält, als ein eminent und im besten Sinne kritisches aus,[18] wohingegen es erst durch seine - dann tatsächlich unhistorische - Perpetuierung über die Jahrzehnte und die Veränderungen politischer Voraussetzungen hinweg den ihm oft vorgeworfenen affirmativen Zug erhält[19].

Genauso wird der kritische Impetus des Begriffs auch dann sichtbar, wenn man sich die Stationen seiner Popularisierung in der Bundesrepublik vergegenwärtigt: Eine erste Kohorte einschlägiger Veröffentlichungen erschien hierzulande in den frühen 70er Jahren, in einer Zeit also, die unter dem Motto "Mehr Demokratie wagen" eher im Zeichen demokratischer Aufbruchsstimmung stand, als daß man das demokratische System von akuter Auszehrung bedroht gesehen hätte. Er blieb fachwissenschaftlich wie publizistisch weitgehend folgenlos.[20] Einen echten Popularitätsschub erhielt der Begriff erst gegen Ende der 70er Jahre, als v.a. die deutsche Linke allgemein die visionslose Politik des Krisenmanagements der Regierung Schmidt und speziell die (sicherheits-) staatlichen Reaktionen auf den Terrorismus, zusammengefaßt in der Chiffre "Deutscher Herbst", als einen eklatanten Mangel an politischer Kultur deutete und damit eben meinte: einen Mangel an *demokratischer* politischer Kultur. Darin wird aber auch deutlich, daß dieser zu diesem Zeitpunkt sehr viel mehr abverlangt wird als nur die Gewährleistung hinreichender Stabilität des parlamentarischen Systems als demokratischer *Form*.[21]

---

[18] Man vergleiche den Ausgangspunkt von *The Civic Culture*, das Erschrecken über das Scheitern der Aufklärung, wie es sich u.a. im Scheitern demokratischer Systeme und im Faschismus objektiviert, mit dem einer anderen, etwas früheren und ähnlich stark beachteten empirischen Studie, die freilich nie im Verdacht der Affirmation gestanden hat. Gemeint ist *The Authoritarian Personality* von Adorno, Frenkel-Brunswik, Levinson und Sanford, 1950 als erste jener fünf *Studies in Prejudice* veröffentlicht, deren Vorwort folgendermaßen beginnt: "Today the world scarcely remembers the mechanized persecution and extermination of millions of human beings only a short span of years away in what was once regarded as the citadel of Western civilization. Yet the conscience of many men was aroused. How could it be, they asked each other, that in a culture of law, order, and reason, there should have survived the irrational remnants of ancient racial and religous hatreds? (...) What issues in the life of our modern society remain concerous, and despite our assumed enlightenment show the incongruent atavism of ancient peoples?" (Max Horkheimer/Samuel H. Flowerman, 1950: *Foreword to Studies in Prejudice*, in: Theodor W. Adorno et al., 1950: The Authoritarian Personality, New York, S. V-IIX, hier: S. V.

[19] Vgl. Heide Gerstenberger, 1981: *Zur Ideologie eines kritischen Begriffs*, in: PVS 22/1, S. 117-122.

[20] Vgl. z.B. Patrick Dias, 1971: *Der Begriff "Politische Kultur" in der Politikwissenschaft*, in: D. Oberndörfer u.a. (Hg.) 1971: Systemtheorie, Systemanalyse und Entwicklungsländerforschung, Berlin, S. 409-448; Dirk Berg-Schlosser, 1972: *Politische Kultur. Eine neue Dimension politikwissenschaftlicher Analyse*, München.

[21] Schließlich weist noch die jüngste, ausschließlich publizistische und geradezu inflationäre Popularisierungswelle des Begriffs im Zusammenhang mit Flick-Skandal, Berliner Bausumpf und Barschel-Affäre auf diesen kritischen Impuls zurück - wenngleich er hier in einem Sinne benutzt

Damit will ich nicht einer apriorischen Koppelung des Konzepts Politische Kultur an wie auch immer zu begründende andere normative Hintergründe als den der angloamerikanischen Demokratien das Wort reden. So brauchbar etwa die partizipationstheoretisch angeleitete Formulierung von Maßstäben politischer Kultur für eine einzelne Studie - und insonderheit für eine Studie über die Bundesrepublik - sein mag, für eine allgemeine "Neubegründung des politischen Kulturkonzepts" greift sie zu kurz.[22] Allerdings scheint es mir, um der Affirmation des Bestehenden zu entgehen und die kritische Qualität des Begriffs zu erhalten, notwendig, stärker, als es der systemtheoretische Ansatz aus Gründen seiner logischen Immanenz erlaubt, sich auf den wechselweisen Zusammenhang von politischem System und politischer Kultur zu besinnen. Es stellt nicht nur politische Kultur als stabilisierender oder destabilisierender Faktor eine der Konstitutionsbedingungen von Herrschaft dar, vielmehr durchformt auch umgekehrt Herrschaft - durch Gewöhnung oder Disziplinierung, durch Distribution oder Vorenthaltung von Deutungsangeboten - die politische Kultur. Insofern darf politische Kulturforschung sich nicht darauf kaprizieren, nur nach der "Adäquanz" der je vorgefundenen Ausprägungen ihres Gegenstands für das politische System zu fragen und damit dieses selbst, wie Heide Gerstenberger bemerkt, "aus der Debatte" zu ziehen,[23] sondern sie muß sich ebenso mit der Frage befassen, inwiefern das politische System den Anforderungen politischer Kultur genügt.

Die in diesem Abschnitt gesammelten Probleme des Forschungsfeldes sollen noch einmal schlagwortartig zusammengefaßt werden. Es sind dies

- der behavioralistische Ansatz beim Individuum,
- die "Messung" eines konzeptionell überindividuellen Tatbestandes durch die Aggregation von Individualdaten,
- die strukturelle Dominanz der Einstellungsforschung, und dort, wo über sie hinausgegangen wird,
- die Frage der Indikatorenbildung und des methodischen Zugriffs,
- die Beliebigkeit der Inhaltskataloge, mit denen das Konzept ausgefüllt werden soll,
- die Frage nach dem systematischen Stellenwert des Konzepts innerhalb der Politikwissenschaft,
- der normative bias zugunsten der Demokratien angloamerikanischer Prägung
- und schließlich die Gefahr, im Soge der an Systemstabilität orientierten Ausgangsfragestellung affirmativ und unhistorisch zu verfahren.

---

wurde, der besser durch Formulierungen wie "politische Hygiene" oder "politischer Stil" abgedeckt worden wäre.

[22] Vgl. Peter Reichel, 1980: a.a.O. S. 393; siehe dazu oben Anm. 17.

[23] Dies., 1984: Zur Konjunktur der "Politischen Kultur" in der Politikwissenschaft, in: ÖZP 13/1, S. 5-13, hier: S. 6.

In Anbetracht dieser beachtlichen Problemfülle ist es nicht weiter verwunderlich, daß in der Publikationspraxis zur Politischen Kultur das Ritual sich eingeschliffen hat, vorweg die Frage zu stellen, ob man den Begriff nicht besser überhaupt fallen lasse. Bemerkenswert ist, daß mir bisher nur ein Aufsatz bekannt wurde, der diese Frage unumwunden bejaht.[24] Offenkundig ist die Faszinationskraft des Ansatzes groß genug, um sich allen Widrigkeiten zum Trotz immer von Neuem auf ihn einzulassen. Es wurde an der einen und anderen Stelle darauf hingewiesen, daß einige der Probleme politischer Kulturforschung nach - auch - wissenschaftssoziologischer Erklärung verlangen. Gemeint sind damit jene anders kaum erklärlichen Schwierigkeiten, die die politische Kulturforschung trotz aller Einsicht in die theoretischen und methodischen Beschränkungen des frühen Almond/Verbaschen Konzepts hat, sich aus dem Bann der *Civic Culture*-Studie anders als durch Addition weiterer, dort nicht berücksichtigter Aspekte zu lösen - und genau das tut Not. Denn letztlich scheint es mir *eine* theoretische Inkonsequenz zu sein, die dieses ganze Problembündel hervorbringt: Das behavioralistisch inspirierte "psychologische Übergewicht" oder, anders ausgedrückt, der Mangel an Ernsthaftigkeit gegenüber dem gesellschaftlichen Charakter von "Kultur" bei der Adaption des Begriffs für die Politikwissenschaft. Denn was James A. Boon dem Kulturbegriff als eine seiner hervorragendsten Eigenschaften anrechnet, gilt gerade für das traditionelle Konzept Politische Kultur nicht: "... most importantly it ultimately kept us beyond reach of the clutches of behaviorism."[25]

1.2 Entwurf

1.2.1 "Vorstellungen" statt "Einstellungen" - Plädoyer für eine Verlagerung des Gravitationszentrums Politischer Kulturtheorie

Sichtbar wird das psychologische Übergewicht Politischer Kulturkonzepte an all jenen Definitionen, die mit "attitudes", "basic beliefs" oder "values" Individualeigenschaften für die Substanz ihres Gegenstandes erklären. Ergän-

---

[24] Es handelt sich um: Bernhard Praschl, 1984: *Gibt es eine Politische Kultur?* In: ÖZP 13/1, S. 111-113. Insofern Praschls Ablehnung sich auf genau vier "Klarstellungen" stützt, von denen zwei weder von Kultur noch von politischer Kultur auch nur handeln, eine weitere die Trivialität zur Kenntnisnahme gibt, daß, "in dem man einen beliebigen Vorgang unter den Begriff der 'Kultur' subsumiert, (...) man ihn noch lange nicht erklärt" habe, und die allererste, freilich auch erklärungskräftigste lautet: "An der Politik kann ich überhaupt nichts finden, was mit Kultur etwas zu tun hätte" (S. 112), sollte man sie aber nicht allzu ernst nehmen.

[25] Ders., 1972: *Further Operations of Culture in Anthropology*, in: SSQ 53/2, S. 221-252, hier: S. 225.

zungen dahingehend, daß diese mit anderen Mitgliedern eines Kollektivs geteilt werden, daß sie als Traditionen sich ausbilden und traditional vermittelt werden können, daß sie sich zu zeitlich einigermaßen stabilen Orientierungsmustern fügen, die von den Augenblickskonstellationen der Tagesmeinungen verschieden sind, reflektieren zwar die triviale Tatsache, daß Individuen ihre subjektive Welt nicht in einem autonomen Schöpfungsakt erschaffen, sondern Sozialisations- und Akkulturationsprozessen ausgesetzt sind. Sie verfehlen aber den holistisch-konzeptionellen Charakter von Kultur, die als "some sort of orderly significance in all human phenomena, from the most trivial and everyday to the most grandiose and far-reaching"[26] die um *attitudes*, *beliefs*, *values* organisierten individuellen Perzeptionsraster sowohl transzendiert als auch durch die Bereitstellung selbstverständlicher, kaum hinterfragbarer Zuordnungsregeln erst ermöglicht.

Um diesen konzeptionellen Charakter Politischer Kultur gegen den psychologischen *bias* der dominierenden Forschungspraxis zu retten, plädiert Karl Rohe seit Jahren vehement dafür, statt Muster politischer Einstellungen solche politischer Vorstellungen ins Visier zu nehmen:

"Das ist mehr als eine sprachliche Spitzfindigkeit. (...) Politische Kultur stellt in nuce, wie rudimentär, unartikuliert, eklektisch und in sich widersprüchlich auch immer, so etwas wie eine kollektive Theorie des Politischen dar, mit einer spezifischen Sicht politischer Grundprobleme und entsprechenden 'Antworten' und 'Lösungen', die nicht zuletzt die historischen Krisenerfahrungen des jeweiligen Kollektivs spiegeln. (...) Wer Vorstellungen über die Welt des Politischen untersucht, versucht nicht den Inhalt, sondern die Struktur von politischen Einstellungen zu erfassen. Wer Politische Kulturforschung betreibt, will nicht wissen, - zumindest nicht vorrangig wissen - ob und inwieweit ein politisches Regime und politische Institutionen bejaht oder abgelehnt werden; er interessiert sich vielmehr für die Prinzipien, die dieser Bejahung oder Ablehnung zugrunde liegen."[27]

Einen Schritt weiter in diese Richtung geht Hans-Gerd Schumann, wenn er im Anschluß an Rohe ergänzt: "Neben den Einstellungen sind auch die Annahmen (beliefs; Anm. D.S.) und Werthaltungen (values; Anm. D.S.) in den Vorstellungen begründet, und umgekehrt ändern sie sich mit ihnen."[28] Rohe und Schumann greifen damit Überlegungen auf, die 1979 von David J. Elkins und Richard E.B. Simeon in einem zu wenig beachteten und in seiner theoretischen

---

[26] Boon, 1972: a.a.O., S. 222.

[27] Karl Rohe, 1987: *Politische Kultur und kulturelle Aspekte von politischer Wirklichkeit*, in: Berg-Schlosser/Schissler (Hg.)1987: a.a.O., S. 39-48, hier: S. 40.

[28] Ders., 1990: *"Nationalkultur" zwischen Einheitlichkeit und Segmentierung. Methodologische Anmerkungen zur historischen Erforschung "Politischer Kultur"*, in: Lehnert/Megerle (Hg.), 1990: Politische Teilkulturen zwischen Integration und Polarisierung. Zur politischen Kultur in der Weimarer Republik, Opladen, S. 19-25, hier: S. 21.

Tragweite weithin unterschätzten Aufsatz vorstellten.[29] Darin wird unter ausdrücklicher Berufung auf die jüngere anthropologische Debatte um "Kultur"[30] eine reformulierte Begriffsdefinition angeboten, die eine bedeutsame Korrektur des einstellungszentrierten Konzepts Almondscher Provenienz vornimmt:

"Political culture consists of assumptions about the political world. (...) Assumptions about the political world focus attention on certain features of events, institutions, and behavior, define the realm of the possible, identify the problems deemed pertinent, and set the range of alternatives among which members of the population make decisions. Political culture, then, is a shorthand expression for a 'mind set' which has the effect of limiting attention to less then the full range of alternative behaviors, problems, and solutions which are logically possible."[31]

Die heuristische Pointe der Begriffe "Vorstellungen" und *assumptions* anstelle der "Einstellungen" liegt darin, daß sie die Aufmerksamkeit auf erstens den logisch-systematischen und zweitens den kollektiven Charakter politischer Kultur lenken: Einerseits können Vorstellungen als regelmäßig aufeinander bezogene bedeutungstragende Einheiten einer in sich kohärenten Konfiguration begriffen werden[32] und machen damit das Reden von einem politisch-kulturellen Code erst möglich; und andererseits betont der Begriffswechsel das systematisch andere Erkenntnisinteresse der politischen Kulturforschung gegenüber der genuin mit Einstellungen befaßten Persönlichkeitsforschung.

Mit diesem Perspektivwechsel von den Einstellungen zu den Vorstellungen wird Politische Kultur auf eine abstraktere Ebene gehoben: Im Gegensatz zum Almondschen Ansatz hält sie nicht schon die Orientierungsmuster gegenüber Politik bereit, sondern definiert erst den Raum der Möglichkeiten, Sinnzusammenhänge solcherart zu generieren, daß divergente politische Ereignisse in ein sinnhaftes Ganzes integriert und verstanden werden können. Damit wird Politische Kultur abgelöst von den konkreten Individuen, die an ihr teilhaben und aus ihr schöpfen, auch wenn sie, wie Rohe betont, derer bedarf, "die sie in ihr Den-

---

[29] David J. Elkins/Richard E. B. Simeon, 1979: *A Cause in Search of Its Effect, or What Does Political Culture Explain*, in: Comparative Politics, 11/2, S. 127-145.

[30] Elkins und Simeon beziehen sich vor allem auf einen Aufsatz Roger M. Keesings über wichtige theoretische Arbeiten zum Kulturbegriff (Roger M. Keesing, 1974: *Theories of Culture*, in: Bernhard Siegel et al.: Annual Review of Anthropology Vol. 3, Palo Alto, S. 73-97), wo u.a. auf die Arbeiten Claude Lévi-Strauss', Clifford Geertz', Ward Goodenoughs und David Schneiders eingegangen wird.

[31] Ebd., S. 127 f.

[32] Zwar sind auch Einstellungen zu Konfigurationen organisiert und konstituieren so das, was die Einstellungsforschung 'Typen' oder 'Charaktere' nennt. Die Logik dieser Organisation ist aber nur auf individueller Ebene oder in Aggregaten psychisch ähnlicher Personen beschreibbar; in psychisch uneinheitlichen Kollektiven, mit denen die politische Kulturforschung es zu tun hat, geht dieser qualitative Aspekt verloren.

ken, Fühlen und Handeln aufnehmen"[33] oder, vielleicht deutlicher formuliert, jeweils einzelne ihrer Elemente in ihrem Denken, Fühlen, Handeln realisieren. Rohe führt in diesem Zusammenhang als Metapher für diese überindividuelle Existenz Politischer Kultur die Sprache im Saussureschen Sinne von *langue* ein[34] - ein Bild, das dazu einlädt, seinen Bedeutungsvalenzen hinsichtlich des Verhältnisses von Politischer Kultur einerseits, politischen Einstellungen, Annahmen, Werten und politischem Verhalten andererseits genauer nachzugehen.[35]

Das Universum der menschlichen Rede löst Saussure auf in die Dichotomie von Sprache (*langue*) und Sprechen (*parole*), wobei erstere als "das System der Elemente und Regeln, die die Bildung bedeutungstragender Zeichen erlauben"[36] eine "soziale Institution"[37], letzteres dagegen die je konkrete und individuelle Aktualisierung bezeichnet. Entsprechend läßt sich Politische Kultur als ein Speicher von "Sinneinheiten" und ein Regelwerk für ihre Anwendung begreifen, aus dem, wer immer politisch denkt, fühlt, handelt, sich bedient. Sie bildet als ein Archiv sedimentierter politischer Erfahrung inklusive einer 'Archivierungsordnung', einer Grammatik oder eines Codes die - wie Karl Rohe es nennt - "ungeschriebene Verfassung" eines Kollektivs. Politische Kultur und die "subjektive Dimension" von Politik sind demnach nicht das gleiche, sondern verhalten sich wie eine Matrix kollektiver Dispositionen und die Aktualisierung einzelner Matrixelemente - gleich ob in dieser Aktualisierung die Schwelle zur politischen Aktion überschritten wird oder nicht. Damit ist zumindest einer der mit dem Perspektivwechsel von den Einstellungen zu den Vorstellungen intendierten Effekte erreicht: Politische Kultur als eine objektive soziale Institution auszuweisen, in deren Kompetenz die Präformierung der Möglichkeiten politischen Verhaltens fällt.

---

[33] Ders., 1987: a.a.O., S. 39.

[34] Vgl. ebd.

[35] Es mag überraschen, daß hier die - im klassischen Konzept - Kernbestandteile Politischer Kultur, attitudes, beliefs, values, *gemeinsam* mit dem politischen Verhalten der Politischen Kultur in ihrer hier vorgeschlagenen Konzeption entgegengesetzt werden. Das Differenzkriterium liegt in der jeweiligen Trägerschaft: Es wird die überindividuell als kollektives *design for living* konzipierte Politische Kultur den aufs Individuum bezogenen Kategorien des Verhaltens, der Einstellungen, usw. gegenübergestellt. Gleichzeitig soll darauf hingewiesen werden, daß die für die Politische Kulturforschung von Anfang an konstitutive Trennung von Einstellungen und Verhalten eine rein analytische ist und sich schon beim Blick auf die Erhebungssituation verflüchtigt: Denn die funktioniert nicht, ohne daß die Probanden sich verhalten - indem sie sich, mit einem Fragebogen konfrontiert, für ein Antwortverhalten entscheiden. Mithin verlangt die Forschungspraxis genau das, was die reine Lehre verbietet.

[36] Umberto Eco, 1977: *Zeichen. Eine Einführung in einen Begriff und seine Geschichte*, Frankfurt/M., S. 97.

[37] Roland Barthes, 1983: *Elemente der Semiologie*, Frankfurt/M., S. 14.

1.2.2 Zwischen Struktur und Verhalten: Politische Kultur als "heimliche Choreographie" politischer Praxis

Allerdings birgt die aus der Semiologie entlehnte Metapher, die das Verhältnis von Politischer Kultur und politischem Verhalten auf das von *langue* und *parole* abbildet, die Gefahr eines unintendierten Effekts in sich, nämlich den, daß darüberhinaus auch die weitere Verfahrensweise sich an der strukturalistischen Linguistik orientiert, die, wie Pierre Bourdieu kritisiert,

"die zwischen (den Zeichen; Anm. D.S.) herrschenden Relationen privilegiert - auf Kosten ihrer *praktischen Funktionen*, die sich keinesfalls, wie es der Strukturalismus stillschweigend unterstellt, auf Kommunikations- und Erkenntnisfunktionen reduzieren lassen."[38]

Zwar schreibt etwa Roland Barthes:

"Langue und Parole: jeder dieser beiden Termini erhält seine volle Definition natürlich erst durch den dialektischen Prozeß, der sie miteinander vereint: keine Sprache ohne Sprechen, und kein Sprechen außerhalb der Sprache: in diesem Austausch liegt die wahre sprachliche *Praxis*".[39]

Dennoch ist unverkennbar, daß die Semiologie eindeutig einem Standpunkt der Exteriorität zuneigt, - weshalb auch die Ethnologie so bereitwillig ihr theoretisches Rüstzeug kopierte - von dem aus erst die Struktur der Zeichen decodiert und in ihrer Systematik ernstgenommen sein will, wohingegen ihre praktische und individuelle Realisierung als einigermaßen akzidentiell erscheint. Entsprechend müßte die Barthes'sche Formel, wonach sich sprachliche Praxis im dialektischen Prozeß von Sprache und Sprechen konstituiert, in analogischer Übertragung zu dem Schluß führen, daß politische Praxis durch den Austausch von politischer Kultur und politischem Verhalten (Handeln, Werten, Meinungen und Einstellungen haben) produziert wird - und damit ihre Bedingtheit durch die politischen, ökonomischen und sozialen Strukturen außer acht lassen.

Eine ganz ähnliche Privilegierung der Struktur Politischer Kultur schimmert in einer Formulierung Karl Rohes durch, wenn er, im Rekurs auf Namenwirth und Weber, schreibt, diese meine "ja nicht das politische Leben in seinen konkreten Ausprägungen, sondern die Partitur, die ihnen zugrundeliegt."[40] Dazu findet sich bei Bourdieu der exakt korrespondierende Einwand:

---

[38] Pierre Bourdieu, 1979: *Entwurf einer Theorie der Praxis auf der ethnologischen Grundlage der kabylischen Gesellschaft*, Frankfurt/M., 1. Aufl. S. 155 (Hervorhebung im Original).

[39] Barthes, 1983: a.a.O., S. 14 f. (Hervorhebung im Original).

[40] Rohe, 1987: a.a.O., S. 44. Daß Rohe hier nicht von politischer Kultur *in toto*, sondern von 'politischer Sozialkultur' spricht, die er als eine Ebene politischer Kultur konzipiert, ist in diesem Zusammenhang unerheblich.

"(Es; D.S.) bedeutet die Tatsache, nur das genaue Gegenteil des Subjektivismus zu vertreten, keineswegs schon, wirklich mit ihm zu *brechen*, sondern allenfalls dem Fetischismus der Sozialgesetze zu verfallen, denen der Objektivismus anheimfällt, wenn er zwischen Struktur und Praxis ein Verhältnis des Virtuellen zum Aktuellen, der Partitur zur Aufführung, des Wesens zur Erscheinung aufrichtet..."[41]

Nun sollte man sicher - ein Versuch der Anwendung einer Theorie auf ihren eigene Geschichte - die äußeren Bedingungen des Diskurses über Politische Kultur berücksichtigen: Es ist der ungebrochene Feldvorteil des einstellungsorientierten Ansatzes, der bei den Verfechtern einer vorstellungsorientierten Konzeption leicht einen "strukturalistischen Überschuß" erzeugt. Ebenso sicher hat dieser auf Decodierung ausgerichtete Blick den nicht zu unterschätzenden Vorzug, daß, wie Rohe bemerkt, er es ermöglicht,

"politisches Verhalten von politischen Akteuren, das dem eigenen bornierten Verständnis von Rationalität widerspricht, nicht vorschnell als irrational abzuqualifizieren, sondern 'in terms of the values they share and the social practises they are attempting to preserve' (Wildavsky 1985) zu verstehen."[42]

Aber dennoch signalisiert die Metaphorik von "Partitur" und "Aufführung", daß das vorstellungsorientierte Konzept politischer Kulturforschung der Gefahr ausgesetzt ist, gleichsam jene subjektivistische Einseitigkeit, an der das einstellungsorientierte Konzept der Almond-Verba-Tradition krankt, unter anderen, nämlich strukturdeterministischen Vorzeichen zu erneuern. Gegen die Neigungen zu dieser oder jener Vereinseitigung des Verhältnisses von Kultur und Praxis soll deswegen nachdrücklich darauf insistiert werden, daß es darum geht, mit dem Subjektivismus des Einstellungskonzepts zu brechen, ohne mit dem Vorstellungskonzept sich einen Strukturüberschuß einzuhandeln:

- So sollte der richtige Kern jener beliebten Formel, die politische Kultur als die "subjektive Dimension von Politik" kennzeichnet, auch beim Übergang vom Einstellungs- zum Vorstellungsfocus bewahrt bleiben. Tatsächlich spricht ja die Kennzeichnung politischer Kultur als ein System von Vorstellungen eine durchaus subjektive Seite des Politischen an, insofern darunter Material und Regularia jener durchaus subjektiven Akte zu fassen sind, in denen sich die Aneignung politischer Vorgänge im Sinne ihres - nicht szientistisch gemeinten - Verstehens vollzieht. Demnach erfüllt Politische Kultur eine Sinnstiftungsfunktion, indem sie Struktur und Kohärenz in das Durcheinander politischer Ereignisse, Informationen und Situationen bringt - eine Funktion, die Max Weber hervorhebt, wenn er definiert:

---

[41] Bourdieu, 1979: a.a.O., S. 184. (kursive Hervorhebung im Original, Unterstreichung D.S.).

[42] Rohe, 1987: a.a.O., S. 47.

"'Kultur' ist ein vom Standpunkt des Menschen aus mit Sinn und Bedeutung bedachter endlicher Ausschnitt aus der sinnlosen Unendlichkeit des Weltgeschehens"[43].

- Gleichzeitig darf aber die Einäugigkeit der Formel von der "subjektiven Dimension der Politik" nicht übersehen werden. Denn ersichtlicherweise steht im angeführten Weber-Zitat "der Mensch" dem unendlichen Weltgeschehen nicht als Individuum, sondern als Kollektivsingular und Gattungsrepräsentant gegenüber: "Sinn" und "Bedeutung" sind Hervorbringungen der Menschheitsgeschichte, geronnene Erfahrungsverarbeitung; jener Kultur, von der Weber spricht, kommt mithin Objektivität zu. Politische Kultur, sofern sie als Kultur ernstgenommen und nicht auf das politische Einstellungsprofil des statistisch konstruierten Durchschnittsbürgers verkürzt wird, ist demnach zu betrachten als historisch wandelbare, gleichwohl objektive politische Institution, die, indem sie für das Kollektiv der Kulturmitglieder die Grundlagen sämtlicher subjektiver Akte der Politikdeutung bildet, gleichzeitig die "Choreographie" dieser Deutungsakte und der daraus resultierenden individuellen Einstellungen, Wertungen, Meinungen, Verhaltensweisen besorgt und so der Vielfalt der politischen Regungen verschiedener Subjekte Struktur und Kohärenz verleiht. Es ist dies die systemische, der politischen Struktur zugewandte Seite politischer Kultur, die implizit Marx anspricht, wenn er schreibt:

"Auf den verschiedenen Formen des Eigentums, auf den sozialen Existenzbedingungen erhebt sich ein ganzer Überbau verschiedener und eigentümlich gestalteter Empfindungen, Illusionen, Denkweisen und Lebensanschauungen. Die ganze Klasse schafft und gestaltet sie aus ihren materiellen Grundlagen heraus und aus den entsprechenden gesellschaftlichen Verhältnissen. Das einzelne Individuum, dem sie durch Tradition und Erziehung zufließen, kann sich einbilden, daß sie die eigentlichen Bestimmungsgründe und den Ausgangspunkt seines Handelns bilden."[44]

Erst wenn politische Kultur als subjektiv *und* objektiv, als in den politischen Akteuren stets wirksames Deutungsset *und* als durch die Köpfe der je Einzelnen hindurchgreifendes holistisches System politischer Vorstellungen verstanden wird, sind konzeptionell die Grundlagen gelegt, um das von Almond und Verba gegebene und in der politisch-psychologischen Engführung des Begriffs uneinlösliche Versprechen zu erfüllen, die Verbindung zwischen Mikro- und Makropol politikwissenschaftlicher Analyse zu leisten. Denn dann nimmt politische Kulturforschung die Vermittlung zwischen Akteurs- und Systemseite der Politik, zwischen politischen Einstellungen, Meinungen, Wertungen, Verhaltensweisen

---

43 Weber, 1920: a.a.O., S. 180.

44 Karl Marx, 1869: *Der achtzehnte Brumaire des Louis Bonaparte*, in: Marx-Engels-Werke Bd.8, Berlin, 7. Aufl. der Ausgabe von 1960, 1982, S. 111-207, hier: S. 139.

und dem institutionellen Aufbau des politischen Systems inklusive der dieses Vermittlungsverhältnis kennzeichnenden Konsonanzen und Dissonanzen in den Blick und fragt nach den kulturellen Grundlagen politischer Praxis in all ihren Aggregatszuständen: von den noch so kapriziösen individuellen Einstellungen bis zu den anerkanntesten politischen Werten und den selbstverständlichsten politischen Institutionen.

Politische Kultur, im hier vorgeschlagenen Verständnis des Begriffs, ist also so etwas wie der politische *Habitus* im Sinne Bourdieus:

"Die Konditionierungen, die mit einer bestimmten Klasse von Existenzbedingungen verknüpft sind, erzeugen die *Habitusformen* als Systeme dauerhafter und übertragbarer *Dispositionen*, als strukturierte Strukturen, die wie geschaffen sind, als strukturierende Strukturen zu fungieren, d.h. als Erzeugungs- und Ordnungsgrundlagen für Praktiken und Vorstellungen, die objektiv an ihr Ziel angepaßt sein können, ohne jedoch bewußtes Anstreben von Zwecken und ausdrückliche Beherrschung der zu deren Erreichung erforderlichen Operationen vorauszusetzen, die objektiv 'geregelt' und 'regelmäßig' sind, ohne irgendwie das Ergebnis der Einhaltung von Regeln zu sein, und genau deswegen kollektiv aufeinander abgestimmt sind, ohne aus dem ordnenden Handeln eines Dirigenten hervorgegangen zu sein."[45]

Politische Kultur stellt sich dar als ein Erzeugungsprinzip politischer Praxis, das selber durch die Geschichte politischer Erfahrungen generiert wurde; ein System von Vorstellungen zur "gesellschaftlichen Konstruktion der Wirklichkeit"[46], das sich selber den Strukturen dieser Wirklichkeit verdankt. Dabei ist es im Kern ein wenig originelles Unternehmen, bei der Formulierung eines vorstellungsorientierten Konzepts politischer Kultur auf den Bourdieuschen Habitus-Begriff zu rekurrieren, insofern Bourdieu eigenen Angaben zufolge mit dieser Namensgebung bloß die Überdeterminierungen und Mißverständlichgkeiten des Begriffs *culture* (franz.) flieht, der ansonsten "sich sowohl auf das Prinzip der objektiven Regelmäßigkeiten wie auf das Vermögen der Handelnden als System verinnerlichter Modelle"[47] hervorragend anwenden lasse. Umso überraschender ist es - gerade angesichts der stürmischen Bourdieu-Rezeption in der Kultursoziologie -, daß im Rahmen politischer Kulturforschung bisher kaum Auseinandersetzungen mit der Bourdieuschen Praxistheorie zu registrieren sind.[48]

---

45 Bourdieu, 1987: *Sozialer Sinn. Kritik der theoretischen Vernunft*. Frankfurt/M., S. 98 f.

46 Peter L. Berger/Thomas Luckmann, 1969: *Die gesellschaftliche Konstruktion der Wirklichkeit. Eine Theorie der Wissenssoziologie*, Frankfurt/M.

47 Pierre Bourdieu, 1974: *Zur Soziologie der symbolischen Formen*. Frankfurt/M. S. 41, Anm. 23.

48 Erste Schritte in diese Richtung werden in dem von Klaus Eder (1989) herausgegebenem Band *Klassenlage, Lebensstil und kulturelle Praxis. Theoretische und empirische Beiträge zur Auseinandersetzung mit Pierre Bourdieus Klassentheorie* (Frankfurt/M.), v.a. in den Beiträgen Klaus Eders und Lutz Raphaels, unternommen. Andreas Dörner und Karl Rohe formulieren

Ein denkbarer Grund für diese Reserviertheit gegenüber dem Werk Bourdieus könnte in der häufiger geäußerten Kritik liegen, die Habitustheorie bleibe letztendlich trotz anderer Intentionen ihres Autors deterministisch; der Zusammenhang von sozialer Lage, Habitus und subjektiven Aspirationen sei so dicht, "daß nicht mehr erkennbar wird, wie das System zirkulärer Kausalitäten durchbrochen werden kann."[49] Und in der Tat lassen sich reichlich Belegstellen finden, die den Habitus als eine dominant deterministische Konstruktion ausweisen,[50] ganz und gar nicht geeignet, die, wie Bourdieu es sich vorgenommen hat, vom Strukturalismus zu "Epiphänomenen" degradierten "leibhaftigen Akteure wieder ins Spiel (zu; D.S.) bringen".[51]

Dagegen ist allerdings geltend zu machen, daß, wie Dörner und Rohe beobachten, "Bourdieu seinen 'Habitus'-Begriff von den zu Anfang noch vorherrschenden mechanisch-deterministischen Implikationen zunehemend löst."[52] So etwa akzentuiert er den Antideterminismus seines Gesellschaftsmodells, wenn er etwa den Habitus - "dieses System von Dispositionen" - in Analogie zur generativen Grammatik Chomskys beschreibt und die gewichtige Differenz betont,

"daß es sich um *durch Erfahrung erworbene*, folglich je nach Ort und Zeit variable Dispositionen handelt. Dieser 'Spiel-Sinn' (...) ermöglicht nun die Erzeugung unendlich vieler 'Züge' entsprechend der unendlichen Vielfalt möglicher Situationen, die durch keine Regel, wie komplex sie auch sei, vorhergesagt werden kann."[53]

Insbesondere in "Sozialer Sinn"[54] trägt Bourdieu der einschlägigen Kritik Rechnung und befreit das Habitus-Konzept von mechanistischen Schlacken. Deutlicher als in früheren Arbeiten wird der Habitus beschrieben als ein System der

---

ihr Verständnis politischer Kultur explizit im Rekurs auf den Begriff des Habitus: "Es handelt sich (bei politischer Kultur; D.S.) gleichsam um den Habitus, mit dem politische Realität interaktiv und kommunikativ konstruiert wird." (dies., 1991: *Politische Sprache und politische Kultur. Diachron-kulturvergleichende Sprachanalysen am Beispiel von Großbritannien und Deutschland*, in: Manfred Opp de Hipt/Erich Latniak (Hg.), 1991: Sprache statt Politik? Politikwissenschaftliche Semantik- und Rhetorikforschung, Opladen, S. 38-65, hier: S. 40).

49 Max Miller, 1989: *Systematisch verzerrte Legitimationsdiskurse. Einige kritische Überlegungen zu Bourdieus Habitustheorie*. In: Eder, 1989:. a.a.O., S. 191-220, hier: S. 202.

50 So etwa, wenn er, das bürgerliche Konzept der "Persönlichkeit" zurückweisend, zustimmend Leibniz zitiert, demzufolge wir Menschen "in Dreiviertel unserer Handlungen Automaten sind." (vgl. Bourdieu, 1987: a.a.O., S. 740).

51 Bourdieu u.a., 1985b, a.a.O., S. 150. Zur Genese der Praxistheorie Bourdieus und seiner wissenschaftlichen Biographie vgl. Martin Schmeiser, 1985: *Pierre Bourdieu - Von der Sozio-Ethnologie Algeriens zur Ethno-Soziologie der französischen Gegenwartsgesellschaft. Eine bio-bibliographische Einführung*, in: Ästhetik und Kommunikation 16, H. 61/62, S. 167-183.

52 Dörner/Rohe, 1991: a.a.O., S. 38, Anm. 3.

53 Bourdieu u.a., 1985: a.a.O., S. 150.

54 Bourdieu, 1987: a.a.O.

Steuerung, das nicht unmittelbar Praxis generiert, sondern den Raum des praktisch Möglichen definiert:

"Da er ein erworbenes System von Erzeugungsschemata ist, können mit dem Habitus alle Gedanken, Wahrnehmungen und Handlungen, und nur diese, frei hervorgebracht werden, die innerhalb der Grenzen der besonderen Bedingungen seiner eigenen Hervorbringung liegen. Über den Habitus regiert die Struktur die Praxis, und zwar nicht in den Gleisen eines mechanischen Determinismus, sondern über Einschränkungen und Grenzen, die seinen Erfindungen von vornherein gesetzt sind."[55]

Ein in dieser Weise antideterministisch korrigierter Habitus und die auf seiner Grundlage hervorgebrachten Praktiken stehen zueinander in einem Verhältnis, das genau dem von politischer Kultur und politischer Praxis im Sinne Elkins' und Simeons entspricht:

"In substantive policy, culture remains primarily permissive: it does not determine precisly what will be done; it conditions the range of issues to which attention will be devoted; it influences the way those issues will be defined; and it limits the range of options considered within a given issue domain."[56]

Insofern damit hinsichtlich des praxis-permissiven Charakters politischer Kultur wie des Habitus der Bogen geschlagen wäre, stellt sich die Frage, welchen Gewinn die konzeptionelle Arbeit der politischer Kulturforschung - über die Konstatierung einer bloßen Ähnlichkeitsbeziehung hinaus - aus der Kulturtheorie Bourdieus ziehen könnte. Zu nennen sind mindestens zwei wichtige Anregungen:

- Erstens könnte, in Analogie zum Habitus, politische Kultur integrativ als sowohl Deutungscode - "modus operandi" oder "subjectiv structure" in der Bourdieuschen Diktion[57] - als auch Sediment politischer Geschichte, Reflex politischer Struktur und geronnenes Resultat politischer Erfahrungsverarbeitung - "opus operatum" oder "objective structure"[58] - gefaßt werden. Auf diese Weise würden die sonst nur forschungssituativ und -strategisch begründeten Setzungen, denen politische Kultur ihren Status als mal abhängige, mal unabhängige Variable verdankt, überwunden.
- Zweitens würde die Frage nach der Macht, genauer: nach symbolischer oder Benennungsmacht, nach der Macht zur Durchsetzung politischer Deutungen, in den Horizont politischer Kulturforschung zurückgeholt, indem nicht nur die

---

[55] Bourdieu, 1987: a.a.O., S. 102 f.

[56] Elkins/Simeon, 1979: a.a.O., S. 143.

[57] Vgl. Bourdieu, 1977: *Symbolic Power*, in: Denis Gleeson (Hg.) 1977: Identity and Structure. Issues in the Sociology of Education. Nafferton, Driffield, S. 112-119, hier: S. 113.

[58] Ebd.

vorfindlichen Politikdeutungen, sondern auch ihre Produktions- und Distributionsmodi, die ungleich verteilten Chancen zur Teilnahme an Selektion und Durchsetzung von Deutungsweisen zum Gegenstand des Interesses würden:

"Denn Erkenntnis von sozialer Welt und, genauer, die sie ermöglichenden Kategorien: darum geht es letztlich im politischen Kampf, einem untrennbar theoretisch und praktisch geführten Kampf um die Macht zum Erhalt oder zur Veränderung der herrschenden sozialen Welt durch Erhalt oder Veränderung der herrschenden Kategorien zur Wahrnehmung dieser Welt."[59]

Anknüpfend an die von Karl Rohe eingeführte Unterscheidung zwischen politischer Sozio- und politischer Deutungskultur könnte der in der Sphäre der letzteren sich abspielende Kampf um die Deutungsmacht auf der Grundlage der von Bourdieu vorgenommenen "soziologischen Destruktion (des; D.S.) Begriffs ... der 'öffentlichen Meinung'"[60] einer präzisen Analyse unterzogen werden.

Es wird in den beiden folgenden Abschnitten darum gehen, die zwei Seiten politischer Kultur genauer zu skizzieren: zunächst auf der Seite des Subjekts, dem politische Kultur als Deutungscode und internalisiertes Verweisungssystem die sinnhafte Organisation politischer Daten erlaubt; dann auf Seiten des politischen Systems und der im Wettbewerb um Deutungsmacht befindlichen politischen Klasse, der politische Kultur als kollektive Deutungsmatrix der Systemmitglieder Integrations- und Legitimationschancen bietet oder verwehrt.

1.2.2.1 Sinnstiftungsfunktion: Politische Kultur als Verweisungssystem

Sinnstiftung durch politische Kultur meint hier folglich etwas sehr viel weiteres als die Integration politischen Denkens in einer ausformulierten und von ihren Anhängern mit Bewußtsein getragenen Ideologie. Gemeint ist vielmehr die in einer Vielzahl von Akten permanent und meist unterhalb der Bewußtseinsschwelle sich vollziehende Anwendung von Ordnungsschemata auf politische Situationen, die erst jedes einzelne Subjekt als politischen Akteur in den Stand setzt, ihrer in irgendeiner Form "habhaft" zu werden: durch sie eine Einstellung bestätigt oder erschüttert zu sehen, eine Meinung zu fassen, mögliche Folgen abzuschätzen, Relationen zwischen verschiedenen Situationen herzustellen usw. Damit wird auf den einfachen Tatbestand verwiesen, daß sich das Begreifen ei-

---

59 Bourdieu, 1985: *Sozialer Raum und 'Klassen'. Leçon sur la leçon*. Frankfurt/M., S. 18 f.

60 Raphael, 1989: *Klassenkämpfe und politisches Feld. Plädoyer für eine Weiterführung Bourdieuscher Fragestellungen in der Politischen Soziologie*, in: Eder (Hg.): a.a.O., S. 71-107, hier: S. 94.

nes bis dahin Unbekannten stets als die Herstellung eines Verweisungszusammenhangs zwischen diesem und dem bereits Bekannten vollzieht, ein Akt der Integration in bestehende Sinnkonzepte oder, anders ausgedrückt:

"Die Sinne sind vom Begriffsapparat je schon bestimmt, bevor die Wahrnehmung erfolgt, der Bürger sieht a priori schon die Welt als den Stoff, aus dem er sie sich vorstellt."[61]

Verweisungszusammenhänge produzieren wir am laufenden Band, ständig übertragen wir Ordnungsschemata von einem auf andere Wirklichkeitsbereiche - zumeist ohne es zu merken, das Verfahren ist vollständig automatisiert. Es ließe sich auf vielen Seiten demonstrieren, wie etwa die physische Grunderfahrung der Schwerkraft, einmal auf die Dichotomie von 'Oben' und 'Unten' gebracht, durch Übertragung einen ganzen Kosmos von Bedeutungen stiftet:[62] Oben sind die edleren Körperteile, und jemanden, der am Boden, also unten liegt, mit Füßen zu treten, ist eine schlimme Demütigung; oben sind die Götter und unten die Teufel; wer es zu Ansehen und Stellung gebracht hat, ist oben - nicht nur im allgemeinen Sprachgebrauch, sondern auch in den wissenschaftlichen Modellen der sozialen Schichtung. Derart vermögen einfache Schemata erstaunliche Karrieren zu machen und die unterschiedlichsten Wissensbereiche: die Welten der Natur und der Kultur, des Sozialen, der Ökonomie und der Politik, und die unterschiedlichsten Deutungssysteme: Mythen, Religionen, Ideologien, Wissenschaften, zu durchdringen.

Vor dem Hintergrund dieses Beispiels läßt sich die Sinnstiftungsfunktion Politischer Kultur benennen: Als Archiv sedimentierter politischer Erfahrung konstituiert sie eine umfassende Matrix, die es erlaubt, durch die Realisierung jeweils nur einzelner ihrer Elemente politische Situationen als Teil einer Struktur zu identifizieren. Dabei ist Sinnstiftung keineswegs identisch mit Erkenntnis, sondern umfaßt außer der kognitiven auch die affektive, evaluative und pragmatische Dimension der Herstellung von Relationen zwischen Ereignis und Sinnstruktur.[63] Um nun allerdings den Mechanimus der Sinnstiftung durch die Anwendung politisch-kultureller Schemata auf akute Situationen transparent zu machen, gilt es, einen genaueren Blick auf die Art der so generierten Relationen zu werfen.

---

[61] Max Horkheimer/Theodor W. Adorno, 1947: *Dialektik der Aufklärung*, Frankfurt/M., 9. Aufl. der Neuausgabe von 1971, S. 76.

[62] Vgl. Harry Pross, 1974: *Politische Symbolik. Theorie und Praxis der öffentlichen Kommunikation*, Stuttgart, Berlin, Köln, Mainz, S. 43 ff.

[63] 'Pragmatische' Dimension meint dabei die Klasse von Fällen, wo die Aktualisierung politischer Kultur, also die Anwendung von Ordnungsschemata auf eine konkrete Situation, unmittelbar handlungsrelevant wird.

Objektivierung

Dazu soll zunächst in Erinnerung gerufen werden, was im massenmedialen Zeitalter, wo die Tagesschau allabendlich Bilder aus fernsten Regionen ins Wohnzimmer liefert, leicht dem Bewußtsein entschwindet: daß Politik sich in einem Wirklichkeitsbereich abzuspielen pflegt, der von der Alltagserfahrung als dem Bereich, der jedem einzelnen durch unmittelbare Anschauung vertraut ist, sich signifikant unterscheidet - darüber darf auch die 'alltagsnahe' Inszenierung von Politik (Minister im Kohlebergwerk; Spitzengespräche in 'privater' Athmosphäre, mit Biedermeiersofa und Blumenvase als Dekor) nicht hinwegtäuschen, die selber nicht zuletzt ein Tribut an die Fernsehzuschauer ist. Relationen herzustellen ist also schon deswegen unabdingbar, um überhaupt gemäß der an der unmittelbaren und alltäglichen Umgebung geschulten Systematik politische Situationen in einen sinnhaften Zusammenhang stellen zu können, weil die gewaltige Distanz überbrückt werden muß, die zwischen diesen Wirklichkeitsbereichen liegt - obwohl freilich das Prinzip, Sinn zu generieren durch die Stiftung von Verweisungszusammenhängen, sehr viel universaler ist. Hegel beschreibt es, wenn er "die Sprache als die namengebende Kraft" analysiert, die die sinnliche Unmittelbarkeit transzendiert und den Schritt vom "Reich der Bilder" in das "Reich der Namen" tun läßt:

"[Auf die Frage:] Was *ist* dies?, antworten wir: *Es ist* ein Löwe, Esel usf., *es ist*, d.h. es ist gar nicht ein Gelbes, Füße - und so fort - Habendes, ein eigenes Selbständiges, sondern ein *Name*, ein *Ton* meiner Stimme - etwas ganz Anderes als es in der Anschauung ist und dies [ist] sein wahres Sein. (...) Durch den Namen ist also der Gegenstand als *seiend* aus dem Ich herausgeboren. Dies ist die erste *Schöpfer*kraft, die der Geist ausübt."[64]

Sprechen vollzieht sich demnach zuerst als ein Akt der Objektivierung: Sind die sinnlichen Anschauungen erst einmal mit Namen versehen und kategorisiert, so ist die Wahrnehmung von den Fesseln des Hier und Jetzt befreit und bereit wiederzuerkennen. Im angeführten Hegel-Zitat läßt sich ohne weiteres das Zeichen als die einfachste der semiologischen Strukturen wiederfinden: die Relation zwischen einem Signifikanten (bei Hegel: einem 'Namen', dem 'Ton meiner Stimme') und einem Signifikat (der 'sinnlichen Anschauung' Hegels oder dem *concept* Roland Barthes')[65].

Nun geht es hier freilich um Politische Kultur und nicht um Sprache; und, so kann man mit Recht einwenden, wenn man Politische Kultur als einen kollektiven Schatz von Vorstellungen, genauer: als gesellschaftlich konstituierte Matrix

---

[64] Georg Friedrich Wilhelm Hegel, 1805/06: *Jenaer Realphilosophie*, in: ders.: Sämtliche Werke (Hg. von Johannes Hoffmeister) Bd. XX, Leipzig 1932, S. 179-273, hier: S. 183 (sämtl. eckigen Klammern und Hervorhebungen in der Hoffmeisterschen Ausgabe).

[65] Ders., 1983: a.a.O., S. 43.

politischen Deutens und Wahrnehmens, zu fassen versucht, so kann das sprachliche Zeichen- oder Symbolsystem ja nur eines unter denkbaren anderen Verweisungssystemen sein, derer sich politische Sinnstiftung durch Aktualisierung von Elementen politischer Kultur bedient. In der Tat ist Sprache sowohl weiter als auch enger als Politische Kultur: Sie ist weiter, weil die Aktualisierungen von Sprache mehr als nur Sprechen von Politik hervorbringen; und sie ist enger, insofern politische Kultur auch andere Systeme als das sprachlicher Zeichen umfaßt - etwa Systeme heraldischer Symbole oder symbolischen Handelns, Systeme visueller oder gemischt sprachlich-visueller Symbole[66] - hier ist weder eine umfassende Auflistung noch eine Typologie intendiert. Immerhin ist die Strukturähnlichkeit nicht zu übersehen, wenn einerseits hier Politische Kultur ein "Archiv sedimentierter politischer Erfahrung" genannt wurde, und andererseits Berger und Luckmann notieren:

"Die Ablösbarkeit der Sprache (von der Vis-à-vis-Situation; Anm. D.S.) gründet (...) in der Fähigkeit, Sinn, Bedeutung, Meinung zu vermitteln, die nicht direkter Ausdruck des Subjekts 'Hier und Jetzt' sind. (...) Sprache ist der Speicher angehäufter Erfahrungen und Bedeutungen, die sie zur rechten Zeit aufbewahrt, um sie kommenden Generationen zu übermitteln."[67]

Damit ist zwar skizziert, wie Sprache die kommunikative Überwindung der Unmittelbarkeit von Zeit und Raum ermöglicht, - A ist in der Lage, B zum Zeitpunkt t_2 am Ort x_2 mitzuteilen, daß er/sie C zum Zeitpunkt t_1 am Ort x_1 getroffen hat - nicht aber ihre Fähigkeit, im Alltag erprobte und eingeübte Sinnzusammenhänge auf unalltägliche Situationen anzuwenden und dadurch Wirklichkeit zu transzendieren - jene Fähigkeit, mit der für Adorno und Horkheimer Sprache eigentlich erst anfängt:

"Wenn der Baum nicht mehr bloß als Baum, sondern als Zeugnis für ein anderes, als Sitz des Mana angesprochen wird, drückt die Sprache den Widerspruch aus, daß nämlich etwas es selber und zugleich etwas anderes als es selber sei, identisch und nicht identisch. Durch die Gottheit wird die Sprache aus der Tautologie zur Sprache."[68]

---

66 Zu letzteren gehört die politische Karikatur so gut wie das Arrangement einer politischen Rede innerhalb eines irgendwie gestalteten Raumes; es kommt nicht nur darauf an, *was* ein Redner sagt, sondern auch darauf, ob er es in der Nüchternheit einer Bundestagsdebatte sagt oder aus Anlaß einer Feier, das Rednerpult von Buchsbäumen umrahmt (ein Streichquartett von Haydn ist eben verklungen), ob er es in einer akademischen Ringvorlesung vorträgt oder am Aschermittwoch in einem bayerischen Bierzelt zum besten gibt.

67 Berger/Luckmann, 1969: a.a.O., S. 39. Die Formulierung von der "Ablösbarkeit der Sprache" ist insofern etwas unglücklich, als nicht die *Sprache* abgelöst wird, sondern vielmehr sie die Ablösung vom 'hic et nunc' *ermöglicht*.

68 Horkheimer/Adorno, 1947: a.a.O., S. 17.

Und genau diese Fähigkeit, Wirklichkeitssphären zu transzendieren, muß politischer Kultur zu eigen sein , wenn sie einzelne Mitglieder einer Gesellschaft in den Stand setzen soll, Elemente der unalltäglichen, in aller Regel nur mittelbar erfahrbaren Realität 'Politik' in ihre je eigenen, von den Erfordernissen ihrer eigenen Alltage geprägten Sinnkonzepte zu integrieren. Berger und Luckmann reservieren für jene Sprache, die Verweisungen zwischen verschiedenen Sphären der Wirklichkeit herstellt, den Terminus "symbolische Sprache"[69]. Im Rekurs darauf kann die Homologie von *langue* und Politischer Kultur wieder aufgegriffen und zu dem Ergebnis gebracht werden, eine deren wichtigster Analyseeinheiten namhaft zu machen: die politische Symbolik, die ins Zentrum der politischen Kulturforschung zu rücken sich Lowell Dittmer bereits 1977 bemühte:

"What is about political culture that is inherently 'cultural', resisting reduction either to political structure or to political psychology? I would submit that it is political *symbolism*. Symbols exist independently of human beings and may therefore transmit meanings from person to person despite vast distances of space and time. Although symbols are ultimately dependent for their meaning on fallible human interpretation, human communities do set forth comprehensible and relatively consistent rules of usage to facilitate speed and fidelity of communication. Thus, although the interpretation of symbolism would require some understanding of both social structure and psychology, the symbols themselves may legitimately be assumed to have some degree of autonomy from both; that is what Hegel meant by 'objective spirit'."[70]

Symbolische Verweisung

Im gleichen Zusammenhang hat Dittmer aber auch darauf hingewiesen, daß es sehr viel leichter sei, politischen Symbolismus als die vielversprechendste Einheit politischer Kulturforschung zu rühmen, als eine befriedigende Definition des Begriffs zu geben. Und in der Tat begibt man sich mit dem Symbolbegriff auf unsicheres Terrain. Die Definitionsversuche sind vielfältig, die Abgrenzung zu konkurrierenden Begriffen - Zeichen, Ikon, Allegorie, Metapher - unscharf. Dennoch ist es möglich, aus den Vieldeutigkeiten des Symbolbegriffs einen Kanon von Eigenschaften so zu destillieren, daß er dessen Inhalt für den hier zur Verhandlung stehenden Zweck hinreichend bestimmt:

- Insofern es sich beidemale um Verweisungen handelt, haben selbstverständlich Symbole und Zeichen die dichotomische Grundstruktur gemeinsam: Es handelt sich um Relata eines Signifikanten und eines Signifikats, eines Bezeich-

---

[69] Berger Luckmann, 1969: a.a.O., S. 42.

[70] Lowell Dittmer, 1977: *Political Culture and Political Symbolism. Toward a Theoretical Synthesis*, in: World Politics 29, S. 522-583, hier: S. 557 (Hervorhebung im Original).

nenden und eines Bezeichneten, eines Bedeutenden und eines Bedeuteten, oder welche Terminologie man auch immer präferiert.

- Zeichen und Symbole unterscheiden sich aber in der Art der Relation, die sie bilden: Symbolische Verweisungen beruhen immer auf der Herstellung einer irgendwie gearteten Ähnlichkeits- oder Repräsentationsbeziehung zwischen Symbolisierendem und Symbolisiertem, während die ein Zeichen konstituierende Relation schlicht kraft Setzung gestiftet werden kann.[71] So existiert etwa lediglich eine *konventionelle*, keineswegs aber eine analogische oder repräsentative Beziehung zwischen der Art, ein Taxi äußerlich als solches kenntlich zu machen, und dem *concept* Taxi als eines Dienstleistungsangebots im Bereich der Personenbeförderung. Entsprechend fällt es leicht, auch wenn man die hiesige Konvention eingeübt hat, Taxis an ihren Signifikanten 'cremefarben' und 'gelbe Leuchtschrift auf schwarzem Untergrund, auf dem Dach montiert' zu erkennen, andernorts andere, aber strukturell gleiche vereinheitlichende Merkmale (eine andere enheitliche Wagenfarbe, ein umlaufendes Band statt des Dachreiters etc.) als Signifikanten des Zeichens Taxi zu denotieren. Anders verhält es sich dagegen etwa mit der symbolischen Beziehung von 'Kreuz' und 'Christentum', die auf ein konstitutives Merkmal des christlichen Glaubens, das Erlösungskonzept des gekreuzigten Gottessohnes, und damit des Symbolisierten selber rekurriert: Die Denotation des Symbols erfordert die Kenntnis des Zusammenhangs, der zwischen Symbolisierendem und Symbolisiertem besteht. Man kann daher von Symbolen auch als 'Metazeichen' sprechen, weil ihr Symbolisierendes ein 'Signifikant zweiter Ordnung' ist, also selber aus einem Zeichen besteht. Jürgen Link nimmt diesen Aspekt auf, wenn er Symbole definiert als "die Vereinigung des Signifikats einer *Pictura* (P) und einer *Subscriptio* (S) (...). Die Vereinigung der Signifikate von P und S ist als *Abbildung von P auf S* darstellbar."[72] Lowell Dittmer nennt dies die "*metalinguistic* property of symbols"[73]: Wie auf der Ebene der Objektsprache ein Zeichen sich aus Signifikat und Signifikant zusammensetzt, so bildet auf der Ebene der Metasprache die Relation aus Zeichen und Konnotation das Symbol.
- Damit ist gleichzeitig ein Hinweis auf ein zweites konstitutives Merkmal symbolischer Verweisungen gegeben, nämlich das ihrer "Inadäquatheit", wie Roland Barthes den Umstand beschreibt, daß das Symbolisierende das Sym-

---

[71] Roland Barthes meint die gleiche Unterscheidung, wenn er die Zeichenrelation "unmotiviert", die innerhalb eines Symbols aber "motiviert" nennt (Vgl. ders., 1983: a.a.O., S. 31-33).

[72] Jürgen Link, 1978: *Die Struktur des Symbols in der Sprache des Journalismus. Zum Verhältnis literarischer und pragmatischer Symbole*, München, S. 19 (Hervorhebungen im Original).

[73] Dittmer, 1977: a.a.O., S. 567. Vgl. auch die Graphik auf S. 568.

bolisierte nicht vollständig 'abdeckt' ("... das Christentum 'übersteigt' das Kreuz...")[74], mithin Symbole keine Reproduktion der Wirklichkeit darstellen:

"Der letzte Schein irgendeiner mittelbaren oder unmittelbaren *Identität* zwischen Wirklichkeit und Symbol muß getilgt - die *Spannung* zwischen beiden muß aufs äußerste gesteigert werden, damit eben in dieser Spannung die eigentümlich Leistung des symbolischen Ausdrucks und der Gehalt jeder einzelnen symbolischen Form sichtbar werden kann."[75]

Nun darf deswegen die symbolische Verweisung nicht als eine *a priori* defizitäre Struktur mißverstanden werden; es verhält sich nicht so, daß sie die Leistung des Zeichens verfehlte, die darin besteht, ein Abbild der Wirklichkeit, wie unvollkommen es auch immer sei, zu schaffen - im Sinne Adornos und Horkheimers also "tautologisch" zu sein.[76] Vielmehr produzieren Symbole Bedeutungsüberschüsse, die erst Transzendenz - im Sinne der Übertragung von Schemata von einer zu anderen Sphären der Wirklichkeit - zulassen. Damit läßt sich wiederum das Verhältnis von Politischer Kultur und Symbolen bestimmen: Diese ist das System jener Symbole, mit deren Hilfe einerseits die subjektive Wahrnehmung Ereignisse der unalltäglichen Sphäre *Politik* in einen Bedeutungszusammenhang integriert und mit denen andererseits auf der Ebene des politischen Deutungsexpertentums, im Feld der professionellen Hüter wie Gegner der herrschenden Ordnung, um die Deutungsmacht gerungen wird. Politische Symbole sind damit hochgradig affin zu jenen "Vorstellungen von Politik", die Karl Rohe für das Material politischer Kultur als einer allgemeinen und kollektiven "Theorie des Politischen" erklärt.[77] Insofern der Symbolbegriff - anders als die zunächst nur alltagssprachlich bestimmbaren Vorstellungen - gleichzeitig ein symbolanalytisches Instrumentarium avisiert, bietet er sich für eine methodische Präzisierung des vorstellungsorientierten Konzepts politischer Kulturforschung geradezu an.

Repräsentation und Metapher

Typologien politischer Symbole - als notwendige Voraussetzung symbolanalytischer Verfahrensweisen - können sich auf die verschiedensten Unterscheidungsmerkmale stützen: so etwa auf die mediale Gestalt, die in Anspruch ge-

---

[74] Vgl. Barthes, 1983: a.a.O., S. 33.

[75] Ernst Cassirer, 1954: *Philosophie der symbolischen Formen* Bd. I, Darmstadt, 7. Aufl. 1977, S. 137 (Hervorhebungen im Original).

[76] Vgl. dies., 1947: a.a.O., S. 17.

[77] Vgl. ders., 1987: a.a.O., S. 40.

nommenen Bildreservoirs oder den Grad ihrer ästhetischen Wirkung.[78] Da hier Symbolanalyse als methodische Stütze einer politischen Kulturforschung eingeführt werden soll, der es um Logik und Systematik politischen Vorstellens geht, muß dementsprechend eine Typisierung gewählt werden, die auf der Logik und Systematik der symbolischen Verweisung beruht. Außerordentlich brauchbar und gleichzeitig für die Analyse *politischer* Symbole hochrelevant ist die von Jürgen Link vorgeschlagene "strukturell begründete Typologie"[79], die auf der Unterscheidung zwischen *repräsentativen* Symbolen, charakterisiert durch eine *pars pro toto*-Beziehung zwischen Symbolisierendem und Symbolisierten, und *metaphorischen* Symbolen, die Similaritäten zwischen Symbolisierendem und Symbolisierten bemühen oder schaffen und zwischen beiden Bedeutungsübertragungen vornehmen, beruht. Obgleich der strukturalen Linguistik entlehnt, ist diese Typologie, die auf die unterschiedlichen Weisen der Stiftung elementabbildender Relationen innerhalb einer Symbolstruktur abhebt, keineswegs nur von linguistischem, sondern von handfestem politologischem Interesse, insofern sie distinkte Modi der Generierung politischer Vorstellungen benennbar macht:

- *Metaphorisches Symbol* meint hier etwas sehr viel umfassenderes als jenen Kunstgriff sprachlicher Ornamentalisierung, den die traditionelle Rhetorik unter dem Titel der Metapher faßt. Vielmehr soll - in Spezifizierung dessen, was über den insgesamt symbolischen Aufbau der Vorstellungswelt gesagt wurde - unter dem Begriff der Metapher das Gesamt jener symbolischen Verweisungen verstanden werden, die sich der Entdeckung oder Behauptung von Similaritäten, genauer: der Konstruktion von Strukturgleichheiten verdanken.

  Als Mittel der Konstitution von Sinn vermag eine Metapher also dann zu wirken, wenn es ihr gelingt, nicht nur einzelne Aspekte, sondern ganze Reihen von Aspekten eines abstrakten, schwer begreifbaren Gegenstandsbereichs anhand einer homologen Reihe von Aspekten einer anderen, der sinnlichen Wahrnehmung leichter zugänglichen Wirklichkeitssphäre zu erläutern:

  "Metaphor is one of our most important tools for trying to comprehend partially what cannot be comprehended totally: our feelings, aesthetic experiences, moral practises, and spiritual awareness. This endeavors of the imagination are not devoid of rationality; since they use metaphor, they employ an imaginative rationality."[80]

  Diese "imaginative Rationalität" besteht in der Konstruktion isomorpher Relationen zwischen den aufeinander bezogenen Elementen von Pictura und

---

[78] Vgl. Link, 1978: a.a.O., S. 26-29.

[79] Link, 1978: a.a.O., S. 30. Vgl. auch Link, 1975: *Die Struktur des literarischen Symbols. Theoretische Beiträge am Beispiel der späten Lyrik Brechts*, München, S. 28 ff.

[80] George Lakoff/Mark Johnson, 1980: *Metaphors We Live By*, Chicago/ London, S. 193.

Subscriptio. Die auf diese Weise behauptete Strukturgleichheit von Symbolisierendem und Symbolisiertem ermöglicht jenes "understanding of one kind of thing in terms of another", das Lakoff und Johnson "the essence of metaphor"[81] nennen. Insofern haben metaphorische Symbole explikative und kognitive Funktionen - aber auch ein erhebliches Maß an Unbestimmtheit oder, positiv gewendet, an Freiheitsgraden der Phantasie. Denn die Metapher nimmt, wie Black betont, nicht buchhalterisch einen "Punkt-zu-Punkt-Vergleich(s)"[82] vor, sondern

"...funktioniert, indem sie auf den Primärgegenstand eine Menge von 'assoziierten Implikationen' 'projiziert', die im Implikationszusammenhang enthalten sind und als Prädikate auf den Sekundärgegenstand anwendbar sind."[83]

Seine eminente Bedeutung für die Generierung politischer Vorstellungen verdankt das metaphorische Verfahren seinem Vermögen, die gewaltige Distanz zwischen der Abstraktheit und Komplexität der Vorgänge im politischen Feld und den Alltagswelten der politikdeutenden Subjekte zu überbrücken: Die Metapher selegiert im Bereich der elementaren Soziokultur Bilder und Bildbereiche, die - in welch beschränkter, parteilicher und u.U. auch manipulativer[84] Perspektive auch immer - als Analogum des Politischen verwandt werden können, und konstituiert zwischen diesem und jenem ein Verhältnis von Explanans und Explanandum. Resultate solcher Operationen sind etwa die hinlänglich bekannten System-Symbole, die, angepaßt an den jeweiligen situativen Kontext, den Staat einmal als Schiff und ein andermal als Haus, Burg oder Festung zu verstehen ermöglichen.

- Während metaphorische Symbole also auf Similarität beruhen, haben *Repräsentativsymbole* substitutiven Charakter: Sie setzen einen Teil an die Stelle des Ganzen, lassen ein Exemplar die Gattung vertreten, und - dies im Bereich der Politik von offenkundig überragender Bedeutung - versetzen den Sprecher, Delegierten oder Amtsinhaber in die Lage, für und an Stelle derer zu handeln, die er vertritt oder zu vertreten vorgibt. Es sind präzise die Symbole der politi-

---

[81] Ebd., S.5.

[82] Black, Max, 1977: *Mehr über die Metapher*, in: Anselm Haverkamp (Hg.), 1983: *Theorie der Metapher*, Darmstadt, S. 379 - 413, hier: S. 397.

[83] Ebd., S. 392.

[84] Bei geeigneter Selektion der Pictura auf eine gewünschte Lesart hin eignen sich metaphorische Symbole hervorragend zur Produktion deformierter Wahrnehmungen. So muß man etwa nur ein soziales Problem, das allgemein als ein wachsendes perzipiert wird, - z.B. "organisierte Kriminalität" - unter Ausnutzung des gemeinsamen semantischen Durchschnitts "wuchernd" als "Krebs" metaphorisieren, um allzu sensible Vorbehalte - die sich etwa auf rechsstaatliche oder speziell datenschützerische Bedenken gründen könnten - gegen eine "durchgreifende" Therapie auszuräumen.

schen Repräsentation, auf die Bourdieus Aussage gegründet ist, Politik sei "der Ort schlechthin symbolischen Wirkens":[85]

"Das 'Mysterium' des 'Ministeriums' stellt einen jener Fälle gesellschaftlicher Magie dar, bei der sich eine Sache oder Person in etwas anderes verwandelt und ein einzelner (Minister, Bischof, Beauftragter, Abgeordneter, Generalsekretär, usw.) mit einer Gesamtheit von Menschen, dem Volk, der Arbeiterschaft usw., oder mit einem sozialen Verband - Staat, Kirche, Partei - identifiziert oder identifiziert wird. Seinen Höhepunkt hat das 'Mysterium' dann erreicht, wenn die Gruppe nur durch den Akt der Delegation an eine Person existieren kann, diese ihr Dasein verleiht, indem sie für sie spricht: für sie und an ihrer Stelle. Jetzt ist der Zirkel perfekt: Die Gruppe wird durch den erstellt, der in ihrem Namen spricht und darin zugleich als Fundament der Macht erscheint, die er über jene ausübt, auf welche diese Macht doch tatsächlich zurückgeht."[86]

Freilich bilden die Akte der Delegierung und Instituierung nur eine - wenngleich politisch besonders mächtige - unter anderen Varianten von Repräsentationen. Genauso handelt es sich um symbolische Verweisungen repräsentativen Typs, wenn technisches Gerät - die Dampfmaschine oder ein Mikrochip - als Chiffre des technischen Fortschritts insgesamt oder eine beliebige Waffe - wie in der jetztzeitigen Verwendung des biblischen Konversions-Slogans "Schwerter zu Pflugscharen" - an Stelle der gesamten militärischen Arsenalien steht.

Es war bereits öfter vom "politisch-kulturellen Code" die Rede, um den *mind set*-Charakter und die Regelhaftigkeit politischer Kultur zu betonen. Im gleichen Zusammenhang wurde darauf hingewiesen, daß Rohe seinen Kulturbegriff mit der Metapher der *langue* - im Gegensatz zur *parole* der politischen Praxis - zu erhellen versucht.[87] Nun läßt sich in Wiederaufnahme dieser linguistischen - und im weiteren: semiologischen - Perspektive eine genauere Bestimmung des Verhältnisses von metaphorischen und Repräsentativsymbolen versuchen:

Jakobson projizierte in seinem erstmals 1956 erschienen Aufsatz über den "Doppelcharakter der Sprache"[88] die Saussuresche Unterscheidung von assoziativer (paradigmatischer) und syntagmatischer Ebene der Rede - Roland Barthes spricht treffender von "zwei Achsen"[89] - auf die allgemeinere Polarität

---

85 Bourdieu, 1985: a.a.O., S. 39.

86 Ebd., S. 38.

87 Vgl. Rohe, 1987: a.a.O., S. 39.

88 Roman Jakobson, 1956: *Der Doppelcharakter der Sprache und die Polarität zwischen Metaphorik und Metonymik*. In: Anselm Haverkamp, 1983: Theorie der Metapher, Darmstadt, S. 163-174.

89 Barthes, 1983: a.a.O., S. 49.

von Metaphorik und Metonymik. Demnach beruht die metaphorische Rede auf einer "Similaritätsoperation", die metonymische auf einer "Kontiguitätsoperation"[90]; die eine wird durch eine semantische Überschneidung - ein Isomorphiepostulat - konstituiert, die andere durch eine kontextuelle - räumliche, zeitliche, kausale, hierarchische - Beziehung zwischen Substitut und Substituiertem.

Dieses polare Verhältnis von Metaphorik und Metonymik läßt sich wiederum auf das von metaphorischen und repräsentativen Symbolen übertragen. Denn wie die Metonymie, so beruht auch das Repräsentativsymbol auf einer kontextuellen Beziehung zwischen Repräsentant und Repräsentiertem (bzw. Repräsentierten), die durch eine Kontiguitätsoperation realisiert werden kann: auf einem Wahlakt oder einer Ernennung, auf der Autorschaft, durch die der Name des Verfassers das Werk repräsentiert, oder einer Kausalität, vermöge derer ein Flugzeug den technischen Fortschritt repräsentiert, dem es sich verdankt.

Insofern sind die metaphorischen Symbole der paradigmatischen (oder systematischen) Ebene und damit dem politsch-kulturellen Code zugehörig, während die Repräsentativsymbole der syntagmatischen Ebene und damit der politischen Praxis näher sind - obzwar sie, sofern die ihnen zugrunde liegende Repräsentationsregel genügend automatisiert ist, wiederum paradigmatischen Charakter haben und zu Bestandteilen des politisch-kulturellen Codes werden.

Allerdings zeigt sich bei der Analyse, daß insbesondere komplexere Symbole nicht nur mitunter, sondern zumeist auf beide Typen symbolischer Verweisungen gestützt sind. Als Beispiel für ein ausgesprochen wirkungsvolles, mit einer langen Tradition ausgestattetes politisches Symbol gemischt metaphorisch-repräsentativen Typs soll das *Staatsschiff* angeführt werden, das sich gleichzeitig zur Demonstration dessen eignet, wie eine einzige Relation auf dem Wege ungezwungener und dennoch zuverlässiger Assoziationen und Konnotationen ein ganzes Bedeutungssystem zur Legitimation autoritärer politischer Strukturen hervorbringt (vgl. Abbildung 1).[91]

Die dominierende Relation im 'Staatsschiff'-Symbol ist metaphorischen Typs: Es behauptet - ganz im Sinne der Blackschen These, daß "jede Metapher (...) die Spitze eines untergegangenen Modells"[92] sei - die Strukturgleichheit der Systeme 'Schiff' und 'Staat' sowohl hinsichtlich ihrer Systemumwelten - im einen Falle der Gefahren des Ozeans mit seinen Stürmen und Riffen, im anderen der außenpolitischen Bedrohungen des Staates - als auch hinsichtlich der inneren Verhältnisse - einer strammen hierarchischen Ordnung, in der keiner dem

---

[90] Jakobson, 1956: a.a.O., S. 168.

[91] Vgl. dazu: E. Schäfer, 1972: *Das Staatsschiff*, in: P. Jehn, 1972: Toposforschung, Frankfurt/M, S. 259-292; G. Wolf, 1959: *Über die Geschichte der Staatsschiffmetapher*, in: Geschichte in Wissenschaft und Unterricht (GWU) 10, S. 692-698.

[92] Black, 1977: a.a.O., S. 396.

Kapitän oder 'Staatenlenker' zu widersprechen hat -, die fürs Schiff wie für den Staat als notwendige Antworten auf die Gefährdungen durch die Systemumwelten ausgegeben werden. Innerhalb dieser die Struktur prägenden Metapher freilich existieren implizit oder explizit zahlreiche Repräsentationen: Stets stehen der Kapitän für und anstelle des Staatschefs oder der Regierung und die einfache Mannschaft anstelle der Regierten; mitunter wird die Repräsentationsbeziehung *ad personam* benannt, wie bspw. in John Tenniells berühmter Karikatur "Der Lotse geht von Bord",[93] derzufolge nach Bismarcks Amtsenthebung 1890 das deutsche Staatsschiff den Gefahren untiefen Wassers ohne kundige Führung ausgesetzt ist.

Abbildung 1

STAATSSCHIFF			
Pictura		*Subscriptio*	
äußerer Bereich	*innerer Bereich*	*innerer Bereich*	*äußerer Bereich*
	SCHIFF	STAAT	
AUF HOHER SEE —>	FUNKTIONALE HIERARCHIE	INNENPOLITIK <—	PRIMAT DER AUSSENPOLITIK
d.h. prinzipiell gefährdet	Kapitän Offiziere Mannschaft	Hierarchie von der Staatsführung bis zum loyalitätspflichtigen Untertan	Staat in Auseinandersetzung mit anderen Staaten
KONKRETE GEFAHREN —>	"WIE EIN MANN"	NATIONALES KOLLEKTIV <—	STAAT IN GEFAHR
Stürme, Klippen, Untiefen usf.	Besatzung muß zusammenstehen, auf den Kapitän vertrauen	unbedingte Identifikation und Gehorsamspflicht	im Kampf mit einer feindlichen äußeren Welt
"ALLE SITZEN IN EINEM BOOT"		HARMONISIERUNG INNERER WIDERSPRÜCHE	

Das *Staatsschiff*-Modell läßt sich nahezu beliebig ausbauen. Mit der metaphorischen Übertragung steht der ganze Mikrokosmos "Schiff" bereit, auf den Makrokosmos "Staat" projiziert zu werden. Mit der Schiffsmetapher ist ein Modell etabliert, das die abstrakte Wirklichkeit "Staat" in den Bereich des Konkreten zurückholt und sie sinnenfällig macht - freilich in höchst parteiischer Weise. Denn dank der gleichzeitig etablierten Repräsentativbeziehungen wird eine Wahrnehmung dieser Wirklichkeit privilegiert, in der politische Dissidenten als

93 1890 veröffentlicht in der englischen Zeitschrift *Punch* mit der Unterzeile *Dropping the pilot*. Vgl. Der Spiegel, Nr. 38/1982, S. 2.

"Meuterer" deklariert und damit von Gegnern der Staatsform oder -führung zu solchen der ganzen Überlebens-Gemeinschaft gemacht werden und in der gleichzeitig beliebig harte Bestrafungen gerechtfertigt scheinen. So wird tendenziell jede kritische Wendung gegen den Staat desavouiert und nahezu jede Anmaßung des Staates gegenüber seinen Bürgern legitimiert.

* * *

In den Beispielen, die den Ausführungen zu politischer Kultur als einem Verweisungssystem beigegeben wurden, wurde nebenbei versucht, wenigstens anzudeuten, auf welche Weise einerseits Symbole sowohl dazu beitragen, das subjektive Bedürfnis nach kohärenter Deutung politischer Ereignisse zu erfüllen, als auch in ihnen sich die Modi der Organisation subjektiver Sinnhaftigkeit objektivieren; und andererseits, wie reggressionsbedroht und manipulationsanfällig die Wahrnehmung und Deutung außeralltäglicher Ereignisbereiche auf dem Wege der Übertragung von Schemata ist.

Denn wenn politisches Deuten sich als Integration des Zu-Deutenden in bestehende Sinnkonzepte, also als ein Akt, in dem die Homogenität von Allgemeinem und Besonderem hergestellt wird, vollzieht, besteht allemal die Gefahr, daß die symbolischen Relationen denen der Wirklichkeit unangemessen sind und der Akt der Integration zum bloßen Subsumieren regrediert. Die symbolisch strukturierte Wahrnehmung erstarrt dann zu einer von Klischees, Ressentiments und Vorurteilen bestimmten, die in jener "vom Gedanken unangekränkelten Gewißheit (...), in der vorbegrifflichen Einheit von Wahrnehmung und Gegenstand"[94] sich niederschlägt, die die Kohärenz von Sinnkonzept und Wirklichkeit apriorisch setzt statt sie reflektierend herzustellen.

Auf der anderen Seite bedeutet die Subjektivität der Prozesse von Wahrnehmung und Deutung freilich nicht, daß es in der Macht der Subjekte stünde, ihre je eigenen Sinnkonzepte und Verweisungszusammenhänge in einem Zustand der Autonomie oder nach einem Originalitätsprinzip zu generieren. Vielmehr unterliegen diese subjektiven Leistungen einer objektiven Koordinierung. Um die soll es im folgenden gehen.

---

[94] Horkheimer/Adorno, 1947: a.a.O., S. 169.

1.2.2.2 Legitimation und Integration: Politische Kultur als Institution

Während vorher Politische Kultur von der subjektiven Seite her als ein System symbolischer Verweisungen zu Zwecken der Politikdeutung durch ihre einzelnen Teilhaber beschrieben wurde, kommt jetzt stärker ihr politisch-institutioneller Charakter ins Spiel. Dessentwegen nämlich sind die Subjekte in der Wahl je bestimmter Verweisungszusmmenhänge nicht frei, sondern auf den politisch-kulturell definierten Fundus verfügbarer Alternativen von vornherein festgelegt, der wiederum die objektiven Bedingungen der politischen, sozialen und ökonomischen Struktur tendenziell reproduziert. Wenn also vorher die für Politische Kultur signifikante Dialektik von Externalisierung und Internalisierung angehalten wurde, um auf der Seite des Subjekts in dessen Sinnkonzepten die Spuren des Verinnerlichten zu verfolgen, soll der Blick jetzt auf die Exteriorität und den Prozeß ihrer Verinnerlichung gerichtet werden. Es geht um die Kraft Politischer Kultur, die subjektiven Deutungswelten so zu präformieren, daß sie sich in ein System objektiver Regelmäßigkeiten fügen.

Politische Kultur als ein *mind set*, das die Aufmerksamkeit auf weniger als die logisch mögliche Spannweite politischer Alternativen konzentriert[95], beschränkt die individuelle Freiheit des politischen Denkens, Fühlens, Wertens, Handelns auf ganz unmerkliche Weise - unmerklich deshalb, weil, was außerhalb der Möglichkeiten dieses *mind sets* liegt, nicht nur nicht realisierbar, sondern auch nicht erkennbar ist. Wie Politische Kultur objektiv bedingt ist durch jene politische Geschichte, deren symbolischer Verarbeitung sie sich verdankt, stellt sie ihrerseits die objektive Bedingung der subjektiven politischen Praxen dar, insofern sie das Feld möglicher Deutungen definiert, das zu verlassen der einzelne weniger durch Sanktionsdrohungen - die greifen in aller Regel bei heterodoxen Handhabungen *innerhalb* des politisch-kulturellen Codes[96] - als durch

---

[95] Vgl. Elkins/Simeon, 1979: a.a.O., S. 128.

[96] Die freilich nicht so seltene Ausnahme von dieser Regel bilden die Momente, in denen ganz unterschiedliche politische Kulturen zur Konfrontation kommen, wie es sich am Beispiel des klassischen Imperialismus studieren läßt. Es handelt sich dabei um Konfrontationen politischer Kulturen, die in einem krass asymmetrischen Verhältnis mit Macht ausgestattet sind. Die Sanktionsdrohung besteht in ihrer allgemeinsten Form darin, daß, wer an den Segnungen des überlegenen Systems teilhaben wolle, sich dessen politischer Kultur - wie seiner Kultur überhaupt - zu assimilieren habe, und reicht über die bereits deutlich bestimmtere Form, Zugangschancen zu Positionen an die Absolvenz wiederum von der mit Macht ausgestatteten Seite vorgeschriebener Ausbildungen zu knüpfen, bis zur Bestrafung abweichenden Verhaltens.
"Wir dürfen nicht aus den Augen verlieren, daß Stützkonzeptionen für Sinnwelten ihrerseits - wie alle Formen der Legitimation - Produkte gesellschaftlicher Aktivität sind und kaum je von anderen Aktivitäten der betreffenden Gesellschaft isoliert verstanden werden können. Vor allem ist der Erfolg bestimmter Konzeptionen mit der Macht derer verknüpft, die sich ihrer bedienen. Der Zusammenstoß alternativer symbolischer Sinnwelten wirft automatisch die Macht-

die schiere Unmöglichkeit der eigenständigen Erzeugung anderer als der zuhandenen Schemata symbolischer Übertragungen gehindert wird. Gleichzeitig erlaubt dieses Feld den politischen Akteuren in der Anwendung unterschiedlicher Weisen auf die gleiche Situation zu unterschiedlichen Handlungsorientierungen zu gelangen. Darin steckt der entschiedene Antideterminismus des Konzepts Politische Kultur: Als Matrix politischen Deutens und Wahrnehmens gewährleistet sie Kohärenz des politischen Denkens, Fühlens, Wertens, Handelns auch insofern, als sie kohärente Auffassungen darüber hervorbringt, was mit unterschiedlichen Deutungen bedacht, also strittig werden kann. D.h., Politische Kultur ist in sich strukturiert in einen Bereich des Selbstverständlichen und fraglos Hinzunehmenden wie Hingenommenen einerseits und einen Bereich des legitimerweise Umstrittenen, der Konkurrenz von Bedeutungen andererseits.

Deutungskultur und Soziokultur

Karl Rohe schlägt, um dieser Struktur politischer Kultur gerecht zu werden, die Unterscheidung von politischer Soziokultur und politischer Deutungskultur vor:

"Politische Kultur wäre somit stets beides, Soziokultur und Deutungskultur, 'Basis' und 'Überbau' und das spannungsreiche Austauschverhältnis, das zwischen beiden existiert, ein konstitutives Wesensmoment von politischer Kultur. Sie besteht also einmal aus undiskutierten Selbstverständlichkeiten, die den latenten oder ruhenden Teil von politischer Kultur markieren; sie besteht jedoch gleichzeitig aus kulturellen Diskussionen, die eben diese Selbstverständlichkeiten wieder in Frage stellen und gleichsam den manifesten Bereich von politischer Kultur ausmachen. Freilich steht hinter den manifesten kulturellen Prozessen und Diskussionen bewußt/unbewußt die Erwartung, daß sich als Ergebnis der politisch-kulturellen Debatten neue Selbstverständlichkeiten herausbilden, da Selbstverständlichkeiten, die zumindest für eine Zeitlang nicht in Frage gestellt werden, die Ermöglichungsvoraussetzung allen politischen Lebens darstellen."[97]

Mit Bourdieu läßt sich dieses Verhältnis von politischer Soziokultur und politischer Deutungskultur als das einer Doxa zu Orthodoxie bzw. Heterodoxie begreifen.[98] Seine beiden Seiten sind komplementär: Was nicht in den Bereich der

frage auf, an welcher der konkurrienden Wirklichkeitsbestimmungen die Gesellschaft 'hängenbleiben' wird. (...) Welche gewinnen wird, hängt von der Macht, nicht vom theoretischen Genie ihrer Legitimatoren ab" (Berger/Luckmann, 1969: a.a.O., S. 116 f.).
Insofern ist eine sich irgendwann möglicherweise herausbildende Weltkultur de facto kaum anders denkbar, denn als ein Zustand dauerhafter kultureller Hegemonie der sich selbst so apostrophierenden 1. Welt über die von ihr so apostrophierten 2., 3. und 4. Welten.

97 Rohe, 1987: a.a.O., S. 42.

98 Vgl. Bourdieu, 1979: a.a.O., S. 318 ff.

Doxa fällt, ist Gegenstand der Konkurrenz von Orthodoxie und Heterodoxie, und umgekehrt; je größer das Feld des Selbstverständlichen, desto geringer die Reichweite des politischen Diskurses[99] und die Freiheit des abweichenden Deutens. Dabei stellt das Maß legitimer Differenz selber ein - möglicherweise klassifikationstaugliches - Merkmal politischer Kultur dar, wobei freilich bedacht sein will, daß es auf unterschiedlichen Ebenen der Beobachtung auch unterschiedlich groß sein muß. So gibt es etwa jenseits des politischen Diskurses der im Bundestag vertretenen Parteien, wo Orthodoxie und Heterodoxie als Regierung und Opposition zu identifizieren sind, ein Feld des Selbstverständlichen, das normalerweise der Diskussion nicht zugänglich ist - nicht, weil irgendeine Zensurbehörde seine Thematisierung unterdrücken würde, sondern weil es als Selbstverständliches nicht thematisierbar ist. Dieses Feld des Undiskutierten vergrößert, die Reichweite des Diskurses verringert sich, wenn man statt des ganzen etablierten Politikspektrums nur *eine* Partei in den Blick nimmt, wo sich Orthodoxie und Heterodoxie als dominierender und dominierter Parteiflügel konstituieren, usf.

Öffnung - Schließung - Wandel

Doxa und Orthodoxie unterscheiden sich darin, daß, während jene, indem sie die Heterodoxie bekämpft, sie gleichzeitig anerkennt, diese die Selbstverständlichkeit ihrer Inhalte behauptet und damit die bloße Möglichkeit eines Anderen verschleiert. Insofern indizieren Austauschbewegungen vom Bereich des Selbstverständlichen zu dem des Diskurses ein Moment politisch-kultureller Öffnung und setzen die Zeichen auf Kulturwandel (1), während sie in der umgekehrten Richtung einen Prozeß politisch-kultureller Schließung, der Stabilisierung oder Stagnation hervorbringen (2).
1. Dem Transfer eines Gegenstandes vom Bereich der Doxa in den des Diskurses geht als Anlaß immer irgendeine Verunsicherung voraus, die das vorher fraglos Anerkannte fragwürdig macht:

"Die aus den kulturellen Kontakten oder den politischen oder ökonomischen Krisen hervorgehende praktische Infragestellung der Thesen, die in einer Lebensform impliziert sind, weisen freilich nicht die Gestalt einer rein intellektuellen Operation auf, die bei den Phänomenologen unter dem Begriff der Epoché firmiert: begriffen als das methodische und auf Entscheidung beruhende Ab-

---

[99] Rohe meidet in diesem Zusammenhang den Diskursbegriff, weil der "zu leicht ein verengtes und zu rationalistisches Verständnis von politischer Deutungskultur" (ders. (1987): a.a.O., S. 42) impliziere. Ich will ihn dennoch verwenden, weil er als *range of ideas* den gemeinten Bereich des Umstrittenen ausgezeichnet faßt, wohingegen mir die Konnotation, daß es sich dabei um einen gewissen Rationalitätsstandards genügenden Streit handelt, dem Begriff nicht eigentümlich zu sein scheint.

standnehmen von der naiven Zugehörigkeit zur Welt. Denn die Krise, die das Undiskutierte zur Diskussion, das Unformulierte zu seiner Formulierung führt, hat zur Bedingung ihrer Möglichkeit die objektive Krise, die, indem sie das unmittelbare Angepaßtsein der subjektiven an die objektiven Strukturen aufbricht, praktisch die Evidenz zerstört und darin einen Teil dessen in Frage stellt, was ungeprüft hingenommen worden war."[100]

Insofern ist ein Wandel der politischen Kultur zwar kausal gekoppelt an einen Wandel der objektiven Bedingungen, nicht aber notwendigerweise des politischen Systems. Es kann zwar, muß aber nicht sein, daß politisch-kultureller Wandel von einem politischen Systemwandel induziert ist; allemal aber sind Veränderungen der politischen Vorstellungen von Veränderungen der objektiven Bedingungen diese Vorstellens hervorgebracht. Die Impulse politisch-kulturellen Wandels können vom ökonomischen oder vom Erziehungs- und Bildungssystem so gut ausgehen wie vom politischen System selber. Sidney Verba illustriert - die Notwendigkeit steten Kulturwandels auch in stabil demokratischen Ländern im Blick - einige der möglichen Ausprägungen des Verhältnisses von objektivem und politisch-kulturellem Wandel:

"This (die Notwendigkeit permanenter politisch-kultureller Erneuerung; D.S.) may be because the nation is faced with a new set of problems (...). Or an established nation may be faced with the problem of the creation of citizens out of new arrivals, as was the United States in the nineteenth century. Or the more established and industrialized nations may be faced with the problems of change and transformation in their postindustrial society - for change does not end with the industrial revolution. This is not to argue that the formation of a political culture is a constantly new and revolutionary process (...). The point is, rather, that one cannot consider the issue settled. If a new culture is not being created at each moment, there are still aspects of the existing culture that are probably undergoing considerable change."[101]

So ließe sich etwa, ihre Richtigkeit unterstellt, die überaus einflußreiche These Ronald Ingleharts von der *silent revolution* zugunsten postmaterieller Werte[102] als ein Beispiel für einen vom ökonomischen System, genauer: von seiner gestiegenen Fähigkeit zur Satisfaktion ökonomischer Bedürfnisse, angestoßener Wandel politischer Kultur anführen, insofern dieser Wertewandel hinsichtlich des politischen Systems ganz neue Erwartungen und Anforderungen hervorbringt, damit zu einer Veränderung der gesellschaftlich akzeptablen Systemlegitima-

---

[100] Ebd., S. 331.

[101] Verba, 1965: *Germany: The Remaking of Political Culture*, in: Pye/Verba, 1965: a.a.O., S. 130-170, hier: S. 130 f.

[102] Vgl. Ronald Inglehart, 1977: *The Silent Revolution. Changing Values and Political Styles Among Western Publics*, Princeton/N.J.

tionen führt und mithin auf politische Kultur durchschlägt. Dabei ist es nur oberflächlich betrachtet ein Widerspruch, daß in diesem Fall jene Krise, die das zuvor Unproblematische zum Thema macht, Reflex eines Zustandes relativer ökonomischer Sorgenlosigkeit sein soll: folgt man der Argumentation der Wertwandel-Theorie, so schafft erst die einigermaßen gesicherte materielle Reproduktion den Spielraum zur Problematisierung immaterieller Wünsche.[103]
2. Auf der Ebene der Deutungskultur generierte Deutungsangebote sind erst dann wirklich durchgesetzt, wenn sie aus dem Bereich des Diskurses wieder verschwinden und in den Bereich der Soziokultur absinken. Dann, wenn sie der Diskussion entzogen sind, sind sie verläßlicher und unbestreitbarer Bestandteil des gesellschaftlich situierten Ensembles von Deutungen, das jene scheinbar zwanglose Choreographie der politischen Praxis hervorbringt, die keiner anderen als der tautologischen Rechtfertigung bedarf: Man denkt, bewertet, fühlt, handelt so, weil man so denkt, bewertet, fühlt, handelt. Im politischen Prozeß sind unablässig Situationen aufweisbar, in denen die Intention sich Geltung verschafft, eine Diskussion zu beenden, einen evidenten Antagonismus um die Möglichkeit zu bringen, als Alternative gehandelt zu werden, und damit einen Gegenstand, der bereits in den Bereich des Streits von Orthodoxie und Heterodoxie eingedrungen war, aus der Welt des Diskurses wieder auszuschließen - ein Vorgang, den man als die Konstituierung einer Doxa zweiter Ordnung bezeichnen kann.

Wenn etwa, wie es der UdSSR noch in der Frühphase der Ära Gorbatschow widerfuhr, ein konkurrierendes politisches System als 'Reich des Bösen' tituliert wird, so ist darin unschwer der Wunsch nach dem Ausschluß des Sowjetsozialismus aus dem Universum des Diskutierbaren zu erkennen - es handelt sich also um ein im genannten Sinne doxisches Verhalten. Die Metapher entstammt dem religiösen Bereich, und wie in der religiösen Pictura, so soll Kraft Isomorphiepostulat auch im politischen Bereich das eine System das andere gerade so weit akzeptieren, wie die Heilige Dreifaltigkeit den Teufel: als Sanktionsdrohung oder negatives Korrelat zur Integration der Eigengruppe, nicht als eine nach Für und Wider diskutierbare Alternative. Eine Formel wie die vom 'Wettbewerb der Systeme', den etwa zur gleichen Zeit die SPD (in einem gemeinsamen Papier mit der SED) zwischen Kapitalismus und Sozialismus im Gange sah, konstituiert dagegen ein Verhältnis von Orthodoxie und Heterodoxie: Zwar wird auch hier jeder der Wettbewerber der Ansicht sein, er

---

[103] Offensichtlich wird dieser Zusammenhang von 'Wertewandel' und Krise in den Theorien, die die gleiche Phänomenologie als Reflex einer Krise der Arbeits- oder Industriegesellschaft deuten, die ihr utopisches Potential, ihre eigene Rechtfertigung aufgezehrt hat (vgl. Claus Offe, 1984: *Arbeitsgesellschaft, Strukturprobleme und Zukunftsperspektiven*, Frankfurt/M.; Ulrich Beck, 1986: *Risikogesellschaft. Auf dem Weg in eine andere Moderne*, Frankfurt/M.; Jürgen Habermas, 1976b: *Was heißt heute Krise? Legitimationsprobleme im Spätkapitalismus*, in: ders.: Zur Rekonstruktion des Historischen Materialismus, Frankfurt/M., S. 304-329; ders., 1985: *Die Neue Unübersichtlichkeit*, Frankfurt/M.).

verfüge über die richtige Antwort auf die Systemfrage, er sei es, der seine Geltungsansprüche einzulösen vermag; es wird aber eine andere Entscheidung wenn auch nicht als vernünftig, so doch als denkbar, kritisierbar und allenfalls auch möglich erachtet.[104]

Wenn also Deutungskultur die Sphäre des Ringens um politische Legitimation bezeichnet, so läßt sich politische Soziokultur als die Sphäre der Integration begreifen. Während Deutungskultur politische Kultur "in Arbeit" ist, wobei die Konkurrenz von Orthodoxie und Heterodoxie noch nicht entschieden ist, gewährleistet die Ebene der Soziokultur einen Zustand prästabilierter Harmonie der Deutungen. Hier werden keine Legitimitätsansprüche geltend gemacht: Soziokultur ist sich selbst Rechtfertigung genug, sie schafft dort, wo die Krise noch nicht eingetreten oder bereits gebannt ist, ein System politischer Verläßlichkeiten von vor-legitimatorischer Naivität. Gerade weil ihre Inhalte sich von selbst verstehen und deswegen nicht zur Sprache gebracht werden, vermag sie ihre Teilhaber zu integrieren, indem sie die objektive Struktur ihres Geltungsbereichs zu unmittelbarer und quasi-natürlicher Evidenz bringt. Insofern ist politische Kultur - als Kollektiveigenschaft - nicht nur Resultat, sondern auch Bedingung politischer Kollektive, kollektiv und kollektivierend; womit sie wiederum in die Dialektik von Internalisierung und Externalisierung gestellt wäre.

Politische Kultur und Deutungsmacht

Politische Kultur stellt sich also zweifach strukturiert dar: Erstens in Soziokultur und Deutungskultur, und zweitens letztere in Orthodoxie und Heterodoxie(n), zwischen denen sich der Wettbewerb um Deutungsmacht abspielt. Der Gedanke einer solchen Konkurrenz um Deutungen affiziert aber noch eine weitere, quer zu den vorgenannten liegende Unterscheidung: die zwischen "Anbietern" oder Deutungsexperten und "Nachfragern", die Deutungsangebote in aller Regel bloß akzeptieren oder ablehnen, ohne sich selber am Wettbewerb zu beteiligen. Anders ausgedrückt: Es ist evident, daß politische Kultur nicht nur horizontal qua Sozialisation von Generation zu Generation weitergegeben wird, sondern gleichzeitig auf dem Wege der Generierung und Distribution von Deutungsangeboten formenden Eingriffen und Prozessen vertikaler Vermittlung zugänglich ist. Denn offensichtlich sind zwischen politisch mehr oder minder Interessierten und Engagierten einerseits und den beruflich - als Politiker, politische Journalisten und Publizisten oder politische Öffentlichkeitsarbeiter - mit Politik Befaßten andererseits die Möglichkeiten der Produktion und Distribution von Deu-

---

[104] Bekanntermaßen ist dieser Wettbewerb mittlerweile beendet und die Antwort auf die Frage nach dem besseren System in der Tat nicht mehr zu stellen.

tungsangeboten extrem ungleich verteilt.[105] Die Zugangschancen zur Ebene der Deutungskultur, also das Ausmaß, in dem Deutungsexperten, oder, um den in diesem Zusammenhang besser passenden Ausdruck Max Kaases zu verwenden: Sinnproduzenten[106] in der Lage sind, sich erfolgreich am Markt der Politikdeutungen zu behaupten, als Besitz an symbolischem Kapital begreifen,[107] wobei das Streben nach Kapitalakkumulation in der Logik des ökonomischen wie des politisch-kulturellen Wettbewerbs liegt und die "kulturelle Hegemonie", um Gramscis Begriff in großzügiger Weise zu benutzen,[108] jene "marktbeherrschende" Stellung beschreibt, in der eine "Sicht der Welt" als durchgesetzt und in einem umfassenden Sinne konsensual gelten kann.

Zwar sind, wie die Thematisierungserfolge oppositioneller Bewegungen zeigen, die politischen Professionellen nicht im Besitz eines Deutungsmonopols. Im allgemeinen aber ist der "Wettbewrb um die Deutungsmacht" ein Wettbewerb, in dem die verschiedenen parteilich organisierten Fraktionen der politischen Profession mit ihren Deutungsangeboten um Anhänger- und Wählerschaft werben. Dementsprechend dokumentiert sich das Ausmaß des Erfolgs, mit dem die Konkurrenten - also in erster Linie die Parteien - an diesem Markt operieren, in politischen Stellungnahmen wie etwa Parteimitgliedschaften, v.a. aber in Wahlergebnissen.

Dabei ist selbstredend der Besitz an Deutungsmacht, wie er sich in solchen Stellungnahmen objektiviert, unmittelbar herrschaftsrelevant, weil politische Kultur die Maßstäbe dafür setzt, welche Politik als legitim und sinnvoll anerkannt wird. Nicht nur das politische System als Ganzes, sondern jede seiner Institutionen, das in ihm statthabende politische Handeln bis in die feinsten Verästelungen wird unablässig sowohl bewußt - im Streit zwischen Orthodoxie und Heterodoxie - als auch unterhalb der Bewußtseinsschwelle daraufhin geprüft, ob sein Sinn, die dafür in Anschlag gebrachten Gründe und Rechtfertigungen, sich mit den politisch-kulturell definierten Modi der Sinnstiftung in Einklang bringen läßt.

---

[105] Darin liegt ein neuerlicher Grund, sich bei ihrer Erforschung zumindest nicht vorrangig auf die Methoden des *survey research* zu stützen. Denn wenn auch "der Aggregationsmechanismus des *one man one vote* (...) die konsequente Anerkennung des Egalitätsprinzips" (Kaase, 1983: a.a.O., S. 155) darstellt, so bedeutet er doch die gleichermaßen konsequente Verleugnung des Faktums, daß dieses Egalitätsprinzip als eine der tragenden Rechtfertigungen demokratischer Systeme zunächst nichts als ein Anspruch oder eine Behauptung ist, die vorderhand anzuerkennen bedeutet, in der Operationalisierung politischer Kulturforschung vorauszusetzen, was im günstigsten und rein theoretischen Fall ihr Ergebnis sein könnte, sich aber praktisch als Ideologie erweisen muß.

[106] Kaase, 1983: a.a.O., S. 156.

[107] Vgl. Bourdieu, 1979: a.a.O., S. 335 ff.

[108] Vgl. Antonio Gramsci, 1980: *Zu Politik, Geschichte und Kultur*, Frankfurt/M.

Ob nun allerdings einer konkreten Ordnung die Legitimität anerkannt oder entzogen wird, hängt nicht davon ab, daß unter Umständen einzelne ihrer Legitimationen zurückgewiesen oder vom System selber zeitweilig oder generell empirisch nicht eingelöst werden. Es ist noch nicht einmal davon auszugehen, daß das Verfehlen mehrerer Systemziele *automatisch* durch Kumulation von Effekten bei einer bestimmten Reizschwelle zum Legitimationsentzug führt. Vielmehr vollzieht sich ein solcher Sprung von der Quantität uneingelöster Ansprüche zur Qualität der Delegitimierung dann, wenn das Ganze, das System der Legitimationen, nicht mehr mit der Struktur der politischen Kultur in Deckung zu bringen ist:

"Ob Legitimationen überzeugen, ob sie geglaubt werden, hängt gewiß von empirischen Motiven ab; aber diese Motive bilden sich nicht unabhängig von der formal zu analysierenden Rechtfertigungskraft der Legitimationen selber, wir können auch sagen: vom Legitimationspotential oder von den *Gründen*, die mobilisiert werden können."[109]

Insofern ist politische Kultur nicht eine symbolische Doppelung des politischen Systems. Zwar reproduziert sie als Archiv geschichtlicher politischer Erfahrung in ihren Strukturen tendenziell die ihres objektiven Kontextes; weil der aber nicht identisch ist mit der nach Legitimität heischenden politischen Ordnung, vielmehr auch deren Versagungen und Versagen umfaßt, die wiederum auf dem Wege von Wahrnehmung und Deutung zu subjektiven Erfahrungen der Differenz von Legitimationsanspruch und Legitimationspotential, von Versprechen und Wirklichkeit werden, ist politische Kultur nicht *a priori* affirmativ, sondern bringt zugleich kritische Distanz hervor. Diese zu verringern - orthodoxe Handhabung - oder zu vergrößern - heterodoxe Handhabung - bilden sich auf der Ebene der Deutungskultur Deutungsinstitutionen - eine Priesterkaste, Wissenschaften, Parteien, Medien - aus, die Deutungssysteme - eine mythologische Totalität, Religionen, Ideologien; was auf je spezifischen historischen Stufen auf die Rechtfertigung eines "Gottesgnadentums" so gut wie auf die liberale Naturrechtstheorie hinauslaufen kann - zu entwerfen, modifizieren, befestigen, fortzuschreiben trachten.

Freilich verhält es sich nicht so, daß in der Konkurrenz von Orthodoxie und Heterodoxie, oder allgemein: seitens der Deutungsexperten und ihrer Apparate, politische Kultur in souveränen Akten und allein den Grenzen der Phantasie unterworfen herstellbar wäre. Denn der politische Diskurs wirkt gleichzeitig restriktiv, indem er seine eigenen Grenzen definiert (1), und ist restringiert, indem ihm seine Struktur vorgegeben ist (2).

---

[109] Jürgen Habermas, 1976a: *Legitimationsprobleme im modernen Staat*, in: ders., 1976: Zur Rekonstruktion des Historischen Materialismus, Frankfurt/M., 3. Aufl. 1982, S. 271-303, hier: S. 276 (Hervorhebung im Original).

1. Der zwischen Orthodoxie und Heterodoxie ausgetragene Streit um Deutungen ist nicht universell, sondern thematisiert selber nur einen Ausschnitt des logisch Denk- und Deutbaren:

"Auch der erklärte Gegensatz zwischen rechter Meinung (und der Rechten) und linker Meinung (und der Linken) verschleiert seinerseits, indem er das *Universum des Diskurses* (...) absteckt, den fundamentalen Gegensatz zwischen dem Bereich der Dinge, die zur Sprache gebracht, also gedacht werden können, und dem Bereich dessen, was unausgesprochen funktioniert. Der Bereich des Diskurses (...) definiert sich praktisch in Hinblick auf die komplementäre Klasse, die, dazu verdammt, unbemerkt zu bleiben, durch den Bereich des Undiskutierten, Unformulierten, Ungenannten, kurz durch das gebildet wird, was ohne Diskussion und Prüfung hingenommen wird."[110]

Diesen Effekt machen sich z.B. die Integrationstrategien zu eigen, mit deren Hilfe die etablierten Teilnehmer des politischen Diskurses Oppositionen - im Sinne Marcuses als einer "qualitativen Differenz" zum Bestehenden - teilweise neutralisieren. Wenn eine Opposition Zugang zum Bereich des Diskurses und des symbolischen Kapitals sucht, so wird er ihr nur um den Preis gewährt, daß sie sich an dessen Spielregeln - zu denen die stillschweigende Anerkennung von Selbstverständlichkeiten gehört - hält. Indem auf diese Weise einem tolerierbaren Teil des oppositionellen Materials die politische Streitwürdigkeit attestiert wird, werden gleichzeitig die nicht tolerierbaren Anteile umso dauerhafter vom Diskurs dispensiert, als ihre Anwälte selber sich von ihnen trennen müssen - darin besteht das Risiko des "Marsches durch die Institutionen".[111]

2. Die Tätigkeit der Generierung von Deutungen ist selber spezifischen Restriktionen unterworfen. Weil politische Kultur eine Kollektiveigenschaft ist, haben die Deutungsproduzenten, sofern ihnen am Erfolg ihrer Erzeugnisse auf dem Meinungsmarkt gelegen ist, sich an die kollektiven Interpretationsgewohnheiten zu halten. Politisch *wirksame* Symbole müssen Kollektivsymbole sein, also solche, die breit distribuiert sind und deren Verweisungszusammenhang hinreichend ausdeterminiert ist. Denn nur dann können sie intersubjektive Kohärenz der subjektiven Sinnkonzepte und der aus ihnen resultierenden Einstellungen, Werte, Orientierungen und Verhaltensweisen stiften.

Insofern ist politische Symbolproduktion an die Struktur jener politischen Kultur gebunden, in die sie eingreifen möchte. Es gilt das Diktum Marx' und Engels': "Auch die Nebelbildungen im Gehirn der Menschen sind notwendige Sublimate ihres materiellen, empirisch konstatierbaren und an materielle Vor-

---

[110] Bourdieu, 1979: a.a.O., S. 332 (Hervorhebung im Original).

[111] In exemplarischer Deutlichkeit wurde die Funktionsweise dieses Prinzips bedingter Zulassung heterodoxer Forderungen im Zusammenhang mit der rot-grünen Senatsbildung in Berlin im März 1989 in Gestalt der sogenannten "Essentials"-Debatte vorgeführt.

aussetzungen geknüpften Lebensprozesses."[112] Zu diesen Voraussetzungen rechnen aber neben den Institutionen des Deutungsexpertentums selber etwa das politische und das ökonomische System und nicht zuletzt, wie Rohe betont, jene politische Soziokultur, der die Deutungsexperten Avancen machen:

"Die Einflußmöglichkeiten von politischen Interpretationsangeboten aus dem Bereich der politischen Deutungskultur werden nicht nur durch überkommene historische Traditionen begrenzt, sondern auch durch eigene Erfahrungen, die Menschen, oder enger: politische Akteure mit politischer Wirklichkeit, insbesondere mit politischen Institutionen machen und auf die sie sich, ganz unabhängig von allen von außen auf sie eindringenden Deutungs- und Sinnangeboten, stets auch ihren eigenen Reim machen. Was generell gilt, daß nämlich Menschen zumindest einen Teil ihrer Lebensumwelt ohne die via Massenkommunikation übermittelten Deutungsangebote selbst symbolisch durchdringen und verarbeiten, gilt grundsätzlich auch für den Bereich der Politik"[113].

Allerdings sieht Rohe die Bedeutung eigener politischer Erfahrung durch die "Bedingungen moderner politischer Vergesellschaftung und moderner Massenkommunikation" eingeschränkt:

"Einiges spricht dafür, daß (...), je mehr 'Erfahrungsraum' und 'Verhängnisraum' auseinanderfallen, der Stellenwert eigener Realitätserfahrung geringer und der von außen einströmender Sinn- und Deutungsangebote potentiell grösser geworden ist und größer wird."[114]

Die konkrete Legitimierungsarbeit, die auf der Ebene politischer Deutungskultur zu leisten ist, kann man mit Murray Edelman als symbolische Politik bezeichnen,[115] womit gemeint ist, daß politisches Handeln nie ausschießlich von Effizienzkriterien geleitet wird, sondern immer auch eine 'theatralische' Seite hat, auf der, adressiert an die Öffentlichkeit oder eine Teilöffentlichkeit, an eine politische oder sonstige Elite oder ein Segment einer dieser Eliten, Deutungsangebote für dieses Handeln produziert werden. So gehört, um ein Beispiel Edelmans aufzugreifen, zu den grundlegendsten Legitimationen demokratisch verfaßter Systeme das politische Selbstbestimmungsrecht des Volkes, das im Institut der Wahlen exemplarisch verdeutlicht wird:

---

[112] Karl Marx und Friedrich Engels, 1846: *Die deutsche Ideologie*, in: Marx-Engels-Werke Bd. 3, Berlin, 4. Aufl. der Ausgabe von 1958, 1969, S. 26.

[113] Rohe, 1987: a.a.O., S. 43.

[114] Ebd.

[115] Vgl. Murray Edelman, 1976: *Politik als Ritual. Die symbolische Funktion staatlicher Institutionen und politischen Handelns*, Frankfurt/M., 1.Aufl., passim.

"Vordergründig gilt die Aufmerksamkeit der Frage, wer oder was gewinnt, bzw. verliert, doch haben Wahlen auch die latente Funktion, den Glauben an die politische Mitbestimmung des Volkes zu vermitteln."[116]

Prinzipiell also produziert Politik, in stark variierendem Mischungsverhältnis, immer beides: Effekte und Bedeutungen, und tut es notwendigerweise. Denn in Abgrenzung von Edelman, der dazu neigt, einen Dualismus von instrumentell-problemlösender und symbolischer Politik zu konstruieren und letztere generell unter Manipulationverdacht zu stellen, sei an dieser Stelle ausdrücklich betont, daß zwar mit der Etablierung privilegierter Deutungsexperten auch der Versuch manipulativen Eingriffs in oder instrumentellen Zugriffs auf Momente politischer Kultur institutionalisiert ist, daß aber andererseits, eben wegen der Differenz zwischen Verhängnis- und Erfahrungsraum, unter Verzicht auf Strategien der Politikvermittlung, also ihrer symbolischen Verdeutlichung, Politik in differenzierten Gesellschaften nicht organisierbar ist.

1.3 Vorbemerkung zur Operationalisierung

Zentrale Intention des vorgeschlagenen Konzepts Politischer Kultur ist es, seinem Gegenstand systematisch einen Platz als Transmitter zwischen politischer Struktur und Individuum, zwischen politischem System und dem subjektiven politischen Denken, Werten, Fühlen und Handeln zuzuweisen, um damit ein Stückchen zur Einlösung dessen beizutragen, was sein Anspruch von Anfang an war: eine Brücke zu schlagen zwischen Mikro- und Makropol politikwissenschaftlicher Analyse. Ich will das Ergebnis dieser Bemühungen zusammenfassen und versuchen, ihm durch die Diktion einer Definition definitorische Autorität zu verleihen:

Ich verstehe unter politischer Kultur ein umfassendes System politischer Vorstellungen, das in seiner Struktur auf dem Wege der Verarbeitung politischer Erfahrungen die Struktur der objektiven politischen Bedingungen reproduziert und gleichzeitig die politischer Praxis ihrer Teilhaber strukturiert. Sie ist einerseits objektive soziale Institution, die die Maßstäbe für die Legitimität des politischen Systems und des politischen Handelns setzt, und erfüllt andererseits die Funktion subjektiver Sinnstiftung, indem sie ein System von Deutungsschemata bereitstellt, mit dessen Hilfe heterogene politische Situationen als Teile eines Zusammenhangs identifiziert werden können.

---

[116] Ebd., S. 98. Auf die gleiche Weise, aber je unterschiedlichen Ebenen erfüllen Volksentscheide und Bürgerbegehren, Planungsbeteiligungsverfahren oder Hearings unter Einbeziehung gesellschaftlicher Gruppen legitimatorische Funktionen.

Der Entwurf bleibt dabei zunächst absichtlich abstrakt und allgemein; er drängt nicht unmittelbar auf einen bestimmten Modus der Operationalisierung hin. Eine Engführung des theoretischen Konzepts dahingehend, daß am Ende scheinbar wie von selbst eine bestimmte Art seiner Umsetzung in Forschungspraxis sich geltend machte, wurde absichtlich vermieden. Es geht mir eher darum, verschiedene Anregungen aus den drei Jahrzehnten der Forschungsidee Politische Kultur aufzugreifen, um sie nicht additiv, sondern systematisierend und unter Zuhilfenahme anderer, aber mit strukturell ähnlichen Gegenständen befaßter Ansätze zusammenzudenken. Daraus sollte eine Konzeption entstehen, die das Feld für verschiedene Operationalisierungen unter je verschiedenen Fragestellungen an je verschiedenen Gegenständen und mit je verschiedenen Akzentsetzungen öffnet, an deren einer ich mich im folgenden versuchen will.

Vorher aber soll auf drei bisher ausgesparte Fragen eingegangen werden, die traditionell zu den meistdiskutierten der politischen Kulturforschung rechnen und die in dem Moment, wo von der Konzeptionalisierung zur Operationalisierung geschritten werden soll, ausgesprochen drängend werden: erstens die Frage nach den Analyseeinheiten, den kulturtragenden Kollektiven oder culture-bearing units, zweitens die nach den Inhalten, danach, welche Vorstellungen denn nun eigentlich zu untersuchen seien, sowie drittens die nach einer Typologie politischer Kulturen. Es handelt sich um Fragen, die deshalb bisher gemieden wurden, weil sie sich einer verbindlichen Antwort jenseits konkreter Fragestellungen entziehen. Wie diese Antworten im Rahmen der vorliegenden Studie aussehen, soll zu einem späteren Zeitpunkt erörtert werden; zunächst geht es darum, ihre allgemeine Logik zu skizzieren.

Culture-Bearing Units

Darüber, daß die Frage nach den kulturtragenden Kollektiven nicht *ex cathedra* und ein für allemal beantwortet werden kann, besteht weitgehende Einmütigkeit.[117] Eine Begründung dafür findet Rohe in der Geschichtlichkeit politischer Kultur:

"Kultur hat 'man' stets nur mit anderen zusammen. Wer diese anderen sind, ob sie sich primär transnational, national, konfessionell, regional, ethnisch, sozial, sektoral oder funktional bestimmen lassen, ist freilich eine offene Frage, da die politisch-kulturellen Eigenarten und Identitäten historisch dynamischer Veränderung unterliegen."[118]

---

[117] Vgl. bspw. Kaase, 1983: a.a.O., S. 148; Elkins/Simeon, 1979: a.a.O., S. 129.

[118] Rohe, 1987: a.a.O., S. 40.

Wie schnell aber auch scheinbar ganz evidente Bestimmungen kulturtragender Einheiten problematisch werden, kann an einem kleinen Beispiel demonstriert werden. Betreibt man Politische Kulturforschung unter den Vorzeichen der Legitimationsproblematik des politischen Systems, so beantwortet sich die Frage nach der *culture-bearing unit* fast von selbst: Man wird zunächst all diejenigen als Teilhaber einer politischen Kultur ins Auge fassen, auf die sich der Legitimitätsanspruch des politischen Systems bezieht. Man kann dann Max Webers Definition des Staates in Anschlag bringen:

"Staat ist diejenige menschliche Gemeinschaft, welche innerhalb eines bestimmten Gebietes - dies: das 'Gebiet' gehört zum Merkmal - das Monopol legitimer physischer Gewaltsamkeit für sich (mit Erfolg) beansprucht"[119],

und das Kollektiv derjenigen, die innerhalb des Staatsterritoriums leben, seinen Gesetzen unterworfen sind und seine Staatsbürgerschaft besitzen, als politisch-kulturelle Einheit behandeln. Allerdings wird diese Definition rasch fragwürdig:

Mit bspw. der Einführung eines kommunalen Wahlrechts für Ausländer erweitert sich partiell der Legitimitätsanspruch des Staates auf einen weiteren als den Kreis der Staatsbürger. Zwar sind die kommunale und die Ebene des Gesamtsystems analytisch eindeutig zu trennen, insofern sie aber praktisch penetrieren, etwa in Gestalt von Weisungsbefugnissen oder auf dem Weg der Delegation von Zuständigkeiten, verliert das konstitutive Kriterium der Staatsbürgerschaft an Plausibilität.

Das kleine Beispiel deutet die Unmöglichkeit einer allgemein verbindlichen Antwort auf die Frage nach den kulturtragenden Einheiten an. Deren Definition bleibt letztlich abhängig von der Fragestellung, ist deswegen aber nicht beliebig, sondern kann in einem systematischen Verfahren bestimmt werden. Elkins und Simeon schlagen einen Entscheidungsprozeß vor, demzufolge zunächst hypothetisch ein Kollektiv als Träger politischer Kultur ausgemacht wird, um dann nach den Kriterien hinreichender Übereinstimmung oder signifikanter Differenz der politischen Vorstellungen innerhalb dieses Kollektivs bzw. im Vergleich zu anderen die Hypothese zu festigen oder zu verwerfen. So hätte man in groben Zügen etwa folgendermaßen zu verfahren:

"Thus, for nations, we must ask wether their collective experience is important or wether the internation difference stems form varying proportions of particular groups, each with its own unique experiences. If it is the latter, then our attention should shift to an enquiry about the cultural attributes of the subnational collectivities rather than the national one. Conversely, if our focus were on religious groups, but we found Catholics in one nation differed strongly in political behavior from Catholics in another, then we would be led to hypothesize the nation as the relevant culture-bearing unit; and it would be national rather than

---

119 Max Weber, 1922a: *Wirtschaft und Gesellschaft. Grundriß der verstehenden Soziologie*, Tübingen, 5. revidierte Aufl. (besorgt von Johannes Winckelmann) 1980, S. 822.

religious cultures to which we would look for explanation. (We oversimplify for expository neatness; it may happen that both national and religious cultures are important.)"[120]

Ein solches Verfahren setzt freilich voraus, daß Politische Kulturforschung von vorneherein komparativ angelegt wird.[121] Wenn auch dadurch ohne Zweifel die Felder der Differenz wie der Übereinstimmung in den politischen Vorstellungswelten der verglichenen Einheiten systematisch abgegrenzt werden können, so führt doch der komparative Ansatz nie zur Bestimmung von Kollektiven, die *die* politische Kultur schlechthin tragen, zu *culture-bearing units* 'an sich' und jenseits aller theoretischen und forschungspraktischen Entscheidungen.

Zu den Inhalten politischer Kultur

Einen noch prominenteren Rang in der Problemliste der Politischen Kulturforschung nimmt die Frage nach den konkret zu analysierende Inhalten ein. Es geht darum, aus der unübersehbaren Menge von Einstellungen (in der Almond/Verba-Linie) bzw. Vorstellungen (in der Elkins/Simeon-Linie) die tatsächlich relevanten herauszufiltern, um sie dann als Variablen politischer Kultur zu operationalisieren. Almond und Verba finden eine bestechend einfache Antwort in ihrer bekannten 3x4-Matrix der Objekte und Typen politischer Orientierung:

Dimensions of Political Orientation[122]

	System as General Object	*Input Object*	*Output Object*	*Self as Object*
Cognition				
Affect				
Evaluation				

[120] Elkins/Simeon, 1979: a.a.O., S. 129.

[121] Dem ist prinzipiell auch zuzustimmen, wenngleich ich mir ein sinnvolles Vorgehen auch dergestalt vorstellen kann, daß die vergleichende Perspektive nur am Rande einbezogen wird, indem der Forscher zwar nicht auf systematische Forschung, aber auf ein dennoch vorhandenes Wissen um die politische Kultur in der 'Umgebung' seines Gegenstandsbereichs reflektiert [so verfährt etwa Peter Reichel (vgl. ders. (1981): a.a.O.)]. Implizit vergleichend ist jede Studie, die nicht einfach borniert ist, ein komparativer Ansatz vermag allerdings das Risiko einer falschen Dimensionierung der Analyseeinheiten beträchtlich zu mindern.

[122] Quelle: Almond/Verba, 1963: a.a.O., S. 16.

Obwohl hier das Problem durch die strikte Trennung politischer Kultur von einerseits politischem Verhalten und andererseits politischem System einigermaßen klein gehalten wird, ist doch offensichtlich, daß damit noch keine *Inhalte*, sondern lediglich *Dimensionen* - Strukturen von Inhalten - beschrieben sind. In der Tat ist damit erst einer von zwei notwendigen Schritten getan: Der erste besteht in der Entfaltung einer Theorie politischer Kultur und ihrer Dimensionen, und im zweiten müssen in einem Prozeß wechselweiser Konfrontation von Theorie und Empirie diese Dimensionen material ausgefüllt werden - als Fragen eines Fragebogens, Kategorien einer Inhaltsanalyse usf.

Für die inhaltliche Sättigung vorstellungszentrierter Konzepte politischer Kultur gibt Rohe das Stichwort, wenn er ihren Gegenstand als "kollektive Theorie des Politischen" paraphrasiert und hinzufügt:

"Die grundlegenden Fragen, die politische Theorie stellt, und auf die sie Antworten zu geben versucht: Was ist Politik? Was ist politische Rationalität? Was ist der Kitt, der politische Gesellschaften zusammenhält? usw., sind deshalb auch sinnvollerweise die zentralen Fragen, von denen Politische Kulturforschung auszugehen hat."[123]

Dieser Intention folgen auch Elkins und Simeon, wenn sie heuristisch und ohne Anspruch auf Vollständigkeit eine Liste von "types of assumptions" - es geht also wiederum noch nicht um Inhalte, sondern um Dimensionen - zusammenstellen, die ich im folgenden in gestraffter Form wiedergeben will:

"1. Assumptions about the orderliness of the universe. (...)
2. Presumptions about the nature of causality. (...)
3. What are the principal goals of life? (...)
4. Should one try to maximize gains, or to minimize losses? (...)
5. Who belongs to one's political community? (...)
6. What types of events, actions, ore institutiones are deemed political? (...)
7. Assumptions about others (...) and about how one should relate to them."[124]

Die Liste beschreibt bei aller Vorläufigkeit recht gut, aus welchem Stoff jene Vorstellungen sind, die es zu beschreiben gilt, und demonstriert gleichzeitig, wie radikal diese sich von den Einstellungen, Werten und Gefühlen unterscheiden, die im Zentrum des *main stream* politischer Kulturforschung stehen. Sie offenbart allerdings im Vergleich zur Almond/Verbaschen Matrix politischer Orientierungen auch ein erhebliches Defizit an Systematik. Tatsächlich verfügt der vorstellungszentrierte Ansatz über keine Vorab-Ordnung, wie sie das Konzept Almonds und Verbas anzubieten vermag. Das hat allerdings den Vorzug,

---

[123] Rohe, 1987: a.a.O., S. 40.

[124] Elkins/Simeon, 1979: a.a.O., S. 132.

daß er nicht darauf abonniert wird, alle vorgefundene kulturelle Wirklichkeit über den gleichen Leisten schlagen zu müssen. Genauer: er verzichtet darauf, sich gegen die Fragen des Verhältnisses von Kultur und ihren Bedingungen abzudichten, was Voraussetzung sowohl der glasklaren Systematik des Almond/Verba-Konzeptes als auch seiner normativen Koppelung an die Realität, aus der sie selber hervorgeht: ein rationalistisches Politikverständnis innerhalb eines im großen und ganzen rational organisierten politischen Systems, ist.[125] D.h., die Antwort auf die Frage nach den konkreten Inhalten kann nur im Zusammenhang mit den objektiven Bedingungen politischer Kultur, also in Kenntnis und unter Berücksichtigung ihres System-Kontextes gegeben werden.

Zu den Typologien politischer Kultur

Ähnliches gilt auch für das Problem der typologisierenden Einordnug politischer Kulturen. Die Qualität einer Typologie wird - neben praktisch-handwerklichen Kriterien wie Eindeutigkeit der Zuordnung und Vollständigkeit - v.a. durch ihre Fähigkeit, Ausprägungen politischer Kultur nach hinsichtlich einer Fragestellung - die mag auf ihre innere Struktur oder ihre Entwicklungsperspektive, auf ihr Verhältnis zum politischen System oder zum politischen Handeln zielen - relevanten Dimensionen zu gruppieren. Um den Zusammenhang von Theorie, Fragestellung und Typologie zu illustrieren, sei wiederum *The Civic Culture* herangezogen:[126]

Almond und Verba entwerfen als reine Typen die *parochial*, die *subject* und die *participant culture*; dazu gesellen sich die drei durch Kombination je zweier

---

[125] Ich will diese Blindheit für die Belange des politischen Systems anhand eines Beispiels aus dem Fragebogen der *Civic Culture*-Studie erläutern. Position 43 der *Interview Schedules*, der auf einen Eintrag im rechten unteren Feld der zitierten 3 x 4-Matrix hinausläuft, lautet folgendermaßen: "Which one of these statements comes *closest* to describing your feelings when you go to the polls to cast your ballot? (HAND LIST 6)

List 6

I get a feeling of satisfaction out of it
I do it only because it is my duty
I feel annoyed, it's a waste of time
I don't feel anything in particular"

(Almond/Verba 1963: a.a.O., S. 531 f.). Wie immer auch die Antwort ausfällt, einer sinnvollen Interpretation ist sie erst dann zugänglich, wenn sowohl auf der Seite der objektiven Bedingungen der tatsächliche partizipatorische Wert der Wahl - Größe des wählbaren Spektrums, Chancen politischer Veränderung - als auch auf der Seite des Subjekts die genauere Begründung der Antwort hinterfragt würde. Im Beispiel würde vermutlich ein überzeugter Monarchist sich ebenso für Antwort drei entscheiden wie Murray Edelman, der den v.a. legitimatorischen Charakter von Wahlen herausstreicht, oder viele derer, die dem populären *graffity* "Wenn Wahlen etwas verändern könnten, wären sie verboten" Zustimmung zollen.

[126] Vgl. Almond/Verba, 1963: a.a.O., S. 12-32.

der reinen Typen zu erzeugenden Mischformen. *Parochial, subject* und *participant culture* unterscheiden sich hinsichtlich des Differenzierungsgrades politischer Orientierungen: Gesellschaften, in denen noch keine Orientierungen auf politische Objekte, keine politischen Rollen ausdifferenziert wurden, repräsentieren den ersten Typus (Beispiel: "African tribal societys"); sobald sich Orientierungen gegenüber dem politischen System und seinen *output*-Leistungen ausgebildet haben, wird von einer *subject culture* gesprochen (Beispiel: "a French royalist"); erst wenn außerdem *input*-Orientierungen und ein Bewußtsein vom Selbst als politischem Akteur entwickelt sind, handelt es sich um eine *participant culture*. Wie das folgende Zitat zeigt, steckt dahinter ein Evolutionsmodell oder eine Modernisierungstheorie, die um die Begriffe Differenzierung, Rationalisierung und Spezialisierung zentriert ist:

"To be sure, adding participant orientations to subject and parochial orientations does not leave these 'earlier' orientations unchanged. The parochial orientations adapt when new and more specialized orientations enter into the picture, just as both parochial and subject orientations change when participant orientations are aquired."[127]

Es ist ein additives Modell, insofern beim Übergang von einer früheren zu einer späteren Stufe durch das Hinzutreten neuer Dimensionen der Orientierung die alten Orientierungen zwar verändert, nicht aber entwertet werden. Deswegen ist auch die Konstruktion eines parochial-partizipativen Mischtyps modellkompatibel (immerhin scheint es auf den ersten Blick unschlüssig, wenn in einem Evolutionsmodell die Stufen eins und drei unter Absenz oder Überspringen der dazwischenliegenden Stufe kombiniert werden): Er kann dort vermutet werden, wo vormoderne Gesellschaften plötzlich mit einem modernen demokratischen politischen System ausgestattet werden, wie es am Ende des Kolonialzeitalters vielen der *new nations* widerfährt.[128]

Diese modernisierungstheoretisch fundierte Typologie ist der Fragestellung, die Almond und Verba in *The Civic Culture* verfolgen, maßgeschneidert, insofern sie es ja mit Problemen politischer Modernisierung - dem Scheitern, der Errichtung, der Stabilisierung moderner Demokratien - zu tun haben. Dementsprechend mögen andere Fragestellungen auch nach anderen Strukturprinzipien folgenden Typologien verlangen, ohne daß man von vorneherein zwischen besseren und schlechteren zu unterscheiden vermöchte. So könnten etwa im Falle einer vergleichenden Studie zur politischen Kultur von Parteien u.U. die verschiedenen Modi der Integration und Anbindung von Mitgliedern und Wählern,

---

[127] Ebd., S. 20.

[128] Vgl. ebd., S. 26.

wie sie zweifelsfrei Volksparteien, Klientelparteien und Honoratiorenparteien entwickeln, Grundlage einer adäquaten Typologie bilden.

* * *

Diese drei Probleme, die Fragen nach den kulturtragenden Kollektiven, den Inhalten und den Typen haben ihren Teil zu den Irritationen über die richtige Konzeption politischer Kultur beigetragen - m.E. ganz überflüssigerweise, weil es sich um relationale Fragen handelt, die ohne Bezug auf ein konkretes Projekt nicht beantwortet werden können. Wie diese Antworten für die vorliegende Studie ausfallen, soll im nächsten Kapitel, das sich mit Fragen der Operationalisierung des vorgestellten Konzepts befaßt, vorgestellt werden.

2. Analyse der politischen Deutungskultur Weimars: Eingangsthesen und Ansatz

In diesem und dem folgenden Kapitel geht es um die Übersetzung der vorgestellten Konzeption Politischer Kultur in ein Design zur Analyse eines konkreten Gegenstandes, hier der politischen Deutungskultur Weimars. Um den Status der einzelnen Operationalisierungsschritte zu verdeutlichen, soll zunächst ein Einblick in den Produktionsprozeß der Studie gegeben werden:

Formulierung des Ansatzes. In diesem ersten Schritt wurde die Eingangsthese, derzufolge in der Weimarer Republik unter den Vorzeichen von Kriegsniederlage, Systemwechsel und Modernisierungskrisen die traditionelle Segmentierung der politischen Kultur Deutschlands sich prekär zuspitzt und den gesellschaftlich gültigen Bereich des politisch Selbstverständlichen aufzehrt, formuliert und begründet. Diese These wird durch die Realgeschichte der Weimarer Republik sowie durch eine Vielzahl von Dokumenten etwa der zeitgenössischen Literatur[1] induziert und gewinnt durch eine Vielzahl von Erkenntnissen der Weimar-Forschung in verschiedenen Disziplinen Plausibilität. Um nur einige Beispiele zu nennen:[2] Hinweise auf den Verlust eines referentiellen Codes in der politischen Kultur Weimars unter den Vorzeichen tiefgreifender Verunsicherungen geben außer der historischen Forschung selber *en detail* etwa die Ideen- und Ideologiegeschichte[3], die Literaturwissenschaft[4] sowie Arbeiten zu

---

[1] Erinnert sei an die großen Zeitporträts wie Döblins 'Berlin Alexanderplatz', Feuchtwangers 'Erfolg' (Erster Band der 'Wartesaal'-Trilogie), Manès Sperbers 'Wie eine Träne im Ozean', an die weniger populären Weimar-Romane Oskar-Maria Grafs oder an die literarischen Versuche der Verarbeitung des Weltkrieges bei bspw. Arnold Zweig ('Erziehung vor Verdun'), Erich-Maria Remarque ('Im Westen nichts Neues'), Ernst Toller ('Die Wandlung') oder Ernst Jünger ('In Stahlgewittern', 'Kriegstagebücher') u.a. Die erzählende Literatur der Weimarer Republik - mehr noch selbstverständlich die retrospektive Verarbeitung des Scheiterns der Republik, die Gegenstand eines Gutteils der Exilliteratur ist - ist häufig politische Literatur, die der synoptischen Betrachtung ein umfassendes Bild der disparaten Deutungswelten der Zeit bietet.

[2] Übergreifend: John Willet, 1978: *The New Sobriety. Art and Politics in the Weimar Period 1917-1933*, London (deutsch: *Explosion der Mitte. Kunst und Politik 1917-1933*, Müchen, 1981).

[3] Vgl. z.B. Karl Dietrich Bracher, 1982: *Zeit der Ideologien. Eine Geschichte politischen Denkens im 20. Jahrhundert*, Stuttgart; Kurt Sontheimer, 1968: *Antidemokratisches Denken in der Weimarer Republik. Die politischen Ideen des deutschen Nationalismus zwischen 1918 und 1933*, München, 2. Aufl. der Taschenbuchausgabe, 1983; Helmuth Plessner, 1959: *Die verspätete Nation. Über die politische Verführbarkeit bürgerlichen Geistes* (zuerst erschienen 1935 unter dem Titel "Das Schicksal deutschen Geistes im Ausgang seiner bürgerlichen Epoche"), Frankfurt/M., 1. Aufl. der Taschenbuchausgabe 1974; Georg Lucàcs, 1962: *Die Zerstörung der Vernunft* (3 Bände), Darmstadt und Neuwied, Taschenbuchausgabe 1974. Hinzuweisen ist außerdem auf Auseinandersetzungen

kulturellen Entwicklungen der Weimarer Republik[5]. Um sie einer Operationalisierung zugänglich zu machen, ist allerdings eine zweifache Systematisierung notwendig: Einerseits hinsichtlich der politisch-kulturellen Fragmentierung der Weimarer Gesellschaft und andererseits hinsichtlich der relevanten Inhalte ihrer politischer Deutungskultur. Daher wird erstens eine vorläufige Topographie politischer Subkulturen, eine Art provisorischer Landkarte der politisch-kulturellen Segmente erstellt (a), und zweites werden die Dimensionen der Analyse eingeführt (b).

(a) Der Zweck einer vorläufigen Topographie politischer Kultur ist es, eine Handhabe für die systematische Zusammenstellung geeigneten Analysematerials zu bieten. Insofern systematische Untersuchungen zur politischen Kultur Weimars bisher fehlen, mußten dafür andere Konzepte herangezogen werden, die die Struktur der weimarischen Gesellschaft nach anderen als politisch-kulturellen, aber möglichst kontingenten Gesichtspunkten beschreiben. Die Entscheidung fiel zugunsten zweier Konzepte zur Erklärung des Wahlverhaltens, weil das hier favorisierte Verständnis politischer Kultur einen engen Zusammenhang zwischen einer Topographie, deren Explanans die elementare politische Praxis der Stimmabgabe ist, und der politischen Kultur als dem Strukturprinzip auch dieser politischen Praxis vermuten läßt.[6]

(b) Neben der Vorstrukturierung des Materials mußte eine Struktur der relevanten Untersuchungsinhalte gefunden werden. Die Festlegung der zu untersuchenden Dimensionen politischer Deutungskultur, ihre inhaltliche Bestimmung und ihre Präzisierung zu inhaltsanalytischen Kategorien bildet eine Arbeitsphase, die den gesamten weiteren Gang der Untersuchung weitgehend determiniert und deren Bedeutung für den Ertrag der Studie kaum überschätzt werden kann.[7] Um hier zu guten Ergebnissen zu gelangen, mußten in einem längeren zirkulären Prozeß, ausgehend von Versuchen der theoretischen Fixie-

---

mit der Staatslehre der Weimarer Republik; vgl. z.B. Wolfram Bauer, 1968: *Wertrelativismus und Wertbestimmtheit im Kampf um die Weimarer Demokratie. Zum Methodenstreit der Staatsrechtslehrer und seiner Bedeutung für die Politologie*, Berlin; Christoph Müller/Ilse Staff (Hg.), 1985: *Staatslehre in der Weimarer Republik. Hermann Heller zu ehren*, Frankfurt/M.

[4] Stellvertretend sei eine Studie über die in diesem Zusammenhang hochrelevante Kriegsliteratur genannt: Hans-Harald Müller, 1986: *Der Krieg und die Schriftsteller. Der Kriegsroman der Weimarer Republik*, Stuttgart.

[5] Bspw. Peter Gay, 1969: *The Outsider as Insider*, New York 1968 deutsch: *Die Republik der Außenseiter. Geist und Kultur in der Weimarer Zeit 1918-1933*, Taschenbuchausgabe 1987; Walter Laqueur, 1977: *Weimar. Die Kultur der Republik*, Frankfurt/M., Berlin, Wien.

[6] Es handelt sich um das Konzept der *sozial-moralischen Milieus* (Lepsius) und um das des *political confessionalism* (Burnham). Genaueres siehe unter 2.1.2 *Taxonomie der politischen Kultur Weimars*.

[7] Hier ist die Stelle im Untersuchungsprozeß, an der die Entscheidung darüber fällt, worauf das Untersuchungsmaterial denn eigentlich befragt wird; vergleichbar etwa der Herleitung und Erstellung eines Fragebogens in der Umfrageforschung.

rung empirischen Vorwissens, Schritt für Schritt theoretisch begründete Systematisierungen an Stichproben des Materials erprobt, präzisiert und dem Material erneut appliziert werden. Diesen Kreis galt es so lange zu durchlaufen, bis das kategoriale System der Inhaltsanalyse die für die politische Deutungskultur Weimars relevanten Merkmale des Textmaterials zu erfassen versprach. Jene drei Dimensionen, die das Rückgrat der Inhaltsanalyse bilden - die Vorstellungen von der Struktur der geschichtlichen Zeit, die Distinktionen von Freund und Feind, die Vorstellungen vom richtigen Staat und von der Weimarer Republik -, sind theoretisch und empirisch begründbare Hauptverwerfungslinien in der politischen Deutungskultur der Weimarer Republik.

Durchführung der empirischen Analyse. Nach der Formulierung eines Forschungsansatzes in diesem werden im folgenden Kapitel Ablauf und Eckdaten der praktischen Durchführung der Studie präsentiert. Zunächst müssen geeignete Untersuchungsmaterialien ausgewählt werden (a); danach geht es an die Analyse selber. Zwar sind wesentliche Festlegungen der Inhaltsanalyse, insbesondere die Untersuchungsebenen, mit der Formulierung des Ansatzes bereits getroffen, nicht aber die technischen Modalitäten der Datenerhebung und -auswertung. Die inhaltsanalytischen *units* müssen definiert, das Kategorienschema zu einem "technischen" Kodiererhandbuch präzisiert, der Ablauf des Kodierungsprozesses bestimmt, die Zuverlässigkeit der Datenerhebung geprüft und geeignete Verfahren für die Auswertung der gewonnenen Daten gefunden werden (b).

(a) Um Redundanzen im Textkorpus zu vermeiden und die Vergleichbarkeit zu sichern, fällt die Entscheidung nicht auf den abstrakten Algorhythmus eines formellen Stichprobenverfahrens, sondern auf einen Modus, demzufolge das Textmaterial durch eine thematische Festlegung und durch die Privilegierung bestimmter journalistischer Stilformen ausgewählt wird: Die Diskurse über drei verschiedene, je unterschiedlich besetzte politische Gedenktage - Reichsgründungstag, Verfassungstag, Revolutionstag - erscheinen als besonders geeignete Objektivierungen politischer Vorstellungen; Leitartikel und Kommentare sind die bevorzugten Orte der Generierung und Distribution von Deutungsangeboten. Den Fundus der Materialrecherche bilden 30 Zeitungen und Zeitschriften, die auf der Basis der vorläufigen Taxonomie politischer Subkulturen ausgewählt wurden.

(b) Das Ziel, an das sich die Anlage der Inhaltsanalyse und die Auswertungstechniken für die inhaltsanalytisch produzierten Daten anzumessen haben, ist die Beschreibung der Struktur politischer Deutungskultur. Übersetzt in die Sprache quantitativer Analyseverfahren heißt das, daß die assoziativen und dissoziativen Zusammenhänge zwischen den Kategorien aller drei Analyseebenen und zwischen diesen und den verwendeten Quellen untersucht werden müssen. Zu diesem Zweck wurde eine Reihe von *Korrepondenzanalysen* durchgeführt. Es handelt sich dabei um ein exploratives multidimensionales Verfahren zur Analyse kategorialen Datenmaterials, das es erlaubt, die relevanten Variablen, also sowohl die inhaltsanalytischen Kategorien als auch Variablen, die die Textquellen beschreiben, in einen niederdimensionalen Raum zu projizieren. Das Ergebnis sind Darstellungen, die sich als eine - jetzt nicht mehr theoriegeleitete, sondern empirisch erhärtete - Topographie politischer Deutungskultur lesen lassen und eine ausgezeichnete Grundlage bieten, um interpretierend die praktische(n) Logik(en) politischen Deutens zu dechiffrieren.

2.1 Der Verlust des Selbstverständlichen

Angesichts des raschen Scheiterns, das dem ersten deutschen Versuch in Demokratie beschieden war,[8] stellt sich unmittelbar die Frage, wie es um die Einlösung ihres Legitimitätsanspruchs bestellt war. Und die wiederum führt zurück zur Gründung der Republik, zu den Bedingungen ihrer Möglichkeit, oder vielmehr: zu den Vorstellungen davon, worin diese Bedingungen gelegen haben mögen. Gemäß den zeitgenössischen Lesarten war die Weimarer Republik wahlweise das Produkt

- einer verratenen, einer stecken gebliebenen oder einer erfolgreichen Revolution;
- des Aufstandes eines vom Kriege zermürbten Volkes;
- des Versagens der Kriegs- und Vorkriegsführung;
- der Kriegsniederlage und des Diktats der Siegermächte;
- einer schändlichen Meuterei; oder
- eines "Dolchstoßes" in den Rücken des "im Felde unbesiegten" Heeres.

Die Liste - es kann ohne Bruch der Kohärenz mehr als nur eine der angebotenen Antworten akzeptiert werden - präsentiert ausschnitthaft ein Moment der politisch-kulturellen Krise Weimar-Deutschlands. Diese trägt die Signatur einer Segmentierung der Gesellschaft in nur bedingt interaktionsfähige und interaktionsbereite Subkulturen, die auf objektiv krisenhafte und subjektiv mitunter als traumatisch erlebte politische und gesellschaftliche Prozesse mit der Ausdifferenzierung je eigener, untereinander nicht kompatibler Deutungscodes reagieren und auf diese Weise aus einer Dialektik von objektiven Chancen und subjektiven Aspirationen heraus ihr je eigenes positives oder - zumeist - negatives Verhältnis zur Republik konstituieren.

Wie, sei es explizit oder implizit, bei aller Forschung zur Weimarer Republik, so geht es auch hier letztlich um die Bedingungen ihres Scheiterns; in die-

---

[8] Die Zeitspanne, die die Weimarer Demokratie Bestand hatte, war kürzer als die Kanzlerschaft Adenauers - und zumindest dieser Vergleich stimmt, gleich, ob man die Weimarer Republik retrospektiv mit der Notverordnungspolitik Brünings, den Präsidialkabinetten Papens oder Schleichers, oder erst mit der Inthronisierung Hitlers für gescheitert erklärt.

sem Zusammenhang also um die Frage nach den politisch-kulturellen Gründen für die Entwicklung des Nationalsozialismus von einer Sekte zur hegemonialen Massenbewegung, oder genauer: Es geht um die Frage, welche Strukturelemente der nationalsozialistischen Vorstellungswelt bereits in anderen politisch-subkulturellen Deutungssystemen angelegt sind, und inwieweit erst der Verlust einer politischen Doxa, den die radikale und unvorbereitete Umwertung im Übergang vom Kaiserreich zur Republik bedeutet, jene Sehnsucht nach Homogenität evoziert, die im Modell einer (zwangs-)integrierten "Volksgemeinschaft" ihre Erfüllung zu finden hofft. Diese Fragen zu verfolgen, sollte es ermöglichen, die Konvergenzen einer "deutschen Ideologie" mit dem Nationalsozialismus aufzuzeigen sowie dessen Funktion für die Restitution der wie auch immer scheinhaften und verlogenen Geborgenheit in einem System unhinterfragter Selbstverständlichkeiten zu beschreiben.

Freilich, die oben aufgelisteten divergenten Deutungen der Republikgründung waren den Zeitgenossen des Ereignisses sogleich zur Hand und entstanden nicht erst in der Retrospektive. Deswegen kann die darin sich ausdrückende Segmentierung der politischen Kultur Weimars nicht erst ein Produkt von Kriegsniederlage und Revolution sein, sondern muß weiter zurückreichen. Die Bruchlinien im politisch-kulturellen System sind zu diesem Zeitpunkt nicht erst erzeugt worden, sondern haben bereits ihre Geschichte. Die Segmentierung der politischen Kultur ist kein originäres Phänomen der Weimarer Republik, sondern kennzeichnet bereits das Kaiserreich[9] - allerdings mit dem bedeutsamen Unterschied, daß der alte Staat 1871 durch die Verwirklichung der nationalen Einheit und nach 1890 durch die Einlösung seines Versprechens, Deutschland zur "Weltgeltung" zu führen, über genügend nur allmählich verschleißende Legitimationen verfügte, um die politisch-kulturellen Segmente als systemimmanente Heterodoxien von der souveränen Position einer anerkannten und mit Deutungsautorität ausgestatteten Orthodoxie aus zu dominieren und zu integrieren. Das Neue der politischen Kultur Weimars ist, daß sich keine solche politisch-kulturelle Hegemonialmacht etablieren kann, die die - deswegen System-Sprengkraft entwickelnden - politisch-kulturellen Heterodoxien zu domestizieren vermöchte.

Die innerhalb der historischen Forschung anerkannte Fragmentierung der politischen Landschaft des Deutschen Kaiserreichs in subnationale Einheiten ist auch eine politisch-kulturelle, insofern sie sich als Ermangelung eines integrierenden ideellen Codes darbietet. So bemerkt Hans-Ulrich Wehler bereits in der Euphorie über die Gründung des Reichs 1871 die bitteren Ingredienzien

---

[9] Vgl. Hans Ulrich Wehler, 1973: *Das Deutsche Kaiserreich 1871-1918* (Deutsche Geschichte, hrsg. von Joachim Leuschner, Band 9), Göttingen, sowie M. Rainer, Lepsius, 1966: *Parteiensystem und Sozialstruktur: zum Problem der Demokratisierung der deutschen Gesellschaft*, in: Wilhelm Abel u.a. (Hg.), 1966: Wirtschaft, Geschichte und Wirtschaftsgeschichte, Stuttgart, S. 371-393 (Neuabdruck in: Gerhard A. Ritter (Hg.), 1973: Deutsche Parteien vor 1918, Köln, S. 56-80).

der Sorge um dessen Bestand unter den Bedingungen eines Alltags jenseits von militärischen Erfolgen und dem Glanz des Kaiserkrönungsrummels:

"Ahnungsvoll hatte 1871 der rechtsliberale Heinrich v. Sybel das im Bürgertum weit verbreitete Gefühl nationalpolitischer Erfüllung mit den Worten ausgedrückt: 'Wodurch hat man die Gnade Gottes verdient, so große und mächtige Dinge erleben zu dürfen', aber doch die bange Frage angeschlossen: 'Und wie wird man nachher leben?' (...) Diese Skepsis, ja fast Furcht vor dem Alltag der Reichspolitik erwies sich seit 1873 als nur zu berechtigt, denn unter der Druckglocke der ökonomischen, damit jedoch auch der gesellschaftlichen und politischen Krisenzeit zeigt sich der heterogene Charakter des Reichs, dessen Teile von grundlegend verschiedenen historischen Traditionen geprägt worden waren, überaus deutlich. Das Fehlen eines gemeinsamen Werte- und Normenkatalogs trat scharf zutage, als das Kriegserlebnis verblaßte, dafür aber die Depression auf dem Lande lastete."[10]

Strukturell ähnlich wie Wehler, der die vielfältige politische Zerklüftung des Kaiserreichs als Reflex des Mangels eines großen und gesellschaftlich anerkannten politischen Gegensatzes "zwischen Traditionalisten und Progressiven"[11], eines etablierten Gegeneinanders von Orthodoxie und Heterodoxie deutet, argumentiert Lepsius, wenn er die erstaunliche Stabilität des deutschen Parteiensystems im 19. und frühen 20. Jahrhundert - und damit gleichzeitig die instabile politische Integration auf Systemebene - auf dessen Fundierung in festen "sozial-moralischen Milieus" zurückführt, die sich nicht entlang einer dominierenden Verwerfungslinie, sondern auf der Grundlage eines ganzen Konglomerats politischer und vorpolitischer Differenzierungen konstituieren:

"Ich verwende ihn (den Begriff des sozial-moralischen Milieus; D.S.) hier als Bezeichnung für soziale Einheiten, die durch eine Koinzidenz mehrerer Strukturdimensionen wie Religion, regionale Tradition, wirtschaftliche Lage, kulturelle Orientierung, schichtspezifische Zusammensetzung der intermediären Gruppen gebildet werden. Das Milieu ist ein sozio-kulturelles Gebilde, das durch eine spezifische Zuordnung solcher Dimensionen auf einen bestimmten Bevölkerungsteil bestimmt wird."[12]

Überwölbt und teilweise verdeckt allerdings wurde diese Fragmentierung einerseits durch die Hegemonie des konservativ-protestantischen, großagrarisch-industriellen Machtkartells, die durch die Konstruktion des Reiches - die schwache Stellung des Reichstages, die übermächtige Position Preußens, dortselbst das Dreiklassenwahlrecht - dauerhaft gewährleistet werden sollte, und an-

---

[10] Wehler, 1973: a.a.O., S. 96.

[11] Ebd. S. 79.

[12] Lepsius, 1966: a.a.O., S. 383.

dererseits durch Strategien "negativer Integration"[13], die das nationale Kollektiv harmonisieren sollten, indem sie "Reichsfeinde" als Objekte negativer Identifizierung bereitstellten. So widerfuhr es den Katholiken in der Kulturkampfära und den Sozialisten als massive Repression in der Geltungszeit der Sozialistengesetze; zu diesem Komplex gehören aber auch Ressentiments gegen ethnische Minderheiten und vor allem die Entfaltung des modernen Antisemitismus.[14]

Es kann und soll in diesem Zusammenhang nicht eine genaue Beschreibung der politisch-kulturellen Landschaft in der Vorkriegszeit geboten werden.[15] Die mit grobem Stift gezeichnete Skizze muß genügen. Festzuhalten bleibt, daß die Segmentierung der politischen Kultur Weimars im Deutschen Kaiserreich bereits angelegt war und in ihren Grundzügen noch viel weiter zurückreicht, daß aber dort die Herstellung und Bewahrung eines wie auch immer künstlichen Konsenses unter der Hegemonie der preußisch-konservativen Führungsschicht gelang. Nur im kollektiven Narzißmus der Kriegsbegeisterung im August 1914 scheint diese Künstlichkeit des Konsenses überwunden; wenigstens für einen kurzen historischen Moment hat "die Großmacht ohne Staatsidee"[16] in einer unmittelbaren Harmonie der Expansionslust zu ihrer Bestimmung und ein "Band, das alle Stände des Volkes" vereint, gefunden.

Was nun die politisch-kulturelle Segmentierung der Weimarer Republik anbetrifft, so läßt sich leicht ein ganzes Syndrom von Verunsicherungen und Schocks aufweisen, von denen das Trauma der Kriegsniederlage nur einer war. Zu nennen sind

- die desorientierenden Erfahrungen der Novemberrevolution als eines Umsturzes ohne klare Zielvorstellungen;[17]
- die als "nationale Schmach" interpretierten Bestimmungen des Versailler Vertrags inklusive der Kriegsschuldfrage;

---

[13] Wehler, 1973: a.a.O., S. 96, in Anlehnung an W. Sauer, 1965: *Die politische Geschichte der deutschen Armee und das Problem des Militarismus*, in: PVS 6.

[14] Vgl. dazu Hans Rosenberg, 1967: *Große Depression und Bismarckzeit. Wirtschaftsablauf, Gesellschaft und Politik in Mitteleuropa*, Berlin, S. 88 ff.

[15] Vgl. dazu die Darstellung Peter Reichels in: Ders. 1981: a.a.O., sowie aus mentalitätsgeschichtlicher Perspektive Martin Doerry, 1986: *Übergangsmenschen. Die Mentalität der Wilhelminer und die Krise des Kaiserreichs* (2 Bände), Weinheim und München.

[16] Plessner, 1959: a.a.O., S. 43.

[17] Diese Unklarheit findet in einigen der Ereignisse des 9. November 1918 einen geradezu symbolischen Ausdruck: Zunächst mußte der *prinzliche* Kanzler Max von Baden den "von Legalitätsskrupeln" geplagten Friedrich Ebert zur Übernahme der Kanzlerschaft drängen; und später am Tage wurde die Republik, mal als demokratische, mal als sozialistische, von mehr als nur einem Berliner Fenster bzw. Balkon aus proklamiert [vgl. Hagen Schulze, 1982: *Weimar. Deutschland 1917 - 1933* (Die Deutschen und ihre Nation; Band 4), Berlin 2. Aufl. 1983, S. 160 ff].

- die weithin bestrittene Legitimität des demokratischen Systems, die mit der Modernität ihrer Verfassung und ihrer Institutionen die mentale Befindlichkeit insbesondere der alten, auf die Monarchie fixierten gesellschaftlichen Eliten weit überholt hatte und mithin überforderte, während sie am anderen Ende des politischen Spektrums als Halbherzigkeit, als ganz und gar überflüssiger Kompromiß mit den Kräften der Beharrung empfunden wurde;
- die unklare innere Autorität des Staates, die in den politischen Attentaten und den vagabundierenden Freikorps zu Beginn und der marschierenden SA am Ende der Republik zum Ausdruck kommt;
- ebenso wie die zweifelhafte äußere Souveränität der Republik, die etwa durch die Besetzung des Ruhrgebietes 1923 sinnfällig gemacht wurde;
- die Unfähigkeit des Weimarer Parlamentarismus zur Bildung arbeitsfähiger und zeitlich einigermaßen stabiler Regierungsmehrheiten;
- und schließlich die einschneidenden Wirtschaftskrisen, die Hyperinflation 1923 und die Weltwirtschaftskrise 1929, die objektiv zu Verelendungstendenzen und Massenerwerbslosigkeit führten und subjektiv massive Deprivationsängste vor allem im Alten Mittelstand auslösten.

Es läßt sich ein ganzes Szenario von Modernisierungskrisen erstellen, von denen das politische wie das gesellschaftliche, das wirtschaftliche wie das kulturelle System betroffen war, und die immer wieder in geradezu schockartig wirkenden Ereignissen symbolisch verdichtet wurden. Das ist gemeint, wenn in der Überschrift dieses Abschnittes vom "Verlust des Selbstverständlichen" die Rede ist: daß unter dem Druck der objektiven Veränderungen die alten Deutungsmuster und Zuordnungsregeln sich verflüssigen, der verläßliche Bereich einer gesellschaftlich gültigen Doxa aufgezehrt wird und anscheinend alles zur Disposition steht. Insofern läßt sich die Fragmentierung der weimarischen politischen Kultur begreifen als Resultat des Bestrebens, wenigstens innerhalb von politischen Subkulturen zu leisten, was gesellschaftlich mißlang: die überkommenen Deutungsweisen so zu modifizieren, daß die - objektiven und subjektiven - Krisen und Krisenerfahrungen in eine Struktur von Bedeutungen integriert werden konnten. D.h., in den Deutungsmatrices politischer Subkulturen reproduzieren sich die gesellschaftlichen und die klassen-, schichten- oder gruppenspezifischen Chancen und Risiken - der Emanzipation, der politischen Partizipation, des sozialen Aufstiegs, der sozialen Deprivation, des Verlusts der politischen Hegemonie usw. -, vermittelt durch ihre subjektive Wahrnehmung und symbolisch verdichtet in lebensgeschichtlichen Schlüsselerfahrungen - Momenten der aktiven Partizipation, Erlebnissen eigener politischer Macht im Zusammenhang mit Streikaktionen oder Demonstrationen, dem Verlust des Arbeitsplatzes oder des Vermögens, der Verlorenheit eines demobilisierten Soldaten, der außer seinem Soldat-Sein nichts gelernt hat, usf.

2.2 Versuch einer vorläufigen Taxonomie der politischen Kultur Weimars

Es stellt sich nun die Frage, ob und wie sich mit dem Wechsel vom Kaiserreich zur Republik und unter den Bedingungen der Entwertung einer vormals hegemonialen politischen Kultur bei gleichzeitig dramatisch angestiegenen Risiko- und Verunsicherungspotentialen die Fragmentierungsstruktur der Gesellschaft verändert haben könnte, um aus ihrer Beantwortung heraus zu einer vorläufigen Taxonomie der politisch-kulturellen Struktur der weimarischen Gesellschaft zu kommen. Als Ausgangspunkt kann die von Lepsius favorisierte vierfache Unterteilung dienen, die Lehnert und Megerle folgendermaßen als das Verhältnis von Orthodoxie und Heterodoxien beschreiben:

"Gegen die agrar-konservative Führungskaste des preußisch-deutschen Obrigkeitsstaates formierten sich das bürgerlich-liberale, katholische und proletarisch-sozialistische Milieu als Oppositionsbewegungen breiter Bevölkerungsschichten, wenngleich die Demokratisierungsimpulse vom Herrschaftssystem abgewehrt oder durch Mechanismen 'sekundärer Integration' kanalisiert wurden. Die für das deutsche Parteiensystem charakteristische konfessionelle, regionale und klassenpolitische 'Versäulung' wurzelte aber gerade in diesem gesellschaftlichen Nährboden der jeweiligen 'sozial-moralischen Milieus' mit ihren tradierten Wert- und Verhaltensorientierungen."[18]

Nun muß allerdings begrifflich in mehrfacher Hinsicht zwischen diesen sozial-moralischen Milieus Lepsius' und den Struktureinheiten einer segmentierten politischen Kultur, wie sie für deren Taxonomie benötigt werden, unterschieden und so der weiter oben nur heuristisch und alltagssprachlich benutzte Begriff der Subkultur konturiert werden:

- Der Begriff des sozial-moralischen Milieus ist systematisch auf einen mehrdimensionalen Zusammenhang, konstituiert durch die von Fall zu Fall unterschiedlich wichtigen Merkmale der Klassenlage bzw. sozialen Schichtung, der Konfession, Region, Kultur hin angelegt, wohingegen eine politische Subkultur zunächst ausschließlich durch die Homogenität politischer Deutungsmodi und ihrer strukturellen Arrangements definiert wird. Damit ist nicht gesagt, daß innerhalb der Teilhaberschaft einer politischen Subkultur nicht auch Ähnlichkeiten hinsichtlich sozialstruktureller und anderer Merkmale zu beobachten wären; sie sind vielmehr als Voraussetzung und Resultat der Dialektik von

---

[18] Detlef Lehnert/Klaus Megerle 1989a: *Politische Identität und nationale Gedenktage*, in: Dies. 1989; a.a.O., S. 9-30, hier: S. 15 f.; vgl. dazu ausführlich Lepsius, 1966: a.a.O., sowie Wehler, 1973: a.a.O., Abschnitt III.2., S. 78-105.

objektiven politischen Bedingungen und politischer Kultur zu erwarten.[19] Während aber mit dem Begriff des sozial-moralischen Milieus die Deskription eines beobachteten Zusammenhangs mehrerer Dimensionen hinsichtlich des Wahlverhaltens als der abhängigen Variablen versucht wird, soll der Begriff der politischen Subkultur *subculture bearing units* bezeichnen, wobei andere, insbesondere sozialstrukturelle Merkmalsdimensionen geschichtlich zu deren Entstehungsbedingungen bzw. analytisch in deren Erklärungskontext gehören, ohne daß sie mit dem Begriff selber schon angesprochen wären.

- Der Milieubegriff - ebenso wie verwandte Begriffe wie etwa der des *political confessionalism*[20] oder das *cleavage*-Konzept Seymour M. Lipsets und Stein Rokkans[21] - ist ein Produkt der Wahlforschung, dazu gedacht, Wahlverhalten und damit den Prototyp individualisierten politischen Handelns zu erklären. Dies vermag der Begriff nur dann zu leisten, wenn einerseits der Zusammenhang zwischen Milieu und Parteipräferenz maximal und andererseits die Zuordnung von Individuen zu Milieus möglichst eindeutig ist. Während also der heuristische Wert des Begriffs vom sozial-moralischen Milieu wesentlich über die Zuverlässigkeit der personalen Zuordnung bestimmt ist, ist diese für den Begriff der politischen Subkultur nicht konstitutiv. Dessen Substanz besteht vielmehr in einem in sich "logischen" - egal, welcher Art von Logik dabei gefolgt wird - und von anderen distinkten Code von Deutungsmustern.
- Und schließlich impliziert der Begriff des sozial-moralischen Milieus die Existenz einer mehr oder weniger dichten Milieuorganisation, die ihren Kern in einer oder mehreren Parteien hat bzw. sich eine Partei als "politischen Ausschuß"[22] hält. Im Falle der politischen Subkultur verhält es sich so, daß es zwar keineswegs ausgeschlossen, vielmehr sogar wahrscheinlich ist, daß ihre Teil-

---

[19] Womit die Forderung erhoben ist, diese Dimensionen als *einen* Strukturzusammenhang auch ernst zu nehmen (unbeschadet der Möglichkeit, respektive forschungspraktischen Notwendigkeit, je eine oder einige davon in den Mittelpunkt einer Untersuchung zu stellen), und sie nicht gegeneinander auszuspielen. Damit bewege ich mich im Widerspruch zu Elkins und Simeon, die die strikte Trennung von strukturellen und kulturellen Erklärungen fordern und letztere nur dann gelten lassen wollen, wenn strukturell hinreichend ähnliche Kollektive signifikant unterschiedliche politische Vorstellungen pflegen (vgl. dies. 1979: a.a.O., S. 135 f.). Damit wird ein "hartes" hypothesentestendes Verfahren privilegiert, das allerdings das Verhältnis von Struktur und Kultur systematisch ausblendet.

[20] Vgl. W.D. Burnham, 1972: *Political Immunization and Political Confessionalism: The United States and Weimar Germany*, in: Journal of Interdisciplinary History 3, S. 1-30.

[21] Vgl. Seymour M. Lipset/Stein Rokkan, 1967a: *Cleavage Structures, Party Systems, and Voter Alignments: An Introduction*, in: dies. (Hg.), 1967: Party Systems and Voter Alignments: Cross-National Perspectives, New York, London, S. 1-64. Auf deutsche Verhältnisse angewandt wurde das Konzept von Franz U. Pappi (vgl. z.B. ders. 1977: *Sozialstruktur, gesellschaftliche Wertorientierungen und Wahlabsicht. Ergebnisse eines Zeitvergleichs des deutschen Elektorats 1953 und 1976*, in: PVS 18, Heft 2/3, S. 195-229.

[22] Lepsius, 1966: a.a.O., S. 383.

haber, ausgehend von einer gemeinsamen Deutung des Politischen, in der sich wiederum eine gemeinsame Gebundenheit an einen Kontext objektiver Bedingungen reproduziert, sich organisieren und als Milieu konstituieren. Dies wäre allerdings als ein besonderes Merkmal einer politischen Subkultur, genauer: ihrer Sozial- oder Organisationskultur, zu begreifen und keineswegs eine Selbstverständlichkeit, die in den Begriff eingeschlossen wäre.

Unter politischer Subkultur sollen also abgrenzbare Enklaven der politischen Deutungswelt, Subsyteme des politisch-kulturellen Systems verstanden werden. Empirisch konstituieren sie sich einerseits durch ein Verhältnis maximaler Distanz hinsichtlich der je zu spezifizierenden Fragestellungen und Inhalte politischer Kulturforschung zu anderen Subkulturen sowie andererseits durch minimale interne Differenzierungen. Allerdings können politische Subkulturen im Sinne des hier vorgestellten Konzepts politischer Kultur als eines Systems politischer Vorstellungen nichts anderes sein als Hervorbringungen des geschichtlichen Differenzierungsprozesses. Es handelt sich also nicht um schlechthin verschiedene und völlig unverbundene Weisen des politischen Deutens und Vorstellens, sondern um Produkte der ungleichen Verteilung gesellschaftlicher Chancen und Risiken, was heißt, daß die etwa innerhalb eines nationalen Kontextes gleichen objektiven politischen Bedingungen die verschiedenen gesellschaftlichen Gruppen auf objektiv unterschiedliche Weise betreffen und, vermittelt über den Prozeß der Internalisierung und Externalisierung, verschiedene Modi der Deutung politischer Wirklichkeit erzeugen.[23]

Die notwendigen begrifflichen Unterscheidungen zwischen politischen Subkulturen und sozial-moralischen Milieus nehmen letzteren nichts von ihrem allerdings nur heuristischen Wert als Ausgangspunkt für eine vorläufige Taxonomie der Struktur politischer Kultur in der Weimarer Republik; es ist für diese Zwecke geradezu von Vorteil, daß darin "soziale[n] Strukturbedingungen und politische[n] Ordnungskonzeptionen"[24], also Bedingung *und* Substanz politischer Kultur einfließen. Im folgenden sollen zunächst aus jenen mit der Gründung der Republik verknüpften Bedingungen, die oben als der Verlust des politisch

---

23 Metaphorisch kann der Prozeß der Ausdifferenzierung politischer Subkulturen als eine Art Baum abgebildet werden, wo sich aus den Wurzeln gemeinsamer Kultur heraus eine - nach oben hin wachsende - Anzahl von Linien entwickelt, wobei die "Astknoten" als politische Schlüsselerfahrungen begriffen werden können, die innerhalb einer bis dahin gemeinsamen Linie eine heterodoxe Deutung evoziert. D.h., Darstellungen von Formationen politischer Subkulturen fixieren diese immer nur auf bestimmten Differenzierungsniveaus und damit in Abhängigkeit von der Wahl der Analyseebenen. Fragt man etwa nach den Deutungsmustern für den Verlauf der Geschichte, so wird man bspw. bei Sozialdemokraten und Liberalen gleichermaßen auf eine Vorstellung von deren Prozeßhaftigkeit und Fortschrittsorientierung stoßen. Fragt man dagegen auf einer spezifizierteren Ebene nach den Vorstellungen von den Aufgaben des Staates, so wird sich im einen Fall das Bild eines *sozial absichernden*, im anderen Fall das eines in seinem Wirken sehr viel beschränkteren *rechtssichernden* Staates ergeben.

24 Lepsius, 1966: a.a.O., S. 377.

Selbstverständlichen rubriziert wurden, Annahmen über die Richtung einer Dynamik der Veränderung politisch-kultureller Segmentierung hergeleitet werden, um deren Wirken dann in einem kurzen und heuristischen Durchgang durch die vier Milieus aufzusuchen. Sinn und Zweck dieses Verfahrens ist es, eine Grundlage für die Auswahl von Analysematerialen zu schaffen, die nicht einfach ein Links-Rechts-Schema reproduziert, sondern aus heuristisch begründeten Differenzierungen politisch-kultureller Art - Bruchlinien und Schwellen des politischen Deutens - die Struktur des Textkorpus herleitet.

Die Aufzehrung des Bereichs politischer Doxa und die Freisetzung schockartiger Verunsicherungspotentiale im Gefolge von Kriegsniederlage, Revolution, Systemwechsel und Modernisierungskrisen legen zwei Dimensionen der Veränderung politisch-kultureller Segmentierungsstrukturen nahe, deren Plausibilität gleichzeitig eine "spontane Empirie" der politischen Kultur Weimars zu bestätigen vermag:

- Bezogen auf das gesamte Spektrum, begünstigten die Umbruchssituation und die damit verbundenen Phänomene der Desorientierung eine weitere Auffächerung. Denn es verhält sich ja nicht so, daß die einzelnen Milieus oder Segmente in sich homogen gewesen wären; vielmehr gab es auch innerhalb der politischen Lager Bruchlinien, entlang derer sich unterschiedliche Flügel organisierten. In einer Situation dramatischen und rapiden Wandels können sich in der Binnenstruktur der Milieus die Verhältnisse von Orthodoxie und Heterodoxie so zuspitzen, daß dadurch der Milieuzusammenhalt gesprengt wird und eine Heterodoxie sich abspaltet, um sich als eigenes Milieu zu konstituieren.
- Wenn auf diese Weise der Druck innerhalb der Milieus steigt, verstärkt sich dadurch eine Tendenz, die Lepsius den sozial-moralischen Milieus generell zuschreibt, und die man als eine Neigung zu zunehmendem Milieu-Autismus oder -Fundamentalismus paraphrasieren könnte:

  "In einem zirkulären Prozeß verengt sich dann der Aktionsbereich der politischen Führung auf die herrschenden Milieurepräsentanten und trägt zugleich zum Auszug der von diesen nicht artikulierten Bevölkerungsteile, damit aber zu einer weiteren Verengung des eigenen Aktionsbereiches bei. Das Resultat ist zunehmende Isolierung von Milieu und Partei, bis am Ende kleine Gesinnungsgemeinschaften übrig bleiben, die zu völliger Bedeutungslosigkeit absinken."[25]

  D.h., daß in dem Bestreben, das eigene Lager zu homogenisieren und zusammenzuhalten, die Toleranzfähigkeit gegenüber Heterodoxien in den eigenen Reihen schwindet und die Reichweite des legitimen Diskurses reduziert wird, was die Diffusion an den Rändern begünstigt und zu einer konzentrischen Be-

---

[25] Ebd., S. 383.

wegung führt, während gleichzeitig die Interaktion mit anderen Milieus wie mit dem Gesamtsystem vernachlässigt wird.
Beide Dimensionen laufen auf eine wachsende Desintegration hinaus: Erstens insofern, als sich die Zahl der Segmente potentiell durch Spaltung und Diffusion erhöht, und zweitens dadurch, daß die Milieus sich nach außen hin zusehends abdichten, wodurch sowohl die Milieugrenzen verstärkt als auch der Bezug zur Gesamtgesellschaft geschwächt wird. Im folgenden muß also jedes Milieu oder Lager auf Anhaltspunkte für solche Desintegrationsphänomene, innere Bruchlinien und milieusprengende Potentiale hin abgeklopft werden.

Das sozialistische Milieu

Im sozialistischen Milieu, das im Kaiserreich auf parteipolitischer Ebene einzig durch die SPD repräsentiert war, zeigt sich die durch die tiefgreifenden politischen Veränderungen in Gang gesetzte Dynamik in ihrer radikalsten Form, nämlich der Spaltung. Diese findet zwar erst mit der Gründung der KPD am 1. Januar 1919 ihre Objektivierung in unterschiedlichen und selbständigen Parteiorganisationen, ist aber tatsächlich bereits im Kaiserreich in der Existenz verschiedener Parteiflügel angelegt[26] und wird virulent, als der Streit um die Bewilligung der Kriegskredite, vor allem aber um die Einhaltung des Burgfriedens[27] eine symbolische Verdichtung und eine unmittelbar handlungsrelevante Zuspitzung jener divergierenden Positionen erzeugt, die sich 1918 in den ideologischen, vermutlich nicht realpolitischen[28] Alternativen von Räterepublik und Nationalversammlung gegenüberstehen und von Hans Kelsen auf die Formel "Marx oder Lasalle"[29] gebracht werden. Bei der Spaltung der Sozialisten in Kommunisten und Sozialdemokratie kann wohl von einer echten Milieuspaltung, nicht lediglich von einer parteipolitischen Ausdifferenzierung, wie sie sich etwa im katholischen Milieu mit der Gründung der BVP vollzieht, gesprochen werden. Denn erstens beginnt unmittelbar mit dem Vollzug der Spaltung der Aufbau einer eigenen kommunistischen Milieuorganisation, die auf die auch lebensweltliche Trennung der Anhängerschaften von KPD und SPD zielt, und zweitens erfährt das im Kaiserreich noch konsensuale sozialistische Selbstverständnis als einer Systemopposition im Zuge der Revolutionierung des politi-

---

[26] Arthur Rosenberg, 1961: *Entstehung und Geschichte der Weimarer Republik*, Frankfurt/M., Taschenbuchausgabe 1983, S. 47 f.

[27] Vgl. ebd., S. 67 ff.

[28] Vgl. Eberhard Kolb, 1984: *Die Weimarer Republik* (Oldenbourg-Grundriß der Geschichte, hrsg. von Jochen Bleichen, Bd.16), München, Wien, S. 153 ff.

[29] Hans Kelsen, 1924: *Marx oder Lasalle. Wandlungen in der politischen Theorie des Marxismus*, Leipzig.

schen Systems zwei gegenläufige Transformationen: Während in der KPD der oppositionelle Habitus den Wechsel von der Monarchie zur Republik überlebt und vor dem Hintergrund der russischen Oktoberrevolution revolutionär dramatisiert wird, ist der SPD ihre systemoppositionelle Rolle mit der Republikanisierung des Staates obsolet, wenngleich der Zwiespalt zwischen der Eigendefiniton als "'Staatspartei der Republik' oder 'revolutionäre Reformisten'"[30] erhalten bleibt.

Zwar ist in der Revolution von 1918 die Tatsache der Spaltung bereits offensichtlich, nicht aber eine an Organisationen festzumachende saubere Trennlinie: Zwischen dem revolutionär-putschistischen Spartakus und der Mehrheitssozialdemokratie steht die USPD (der bis zum Dezember des Jahres Spartakus organisatorisch angeschlossen bleibt), die einerseits den putschistischen Voluntarismus der Linksradikalen und andererseits die weitreichende Bereitschaft der Mehrheitssozialisten zur Zusammenarbeit mit den Trägern des alten Reiches ablehnt. Gleichzeitig zerfällt die USPD in sich in einen linken und einen rechten Flügel: Während die Parteilinke für ein Rätesystem votiert, geht der rechte Flügel mit seinem Veto für die Einberufung einer Nationalversammlung mit der MSPD konform, wünscht allerdings keinen allzu frühen Wahltermin, um in der Zwischenzeit die Weichen für eine "soziale Demokratie" stellen zu können.[31] Diese prekäre Konstellation führt im Oktober 1920 zur Spaltung der Partei und zum Anschluß ihres linken Flügels an die KPD und schließlich 1922 zur Wiedervereinigung ihres verbliebenen rechten Flügels mit den Mehrheitssozialisten.

Beide Milieus, kommunistisches wie sozialdemokratisches, tragen eine Reihe von Charakteristika gemeinsam: in ihrem Selbstverständnis und tatsächlich die klassenförmige Definition ihrer Basis, selbstverständlich die gemeinsame Tradition der Arbeiterbewegung, die Partei als organisatorischen Kern und die Ausdifferenzierung eines ganzen Netzes von Milieuorganisationen wie einerseits dem Rotfrontkämpferbund, der Roten Hilfe, der Internationalen Arbeiterhilfe usw.[32] und andererseits ADGB und Allgemeiner freien Angestelltenbund, Reichsbanner[33], Arbeitersportler, Arbeitersänger usf.[34]. Gleichzeitig ist die Ge-

---

[30] Detlef Lehnert, 1989: *"Staatspartei der Republik" oder "revolutionäre Refomisten"? Die Sozialdemokraten*, in: Lehnert/Megerle, 1989: a.a.O., S. 89-114.

[31] Vgl. Kolb, 1983: a.a.O., S. 10 f.

[32] Vgl. Manfred Gailus, 1989: *"Seid bereit zum Roten Oktober in Deutschland!" Die Kommunisten*, in: Lehnert/Megerle, 1989: a.a.O., S. 61-88, hier: S. 61.

[33] Zwar war das Reichsbanner eine gemeinsame Gründung der Parteien der Weimarer Koalition SPD, DDP und Zentrum, in seiner Mitgliederschaft aber eine weitestgehend sozialdemokratische Angelegenheit.

[34] Vgl. Lehnert 1989: a.a.O., S. 90. Siehe zu den vielfältigen organisatorischen Ausprägungen der sozialdemokratischen Arbeiterkulturbewegung: Wilfried van der Will/Rob Burns, 1982: *Arbeiterkulturbewegung in der Weimarer Republik*, 2 Bände, Frankfurt/M., Berlin, Wien.

schichte der beiden Milieus eine Geschichte wachsender Entfremdung und immer erbitterteren Kampfes gegeneinander,[35] die sowohl Reflex zusehends antagonistischer Ideologien und politischer Zielsetzungen ist als auch immer wieder in Schlüsselerfahrungen in Form realer Konfrontationen der Milieus sich symbolisch ausdrückt und vorangetrieben wird. Solche Momente unmittelbarer Konfrontation als Durchgangsstationen auf dem Wege zur völligen Isolierung der Milieus voneinander sind etwa

- 1919 die Ermordung Rosa Luxemburgs und Karl Liebknechts durch Angehörige jener Freikorps, die die mehrheitssozialistisch dominierte Regierung gegen den kommunistischen Januaraufstand mobilisiert hatte;
- die putschistischen Aktionen des Januaraufstandes 1919 und der Märzaktion 1920;
- 1923 die (auch den linken Flügel der Sozialdemokratie treffende) Reichsexekution gegen die sächsische Koalitionsregierung von KPD und SPD unter der Ägide einer Großen Koalition im Reich, der wiederum die SPD angehörte;
- die v.a. ab 1925, als Ernst Thälmann den Vorsitz der KPD übernahm, beschleunigte Bolschewisierung der Partei;
- und ab 1928 die Sozialfaschismusthese, mit der der Sozialdemokratie unterstellt wurde, durch ihre Politik nicht nur die proletarische Revolution zu hintertreiben, sondern darüberhinaus dem Nationalsozialismus den Weg zu bereiten;
- der "Blutmai" 1929, als die Polizei eines sozialdemokratischen Polizeipräsidenten eine verbotene kommunistische Maidemonstration niederkartätschte und in den folgenden mehrtägigen Auseinandersetzungen 25 Menschen den Tod fanden.

Unter diesen Bedingungen kann davon ausgegangen werden, daß aus der sozialistischen Tradition unter gemeinsamer Beibehaltung einiger Kernbestände der Arbeiterbewegung - so etwa die dichte Organisationsstruktur, die Integration durch Klassensolidarität sowie der originär sozialistische Begriff von Gleichheit, die nicht formal-rechtlich, sondern materiell verstanden wird - zwei Subkulturen ausdifferenzieren, die in wesentlichen Dimensionen ihrer politischen Deutungswelten - so etwa hinsichtlich ihrer politischen Utopie, der Vorstellungen von den legitimen Mitteln der Auseinandersetzung, der Modi der Distinktion von Freund und Feind - signifikant verschieden sind.

---

[35] Dies betrifft v.a. die Funktionärskader, die die Distanz zwischen den Milieus so groß wie möglich machen mußten, um ihre Gefolgschaft einen der ähnlichen Sozialstruktur wegen immer denkbaren Milieuwechsel zu erschweren. An der Basis dagegen dürfte aufgrund des gemeinsamen lebensweltlichen Kontextes der Haß sehr viel weniger flammend gewesen sein.

Der politische Katholizismus

Der politische Katholizismus[36] unterscheidet sich in zweierlei Hinsicht von allen anderen hier vorgestellten Milieus: Er ist das einzige, das den Übergang vom Kaiserreich zur Republik ohne nennenswerte Abspaltungs- oder Ausdifferenzierungsprozesse überstand; und er ist einzigartig insofern, als für die Bestimmung seiner Reichweite Merkmale der Klassenlage oder der sozialen Schicht nicht nur keine konstitutive, sondern überhaupt keine Rolle spielen. Die allein entscheidende Dimension ist die Konfession; die Organisation sämtlicher sozialer Interessen, die freilich in der katholischen Bevölkerung der Weimarer Republik genauso differieren wie in der protestantischen, besorgten konfessionsinterne schichtspezifische Vertretungen[37] innerhalb der Binnenstruktur des Milieus:

"Alle Einzelinteressen des katholischen Bevölkerungsteils wurden von den Interessen des Milieus überformt, die auf eine innere Autonomie der katholischen Subkultur gegenüber Einflüssen der Gesamtgesellschaft gerichtet waren. Dies führte dazu, daß die sich sonst unmittelbar auf den Bezugsrahmen der als Nation verstandenen Gesamtgesellschaft richtenden Gleichheits- und Teilnahmeansprüche der einzelnen Gesellschaftssegmente im Falle des katholischen Deutschlands durch eine eigentümliche Ordnungsvorstellung katholischer Autonomie gebrochen und vermittelt wurden."[38]

Insofern stellte der politische Katholizismus ein echtes Integrationsmilieu dar, das die politischen, sozialen und kulturellen Lebenszusammenhänge seiner Mitglieder umfassend zu organisieren vermochte und in der Zentrumspartei - bzw. daneben seit Kriegsende in der extrem föderalistischen und traditionalistischen BVP Bayerns - einen politischen Vollzugsausschuß besaß.

Die konfessionelle und nicht sozialstrukturelle Integration des katholischen Milieus brachte es freilich mit sich, daß es innerhalb seiner Milieugrenzen ein enormes Spektrum von politischen Interessen und Positionen zusammenzuhalten hatte, das vom Überzeugungsrepublikanertum eines Matthias Erzberger - der für die rechte Systemopposition die Personifizierung der verhaßten Republik darstellte und im August 1921 von ehemaligen Freikorps-Offizieren ermordet wurde - bis zu jener BVP reichte, die im Präsidentschaftswahlkampf 1925 den Generalfeldmarschall Hindenburg unterstützte und die Wahl des republikanischen Katholiken Marx verhindern half. Gleichzeitig versetzte dieses weite politische Spektrum das Zentrum in die Lage, sich als Dauerregie-

---

[36] Vgl. dazu: Georg Kotowski, 1989: *Auf dem Boden der gegebenen vollendeten Tatsachen! Der politische Katholizismus*, in: Lehnert/Megerle 1989: a.a.O., S. 159-180.

[37] So z.B. "katholische Gewerkschaften, Handwerkerbünde, Akademikervereine etc." (Rainer M. Lepsius, 1966: *Extremer Nationalismus. Strukturbedingungen der nationalsozialistischen Machtergreifung*, Stuttgart, Berlin, Köln, Mainz, S. 33).

[38] Lepsius, 1966: a.a.O., S. 33 f.

rungspartei zu etablieren: Das 1932 installierte Präsidialkabinett des Katholiken und Zentrumsrechten Papen war das erste der Weimarer Republik, in dem das Zentrum nicht vertreten war.

Der inneren politischen Differenzierung entsprechend, war das Verhältnis der Katholiken zur Republik nicht homogen. Dennoch konnte sich das traditionalistisch bestimmte Milieu, aufbauend auf der katholischen Soziallehre, der zufolge "die Novemberrevolution zwar verwerflich war, der aus ihr entstehende Verfassungsstaat eine neue Rechtsgrundlage schuf, deren Legitimität nicht anzuzweifeln war"[39], und begünstigt durch die Diskriminierungserfahrung im preußisch-protestantisch dominierten Kaiserreich, insgesamt als ein republiktragendes Milieu bewähren, ohne freilich ein unzweifelhaft republikanisches werden zu können.

Der bürgerlich-protestantische Bereich:
Liberalismus und nationale Rechte

Für die Überschrift wurde hier der theoretisch ungebundene Begriff "Bereich" gewählt, weil sich der Milieubegriff Lepsius' außerhalb der tatsächlich mit einer dichten Organisations- und Interaktionsstruktur versehenen und im Bezug auf das Gesamtsystem des Kaiserreichs negativ integrierten sozialstrukturellen Gruppen der Arbeiterschaft und der Katholiken für die Weimarer Republik als äußerst prekär erweist. Man sieht sich vor die unbefriedigende Wahl gestellt, diesen ausgesprochen heterogenen Teil der weimarischen Gesellschaft in Anschluß an das Konzept des politischen Konfessionalismus Burnhams in einem bürgerlich-protestantischen Lager zusammenzufassen oder im Rekurs auf Lepsius in Liberale einerseits und Konservative andererseits zu strukturieren. Trotz einiger Abgrenzungsschwierigkeiten soll hier aus Gründen der Übersichtlichkeit in der Darstellung sowie wegen der unterschiedlichen historischen Traditionen nach der zweiten Variante verfahren und zunächst der liberale, dann der konservative Bereich skizziert werden.

Die Heterogenität des Liberalismus zeigt sich im Kaiserreich wie in der Weimarer Republik bereits in seiner vielgestaltigen und raschen Wandlungen unterworfenen Parteienlandschaft. Unter seinem Dach bauen sich die Spannungen zwischen Mittelständlern und industriekapitalistischen Eliten, zwischen Links- und Rechts-, National- oder Wirtschaftsliberalen auf und entladen sich in Spaltungen, Fusionen und Neugründungen. Um für die Weimarer Republik das politische Spektrum dessen, was sich selber als liberal versteht, einigermaßen erfassen zu können, müssen zumindest zwei Großlinien unterschieden werden,

---

[39] Kotowski, 1989: a.a.O., S. 179.

die hier zu den Schlagworten *Gesinnungsliberalismus* und *Wirtschaftsliberalismus* verdichtet werden sollen.

Die Kennzeichnung Gesinnungsliberalismus[40] soll hierbei für einen Liberalismus reserviert werden, der sich selber durch die demokratische Tradition seit 1848 definiert und parteipolitisch bei der DDP und auf dem linken Flügel der DVP zu verorten ist. Die konstitutiven politischen Orientierungen der Gesinnungsliberalen sind die der "klassischen" politischen Moderne: Nationalstaatlichkeit, Gleichheit im Sinne allgemeinen und gleichen Wahlrechts und Gleichbehandlung vor dem Gesetz, Schutz der individuellen Grundrechte - Preß- und Meinungsfreiheit, Organisations- und Versammlungsfreiheit, Freiheit von Handel und Gewerbe - vor dem Zugriff des Staates, Anerkennung des parlamentarischen Prinzips als eines Delegationsverfahrens, in dem die übergeordnete Staatslegitimation der Volkssouveränität gleichzeitig gewährleistet und aufgehoben wird, sowie die politische Utopie eines über die Reichweite der deutschen Sprache definierten Großdeutschlands unter parlamentarisch-demokratischen Vorzeichen.

Der Begriff Wirtschaftsliberalismus soll[41] jene Variante bürgerlichen Liberalismus kennzeichnen, die spätestens im letzten Viertel des 19. Jahrhunderts sich mit dem Obrigkeitsstaat vollständig arrangiert hatte, um im Gegentausch die Protektion wirtschaftlicher Interessen zu erhandeln, und sich in der Weimarer Republik "republikanisch" günstigstenfalls im Sinne eines "Vernunftrepublikanertums" Stresemannscher Prägung geriert, wobei die Grenzziehung zum konservativ-nationalistischen Lager prekär ist. Als trennendes Merkmal kann allerdings auf den für die leitenden Gruppen in Industrie, Handel und Banken geltenden Primat des Interesses vor der Ideologie, der (wirtschaftlichen) Zweckrationalität vor (politischer) Sentimentalität rekurriert werden, der etwa im überraschenden Ausgang der Reichstagsabstimmung über den Dawes-Plan 1924 zum Ausdruck kam, als trotz heftiger Agitation seitens der Rechten "fast die Hälfte der DNVP-Fraktion, 48 Abgeordnete, mit der großen Mehrheit des Parlaments für die Annahme des Dawes-Gesetzes (votierten)."[42]

Ob die beiden gegensätzlichen Flügel des Liberalismus in der Weimarer Republik so etwas wie politische Subkulturen im Sinne eigenständiger Matrices der Politikdeutung ausbilden, soll vorerst dahingestellt bleiben; ebenso die Frage, ob es möglicherweise zwar einen politisch-kulturellen Code des Linksliberalismus gibt, während gleichzeitig der Rechtsliberalismus im konservativ-nationalen Denken aufgeht. Auf jeden Fall muß die Analyse der politischen Deutungskultur

---

[40] Vgl. Elfi Bendikat, 1989: *"Wir müssen Demokraten sein." Der Gesinnungsliberalismus*, in: Lehnert/Megerle 1989: a.a.O., S. 139-158.

[41] Vgl. Klaus Megerle, 1989: *Aus dem Gefühl der Defensive erwächst keine Führung. Gesellschaftliche Elitengruppen am Beispiel der Industriellen*, in: Lehnert/Megerle, 1989: a.a.O., S. 207-230.

[42] Schulze, 1982: a.a.O., S. 276.

so angelegt werden, daß diese Fragen einer Beantwortung entgegengeführt werden können, d.h., daß beide Flügel des Liberalismus mit ihnen je zurechenbaren Materialien Eingang in die Empirie finden müssen.

Während die Derivate der liberalen Tradition immerhin noch entlang zweier wichtiger Stränge verfolgt werden können, erweist sich das konservativ-nationale Lager unter dem Gesichtspunkt seiner Organisationskultur als ein wahres Puzzle aus verschiedenen Parteien, Bünden, Wehr- und Vaterländischen Verbänden, ständischen Organisationen, akademischen Verbindungen und Debattierklubs, die für ein ganzes Syndrom heterogener politischer Ideologeme einstehen. Das ideologische Konsensmaterial dieser verschiedenen Spielarten rechten Denkens in der Weimarer Republik bilden ihr entschiedener Antirepublikanismus, ein hypertropher Nationalismus, die Pflege antiwestlicher Ressentiments, antimodernistischer und antiurbaner Affekte sowie im weitesten Sinne autoritärer Staatsvorstellungen;[43] im Weimarer Parteienspektrum findet das konservativ-nationale Lager sich im Wesentlichen in der DNVP wieder, die 1918 das Erbe der Deutschkonservativen und der Reichspartei angetreten hatte.

Für eine Analyse der politischen Deutungskultur des konservativ-nationalen Lagers ist es weder möglich noch erforderlich, sämtlichen ideologischen und organisatorischen Verästelungen in seiner Binnenstruktur nachzugehen. Unter pragmatischen Gesichtspunkten ist es sinnvoll, einerseits den *main stream* der antirepublikanischen Rechten über die DNVP-nahe Presse zu operationalisieren und andererseits zwei im engeren Sinne zu Milieus integrierte sozialstrukturelle Gruppen innerhalb dieses Lagers genauer zu verfolgen, die aufgrund der objektiven Bedingungen ihrer Existenz zwei für das politische Wahrnehmen und Deuten des gesamten nationalen Lagers konstitutive Elemente in besonders reiner Form hervorbringen. Gemeint sind das agrarische Milieu als "idealtypischer" Träger der Ideologie der Scholle und des antimodernen Affekts gegen die Stadt, sowie das soldatische Milieu antirepublikanischer ehemaliger Frontsoldaten und Offiziere, in dem sich die sozialisatorische Prägekraft des affirmativ als "Heroenkampf" gedeuteten Weltkrieges objektiviert.

- Die objektiven Existenzbedingungen der Agrarier[44] - die genauer zu beschreiben wären als das protestantisch und vor allem durch den ostelbischen Großgrundbesitz dominierte agrarische Milieu, das seinen organisatorischen Kern im Reichs-Landbund hat - lassen zwei Dimensionen des Weimarer Antimodernismus besonders deutlich zutage treten: Erstens die der antiurbanen Af-

---

[43] Vgl. dazu für die Zeit der Weimarer Republik die Abhandlung von Kurt Sontheimer,1968: a.a.O., sowie für die Zeit seit der Mitte des 19. Jahrhunderts Fritz Stern, 1963: *Kulturpessimismus als politische Gefahr. Eine Analyse nationaler Ideologie in Deutschland*, München, Taschenbuchausgabe 1986.

[44] Vgl. Jürgen Bergmann, 1989: *"Das Land steht rechts!" Das "agrarische Milieu"*, in: Lehnert/Megerle,1989: a.a.O., S. 81-206.

fekte oder, positiv gewendet, einer Ideologie der "Schollen-" und Heimatverbundenheit, insofern die Agrarier definitionsgemäß Landbevölkerung sind, und zweitens die der verklärenden Beschwörung kaiserlicher Vergangenheit und damit eines bloß restaurativ-reaktionären Antirepublikanismus, insofern keine gesellschaftliche Gruppe des alten Reiches in einem vergleichbaren Ausmaß privilegiert und mit der politischen Führung verfilzt und infolgedessen in der Republik mit dem Verlust ihrer Privilegien bedroht war, wie eben die ostelbischen Junker.

Allerdings ist dieses Segment der Weimarer Rechten insofern nicht auf die kleine Gruppe der Großagrarier beschränkt, als es bereits im Kaiserreich gelungen war, die objektiv verschiedenen Interessen von Landadel und Klein- und Mittelbauern zu verschleiern und praktisch den gesamten nicht-katholischen agrarischen Bereich organisatorisch und ideologisch zu einem Milieu zu integrieren:

"Die Deutschkonservativen verließen sich 20 Jahre lang (von der Reichsgründung bis Anfang der 90er Jahre; D.S.) auf das Schwergewicht ihrer Geltung in Ostelbien, auf die intermediäre Herrenstellung ihrer Landräte und dazu auf eine kleine Hierarchie von Berufspolitikern (...). Dann aber gelang ihnen (...) die Umwandlung zu einer Partei moderneren Typs mit breiter Basis, als der mächtigste agrarische Interessenverband des Kaiserreichs, der 'Bund der Landwirte' (BdL), seit 1893 Zulieferorganisation und Unterbau der Deutschkonservativen wurde. Diese Allianz erwies sich (...) als außergewöhnlich nützlich, gelang es doch dem BdL, der als Interessengruppe ganz vorrangig die Ziele der Großagrarier verfolgte, die Klein- und Mittelbauern zu organisieren (...)."[45]

Es kann davon ausgegangen werden, daß diese Integration des agrarischen Milieus durch den politischen Systemwechsel und die gemeinsame Opposition gegen die Republik eher noch verstärkt als gefährdet wurde.

- Die Bedeutung des Weltkrieges als eine Bedingung der spezifischen politischen Kultur Weimars ist ganz offensichtlich. So sind die Wehrverbände sämtlicher politischer Richtungen ihrem Selbstverständnis nach zu Kampforganisationen geronnene Perzeptionen der Fronterfahrung: Das "Reichsbanner Schwarz-Rot-Gold" definiert sich als republikanische Organisation der Kriegsteilnehmer, der kommunistische Kampfverband heißt "Roter Frontkämpfer-Bund", und auf der Rechten formiert sich der "Stahlhelm - Bund der Frontsoldaten."
Während aber den beiden erstgenannten die Erfahrung des Weltkrieges zur negativen Identifikation dient, verhält sich der "Stahlhelm" affirmativ und kürt ihn zum positiven Bezugspunkt seiner politischen Vorstellungen. Auf die Träger dieser Perzeption, die den Krieg zum heroischen Ringen stilisieren, be-

---

[45] Wehler, 1973: a.a.O., S. 85.

zieht sich hier der Ausdruck "Soldatische"[46]: Eine besondere, durch die Fixierung auf den Krieg charakterisierte Ausprägung politischen Denkens, das dem ganzen konservativ-nationalen Lager nicht fremd ist, das aber im Stahlhelm seinen organisatorischen Ausdruck findet und dort zur Verbandsraison avanciert. Für die Analyse der politischen Deutungskultur Weimars ist dieses soldatische Denken insofern von Wichtigkeit, als die Prägekraft, die die apologetische Perzeption des Kriegserlebnisses für den rechten Antirepublikanismus der Weimarer Republik hatte, kaum überschätzt werden kann.

Von der Sekte zur Sammlungsbewegung: Der Nationalsozialismus

Daß im Falle des Nationalsozialismus gegen die Einheitlichkeit des Ausgangsprinzips für die Taxonomie politischer Subkulturen in der Weimarer Republik verstoßen werden muß, stört zwar die Stringenz der Darstellung, ist aber andererseits im Rahmen einer Arbeit, deren Thema die politisch-kulturelle Dimension der Auflösung einer politischen Ordnung und ihres Parteiensystems ist, nicht überraschend. Die Durchbrechung des Gliederungsprinzips wird diktiert durch die Tatsache, daß sowohl die Lagertheorie als auch die der sozial-moralischen Milieus eine erschöpfende Einteilung der Weimarer politischen Landschaft vornehmen, ohne dem Nationalsozialismus einen eigenen Ort zu geben (um dann im Hinblick auf das Wahlverhalten die NSDAP, grob verkürzt ausgedrückt, im einen Falle als Bestandteil des bürgerlich-protestantischen Lagers, im anderen Falle als Index der "gewaltsamen Liquidierung eines seit sechzig Jahren relativ stabilen Parteiensystems"[47] auszuweisen). Dadurch aber wird die Gewinnung einer relationalen Perspektive unmöglich gemacht, die für das hier verfolgte Erkenntnisinteresse unabdingbar ist: Um mit dem Aufweis der Distinktionen und Überreinstimmungen zwischen dem nationalsozialistischen politisch-kulturellen Code und den Codes anderer Enklaven der politischen Deutungswelt die Voraussetzungen für die Entfaltung seiner hegemonialen Deutungsmacht unter den Vorzeichen der Krise ab 1929 aufzuhellen, muß selbstverständlich dieser in ein Verhältnis zu jenen gesetzt werden. Gleichzeitig muß allerdings für den Nationalsozalismus der Begriff der politischen Subkultur, der ja die Vorstellung einer abgschlossenen und relativ autonomen politisch-kulturellen En-

---

[46] In Anlehnung an Klaus Theweleit, der den Begriff des soldatischen Mannes als Terminus für eine auf charakteristische Weise defizitäre psychische Struktur eingeführt hat, die er anhand einer Analyse autobiographischen Materials früherer Freikorps-Offiziere herausarbeitet. Vgl. Klaus Theweleit, 1980: *Männerphantasien. Bd. 1: Frauen, Fluten, Körper, Geschichte; Bd.2: Männerkörper - Zur Psychoanalyse des weißen Terrors*, Reinbek.

[47] Lepsius, 1966: a.a.O., S. 381.

klave affiziert, angesichts seines Charakters als Sammlungsbewegung mit einem deutlichen Fragezeichen versehen werden.

Der Nationalsozialismus entwickelte sich im Laufe der 20er Jahre von einer unter zahlreichen völkisch-antisemitischen Sekten zu einem echten und schließlich hegemonialen Integrationsmilieu mit einem vielfältigen Geflecht von berufs-, geschlechts- und altersspezifischen Vorfeldorganisationen und einem flächendeckenden Pressewesen, und verfügte mit der 1921 aus Saalschutztruppen hervorgegangen SA[48] über eine paramilitärische Truppe, die mit sehr viel höherer Gewaltbereitschaft als alle anderen Wehr- und Kampfverbände den "Kampf um die Straße" aufnahm.[49]

Die Entwicklung der NSDAP, um die herum das nationalsozialistische Milieu sich organisierte, zur Massenpartei war rasant. Während die KPD als Partei des anderen neuen Integrationsmilieus auf ihre Verankerung in der Arbeiterbewegung rekurrieren konnte und bereits bei den Reichtagswahlen 1924 mit 12,6 Prozent der abgegebenen Stimmen ihre "Sollstärke" erreicht und bis 1933 nur innerhalb eines relativ unauffälligen Schwankungsintervalls verlor oder zugewann, war die NSDAP (nach einem Zwischenhoch im Gefolge der Hyperinflation bei den Wahlen vom Mai 1924) bis 1928 nicht in der Lage, neue und größere Wählerschichten zu erschließen, um ihre Gefolgschaft ab des Beginns der Weltwirtschaftskrise geradezu explosionsartig zu vergrößern: Bei den Wahlen vom September 1930 vermochte sie ihren Anteil an den abgegebenen Wählerstimmen gegenüber dem letzten Urnengang von 2.6 auf 18.3 Prozent zu versiebenfachen und schaffte bei den Juni-Wahlen 1932 mit 37.4 Prozent noch einmal mehr als eine Verdoppelung.

Sozialstrukturell ist eine Partei in solch dynamischem Wachstum schwer festzumachen. Die stärkste Resistenz zeigen die ihrerseits in Integrationsmilieus gebundene Arbeiterschaft sowie die Katholiken;[50] die nationalsozialistischen Wählerreservoirs bilden frühere Nichtwähler sowie vor allem das bürgerlich-protestantische Lager, das in der Auflösungsphase der Republik regelrecht aufgesogen wird:

"So wechselten etwa im Juli 1932 rund 40 Prozent der bürgerlich-protestantischen Wähler von 1930 zur NSDAP, während nur 2 Prozent der NSDAP-Anhänger von 1930 den umgekehrten Weg eingeschlagen zu haben scheinen."[51]

---

[48] Vgl. Werner Maser, 1981: *Der Sturm auf die Republik. Frühgeschichte der NSDAP*, Frankfurt/M., Berlin, Wien, S. 284-288.

[49] Vgl. Gerhard Paul, 1989: *Der Sturm auf die Republik und der Mythos vom "Dritten Reich". Die Nationalsozialisten*, in: Lehnert/Megerle 1989: a.a.O., S. 255-280, hier: S. 255 f.

[50] Vgl. Falter, 1989: a.a.O., S. 297 ff.

[51] Ebd., S. 291.

Ganz summarisch kann man die NSDAP als eine vorrangig protestantisch-bürgerliche Partei, oder besser: eine Volkspartei mit Mittelschicht-Überhang bezeichnen.

* * *

Es soll noch einmal betont werden: Dieser Durchgang durch die politisch-kulturelle Landschaft der Weimarer Republik kann aufgrund des defizitären Forschungsstandes hinsichtlich der weimarischen politischen Kultur nicht anders als explorativ sein; selbst eine noch so vorläufige Taxonomie der politisch-kulturellen Struktur ist auf Anleihen bei anderen Konzepten, die mit anderen Motivationen antreten, angewiesen. Daß in ihr mehrere Dimensionen - kulturelle wie außerkulturelle - zusammenfließen, birgt zwar einige Irritationspotentiale, reflektiert aber die theoretische Bestimmung politischer Kultur als eines nicht nur strukturierenden, sondern eben auch durch objektive Bedingungen *strukturierten* Prinzips.

Was in dieser Taxonomie nicht vorkommt, sind regionale Differenzen und Spezifika politischer Subkulturen. Dies nicht etwa, weil deren distinktive Bedeutung geringgeschätzt würde; in der Tat lassen die enormen Unterschiede der politischen, sozialen und kulturellen Regionalgeschichten für ein Konzept, in dem politische Kultur systematisch als Resultat der Verarbeitung politischer Erfahrungen, Prozesse und Sedimentbildungen begriffen wird, erhebliche regionale Prägungen politischer Vorstellungswelten erwarten.

Wenn dennoch auf die Einbeziehung regionaler Differenzierungen verzichtet wurde, so deshalb, weil trotz des permanenten Streits zwischen Föderalismus und Unitarismus, trotz separatistischer Tendenzen und trotz regional abweichenden Wahlverhaltens vor dem Hintergrund der auf die politisch-kulturellen Bedingungen des Scheiterns der Weimarer Republik zielenden Fragestellung die Hauptverwerfungslinien politisch-kultureller Prägungen nicht regional, sondern sozialstrukturell und politisch-ideologisch zu bestimmen sind.[52]

---

[52] Zumindest für einen ersten Überblick über das Feld scheint mir die Variable "Region" hinter andere zurücktreten zu müssen, trotzdem unter Bedingungen extremer Abweichung regionale Besonderheiten freilich erhebliches Gewicht haben können (z.B. blieb die Erfahrung der Niederschlagung der Münchner Räterepublik auf das politische Deuten in Bayern sicher nicht ohne Auswirkungen). Gleichwohl wird diese Arbeit nichts zur Beseitigung jener "Unklarheit über die möglicherweise gleichermaßen nach ihren Teilkulturen vertikal und nach Regionen horizontal untergliederte Politische Kultur der Weimarer Republik" (Hennig, 1987: a.a.O., S. 97) beitragen können.

2.3 Ebenen der Analyse politischer Deutungskultur

In Ermangelung einer allgemeinen Theorie des Politischen kann politische Kulturforschung nicht "an sich", sondern immer nur unter bestimmten Aspekten und im Hinblick auf ein bestimmtes Erkenntnisinteresse betrieben werden. Es wäre allerdings nichts verfehlter, als darin einen Freibrief für die Festlegung dieser Aspekte - also der Inhalte, der materialen Substanz, auf die hin eine politische Kultur abgeklopft werden soll - nach Kriterien des persönlichen Geschmacks oder dessen, was gerade wissenschaftlich *en vogue* ist, zu sehen. Vielmehr ist damit eine Begründungspflicht für die Dimensionierung politischer Kulturforschung auferlegt und ein Verfahren ihrer Rationalisierung gefordert.

Wenn politische Kultur als kultureller Bedingungskomplex politischen Handelns und Erzeugungsprinzip politischer Praxis begriffen wird, müssen sich in den Dimensionen politischer Kulturforschung, so diese praktische Erklärungskraft für sich in Anspruch nehmen will, auch die maßgeblichen Konfliktlinien dieser Praxis spiegeln. Die Frage: Was treibt eine Gesellschaft um und worüber streitet, im Falle der Weimarer Republik: zerstreitet und zerwirft sie sich? führt zu den Großthemen des politischen Diskurses und gibt damit sinnvollerweise die Dimensionen politischer Kulturanalyse vor.[53]

Dabei geht es freilich nicht um die Rekonstruktion der politisch-programmatischen Positionen und der motivierenden Interessen der Konfliktparteien, sondern um deren Produktions- und Begründungsmodelle. Die kulturellen Grundlagen politischer Praxis aufzuschließen, heißt, diese als Resultat der regelgerechten Anwendung eines Vorrats von Modellen auf politische Situationen zu begreifen, wobei sich die Bestimmung "regelgerecht" auf die Befolgung einer praktischen Logik der Sinnstiftung bezieht, die gewährleistet, daß nicht unannehmbare Vergleiche aufgemacht und leere Repräsentationsbeziehungen behauptet werden und damit buchstäblich Unsinn gestiftet wird.[54]

---

[53] Dieser Weg führt direkter und zuverlässiger als der von Rohe vorgeschlagene, demzufolge politische Kulturforschung in etwa die gleichen Fragen zu stellen habe wie die politische Theorie (vgl. ders. 1987, a.a.O., S. 40), zu etwa den gleichen Resultaten, insofern politische Theorie in ihren Fragestellungen ja ebenfalls an tatsächliche Problemlagen gebunden ist - oder es zumindest sein sollte. Der Vorschlag, sich nicht auf deren Fragen, sondern auf die der politischen Praxis selber zu stützen, hat allerdings den Vorzug, sich nicht auf die Problemerkennungskapazität einer benachbarten Teildisziplin verlassen zu müssen.

[54] Solche Regelverstöße lassen sich exemplarisch im Bereich der politischen Rhetorik anhand mißglückter Metaphern und Vergleiche studieren - was in der Tat ein interessantes Forschungsfeld wäre. Der von H. Kohl aufgemachte Vergleich zwischen Goebbels und Gorbatschow wurde in weitesten Teilen der Öffentlichkeit als anstößig oder - umgangssprachlich, aber sehr treffend - "daneben" empfunden, weil die zwar unbestimmten, aber überreich vorhandenen Determinationen des Symbolisierenden "Goebbels" sich nicht in der durch die analogische Formulierung "Gorbatschow ist ein Propagandist : Goebbels war auch ein Propagandist :: (unausgesprochene Conclusio:) Gorbatschow ist wie Goebbels" nahegelegten analogieschluß-logischen Weise mit

Die Analyse konkreter politischer Kultur kann in drei Schritten erfolgen: Erstens müssen die hinsichtlich Gegenstand und Fragestellung entscheidenden Konfliktlinien isoliert werden, um darüber zu den Dimensionen der Analyse zu gelangen. Zweitens gilt es, politische Grundmodelle, die in Zusammenhang mit diesen Konflikten zur Anwendung gelangen, zu identifizieren, wodurch man zu den Analyseinhalten gelangte. Und drittens schließlich müssen die Anwendungsregeln für den symbolischen Schatz der Grundmodelle, die Struktur ihres Zusammenspiels in komplexen Deutungszusammenhängen, also das, was im allgemeinen als politisch-kultureller Code bezeichnet wird, gefunden werden. Die ersten beiden dieser drei Schritte sollen in diesem Abschnitt beschrieben werden.

Die offensichtlichste politische Konfliktlinie in der Weimarer Republik, die das Feld der politischen Auseinandersetzung von den Tagen der Novemberrevolution 1918 bis zur Machtübernahme 1933 prägte, bildet die Frage nach den Grundlagen des Staates, die sich im Streit um die Staatsform objektiviert, ohne sich darin zu erschöpfen. Unter dem Oberflächenphänomen der Auseinandersetzung über parlamentarische Demokratie oder Rätesystem einerseits, Monarchie und andere autoritär-obrigkeitsstaatliche Modelle oder Faschismus andererseits geht es dabei um das Grundinventar des politischen Raumes: Fragen nach Gleichheit und Ungleichheit, nach der Substanz von Freiheit oder dem Ursprung von Vergesellschaftung. Eine zweite Bruchlinie bilden die Formen des innenpolitischen Konfliktaustrags selber, was an dem Widerspruch zwischen dem Konfliktregelungsversprechen, wie es die Republik mit dem Institut des Parlaments gibt, und der Wirklichkeit der Wehrverbände und paramilitärischen Organisationen, der politischen Attentate in der Gründungsphase und der Straßenschlachten politischer Antagonisten am Ende der Republik deutlich zutage tritt. Bemerkenswert ist ausdrücklich nicht die Tatsache des innenpolitischen Konflikts, sondern der offensichtliche Verlust eines Kodex für die Modalitäten seiner Austragung, deren Spannweite praktisch von geduldiger Überzeugungsarbeit über das Faustrecht bis zum politischen Mord reichte. Eine dritte Hauptkonfliktlinie, die, abstrakter als die beiden vorgenannten, diese und praktisch alle Felder des gesellschaftlich Umstrittenen durchformt, ist das prekäre Verhältnis von Modernität, Vormodernität und Antimodernismus, wie es in dem Nebeneinander von Fortschrittsgläubgkeit im Zeitalter des Fordismus und der Sehnsucht nach vormodernen Idyllen, zwischen der Internationalität der Metropole Berlin und der Deutschtümelei am selben Ort und zur selben Zeit, der Nüchternheit des modernen Verfassungsstaates und der mythologischen Hoff-

---

dem Bedeutungsfeld um den Sympathie- und Hoffnungsträger Gorbatschow in Deckung bringen ließen. Sehr viel geschickter verfuhr kurze Zeit später Willy Brandt, der ebenfalls Goebbels als Symbolisierendes - für Heiner Geissler - einsetzte, aber ausdrücklich den personalen Vergleich mied und stattdessen mit der Formulierung "Geissler ist der schlimmste Hetzer *seit* Goebbels" über die zeitliche Abfolge eine Rangfolge anbot.

nung auf ein "Drittes Reich" zum Ausdruck kommt, das Ernst Bloch in der Formel von der "Gleichzeitigkeit des Ungleichzeitigen" zusammengefaßt hat.[55]

Diese drei genannten Konfliktlinien gehen unter folgenden Titeln als Analyseebenen, genauer: als Dimensionen des inhaltsanalytischen Kategorienschemas in die Untersuchung der politischen Deutungskultur der Weimarer Republik ein:

1. *Geschichtsvorstellungen*: Bewegungsrichtungen und -kräfte von Geschichte und die Orientierung in der zeitlichen Dimension.
2. *Freund- und Feindbilder*: Die Regeln der Strukturierung des sozialen Raumes in Eigen- und Fremdgruppen.
3. *Staatsbilder*: Vorstellungen vom "richtigen" Staat und die Beurteilung der Weimarer Republik.

Die drei Ebenen sollen im folgenden hergeleitet, ihre Bedeutung für die politische Kultur Weimars begründet und eine Übersicht über ihre wichtigsten Inhalte, also die konkurrierenden Deutungsmuster, gegeben werden. Was in diesen Übersichten dargestellt ist, bildet die Grundlage dessen, was als Kategorienschema den Gang der Empirie bestimmen wird. Es handelt sich freilich nicht um konkrete Kodieranweisungen,[56] sondern um knappe Beschreibungen der Substanz jener Inhalte, mit denen in einem Verfahren wechselweiser Konfrontation theoretisch gebildeter Strukturannahmen mit Stichproben empirischen Materials die drei Analyseebenen zunächst gefüllt und die dann zu inhaltsanalytischen Kategorien im technischen Sinn präzisiert wurden.[57]

Geschichtsvorstellungen

Das Problem der Vergewisserung über den eigenen geschichtlichen Ort, das Verhältnis von Gegenwart zu Vergangenheit und Zukunft und damit die Struktur der Zeiterfahrung - immer unterschieden von der naturalen Chronologie, deren erste Ableitung die Kalender darstellen - ist eines der, vielleicht sogar das Grundthema des modernen Bewußtseins, das sich wesentlich über die Erfahrung zeitlicher Beschleunigung konkretisiert und das für die Emphase, die es auf das stete Fortschreiten der Geschichte legt, mit den Verunsicherungen eines permanent transitorischen Daseins bezahlt:

---

[55] Vgl. Ernst Bloch, 1935: *Erbschaft dieser Zeit*, Frankfurt/M. 1985, dort das Kapitel "Zusammenfassender Übergang", S. 104 ff. und passim.

[56] Eine genaue Beschreibung der Analyse*inhalte* liefert die Dokumentation des inhaltsanalytischen Kategorienschemas in Anhang B.1.

[57] Die Materialstichprobe, an der sukzessive das Kategorienschema der Inhaltsanalyse entwickelt und erprobt wurde, bestand aus den Texten der Jahrgänge 1921, 1928 und 1931 des Textsamples (vgl. Anhang A 1).

"'Epoche' und 'Periode', Schwelle und Frist der neuen Zeit fallen gleichsam zusammen am Horizont einer ständig sich überholenden Bewegung. Kraft dieser Verzeitlichung schwinden die providentielle Vorgabe und die Exemplarität der alten Geschichten. Fortschritt und historisches Bewußtsein verzeitlichen wechselseitig alle Geschichten zur Einmaligkeit des weltgeschichtlichen Prozesses. (...) Das Bewußtsein epochaler Einmaligkeit wird gleichsam auf Dauer gestellt."[58]

Das Verunsicherungspotential einer derart dynamisierten oder 'verflüssigten' Zeiterfahrung nimmt unter den Bedingungen der Weimarer Republik, die Peukert im "krisenhaft akzentuierten Schnittpunkt" der "klassischen Moderne" verortet[59], dramatische Züge an und führt zu Fluchtbewegungen, die aus den unsicheren Gestaden herausführen sollen: ideologische, weil 'ungleichzeitige' Beschwörungen vormoderner Zeiterfahrungen.

Die Systematisierung jener "Semantik[en] der geschichtlichen Zeit"[60] und ihrer Bewegungskräfte, die die Analyse einer Stichprobe des Materials zur politischen Deutungskultur der Weimarer Republik zutage fördert, führt zu drei distinkten Modellen: Auf der einen Seite steht ein modernes, durch Irreversibilität und Diachronizität des chronologisch Gleichzeitigen gekennzeichnetes Modell. In Opposition dazu stellt sich das atavistische Muster mythischen Geschichtsverständnisses, das den Gang historischer Entwicklung dem steten Wachsen und Vergehen in der natürlichen Umwelt assoziiert und damit auf die zyklische Struktur der ewigen Wiederkehr des Immergleichen projiziert. Hinzu kommt als drittes mit den säkularisierten Heilsperspektiven, mit den apokalyptischen Auslegungen und den Determinismen der Erlösungsreligionen eine Geschichtsdeutung, die den in jüdisch-christlicher Tradition stehenden Gedanken von einem jenseitigen Ende der Geschichte verdiesseitigt, indem sie die Schwelle, den "Jüngsten Tag" oder das "Jüngste Gericht", durch ein säkulares Ereignis, eine Revolution, ein "letztes Gefecht", die Errichtung eines "neuen Reiches" ersetzt. Dieses Muster bannt die inversionsbedrohte Gegenwart in Kategorien der "Bestimmung" oder der "Zwangsläufigkeit", setzt einerseits der Fortschrittsperspektive der Moderne einen vorherbestimmten oder prophetisch bestimmbaren Schlußpunkt und eröffnet andererseits dem mythischen Zeitbewußtsein die verheißungsvolle Möglichkeit eines Ausbruchs aus dem Zir-

---

58 Reinhardt Koselleck, 1977: *'Neuzeit'. Zur Semantik moderner Bewegungsbegriffe*, in: ders. 1979: Vergangene Zukunft. Zur Semantik geschichtlicher Zeiten, Frankfurt/M., 1. Aufl., S. 300-348, hier: S. 330 f. (das Zitat bezieht sich auf Begriffsbildungen des ausgehenden 18. Jahrhunderts als der Zeit der Entstehung des transitorischen Bewußtseins im Zuge der Spätaufklärung).

59 Detlev J.K. Peukert, 1987: *Die Weimarer Republik. Krisenjahre der klassischen Moderne*, Frankfurt/M., 1. Aufl., S. 266.

60 Vgl. Koselleck, 1979: a.a.O.

kel. Die Deutungsmuster für die Struktur der Zeit und die Antriebskräfte der Geschichte sind in *Übersicht 1* dargestellt.

Übersicht 1

Geschichts-bild	*Struktur der Zeit*	*Bewegungskräfte*
modern	linear prozeßhaft	wissenschaftlicher und technischer Fortschritt, menschliche Arbeit als Auseinandersetzung mit der natürlichen Umwelt.
heilsperspektivlich, apokalyptisch, deterministisch	teleologisch	eine Mechanik oder Naturgesetzlichkeit der Geschichte, ein Schicksal, eine universale Katastrophe, eine Bestimmung oder Mission, ev. in einem Weltenlenker personifiziert, führt notwendig dem Ende von Geschichte entgegen.
mythisch	zirkulär	die Identität von Anfang und Ende: Tod, Zeugung, Opfer und Erlösung; personifiziert in den mythischen Kräf ten des Blutes, des Heros, des Volkes.

Die Modernität des politischen und wirtschaftlichen Systems der Weimarer Republik hätte im modernen Muster der Geschichtsdeutung ihre Entsprechung gefunden; dennoch konnte es sich nicht durchsetzen. Das prozedurale Geschichtsbild, das, wie Plessner schon mit Blick auf das 19. Jahrhundert anmerkt, "der allgemeinen Stimmung des Fortschritts, der Stimmung bei den industriegläubigen Massen" entsprechen sollte, weil es allein "ihrer zukunftsbezogenen Existenz entgegenkommt und sie rechtfertigt"[61], vermochte anscheinend gegen die Desorientierungen der krisenhaften Gegenwart keine tragfähige Legitimation für eine als fragwürdig empfundene Zukunft aufzubieten. Statt dessen werden Neigungen dominant, die verwirrende Vielfalt der Ereignisse im mythischen Geschichtszirkel zu bändigen oder sich der ungewissen Richtung des historischen Prozesses zu versichern, indem ihm durch verdiesseitigte Heilsvorstellungen ein zuverlässiger Fluchtpunkt gesetzt wird.

Im allgemeinen hat die zukunftsorientierte Wahrnehmung von Geschichte als historischem Prozeß ihren Ort in den proletarischen und bürgerlichen Subkulturen, denen in ihrer je eigenen Bilanz der Hoffnungen und Ängste die entfesselte Dynamik gesellschaftlicher und wirtschaftlicher Rationalisierung mehr verspricht, als sie ihnen an Verunsicherung androht oder bereits zugefügt hat; also dort, wo objektive Chancen zu subjektiven Aspirationen verinnerlicht wer-

[61] Plessner, 1959: a.a.O., S. 98.

den können und ein Klima positiv gestimmter Erwartungen hervorbringen, das die labile, stets gefährdete Selbstlegitimation der modernen Existenz erträglich macht. Denn:

"Die Moderne kann und will ihre orientierenden Maßstäbe nicht mehr Vorbildern einer anderen Epoche entnehmen, *sie muß ihre Normativität aus sich selber schöpfen*. Die Moderne sieht sich, ohne Möglichkeit der Ausflucht, an sich selbst verwiesen. Das erklärt die Irritierbarkeit ihres Selbstverständnisses..."[62]

Dagegen avisiert das mythische Denken gewissermaßen eine "Flucht zurück" als Ausweg aus dem rückversicherungslosen Dasein der Moderne. Die Grundoperation des Mythos besteht, wie Habermas es beschreibt, in

"eine(r) eigentümliche(n) Nivellierung der verschiedenen Realitätsbereiche: Natur und Kultur werden auf dieselbe Ebene projiziert. Aus der wechselseitigen Assimilierung der Natur an die Kultur, und umgekehrt der Kultur an die Natur geht einerseits eine mit anthropomorphen Zügen ausgestattete, in das Kommunikationsnetz der gesellschaftlichen Subjekte einbezogene, in diesem Sinne humanisierte Natur hervor, und andererseits eine Kultur, die gewissermaßen naturalisiert und verdinglicht in den objektiven Wirkungszusammenhang anonymer Mächte aufgesogen wird."[63]

Das mythische Denken bietet gegen das kumulativ-lineare Modell der Moderne das dem Kreislauf der Natur entlehnte Muster eines Zyklus ewiger Wiederkehr auf und beschreibt damit eine Struktur der Zeit, die ganz auf Verläßlichkeit ausgerichtet ist: Der Zyklus gewährleistet die Wiederherstellung verlorener Zustände ebenso wie die baldige Überwindung aktueller Verhältnisse, die als Tiefpunkte oder Talsohlen interpretiert werden. Damit ist sie ausgezeichnet geeignet, die Integration von Krisen und Katastrophen, von Niedergang und Zerfall in ein sinnhaftes Ganzes zu leisten. Dementsprechend finden sich in der Weimarer Republik mythische Geschichtsdeutungen v.a. im rechten politischen Spektrum, in kulturellen Milieus, denen entweder durch die Konstituierung der Republik anstelle der Monarchie real Einbußen an Privilegien zugefügt wurden und die sich deswegen nach einem idealisierten früheren Idyll sehnen, oder die mit antimodernistischen Deutungen die Desorientierungen der Gegenwart zu kurieren versuchen. Ihre Plausibilität verdankt die mythische Analogie zwischen geschichtlicher und natürlicher Zeitstruktur dem Umstand, daß sie auf Alltagserfahrungen zurückgreifen und diese verallgemeinern kann:

"Im Auf und Ab der Vegetation, im Wechsel der Mondphasen oder im Vorgang menschlichen und animalischen Lebens bildet sich der primäre und bestimmende Erfahrungshorizont, in dem sich die Stiftung der mythischen Zeitauffassung

---

[62] Jürgen Habermas, 1985a: *Der philosophische Diskurs der Moderne. Zwölf Vorlesungen*, Frankfurt/M., 3. Aufl. 1986, S. 16 (Hervorhebung im Original).

[63] Habermas, 1981: a.a.O., Band 1, S. 78.

zuallererst vollzieht. Diese Grundstruktur objektiviert sich in einem numinosen Ursprungsmythos, der die Heterogenität des Zeitlaufs durch die Möglichkeit seiner rituellen Wiederholung auflöst."[64]

Diese metaphorische Beziehung zwischen Natur und Geschichte gibt nicht nur die Struktur der Zeit vor, sondern bestimmt auch die Ausdeutung ihrer Bewegungskräfte. Weil "(...) ein enger Zusammenhang (besteht) zwischen einer 'natürlichen' Pictura und einer mythischen Perspektive, ist die 'Natur' doch das Paradigma par excellence des zyklischen und der 'ewigen Wiederkehr'"[65], wird der geschichtliche Raum mit Volkskräften und -geistern, mit natürlichem Willen und Blutskräften belebt. Damit wird die Komplexität, Unübersichtlichkeit, der Schein der Sinnlosigkeit einer vielfach differenzierten und schnellebigen Realität auf das Wirken einiger weniger und ewiger Bestimmungen zurückgeführt und das Chaos in den einfachen Strukturen einer mythisch organisierten Sinnwelt gebannt. Mehr noch: Indem der Mythos das Verhältnis von Mensch und Natur zum Paradigma für dessen Verhältnis zu Gesellschaft, Wirtschaft und Politik erhebt, spendet er umfassenden Dispens vom lästigen Zwang zur Legitimation. Denn er transformiert Menschenwerke, die ansonsten sich zu rechtfertigen und zu verantworten hätten, in Als-Ob-Naturereignisse; insbesondere gewaltige und tendenziell katastrophische Naturerscheinungen bieten günstige Projektionsflächen für alle Fälle, in denen niemand es gewesen sein will.[66]

Heilsgeschichtliche, deterministische und apokalyptische Geschichtsdeutungen, die profanen Derivate religiöser Heilsversprechen, sind prinzipiell mit dem modernen wie mit dem mythischen Modell für die Struktur der Zeit kompatibel: Im einen Fall vermögen sie die Risiken der modernen Zukunftsbezogenheit durch den Einbau einer strengen Mechanik der Geschichte, die Deutung ihrer selbst als Handlungssubjekt oder Weltgericht oder durch die Inthronisation eines Weltenlenkers, der im universalen Marionettentheater an den Strippen zieht, abzusichern und den zunächst unendlichen historischen Prozeß durch die Definition eines Geschichtstelos - um eine einschlägige Metapher einzuführen: durch "einen Felsen im Meer der Zeit" - zu begrenzen. Damit wird erstens der Akzent von der tätigen Aneignung der Entwicklungen zu ihrer kontemplativen Deutung verschoben und zweitens mit der teleologischen Schließung nicht nur

---

[64] Gerhard Plumpe, 1978: *Alfred Schuler. Chaos und Neubeginn. Zur Funktion des Mythos in der Moderne*, Berlin, S. 27. Als Ursprungsmythos im von Plumpe angesprochenen Sinn figuriert bspw. innerhalb der politischen Kultur der Bundesrepublik die sogenannte 'Stunde Null' des 8. Mai 1945, in dem sich das allgemeine Schema ihres symbolischen Verhältnisses zum Nationalsozialismus objektiviert, das keine Brücke zwischen diesem und jenem Staat duldet und das auf dieser symbolischen Ebene sämtlichen Kontinuitätslinien kappen mußte, um die strukturelle Kontinuität - bspw. der gesellschaftlichen Eliten - erträglich zu gestalten.

[65] Link, 1978: a.a.O., S. 45.

[66] Dies schwingt etwa mit, wenn im allgemeinen Sprachgebrauch Kriege 'ausbrechen', als stünde es in ihrer eigenen Macht, dies zu tun oder zu lassen.

"die Zukunft als eine *Quelle* der Beunruhigung"[67], sondern auch der Utopie verstopft.

Eine spezifische Variante teleologischer Geschichtsdeutung, die unter den Bedingungen der krisenhaften und als Erbe der Kriegsniederlage interpretierten Republik besondere Wucht entfalten konnte, stellen apokalyptische Auslegungen dar.[68] Als Strukturmodell kann auf die neutestamentarische Apokalypse des Johannes von Patmos verwiesen werden,[69] in der ein gewaltiger Zerstörungsakt die Spuren einer chaotischen und verdorbenen, vom Glauben und vom rechten Weg abgekommenen Welt tilgt und so den Weg ins "Tausendjährige Reich", zum "Neuen Jerusalem" freimacht. Ausgangspunkt des apokalyptischen Denkens ist ein Empfinden radikaler Defizienz in der Gegenwart, die in ein unerträgliches Spannungsverhältnis zu einem Zustand ersehnter Fülle gerät.

"Die 'apokalyptisch' genannte Auslegung der Spannungserfahrung markiert (...) den 'Zerreißpunkt' der Spannung; die Überdehnung der Spannung bis zum Punkt des Zerreißens kommt in der Tendenz zum Ausdruck, die Spannung zwischen Defizienz und Fülle dualistisch und zugleich zeitlich auszulegen."[70]

Die Auflösung dieser Spannung ist katastrophisch; das "Neue Jerusalem" kann nur auf zuvor eingeebnetem Gelände errichtet werden. In der Weimarer Republik konstituiert in der Perspektive der Rechten die Kriegsniederlage, in der der kommunistischen Linken die forcierte Ausbeutung des Proletariats eine solche radikale Defizienzerfahrung, dergegenüber da das "Dritte Reich", dort der postrevolutionäre Arbeiterstaat zum korrespondierenden Heilsversprechen avanciert. Gegen die permanent transitorische Existenz des modernen Menschen setzt diese Symbolstruktur einen Dualismus von Vorher und Nachher, eine einmalige Zeitenwende, die sich in der Geschichtssemantik beispielhaft im Topos des "Zwischenreiches" objektiviert, als das insbesondere der rechte Weimarer Antirepublikanismus die vergängliche, weil nur einen Durchgang markierende Republik begreift.[71]

Ausgehend vom mythischen Geschichtsbild erlauben die heilsperspektivlichen, apokalyptischen und deterministischen Konstruktionen den Ausbruch aus der zirkulären Struktur der Zeit. Im mythischen Modell wird zuverlässig immer

---

[67] Habermas, 1985a: a.a.O., S. 22 (Hervorhebung im Original).

[68] Vgl. umfassend zur apokalyptischen Geschichtsdeutung: Klaus Vondung, 1988: *Die Apokalypse in Deutschland*, München.

[69] Gleichwohl ist die Gattung der später apokalyptisch genannten Texte älter. Vgl. etwa im Alten Testament das Buch Daniel.

[70] Vondung, 1988: a.a.O. S. 76.

[71] Ein solches Zeitenwendebewußtsein findet sich auch in der Zeit nach dem 2. Weltkrieg, als in der Literatur Begriffe wie "Niemandsland", "Quarantäne" und "Wartesaal", im Alltagsbewußtsein der Exkulpationstopos "Stunde Null" als Kollektivsymbole figurieren.

wieder ein tiefster Punkt des Zirkels durchlaufen, von dem aus es tröstlicherweise nicht anders als aufwärts gehen kann - verbunden allerdings mit der trostlosen Perspektive, daß mit der gleichen Sicherheit ein höchster Punkt angesteuert wird, nach dem es unvermeidlich wieder abwärts geht. Der Ausweg besteht in der Stiftung einer Eschatologie von Katastrophe und Katharsis an eben jenem tiefsten Punkt, wodurch die Verknüpfung des mythischen mit teleologischen Geschichtsdeutungen gelingt: Während rückwärtsgewandt alle Inversionen des historischen Prozesses in der zirkulären Struktur der Zeit aufbewahrt bleiben, eröffnet sich dem vorwärtsgewandten Blick das Heilsversprechen eines Ausbruchs aus dem Zirkel.

Freund- und Feindbilder

"...der Kampf mit geistigen Waffen für jede politische Anschauung (ist) freigegeben. Niemand hat es noch nötig, zu den Mitteln der Gewalt zu greifen, um seine Auffassung zum Siege zu führen."

Das Vertrauen auf den "zwanglosen Zwang des besseren Arguments"[72], wie es aus diesem Satz spricht, den der sozialdemokratische Innenminister David in der Weimarer Verfassungsgebenden Nationalversammlung sagte,[73] wurde von der Realität der mit ganz anderen Zwängen operierenden politischen Auseinandersetzung der Weimarer Republik gründlich destruiert. Tatsächlich gelang es nicht im Ansatz, jene von den Funktionsbedingungen parlamentarischer Entscheidungsfindung implizit aufgestellte Forderung einzulösen, daß im innenpolitischen Bereich die Kategorie des Feindes durch die des politischen Gegners ersetzt werden müsse. Vielmehr sprechen die paramilitärischen und Wehrverbände, politischen Attentate, Straßenschlachten, schließlich die marschierende SA Bände über die Vergeblichkeit des republikanisch-demokratischen Traums von der diskursiven Austragung politischer Differenzen als der Grundlage rationalen politischen Handelns.

Die Anwendung des Faustrechts im politischen Streit bildet dabei freilich nur die buchstäblich handgreifliche Objektivierung einer Kultur rigider Dichotomisierung des sozialen Raumes in Freunde und Feinde auf der Basis verschiedener vor- oder außerpolitischer Modelle der Distinktion, die ihre Gemeinsamkeit darin haben, daß sie die Funktionsfähigkeit des konsensorientierten politischen Systems durch die Errichtung symbolischer Mauern oder, wie Koselleck es

---

[72] Jürgen Habermas, 1971: *Vorbereitende Bemerkungen zu einer Theorie der kommunikativen Kompetenz*, in: Jürgen Habermas/Niklas Luhmann, 1971: Theorie der Gesellschaft oder Sozialtechnologie - Was leistet die Systemforschung? Frankfurt/M., 1. Aufl. S. 101-141, hier: S. 137.

[73] Zitiert nach: *Verfassung und Recht*, in: Der Vorwärts Nr. 375/1921, 11.8.

nennt, semantischer Strukturen "asymmetrischer Gegenbegriffe"[74] zwischen der Eigengruppe und dem je Anderern blockieren. Gemeint sind damit begriffliche Strategien, die nicht nur auf die Abgrenzung politisch oder sonstwie handelnder Gruppen abzielen, sondern darüberhinaus für die Eigengruppe einen Anspruch auf soziale Exklusivität und sittliche Allgemeinheit anmelden und gleichzeitig den Ausgegrenzten das Recht, als Andere zu existieren, bestreiten. Es handelt sich dabei um ungleiche Dichotomien von universaler Reichweite wie Deutsche - Undeutsche, Proletariat - Bourgeoisie, Christen - Gottlose, Arier - Nichtarier, ebenso wie um Projektionen auf das binär organisierte System sozialer Tugenden wie Ehre - Unehre, Treue - Verrat, Mut - Feigheit usw., die im Vergleich zu den erstgenannten reinen Seins-Kategorien insofern konkreter und "empirischer" sind, als sie stets auf irgendein Handeln der Kategorisierten referieren.

Welcher Art die Deutungsmuster sind, mit deren Hilfe in der Weimarer Republik die Eigenschaftsräume der Eigengruppe und der politischen Gegner bzw. Feinde definiert werden, ist in *Übersicht 2* zusammengestellt. Es handelt sich dabei um Kategorisierungen der in den Materialstichproben empirisch vorgefundenen Attribute der Selbstlegitimierung und der Delegitimierung des Anderen. Als Prinzip der vertikalen Strukturierung (das in der *Übersicht* allerdings horizontal angetragen ist) bewährt sich dabei das Modell der asymmetrischen Gegenbegriffe: die Begriffe, mit denen Freunde und Gegner/Feinde bedacht werden, fügen sich zu dichotomischen Distinktionen der Ein- und Ausgrenzung.[75] Daneben lassen sich als zweites, horizontales (in der *Übersicht* vertikal angetragenes) Strukturprinzip die verschiedenen Handlungs- und Erfahrungsfelder ausmachen, denen die Distinktionen entlehnt sind: Wissenschaft/Politik - soziale Normen - Militär - Religion/Mythologie.

Auffällig ist, daß nur eines dieser dichotomischen Modelle, das von Vernunft und Unvernunft, eine diskurisve Auflösung der Dichotomie affiziert und insofern mit den systemischen Anforderungen einer parlamentarischen Demokratie an den Modus politischer Auseinandersetzungen kompatibel ist. Die anderen sind entweder politisch nur in einem vormodernen Sinn - wie etwa das Muster der Kriminalisierung des politischen Feindes, wodurch die innenpolitische Auseinandersetzung in den Geltungsbereich eines überkommenen *Polizeyrechts*[76]

---

[74] Reinhart Koselleck, 1975: *Zur historisch-politischen Semantik asymmetrischer Gegenbegriffe*, in: ders. 1979: a.a.O., S. 211-259. Koselleck untersucht hier die sematische Struktur dreier Klassifikationspaare von universalem Anspruch: Hellenen - Barbaren, Christen - Heiden, Mensch - Unmensch.

[75] Allerdings sind die Pole nicht immer eindeutig. So kann etwa der Tugend der Ehrenhaftigkeit sowohl die Untugend der Ehrlosigkeit (etwa als moralische Verkommenheit) oder des Verbrechertums entgegengestellt werden.

[76] Vgl. Hans Maier, 1966: *Die ältere deutsche Staats- und Verwaltungslehre*, München, Taschenbuchausgabe 1986.

zurückgestoßen wird - bzw. in einem systemantagonistischen Sinn, oder sie entstammen außerpolitischen Sphären - der sozialen, wie im Falle des Gegensatzes von einerseits Treue, Ehre, Stolz und andererseits Feigheit, Ehrlosigkeit und

Übersicht 2

SELBSTBILD	*Eigenschaftsraum*	*DAS BILD VOM ANDEREN*	*Eigenschaftsraum*
POLITISCHE VERNUNFT	Vernunft, Ausgleich Gerechtigkeit, Zukunft, Freiheit, Fortschrittlichkeit.	POLITISCHE UNVERNUNFT	Unvernunft, Unreife, Vorgestrigkeit // Staatsfeinde.
SEKUNDÄR-TUGENDEN	Treue, Hingabe, Ehre, Sehnsucht, Größe, Wille, Prinzipienfestigkeit, Stolz.	VERACHTUNGS-WÜRDIGKEIT	Feigheit, Versagen, Verblendung, Ehrlosigkeit, Krämertum, Untertanengeist, "Pöbel", "Mob".
TUGENDEN DER TAT UND DES KAMPFES	Macht, Rücksichtslosigkeit, Heldentum, Mut, Kühnheit, Siegesgewißheit.	DER FEIND ALS VERBRECHER	Mord, Terror, Raub, Hehlerei, Diebstahl, Verrat, Sabotage, Meuterei.
MÄRTYRERTUM	Opferbereitschaft, Todesmythologie.	DER FEIND MIT DÄMONISCHEN ZÜGEN	Verschwörung, Hölle, Finsternis, Auflösung, Zersetzung, Unterhöhlung, Vergiftung, Blutsauger.
DIE EIGENE SCHWÄCHE	Leiden, Demütigung, Unterdrückung, Uneinigkeit, Schwäche.	DER FEIND ALS DROHUNG UND GEFAHR	Manipulation, Ausbeutung, Anmaßung, Skrupellosigkeit, Aggression.

Angeberei, oder der mythisch-religiösen, wie die Opposition von Märtyrern und Dämonen - und sind als solche Index einer Entpolitisierung der Politik. Dieser antipolitische Affekt ist insofern, aus der Perspektive der Republik betrachtet, fatal, als dadurch der Bereich des als legitim anerkannten Streits, also das Feld des etablierten Gegeneinanders von Orthodoxie und Heterodoxien verengt wird: Der ehrlose Feind gilt als nicht satisfaktionsfähig, der Verbrecher gehört hinter Schloß und Riegel, und gar der Konflikt von Märtyrern und Dämonen, zu dem der Streit um politische Fragen keineswegs nur von Nationalsozialisten stilisiert wird, spielt sich völlig auf der Ebene eines Ringens der Prinzipien von Gut und Böse ab, das keine andere Option als die des "Wir oder sie" zuläßt. Auf diese

Weise wird tendenziell das politische Spektrum in voneinander abgedichtete, doxisch organisierte Bereiche segmentiert, deren Angehörige sich wechselweise nun nicht mehr als Heterodoxe, sondern als Häretiker begreifen, denen gegenüber jedes Kampfmittel als legitim erscheint. Die vor- und außerpolitischen Modi der Distinktion von Freund und Feind entpflichten von den verfassungsmäßig kodifizierten Regeln des Konfliktaustrags.

Vorstellungen von Staat und Republik

Diese Entpflichtung von den gesetzlich festgelegten Formen des politischen Umgangs, die die Modi der politischen Auseinandersetzung in der Weimarer Republik charakterisiert, weist unmittelbar - es sei daran erinnert, daß Max Weber das Monopol legitimer physischer Gewaltsamkeit als spezifisches Merkmal des Staates begründet[77] - auf deren Legitimationsproblem zurück: Der parlamentarischen Demokratie wird von weiten Teilen der Staatsbürgerschaft die Anerkennung ihrer Geltungsgründe hartnäckig verweigert.

Um eine Systematisierung der in der politischen Deutungskultur Weimars virulenten Staatsvorstellungen vorzubereiten, sollen zunächst in einem kursorischen Durchgang und mit Bezug auf die zeitgenössische Staatslehre der Legitimationstyp der Republik und die legitimatorischen Grundlagen der konkurrierenden Staatsvorstellungen skizziert werden.

"Die Weimarer Reichsverfassung war ohne Zweifel ein Kompromiß, ein Kompromiß zwischen Sozialdemokratischer Partei, katholischem Zentrum und Demokraten, der weniger im organisatorischen Teil der Verfassung (Parlament einerseits, Diktaturgewalt des Reichspräsidenten andererseits) als im Grundrechtsteil offenbar wurde, in dem liberale und sozialistische Prinzipien ihren Niederschlag gefunden hatten."[78]

Unter Berücksichtigung dieses in der Verfassungsgeschichte bis dato einmaligen Nebeneinanders von liberaler und sozialistischer Axiomatik, Freiheit und Gleichheit, Rechtsstaatsprinzip und Sozialstaatsprinzip - in dem Carl Schmitt mit allerdings bemerkenswerter begrifflicher Virtuosität jenen "unüberwindlichen Gegensatz von liberalem Einzelmensch-Bewußtsein und demokratischer Homogenität"[79], der im Prinzip die deutsche Staatsrechtswissenschaft bis heute

---

[77] Vgl. Weber, 1922a: a.a.O., S. 822.

[78] Ilse Staff, 1985: *Staatslehre in der Weimarer Republik*, in: Christoph Müller/Ilse Staff (Hg.), 1985: Staatslehre in der Weimarer Republik. Hermann Heller zu ehren. Frankfurt/M., 1. Aufl., S. 7-23, hier: S. 9.

[79] Carl Schmitt, 1926: *Die geistesgeschichtliche Lage des heutigen Parlamentarismus*, Berlin, 3. Aufl. 1961, S. 23.

durchzieht[80], und damit die Grundfigur seiner Argumentation gegen die "moderne Massendemokratie"[81] im Allgemeinen und die Weimarer Republik im Besonderen fand - läßt sich das Legitimationsprinzip der Republik folgendermaßen charakterisieren:

Unter Berufung auf die wertrational begründeten, überpositiven Grundsätze individueller Freiheit und sozialer Gleichheit sollen im wesentlichen "kraft positiver Satzung"[82] Verfahrensregeln institutionalisiert, der Staat also nicht auf die Metaphysik eines "letzten Staatsziels", sondern die sittliche Rationalität eines "Staatszwecks" verpflichtet werden. Dabei bringt, so die Position Hermann Hellers, das positive Recht lediglich "Rechtmäßigkeit"[83], "Legalität"[84] hervor, wohingegen die Legitimität des Staates sich über seine Fähigkeit herstellt, "die zur Sicherung des Rechts auf einer bestimmten Entwicklungsstufe nötige Organisation"[85] bereitzustellen, wobei unter Recht "hier in erster Linie die die positiven Rechtssätze fundierenden *sittlichen Rechtsgrundsätze*"[86] zu verstehen sind. Heller koppelt also jene legitimierenden Rechtsgrundsätze, die sich für die Weimarer Republik in der Formel von individueller Freiheit und sozialer Gleichheit zusammenfassen lassen, an die objektiven Möglichkeiten und Erfordernisse eines historischen Zustands, die sich ihrerseits im "antagonistisch strukturierten Parlament"[87], also als Ergebnis einer Prozedur, objektivieren sollen. Aber:

"Dieses Verfahren (der Legitimation; D.S.) kann nur funktionieren, wenn eine Konsensbildung (...) überhaupt möglich ist, und sie ist nur möglich, wenn zumindest ein Grundkonsens der Bürger über sittliche Rechtsgrundsätze, also 'kulturkreisbedingte', 'epochale' gesellschaftliche Ordnungsprinzipien besteht."[88]

Dieser Grundkonsens, *conditio sine qua non* der auf diskursive Entscheidungsfindung und das Mehrheitsprinzip festgelegten Republik, existiert unter den gegebenen Bedingungen tiefgreifender Verunsicherung nicht. Tatsächlich ist nur ein Teil der in der politischen Kultur der Weimarer Republik virulenten Deu-

---

[80] Vgl. Jürgen Meinck, 1978: *Weimarer Staatslehre und Nationalsozialismus. Eine Studie zum Problem der Kontinuität im staatsrechtlichen Denken in Deutschland 1928 bis 1936*, Frankfurt/M., New York, S. 21.

[81] Schmitt, 1926: a.a.O., S. 21.

[82] Max Weber, 1921: Soziologische Grundbegriffe, in: ders. 1922: a.a.O., S. 541-581, hier: S. 580.

[83] Hermann Heller 1934: Staatslehre (in der Bearbeitung von Gerhart Niemeyer; 1934 erschienen in Leiden, Niederlande), Tübingen, 6. rev. Aufl., S. 256.

[84] Ebd.

[85] Ebd., S. 252.

[86] Ebd. (Hervorhebung D.S.).

[87] Staff, 1985: a.a.O., S. 14.

[88] Ebd.

tungsmuster für den Staat mit diesem modernen "prozeduralen"[89] Legitimationstyp vereinbar und bestreitet nicht die Geltung dieser Staatskonzeption schlechthin, sondern nur die Eignung einzelner ihrer Institutionen für die Einlösung ihres Programms. Dagegen stehen, in grob vereinfachender Strukturierung:
1. die kommunistische Deutung, die - durchaus ebenfalls modern - im Staat "ein Organ der *Unterdrückung* der einen Klasse durch die andere"[90] sieht und ihm Legitimität nur als historisches Durchgangsstadium und in seiner - zukünftigen - Ausprägung als vorübergehende Diktatur der Mehrheitsklasse des Proletariats zubilligt;
2. eine dezisionistische Deutung des Staats, wie sie in elaboriertester Weise Carl Schmitt vertritt, die gleichfalls modern, aber rechts-antirepublikanisch ist. Schmitt erklärt das diskursive Prinzip des Parlaments angesichts der modernen Massengesellschaft für obsolet[91] und betreibt die Versöhnung eines zuvor sinnentleerten und fungibel gemachten 'demokratischen' Prinzips, gebunden an die merkwürdig unbestimmte Kategorie der Notwendigkeit einer "substantiellen Homogenität" der demokratischen Gesellschaft und die "daraus folgende Ausscheidung des 'Heterogenen'"[92], mit der Diktatur.[93] Ausgehend von der Kritik des entscheidungsunfähigen Paralamentarismus, rücken Begriffe wie 'Diktatur', 'Souveränität' und 'totaler Staat' ins Zentrum der Schmittschen Staatslehre, die gleichzeitig konservativ-modernistisch ist und in der Hypostase der "substantiellen Homogenität" einen bedeutsamen Anknüpfungspunkt bietet für
3. jene Deutungswelten, in deren Binnenlogik die Legitimität des Staates erst durch metaphysische letzte Gründe und Ziele, durch die Anrufung Gottes, ewiger Werte oder eines in mythischen Urgründen wurzelnden Volkstums[94] ge-

---

[89] Habermas, 1976a: a.a.O., S. 278.

[90] W.I. Lenin, 1917: *Staat und Revolution. Die Lehre des Marxismus vom Staat und die Aufgaben des Proletariats in der Revolution*, in: ders., Ausgewählte Schriften, Moskau 1984, S. 286-382, hier: S. 290.

[91] "Sind Öffentlichkeit und Diskussion in der tatsächlichen Wirklichkeit des parlamentarischen Betriebes zu einer leeren nichtigen Formalität geworden, so hat auch das Parlament, wie es sich im 19. Jahrhundert entwickelt hat, seine bisherige Grundlage und seinen Sinn verloren." (Schmitt, 1926: a.a.O., S. 63).

[92] Pasquale Pasquino, 1985: *Politische Einheit, Demokratie und Pluralismus. Bemerkungen zu Carl Schmitt, Hermann Heller und Ernst Fraenkel*, in: Müller/Staff, 1985: a.a.O., S. 114-127, hier: S. 118.

[93] Vgl. Schmitt, 1926: a.a.O., S. 22.

[94] Dessen gewissermaßen philosophisch rationalisierte Form kann man, wie Hermann Heller herausgearbeitet hat, auch im Hegelschen Begriff des "Volksgeistes" (ebenso wie in den präromantischen "Volksgeistern" Herders) und der organologischen Deutung des Staates wiederfinden - dies als Hinweis darauf, daß es hierbei wiederum nicht um eine weimarische Besonderheit, sondern um eine lange deutsche Tradition geht, von der noch ausführlicher zu sprechen

stiftet wird. Es ist davon auszugehen, daß diese in einer spezifischen Deutungsweise des Zusammenhangs von Staat und Volk gründende offene Ablehnung oder doch Skepsis gegenüber dem modernen Anstaltsstaat als einem "Apparat zur Sicherung des Gemeinwohls"[95], dieses Relikt traditionaler Rechtfertigung von Herrschaft in der modernen Industriegesellschaft, nicht ein Privileg des rechten Antirepublikanismus ist, sondern durchaus auch die Staatsvorstellungen republikloyaler Subkulturen durchdringt. Plessner beschreibt diese Anbindung der Staatslegitimation an die Wurzeln des Volkstums als einen Grundzug der politischen Tradition in Deutschland und begründet sie mit der nationalstaatlichen und demokratischen Verspätung sowie der hemmenden Wirkung des lutherischen Protestantismus auf die Entwicklung eines bürgerlichen Selbstbewußtseins:

"Gerade weil sie (die Deutschen; D.S.) in keiner staatlichen Tradition zur Ruhe kommen und in ihrer politischen Ideenbildung um keine Ruhelage schwingen, (...) suchen sie nach einem realen Halt in ihrer Geschichte und, da sie ihn dort nicht finden, noch vor, noch unter der Geschichte. (...) Statt eines idealen, obzwar fiktiven Ursprungs, welchen die Rechtsexistenz dem Menschen in seinerFreiheit verleiht, sind sie auf der Suche nach einem realen, obzwar mythischen Anfang ihrer geschichtlichen Existenz, der sich im Dunkel unergründlicher Vorzeit verliert."[96]

In politisch-kultureller Perspektive liegen die entscheidenden Legitimationsprobleme der Weimarer Republik in der Konfrontation dieser Tradition der Verknüpfung von Staat und einem metaphysisch begründeten Volk - in Ermangelung einer politisch selbstbewußten *civitas* - mit dem wertrational-prozedural begründeten Geltungsanspruch einer parlamentarischen Demokratie; eine proletarisch-revolutionäre Heterodoxie hätte für sich die Republik vermutlich kaum gefährden können, weil sie ihr zwar die Legitimation bestreiten konnte, aus ihrem antagonistischen Selbstverständnis heraus aber systematisch keine Perspektive besaß, den Kreis ihrer klassenförmig definierten Klientel zu durchbrechen.

Die Vielfalt der aus der skizzierten Konstellation sich ausdifferenzierenden Staatsvorstellungen zu kategorisieren, fällt schwer, weil die Konzeption politischer Kulturforschung darauf verpflichtet ist, unterhalb des Niveaus elaborierter Staatstheorien anzusetzen - obwohl freilich die Struktur der politisch-kulturellen Deutungsmuster für den Staat noch die komplexesten Gebilde der Staatsphilosophie durchformt, wodurch das Konzept politischer Kultur als eines gesellschaftlichen Archivs verarbeiteter politischer Erfahrung indirekt validiert

---

sein wird (vgl. Hermann Heller, 1921: *Hegel und der nationale Machtstaatsgedanke in Deutschland. Ein Beitrag zur politischen Geistesgeschichte*, Leipzig, Berlin, S. 69 ff. und passim).

[95] Plessner, 1959: a.a.O., S. 61.

[96] Ebd. S. 64.

wird. Was in *Übersicht 3* zusammengefaßt ist, sind denn daher auch nicht Staatsvorstellungen im Sinne unterschiedlicher Staats*theorien*, sondern eher die in un-

Übersicht 3: Staatsvorstellungen

BEZOGEN AUF: *Stichwort*	*RECHTFERTIGUNG DES STAATES DURCH/ALS:*
HOMOGENITÄT/INTEGRATION.	
Sowjetrepublik	Rätedemokratie, Klassenkampf, Sozialisierung, proletarische Revolution, Diktatur des Proletariats, Vorbild Sowjetunion.
Wirtschafts-demokratie	Gesellschaftliche Integration als wirtschaftliche Integration, soziale soziale Gerechtigkeit, Ausgleich, Wirtschaftsdemokratie, Mitbestim mungsrechte.
Gemeinwille	Volksstaat, Volkssouveränität, volontée generale.
Einheit	nationalstaatl. Integration, Nationalbewußtsein, das Beispiel. der westlichen Nationen.
Kultur, Religion, Tradition	Staat ruht auf den Kategorien Sitte, Kultur, Brauchtum, Heimat, Religion, Geschichte, Tradition.
Organismus	Staatsorganismus, Volksorganismus, Genealogie; Subeinheiten als "Glieder" od. "Zellen", (Wachsen des) Staats- und Volkskörper(s).
Rasse, Blut	Staatliche Integration durch Bluts- oder Rassenzugehörigkeit.
VERFAHREN	
Mehrheit	Rationale Entscheidungsfindung und Führungsauslese sowie Kontrolle und Abberufung der Führung durch Mehrheitsentscheidung.
Grundrechte	Staat garantiert Grund- und Persönlichkeitsrechte: Meinungs, Versammlungs-, Organisationsfreiheit, Rechtsgleichheit u. -sicherheit.
working system	Staat als Organisation, Institution, Anstalt, Rechtsgebilde; rationa les Verwaltungshandeln.
Auf- und Ausbau	Staat als "work in progress": Verbesserung, Modernisierung.
SOUVERÄNITÄT/AUTORITÄT	
Stabilität, Schutz	Ruhe, Ordnung, Festigkeit, Dauerhaftigkeit; Staat metaphorisch als "Haus" oder "fester Bau".
Achtung, Respekt	Achtung der anderen Staaten, Souveränität, die eigene Stellung im "Rat der Völker".
Aristokratie	Führung durch eine Aristokratie der Besten, in voller Freiheit und Verantwortung, ohne "kleinliche" Kontrolle.
Macht, Militär	Staat legitimiert durch Stärke nach außen und Autorität nach innen; starker Staat, Militärmacht, "Weltgeltung".
Reichsmythos	Staat legitimiert durch die Fortsetzung einer Reihe mythischer Rei che: Rom - Hl. Röm. Reich - Drittes Reich; Byzanz - Rom - Drittes Reich; Germanenreich - Dt. Reich - Drittes Reich.

terschiedlichen politisch-kulturellen Kontexten angewandten Axiome des Eigenschaftsraumes Staat, geordnet nach den Referenzen seiner Rechtfertigung: der *Homogenität* und *Integration* seiner Basis (der Klasse, Nation, des Volkes, der Rasse); seiner Fähigkeit, vernünftige *Verfahren* bzw. ein rational begründetetes Verhältnis von Staatsbürgern und Staatsmacht herzustellen; seiner *Autorität* und *Souveränität*. Die Kategorisierung der empirisch vorgefundenen auf den Staat bezogenen Vorstellungen hält sich dabei im Prinzip an die Grundthemen der zeitgenössischen staatstheoretischen Debatte, in deren Zentrum Fragen wie die nach dem Verhältnis von Staatsführung und Basis, Individualität und Integration, staatlicher Machtfülle und Beschränkung staatlicher Macht, Staat und anderen Staaten stehen.[97]

* * *

Die vorgestellten Ebenen, auf denen die Analyse der politischen Deutungskultur der Weimarer Republik erfolgen wird, thematisieren mit der Frage nach dem richtigen Staat, den Modi der Distinktion von Freund und Feind und dem Verhältnis von Modernität, vormodernen Deutungen und Antimodernismus maßgebliche politisch-kulturelle Verwerfungslinien der weimarischen Gesellschaft. Gleichzeitig folgen sie noch einer anderen Intention:

Zwar wird in der Arbeitshypothese die politische Kultur Weimars als eine segmentierte beschrieben, dennoch läßt das vorgestellte theoretische Konzept mit seinem starken Akzent auf der historisch-traditionalen Vermittlung politischer Kultur keinen Raum für Argumente, die die Annahme stützen könnten, es handle sich bei diesen Segmenten um völlig unverbundene Bruchstücke - eine Annahme übrigens, mit der man sich sämtlicher Erklärungsmöglichkeiten für die letztendliche Hegemoniefähigkeit jener Deutungswelt, die der Nationalsozialismus anbot, begeben würde. Vielmehr ist davon auszugehen - und ein zentraler Gegenstand des Interesses -, daß unter den Oberflächensyndromen realer politischer Zerrissenheit und kommunikativer Verweigerung und jenseits politisch-programmatischer Differenzen gemeinsame Muster von Deutungsgewohnheiten und Sinnstiftungstechniken aufweisbar sind, die, je weiter sie vom aktuellen politischen Streit entfernt, je grundsätzlicher sie sind, desto mehr den Blick nicht nur auf die Brüche, sondern auch auf die Schwellen und Übergänge zwischen den politisch-kulturellen Grammatiken freigeben. Um dieses Erklärungspotential ausschöpfen zu können, wurden die Analyseebenen so konzipiert, daß

---

[97] Was für den weiteren Gang der Untersuchung wichtig ist: Weil nicht nur abstrakte Staatsvorstellungen untersucht, sondern auch die Ergebnisse ihrer taxierenden Anwendung auf den konkreten Staat Weimarer Republik verfolgt werden sollten, geht jedes der in der Übersicht zusammengestellten Elemente des Eigenschaftsraumes Staat dreifach als Kategorie in die Inhaltsanalyse ein: als Staatsvorstellung für sich, als Eigenschaft, die die Republik auszeichnet (also ein positives Resultat des Vergleichs von Staatsvorstellung und Staatswirklichkeit) bzw. als Eigenschaft, die der Republik fehlt.

sie in der Anwendung auf verschiedene Gegenstände der sozialen Welt und auf verschiedenen Komplexitäts- und Differenzierungsniveaus das gleiche säkulare Thema, das Verhältnis zur Moderne, variieren. Auf diese Weise beschreiben sie die Struktur eines Baumes - womit das weiter oben eingeführte Bild wieder aufgenommen wäre -, in dem die Deutungssysteme der politischen Subkulturen so zu verorten sein sollten, daß nicht nur die Distinktionen, sondern auch die Übergänge sichtbar werden.

3. Operationalisierung - Material und Methode

3.1 Der Diskurs um den Nationalfeiertag als Folie politischen Deutens

Um politische Kultur als das aller politischen Praxis zugrunde liegende *mind set* herausarbeiten zu können, müssen gleichsam von deren Objektivationen - den Tagesmeinungen und Einstellungen, dem politischen *ad hoc*-Handeln wie dem im Rahmen ausgearbeiteter Ideologien, Strategien und Programmatiken - die äußeren Schichten, die von den jeweiligen situativen Kontexten herrühren, also ihre aktuellen Bestandteile, abgetragen werden. Erst dann ist die Tiefenstruktur der politischen Vorstellungen, die praktische Logik, die die Grundzüge politischer Praxis organisiert, freigelegt. Insofern ist das Feld der für die Analyse politischer Kultur verwendbaren Materialien genauso weit wie das jener politischen Praxis, deren Objektivationen sie sind. Politische Kulturforschung drängt auf keinen bestimmten Weg der Operationalisierung, weder was die Auswahl des Materials noch was die Methoden seiner Analyse anbetrifft. Sie tut es prinzipiell nicht; wohl aber gibt ihr je zur Rede stehender Fall, der konkrete Gegenstand unter je konkreten Fragestellungen, Hinweise auf "bessere" oder "schlechtere", will sagen: leichter oder schwerer zu dechiffrierende Produkte politischer Praxis, die ja in variierendem Mischungsverhältnis von politischer Kultur einerseits und den jeweiligen situativen Kontexten andererseits determiniert wird. Das heißt, daß jene äußeren Schichten der Objektivationen politischer Praxis, die erst abgetragen werden müssen, um die politischen Vorstellungen und ihre Struktur freizulegen, dicker oder dünner, zahlreicher oder weniger zahlreich, zäh haftend oder gut ablösbar sein können.

Im Falle dieser Untersuchung zur politischen Deutungskultur Weimars gibt die vorgängige Beobachtung, daß es sich um eine in Bezug auf das Gesamtsystem desintegrierte politische Kultur handelt, in der die bereits traditionelle politische Segmentierung Deutschlands nicht nur erhalten bleibt, sondern unter dem Druck krisenhafter Entwicklungen noch vorangetrieben und verschärft wird, einen Fingerzeig auf das geeignete Material: die Dokumente des Sprechens über eines der wichtigsten Integrationssymbole, die der Nationalstaat als die politische Organisationsform bürgerlicher Gesellschaften *par excellence* hervorgebracht hat, nämlich den Nationalfeiertag. Dieser Diskurs[1], der zu Leb-

---

[1] Genauer muß man von Diskurs*en* sprechen, weil Kommunikationsverweigerungen das Zustandekommen einer gesellschaftsweiten Diskussion verhinderten. Auch wenn man mit dem Diskurs-

zeiten der Republik nicht entschieden wurde, birgt in sich die ironische Dialektik, daß er, dessen Gegenstand die Stiftung eines Symbols nationaler Integration ist, tatsächlich zum Symbol der real existierenden Desintegration wird.

Nationalfeiertage sind gleichermaßen symbolische Verdichtungen eines gesellschaftsweit gültigen politischen Konsenses *und* gesellschaftliche Selbstvergewisserungen über den Bestand dieses Konsenses, Momente des Wiedererkennens der politischen Substanz einer Gesellschaft. Von Nationalfeiertagen als den Ritualisierungen doxisch, also fraglos positiv besetzter historischer Entscheidungssituationen kann sich das politische System in seiner aktuellen Befindlichkeit etwas von deren Legitimität ausborgen: ein Akt der rituellen Identifizierung politischer Aktualität mit einem unbezweifelt positiven historischen Moment. Dies zu illustrieren, kann auf die Nationalfeiertage Frankreichs und der USA verwiesen werden, die auch in der Auseinandersetzung in der Weimarer Republik immer wieder als Kontrastfolie hinter die hier zur Debatte stehenden Gedenktage gelegt werden. Insbesondere am französischen Nationalfeiertag, dem 14. Juli als dem Jahrestag des Sturms auf die Bastille von 1789, wird die symbolische Qualität sichtbar, insofern das ritualisierte Ereignis selber noch vornehmlich symbolischen Charakter hatte: Die Erstürmung des Gefängnisses ist in der Geschichte der Französischen Revolution keineswegs das entscheidende Ereignis, bringt aber ihre säkulare Bedeutung, die Erhebung gegen die Monarchie, zu einem sinnfälligen Ausdruck; und jedes Jahr vermag sich der Staat in seiner aktuellen Ausprägung als Resultat und Garant dieses Aktes der Befreiung aufs Neue zu legitimieren, während die Volktümlichkeit des Tages jedem Einzelnen die symbolische Partizipation am historischen Augenblick und am politischen System als dessen Hervorbringung gestattet.

Gerade im Vergleich zu jener Mischung aus nationalem und Freiheitspathos, mit der der US-amerikanische Unabhängigkeitstag und der Tag des Sturms auf die Bastille in Frankreich begangen werden, wird der Mangel an positiver politischer Doxa in der Weimarer Republik deutlich.[2] Es gibt kein historisches Datum, das als symbolische Kristallisation der Geltungsansprüche des politischen Systems und gleichzeitig als Bezugspunkt gesellschaftlicher Selbstvergewisserung getaugt hätte. Statt eines Nationalfeiertags existiert lediglich ein *Streit* über einen Nationalfeiertag, innerhalb dessen unterschiedliche politische Richtungen mit je

---

begriff keinen Rationalitätsanspruch konnotiert, kann unter den Umständen verweigerter Kommunikation nur pluralisch von mehreren (Partial-) Diskursen gesprochen werden.

2 Ein gesellschaftweiter Konsens, der fraglos anerkannt wurde, existierte lediglich negativ in der Ablehnung des Versailler Vertrages. Zwar differieren die weiteren Ausdeutungen erheblich und produzieren stark divergierende Handlungsoptionen - von seiner Beseitigung durch eine proletarische Revolution, die angeblich unweigerlich auf den imperialistischen Westen übergreifen muß, über die Bestrebungen nach seiner Revision auf dem Verhandlungswege bis zu seiner Beseitigung durch einen nationalistischen Kraftakt von der Qualität des Weltkrieges. Dennoch: daß er ungerecht, kein Friedensvertrag, sondern ein Diktat und unerfüllbar sei, galt als selbstverständlich.

verschiedenen Bedeutungsvalenzen behafteten und strukturell unterschiedliche Systemlegitimationen anbietenden Daten hantieren. Es sind dies der
- Reichsgründungstag (18. Januar 1871), der
- Verfassungstag (11. August 1919), sowie der
- Revolutionstag (9. November 1918),
die im folgenden kurz vorgestellt werden sollen.

Reichsgründungstag

Der Symbolgehalt der Reichsgründung von 1871 ist der preußisch-deutscher Machtentfaltung, der prunkvollen Kaiserkrönung im Schloß des besiegten "Erbfeindes", wie sie das in unzähligen Reproduktionen verbreitete Gemälde des Historienmalers Anton von Werner verklärend darstellte, und der - im Sinne eines großdeutschen Nationalismus allerdings unvollständigen - nationalen Einigung. Für die Republik war deren Jahrestag, wegen des Kontrastes zwischen jenem ersten und dem schrecklichen zweiten Tag von Versailles, an dem der Friedensvertrag unterzeichnet wurde, untragbar. Statt dem republikanischen Legitimationsanspruch Geltung zu verschaffen, hätte er ihn permanent negiert, ganz im Sinne der nationalen Opposition, die allein den 18. Januar als Staatsfeiertag favorisierte - freilich eher im Sinne eines "Tages der Mahnung" an vergangene Größe denn als Ehrentag der Republik. Eine Chance, populär zu werden, hätte der Reichsgründungstag ohnehin nicht gehabt: Für die Weimarer Linke symbolisierte er den Obrigkeitsstaat und die Unterdrückung demokratischer und emanzipatorischer Impulse; einem aufgeklärt nationalistischen Liberalismus galt das Kaiserreich in zweifacher Hinsicht als Torso, insofern es weder das 'ganze Deutschland' umfaßte noch demokratisch war; und schließlich hatte er den Mangel, auch vor 1918 kaum begangen worden zu sein, stand er doch im Schatten der Kaisergeburtstagsfeiern, die als Zelebrationen des nur vor Gott verantwortlichen Souveräns in der Tat den adäquaten symbolischen Ausdruck der Monarchie darstellen.

Feiertagscharakter hatten die Reichsgründungstage durch verschiedene Veranstaltungen auf der Ebene nationaler Vereine, Verbände und Parteien. Obligatorisch waren Feiern an den Universitäten und Hochschulen, die Reichsgründungskommerse der Studentenverbindungen, Feiern und Flaggenschmuck bei der Reichswehr ebenso wie der Frontsoldatentag des Stahlhelm in Magdeburg sowie Feiern von DVP, DNVP und ihren Parteigliederungen. Mit besonderem Schwung wurde der 18. Januar in den Jahren 1921 und 1931, also anläßlich seines 5. bzw. 6. Dezenniums begangen, wobei allerdings nur 1931 eine regierungsoffizielle Feierstunde im Reichstag und unter Beteiligung des Reichspräsidenten Hindenburg abgehalten wurde.

Verfassungstag

In den divergierenden Deutungen des Verfassungstages, auf die Unterzeichnung der Weimarer Verfassung durch den Präsidenten Ebert am 11. August 1919 bezogen und von den Parteien der Weimarer Koalition favorisiert, reproduzieren sich die divergenten Deutungen der Republik selber. Durch die geringe historische Distanz des Ereignisses konnte dieser Jahrestag der Republik keinen Legitimationsüberschuß im Sinne ihrer symbolischen Verortung innerhalb eines größeren historischen Kontextes zuführen, und für irgendeine Art von Pathos bietet sich der formale Akt der Unterzeichnung eines Gesetzeswerkes ohnehin nicht an. Im gleichen Maße, wie der 11. August von den Republikanern gefeiert wurde, diente er Antirepublikanern als negatives Symbol und geeigneter Anlaß, Hohn und Spott über die Republik und ihre Anhänger auszugießen.

Es sind im wesentlichen zwei Gründe, die den symbolischen Wert und die Integrationskraft des Verfassungstages eng begrenzen. Dabei ist im Hinblick auf sein integratives Potential zunächst die Tatsache zu nennen, daß der Tag ebenso disparate Deutungen evozieren mußte wie die demokratische Verfassung, der er gewidmet war. In der Konkurrenz von Reichsgründungstag und Verfassungstag ebenso wie im Flaggenstreit um Schwarz-Weiß-Rot oder Schwarz-Rot-Gold objektiviert sich symbolisch die Hauptverwerfungslinie im Streit um die Staatsform. Zweitens wird der geringe affektive Wert des Verfassungstages durch die Abstraktheit des ihm zugrundeliegenden Ereignisses bestimmt. Anders als die Kaiserkrönung von 1871 fand die Unterzeichnung des Verfassungstextes in ganz und gar nüchterner Atmosphäre, ohne ausgefeiltes Protokoll, ohne triumphale Geste und ohne größere öffentliche Anteilnahme als ein Vollzug politischen Alltags unter schwierigen äußeren Bedingungen statt; selbst die nach den Generierungsregeln politisch wirksamer Symbole ohnehin dünne Verbindung zwischen Ereignis und Effekt, Unterzeichnung der Verfassung und Eintritt in eine neue Phase staatlichen Seins, konnte von seiten der Republikgegner mit Verweis auf die Tatsache, daß sie erst zwei Tage später, mit der Veröffentlichung im Gesetzblatt, in Kraft trat, erfolgreich destruiert werden.

Dennoch erreicht der 11. August als Tag obligatorischer Verfassungsfeiern im Reichstag in Anwesenheit des Präsidenten und der ausländischen Gesandten am ehesten den Rang eines - allerdings gesetzlich nie kodifizierten - Staatsfeiertags. Eine die politischen Blöcke übergreifende integrierende Wirkung erlangt er allerdings in keiner Phase der Republik. Die Mobilisierung für öffentliche Kundgebungen bleibt der Sozialdemokratie und dem Reichsbanner vorbehalten, und noch nicht einmal die - wechselnden - Beflaggungsvorschriften für öffentliche Gebäude und die deutschen Botschaften und Konsulate im Ausland können umfassend durchgesetzt werden. Der Tag der Weimarer Verfassung bleibt ein Feiertag des republikanischen Blocks und mithin ein respektables Datum für gerade rund die Hälfte der Wahlbevölkerung.

Revolutionstag

Unter anderen Rahmenbedingungen hätte der 9. November 1918 als Tag der Novemberrevolution am ehesten das Zeug zum Nationalfeiertag gehabt, insofern in seiner Ereignisstruktur sich Anknüpfungspunkte für wirksame symbolische Verdichtungen finden: Die Novemberrevolution, ausgegangen vom Matrosenaufstand in Kiel und in die Gründung von Arbeiter- und Soldatenräten und schließlich in die Einberufung der Nationalversammlung mündend, trug die Signatur einer 'Revolution von unten' und wäre von daher geeignet gewesen, die historische Bedeutung der Republik, die Erringung demokratischer Teilnahmerechte gegen ein autoritäres Regime, symbolisch zu verdeutlichen.[3] Gehorsamsverweigerung in der Marine nach über vierjährigem erbarmungslosem Krieg, Massendemonstrationen, erzwungene Abdankung des Kaisers, Ausrufung der Republik, Bildung von Räten als basisdemokratische *ad hoc*-Institutionen - soweit das symbolische Kapital, das die Novemberrevolution für die Legitimierung der Republik hätte bereitstellen können, wenn es nicht durch äußere Bedingungen weitgehend entwertet bzw. umgewertet worden wäre.

Deren vermutlich wichtigste ist die symbolische Nähe von Revolution und Waffenstillstand: Zeitlich liegen beide Ereignisse nur zwei Tage auseinander; vor allem aber konnte dadurch, daß mit Erzberger ein Repräsentant der sich fomierenden Republik anstelle etwa General Groeners für die OHL den Waffenstillstandsvertrag unterzeichnete, die neue Staatsform seitens ihrer Gegner von Anfang an mit dem Stigma der Kriegsniederlage und ihren Folgen bis hin zum Versailler Vertrag verknüpft werden. In diesem Konnex besteht der entscheidende Modus der Produktion einiger der wichtigsten antirepublikanischen Verleumdungssymbole: In der Dolchstoßlegende, im Reden vom "Verrat am Vaterlande" oder der "Zersetzung der Heimatfront" werden die Struktur der zeitlichen Ereignisfolge und die personelle Affinität innerhalb des Komplexes von Revolution, Republik und Kriegsniederlage zu Symbolen einer Kausalbeziehung, die die tatsächlichen Zusammenhänge umkehrt. Für die rechten Antirepublikaner wird auf diese Weise der 9. November zum Symbol der negativen Identifikation mit der Republik, was in der entsprechenden Terminierung des Hitler-Ludendorff-Putsches 1923 und der antisemitischen Pogrome 1938 seinen rituellen Ausdruck findet.

Aber noch nicht einmal für die Weimarer Linke erweist sich der Tag der Novemberrevolution als integrierend, wird vielmehr zum Symbol der Spaltung der Arbeiterbewegung. Denn immerhin hatten Liebknecht und Scheidemann am selben Tage zwei verschiedene Republiken ausgerufen, und während der MSPD spätestens ab dem 9. November alle weiteren revolutionären Gebärden als

---

[3] Diese symbolische Qualität des 9. November wird durch den Verweis darauf, daß zu diesem Zeitpunkt wesentliche dieser Teilnahmerechte durch die sogenannte Oktoberverfassung bereits gewährt - aber eben gewährt, nicht erkämpft - waren, in keiner Weise gemindert.

überflüssiger und störender Eskapismus galten, konnte in der Deutung Spartakus' und später der KPD damit allenfalls ein erster Schritt zu einer "wirklichen", weil nicht bürgerlichen, sondern proletarischen Revolution getan sein. Für die Kommunisten wurde der deutsche Revolutionstag, zugespitzt in der kalendarischen Koinzidenz mit dem Tag der vorbildhaften russischen Oktoberrevolution am 7. November, zum Symbol des Scheiterns einer Arbeiterbewegung, der die straffe Führung durch die Avantgarde einer kommunistischen Partei gefehlt hatte.

So wird der 9. November sowohl für die antirepublikanische Rechte als auch für die radikale Linke zu einem negativen Bezugspunkt; und selbst innerhalb des republikanischen Blocks vermochte lediglich die Sozialdemokratie, den Revolutionstag als Meilenstein auf dem Wege zur Verwirklichung ihrer politischen Utopie, der von der Überwindung des autoriären Staates zur parlamentarischen Demokratie und weiter zum demokratischen Sozialismus führen sollte, in ihr System symbolischer Vergewisserung zu integrieren.

* * *

Insofern diese drei politischen Gedenktage für drei grundsätzlich verschiedene Politikmodelle stehen, objektiviert sich im Streit um sie mehr als die vorderhand nur protokollarische Frage nach dem richtigen Nationalfeiertag. Der Diskurs um die politischen Gedenktage wird, begünstigt durch den gestiegenen gesellschaftlichen Bedarf an symbolischer Sinnstiftung als Folge der tiefgreifenden Verunsicherungen, die die Kriegsniederlage und die krisenhaften oder als krisenhaft gedeuteten Modernisierungsprozesse im politischen, sozialen und kulturellen Bereich hervorbrachten, auf der Ebene eines Grundsatzstreits ausgetragen. Die Konstellation einer offenen Konkurrenz dreier Gedenktage, die als Symbole verschiedener politischer Entwürfe figurieren, führt bereits in die Nähe jener politischen Axiomatik, der die Analyse politischer Deutungskultur auf die Spur kommen will und der mit den Analysedimensionen - Geschichtsbilder, Freund- und Feindbilder, Staatsbilder - eine inhaltliche Struktur gegeben wurde:[4]

- Wie verläuft politische Geschichte?
- Welcher Art sind ihre Antriebskräfte?
- Wo strebt sie hin?
- Wie sieht politische Utopie aus?
- Welches ist die referentielle politische Kollektivität?
- Wie konstituiert sie sich - als Rasse, Volk, Nation oder Klasse?
- Welcher Art sind die Distinktionen, die den Freund vom Feind unterscheiden?

---

[4] Siehe oben, Abschnitt 2.3.

- Nach welchem Modell funktioniert ein Staat, wie ein Organismus, wie die Oberste Generalität, als zweckrationale Organisationsform?
- Was sind die Aufgaben des Staates?
- Ist die parlamentarische Demokratie legitim?
- Wenn ja, ist diese Weimarer Republik legitim?
- Wenn nein, was fehlt ihr, wie muß Staat dann organisiert sein?

Die politischen Gedenktage als ritualisierte Wiederholungen politischer Zeitenwenden unterlaufen das politische Alltagsgeschäft und zwingen die Akteure der Debatte, ihre Standpunkte nicht nur mit Bezug auf je gegebene situative Kontexte, sondern grundsätzlich zu legitimieren. Gerade für die politische Kultur der Weimarer Republik können die Dokumente des Sprechens über einen Nationalfeiertag aus verschiedenen Gründen eine Art Schlüsselmaterial darstellen:

- Der Mangel an einem konsensualen Feiertag bewahrt die Analyse davor, sich mit künstliche Harmonie beschwörenden Sonntagsreden herumschlagen zu müssen, die mit dem gesellschaftlich Umstrittenen die wichtigsten Bestandteile von Politik ausblenden.
- Zwar sind selbstverständlich auch Texte zu politischen Gedenktagen immer an ihre aktuellen und tagespolitischen Kontexte gebunden, projizieren diese aber auf einen weiteren Horizont, den die an das jeweilige Gedenkdatum geknüpften politischen Hoffnungen und Ängste, Utopien und Realitäten eröffnen. Insofern sind Gedenktagstexte Grundsatztexte, was die Analyse politischer Vorstellungen und ihrer strukturellen Arrangements erleichtert.
- Für die Weimarer Republik gilt weiterhin, daß der Streit über einen Nationalfeiertag, mithin über einen nationalen politischen Basiskonsens, in einer segmentierten Gesellschaft, die also, sofern sie überhaupt über einen Bereich des politisch Selbstverständlichen, so doch nur über einen signifikant kleinen verfügt, unmittelbar die wichtigsten politischen Bruchlinien thematisiert.
- Und nicht zuletzt bietet der Gedenktagsdiskurs einen entscheidenden handwerklichen Vorzug: Die jahreszyklische Wiederkehr seiner Gegenstände einerseits und die Tatsache, daß in allen politischen Lagern je mindestens zwei der drei Daten regelmäßig wahrgenommen werden, andererseits gewährleisten eine in synchronisch wie in diachronisch vergleichender Perspektive exzellente Quellenlage.

3.2 Die Konstruktion des Textsamples

Für eine Konzeption politischer Kulturforschung, wie sie hier im ersten Kapitel vorgestellt wurde, stellt die traditionelle und gut eingeführte Methode der Umfrageforschung keinen idealen Weg dar, kann vielmehr als ebenso risikobehaftet gelten wie andere Zugangsweisen auch. Für die historische politische

Kulturforschung, hier für eine Analyse zur politischen Kultur der Weimarer Republik, stellt sich die Frage, ob man diesen Weg gehen will, gar nicht: Es liegen, abgesehen von den nur fragmentarisch erhaltenen Daten der Studie von Erich Fromm über psychische Dispositionen von Arbeitern und Angestellten[5], keine einschlägigen Umfragedaten vor. Auch nachträgliche Befragungen im Sinne der *oral history* kommen aufgrund des zeitlichen Abstandes nicht in Betracht - jemand, der den November 1918 einigermaßen bewußt - als Heranwachsender etwa - erlebt hat, wäre heute um die 90 Jahre alt. Problematisch wäre das auf diese Weise konstruierte Bild außerdem aufgrund der stattgehabten Einschätzungsvariierungen. Aus diesen Gründen ist historische politische Kulturforschung auf in Schrift oder Bild fixierte Quellen, seien dies Zeitungen oder Zeitschriften, Parteiprogramme, Parlamentsdebatten, Wahlkampfmaterialien, literarisches Material, Briefe und andere biographische Zeugnisse usw., angewiesen. Ein gemeinsames Problem dieser Quellen besteht freilich in ihrem Mangel an Repräsentativität im Sinne einer statistisch überprüfbaren Relation zwischen den Eigenschaften eines wie auch immer ausgewählten *samples* und der Grundgesamtheit sämtlicher Objektivationen politischer Kultur, der es entnommen wurde.[6] Statt dessen hat es politische Kulturforschung in historischer Perspektive stets mit Dokumenten zu tun, die von im weitesten Sinne Deutungsexperten - Journalisten, Politikern, Schriftstellern - produziert wurden, weswegen von den Eigenschaften des analysierten Materials nicht umstandslos auf die politischen Vorstellungen des Publikums rückgeschlossen werden kann.

Die materiale Grundlage der vorliegenden Untersuchung bilden Leitartikel und Kommentare der weimarischen Presse zu den politischen Gedenktagen[7], denen unter den genannten Quellensorten eine zwar keineswegs exklusive, aber doch in mehreren Hinsichten privilegierte Stellung zukommt:

In der Zeit der Weimarer Republik ist die Presselandschaft voll ausdifferenziert[8], ohne bereits vom Rundfunk, der als erstes elektronisches Medium noch in den Kinderschuhen steckt, in Bedrängnis gebracht zu werden. Für die 20er

---

[5] Vgl. Erich Fromm, 1980: *Arbeiter und Angestellte am Vorabend des Dritten Reiches. Eine sozialpsychologische Untersuchung*, München.

[6] Hier hat es die einstellungsorientierte politische Kulturforschung, bei der sich das theoretische Konzept, das politische Kultur als spezifische Verteilung von Einstellungen, Orientierungen und Werten begreift, und die methodische Umsetzung in Form einer Befragung einer repräsentativen Bevölkerungsstichprobe, im Zustand einer vorabgestimmten Harmonie befinden, sehr viel leichter.

[7] Daneben wurden auch andere der Meinung gewidmete journalistische Formen, v.a. Texte aus Beilagen und Sonderteilen, wie sie häufig aus Anlaß der Gedenktage produziert wurden, aber auch dokumentierte Reden aufgenommen.

[8] Koszyk erschließt aus Vorkriegsstatistiken und der Zahl der während des Krieges eingegangenen Zeitungen eine Zahl von rund 3700 Titeln zu Beginn der Weimarer Republik (vgl. Kurt Koszyk, 1972: *Deutsche Presse 1914-1945* (Geschichte der deutschen Presse Teil III), Berlin, S. 24).

Jahre gilt wie für keinen anderen geschichtlichen Abschnitt in Deutschland, daß sich politische Öffentlichkeit schlechthin über das Medium Zeitung konstituiert, dem somit eine überragende Rolle im Prozeß der Produktion und Distribution politischer Deutungsangebote zufällt - auch im zeitgenössischen Bewußtsein. So sieht Max Weber gar im Journalisten den "wichtigste(n) heutige(n) Repräsentant(en)" der Demagogie, einen Nachfolger des Perikles, der im Amt des "Oberstrategen (...) die souveräne Ekklesia des Demos von Athen"[9] leitete; und der Pressechef der DNVP formuliert 1930 in einer programmatischen Schrift für den Ausbau eines "deutschbewußten" Pressewesens: "Die Idee bleibt machtlos, wenn ihr die öffentliche Wirkung versagt ist. Der Weg sie zu erlangen führt über die Zeitung. Erst durch die Presse kann die Idee zur Macht werden."[10] Der führenden Rolle der Presse in der Ausdeutung von Politik entsprechend, findet der Diskurs um einen Nationalfeiertag zwar auch in den Parteien, sporadisch im Parlament und seinen Ausschüssen statt, wird aber zu einem gesellschaftlichen Diskurs erst durch die Publizität der Zeitungen.

Andere Vorzüge von Zeitungstexten gegenüber anderen Materialien sind vornehmlich handwerklicher Art. Die periodische Erscheinungsweise erleichtert eine systematische Zusammenstellung des Textkorpus und gewährleistet die regelmäßige Befassung mit dem gleichfalls durch die alljährliche Wiederkehr der Gedenkdaten periodisch organisierten Streit um einen Nationalfeiertag. Weiterhin sind Presseerzeugnisse in Bibliotheken und Archiven gut zugänglich, so daß der Aufwand auch für eine flächendeckende Materialrecherche einigermaßen erträglich gehalten werden kann. Und der Umstand, daß die Presse der Weimarer Republik auch dort, wo sie nicht explizit Parteipresse ist, sich dezidiert parteiisch verhält, ermöglicht es, die politische Topologie der Weimarer Republik durch eine geeignete Auswahl von Zeitungen systematisch zu füllen.

Für die Privilegierung der kommentierenden gegenüber den berichtenden journalistischen Formen ist die Beschränkung dieser Analyse auf die Ebene der politischen *Deutungs*kultur ausschlaggebend. Für einen Beitrag zur Analyse der politischen *Sozio*kultur hätte in der Tat auf die Berichte über Gedenktagsfeiern zurückgegriffen werden müssen[11], um aus diesen die Handlungssymbole und Ritualisierungen der Feiernden (und ggf. ihrer Störer) zu rekonstruieren. Für die Analyse der Deutungskultur dagegen versprechen die kommentierenden Formen den entscheidenden Ertrag. Denn hier - und ganz besonders im Leitar-

---

[9] Max Weber, 1919: *Politik als Beruf*, in: ders. 1922 (GPS), a.a.O., S. 525.

[10] Hans Brosius, 1930: *Der Anteil der deutschen Presse am Kampf um den deutschen Geist* (hg. von der Gesellschaft "Deutscher Staat" in Friedrich Mann's pädagogischem Magazin VII. Reihe/Heft 15), Langensalza, S. 11.

[11] Diese wurden im Rahmen des Projekts "Politische Kultur der Weimarer Republik", in dessen Kooperationszusammenhang auch diese Arbeit entstanden ist, ebenfalls erhoben und hier auch als Begleitmaterial berücksichtigt, aber nicht inhaltsanalysiert.

tikel - sind journalistische Deutungsexperten, aber auch politische Professionelle die Akteure, hier werden Deutungsmuster für politische Ereignisse angeboten und politische Aktualitäten in größere politische Zusammenhänge gestellt. Die Ambition insbesondere des Leitartikels kommt dem Anspruch politischer Kulturforschung entgegen, nicht nur die Funktionsweise einzelner Modi politischer Sinngebung, sondern die praktische Logik politischer Sinnwelten zu erfassen.

Um den politisch-kulturellen Raum der Weimarer Republik mit Materialien ausstatten zu können, gilt es, seinen vermuteten Unterabteilungen, wie sie in der weiter oben vorgestellten Taxonomie abstrakt und theoretisch skizziert wurden[12], konkrete Zeitungen und Zeitschriften zuzuordnen. Im Zuge dieser Operationalisierung des Konzepts der politischen Subkulturen wurde eine Auswahl von 30 Zeitungen und Zeitschriften getroffen, die das Ergebnis des Versuchs darstellt, für jede politische Subkultur und ihre jeweiligen Flügel und Nischen jeweils mindestens eine Zeitung oder Zeitschrift zu identifizieren, die als eine Art Sprachrohr oder Leitorgan gelten kann. Einige deskriptive Merkmale der ausgewählten Blätter sind in *Übersicht 4* zusammengefaßt.

Wie diese Übersicht zeigt, sind von den insgesamt 30 Presseerzeugnissen, die in die Materialrecherche und die Inhaltsanalyse einbezogen[13] wurden, 23 Tageszeitungen, eine Montagszeitung und sechs wöchentlich oder halbmonatlich erscheinende Zeitschriften. Es handelt sich dabei zum Teil um Parteipresse - so unterhalten KPD, SPD, Zentrum/BVP und NSDAP ihr eigenes Pressewesen -, zu einem anderen Teil um dezidiert parteiische Zeitungen und Zeitschriften, im Falle von "Der Stahlhelm" und "Deutscher Offiziersbund" um Verbandsblätter. Regional ist die Auswahl sehr ungleichgewichtig: Für 18, also mehr als die Hälfte der Periodika, ist Berlin der Erscheinungsort. Einen zweiten regionalen Schwerpunkt bildet die Region Rhein/Ruhr mit fünf Zeitungen, Bayern ist viermal, Hamburg, Frankfurt und Leipzig je einmal vertreten. Darin spiegelt sich einerseits die Tatsache, daß regionale Differenzierungen bei der Konstruktion des Textsamples nicht systematisch berücksichtigt wurden, und andererseits die Metropolenlastigkeit des Weimarer Pressewesens: In der unangefochtenen politischen und kulturellen Kapitale hatten ganz selbstverständlich die Zentral-

---

[12] Siehe oben, Abschnitt 2.1.2.

[13] In die weiteren statistischen Auswertungen, insbesondere in die Korrespondenzanalysen, fanden allerdings nur 22 Zeitungen Eingang, weil v.a. bei den in geringerer Frequenz erscheinenden Zeitschriften die Materialmenge zu gering war, als daß Zufallsergebnisse hätten ausgeschlossen werden können (vgl. Anhang A 2).

Übersicht 4: Zeitungen und Zeitschriften

Zeitung/ Zeitschrift *	*Verlags-ort*	*Verlag/ Beteiligungen*	*Ausgaben (pro Woche)*	*Auflage*	*Politische Tendenz* **	*Publizistische Exponenten*
Die Rote Fahne (RF)	Berlin	Zeitungsverlag Gmbh; ab 1931: Stern-Druckerei	6	30.000 - 130.000	*KPD* (Zentralorgan)	H. Süßkind (Chefredakteur v. 1921-1928
Bergische Arbeiterstimme (BAS)	Solingen	Zeitungsverlag GmbH; ab 1931: Stern-Druckerei	6	21.000 (1925)	*KPD*	
Die Rote Front (RFRONT)	Berlin	Zeitungsverlag GmbH; ab 1931: Stern-Druckerei	14-täglich	k.A.	*KPD* (Roter Frontkämpferbund)	
Welt am Abend (WaA)	Berlin	ab 1927: Münzenberg	6	3.000 - 100.000	KPD	
Der Vorwärts (VW)	Berlin	Vorwärts-Verlag GmbH	12	SPD-Presse insgesamt rund 1.000.000	*SPD* (Zentralorgan)	offen für die Parteiprominenz
Leipziger Volks zeitung (LVZ)	Leipzig	Leipziger Volkszeitungs-Verlag		maximal ('29): 1.700.000	*USPD*, dann *SPD*	
Generalanzeiger für Dortmund (DGA)	Dortmund	Generalanzeiger Dortmund GmbH	6	200.000	linksliberal; ab 1928: linksunabhängig	Jakob Stöcker, Max Reinheimer
Die Weltbühne (WeBü)	Berlin		wöchentlich	max. 15.000	linksunabhängig	Jacobsohn, Tucholsky, Ossietzky
Frankfurter Zeitung (FZ)	Frankfurt/M.	selbständig; ab '31 mit Beteiligung der IG FARBEN	3/Tag	80.000	linksliberal, DDP	H. Simon (Leitung)
Vossische Zeitung (VOSS)	Berlin	Ullstein	13	150.000	linksliberal, DDP	G. Bernhard, J. Elbau

(wird fortgesetzt)

* *In Klammern das Kürzel, unter dem das Blatt im Anmerkungsapparat geführt wird.*

** *Kursiv: Partei- oder Verbandsorgan.*

Fortsetzung Übersicht 4

Zeitung/ Zeitschrift *	*Verlags-ort*	*Verlag/Be-teiligungen*	*Ausgaben (pro Woche)*	*Auflage*	*Politische Tendenz* **	*Publizistische Exponenten*
Berliner Tageblatt (BT)	Berlin	Mosse	13	max. 300.000 min. ('32) 30.000	linksliberal	Th. Wolff Ernst Feder
Hamburger Fremden blatt (HF)	Hamburg	selbständig	bis '21: 12 ab '21: 7	k.A.	nationalliberal DVP	F. vom Eckhardt (Chefredakteur)
Die Hilfe (Hilfe)	Berlin	Herausgeber: W. Goetz	2/Monat	k.A.	liberal (DDP; Gruppe Naumann)	A. Erkelenz, G. Bäumer
Kölnische Volks-zeitung (KVZ)	Köln	Kölnische Volkszeitung-GmbH	zumeist: 16	28.000 - 70.000	*Zentrum*	
Germania (GER)	Berlin	Germania-AG (Klöckner)	2/Tag	10.000-35.000	*Zentrum*	
Bayerischer Kurier (BAYK)	München	Katholischer Preßvereinsverlag Dr. L. Müller	zumeist: 7	max. 35.000	*BVP*	
Deutsche Allgemeine Zeitung (DAZ)	Berlin	bis '25 Stinnes, dann Preußen, '26 Dt. Reich, ab '27 Industrie	2/Tag	60.000 - 75.000	DVP/DNVP	Fritz Klein (Chefredakteur)
Rheinisch-Westfälische Zeitung (RWZ)	Essen	rheinische Industrielle	bis '22 3/Tag ab '23 2/Tag	k.A.	DNVP	R. Wulle (Leitung)
Münchener Neueste Nachrichten (MNN)	München	Knorr & Hirth (Gutehoffnungshütte)	2/Tag	120.000 - 140.000	rechtsbürgerlich	Treß (Hauptschrift-leiter)
Deutsche Tageszeitung (DTZ)	Berlin	(Reichslandbund)	13	18.000 - 50.000	DNVP	Graf zu Reventlow

wird fortgesetzt

* *In Klammern das Kürzel, unter dem das Blatt im Anmerkungsapparat geführt wird.*

** *Kursiv: Partei- oder Verbandsorgan.*

Fortsetzung Übersicht 4

Zeitung/ Zeitschrift	*Verlags-ort*	*Verlag/Be-teiligungen*	*Ausgaben (pro Woche)*	*Auflage*	*Politische Tendenz*	*Publizistische Exponenten*
Der Tag (TAG)	Berlin	Scherl-Verlag (Hugenberg)	bis '22: 12 ab '22: 6	70.000	DNVP; ab 1931: DNVP-Parteiorgan	v. Medem
Berliner Lokalanzeiger/ Der Montag (BLA)	Berlin	Scherl-Verlag (Hugenberg)	12 + 2	200.000 ab '24 DNVP	zunächst DVP,	Friedrich Hussong
Der Stahlhelm (STA)	Berlin	Stahlhelm-Verlag	1	k.A.	Stahlhelm (Verbandsblatt)	Franz Seldte
Die Standarte (STAN)	Berlin	Stahlhelm-Beilage	1/Monat	max. 2.000	Neuer Nationalismus	
Deutscher Offiziers-bund (DOB)	Berlin	(Nachrichten der DOB-Bundesleitung)		k.A.	DOB-Verbandsblatt	
Völkischer Beobachter (VB)	München	F. Eher Nachfahren (in NSDAP-Besitz)	bis '23: 1 dann: 6	2.500 - max. 128.000	*NSDAP* (Organ der Bewegung)	Alfred Rosenberg
Der Angriff (AN)	Berlin	parteieigen (gegründet 1927)	6	2.000 - max. 60.000	*NSDAP* (Gau Berlin)	Josef Goebbels
Westdeutscher Beobachter (WB)	Köln	parteieigen (gegründet 1925	1 ab 1930: 6	k.A.	*NSDAP* (Gauorgan)	Robert Ley
Der Stürmer (STÜ)	Nürnberg	parteieigen (gegründet 1923)	1	k.A.	*NSDAP*	Julius Streicher

* *In Klammern das Kürzel, unter dem das Blatt im Anmerkungsapparat geführt wird.*

** *Kursiv: Partei- oder Verbandsorgan.*

organe der politischen Parteien[14] und die großen Pressekonzerne wie Hugenberg, Ullstein und Mosse ihren Sitz.[15]

Zeitungen aus dem sozialistischen Milieu

Die maßgebliche Unterscheidung innerhalb der Presse, die dem sozialistischen Milieu zuzurechnen ist, ist selbstverständlich die zwischen kommunistischer und sozialdemokratischer; weiterhin ist die im Textsample allerdings nur in bescheidenem Ausmaß präsente parteiunabhängige *Weltbühne* hier zu verorten. Für die Sozialdemokratie bildet das Zentralorgan *Der Vorwärts* das Rückgrat des Textsamples. Das traditionsreiche Blatt hatte in der Anfangszeit der Weimarer Republik die schwierige Aufgabe der Verwandlung von einer oppositionellen Partei- zur Regierungszeitung zu bewältigen[16] und sah sich den widersprechenden Anforderungen einer Regierungpartei, die auch unpopuläre Enscheidungen positiv interpretiert sehen will, und seiner zumeist links-sozialdemokratisch orientierten Berliner Leserschaft ausgesetzt. Tendenziell kann davon ausgegangen werden, daß infolge der Nähe des *Vorwärts* zur Parteizentrale seine Loyalität gegenüber der Republik die seiner Leserschaft übertrifft, zumal anläßlich der politischen Gedenktage häufig die Parteiprominenz selber die Auslegung der politischen Großwetterlage vornimmt. Die *Leipziger Volkszeitung* dagegen, aus der Erbmasse der USPD zum Presseimperium der SPD gestoßen, war Loyalitätszwängen gegenüber der Zentrale weit weniger ausgesetzt. Sie repräsentiert die traditionell linke SPD Sachsens und Thüringens, der insbesondere durch die Erfahrung der Reichsexekution gegen die sozialdemokratisch-kommunistische Koalition im Oktober 1923 ein kritisches Verhältnis zur republikanischen Wirklichkeit nachhaltig empfohlen worden war.

Stärker noch als der sozialdemokratische *Vorwärts* nahm *Die Rote Fahne* für die KPD die Rolle eines Zentralorgans wahr, dem die verbindliche politische Interpretation obliegt. Eingebunden in das Leninsche Konzept von Agitation und Propaganda, fungierte *Die Rote Fahne* als eines der ideologischen Zentren der KPD und war als solches systematisch mit der kommunistischen Parteifüh-

---

[14] Mit Ausnahme des *Völkischen Beobachter*, der dem zur "Hauptstadt der Bewegung" erkorenen München die Treue hielt.

[15] Nicht ganz so gewaltig ist die Dominanz Berlins, wenn man nur die Tageszeitungen, die den Schwerpunkt der Auswertung bilden, in den Blick nimmt. Denn bis auf eine haben alle nur einmal wöchentlich oder seltener erscheinenden Zeitschriften ihren Sitz in Berlin.

[16] Vgl. Koszyk, 1972: a.a.O., S. 303 f.

rung verwoben.[17] Daneben wurde mit der Solinger BAS eine der wichtigeren Provinz-Parteizeitungen ausgewählt, ohne allerdings angesichts der weit gediehenen Zentralisierung von Partei- und Presseapparat eine signifikante Differenz gegenüber der *Roten Fahne* erwarten zu können.[18]

Einen Sonderfall links-intellektueller Publizistik bildet schließlich die mit brillanten Köpfen reich ausgestattete, im Wochen-Turnus erscheinende *Weltbühne*, deren Einfluß in intellektuellen Kreisen anhand ihrer bescheidenen Auflage von maximal 15.000 Exemplaren zu messen eine eklatante Fehleinschätzung bedeuten würde.[19] *Die Weltbühne* hielt kritische Distanz zu beiden sozialistischen Parteien und durchbrach als Blatt der politischen und kulturellen Avantgarde mit Themen wie Pazifismus, Ausgleich im europäischen Rahmen und Demokratisierung des gesellschaftlichen Lebens gleichzeitig deren an ihrer proletarischen Klientel orientierte Programmatik.

Die katholische Presse

Anders als Sozialdemokraten und Kommunisten verfügt das Integrationsmilieu des politischen Katholizismus über keinen parteieigenen Pressekonzern. Die Zentrums- und BVP-Zeitungen lagen, sei es als Einzeleigentum, sei es in Form von Gesellschaftsanteilen, in den privaten Händen zumeist führender Parteifunktionäre. Insofern kann man von einer Zentrums- respektive BVP-Presse nur unter dem Vorbehalt sprechen, daß deren privatwirtschaftliche Organisation eine konsequente Anbindung an die Parteien nach sozialdemokratischem Vorbild nicht gestattete. Das Pressewesen des politischen Katholizismus mit seinen regionalen Schwerpunkten im Rheinland und in Bayern umfaßte 1928 insgesamt

---

[17] So wurden "Chefredakteure und politische Redakteure durch die Zentrale eingesetzt und abberufen" (Koszyk, 1972: a.a.O. S. 326), wodurch ein optimaler Grad an Übereinstimmung zwischen der je geltenden Linie der Parteiführung und dem Zentralorgan gewährleistet werden sollte.

[18] Die ideologische Leitungskompetenz des Zentralorgans findet in der kommunistischen Provinzpresse ihren Niederschlag exemplarisch in der Praxis, gerade Grundsatzartikel unverändert nachzudrucken. Im Textsample der vorliegenden Analyse führt dieser Brauch zu einer Reihe von Dubletten, weil die kalendarische Nähe von russischer Oktober- und deutscher Novemberrevolution regelmäßig als Gelegenheit zur Beschwörung der für das revolutionäre Programm der KPD konstitutiven Unterscheidung zwischen dort erfolgreicher und hier gescheiterter Revolution genutzt wird.
Außerdem wurden zwei weitere Blätter ausgewertet. Im Falle des KPD-nahen Boulevardblattes "Welt am Abend", das in westberliner und westdeutschen Bibliotheken nicht verfügbar ist, war die Materialrecherche auf die Staatsbibliothek in Berlin (Ost) angewiesen, wo wissenschaftliche Hilfskräfte wegen mangelnder Kopiermöglichkeiten Typoskripte der einschlägigen Texte anfertigen mußten. Dadurch konnten nur Stichproben des einschlägigen Materials erhoben werden. Und die "Rote Front" als 14-täglich erscheinendes Jugendblatt der Mutter "Rote Fahne" befaßt sich nur sporadisch mit jenen politischen Gedenktagen, die das Auswahlkriterium bilden.

[19] Vgl. Istvan Deaks ausführliche Darstellung von Blatt und Blattmachern in: ders., 1968: a.a.O.

383, im Jahr 1932 434 Zeitungen[20], die allerdings nur relativ geringe Auflagenhöhen erzielten. Die für die Analyse der politischen Deutungskultur der Weimarer Republik ausgewählten rechnen mit einer Auflagenzahl von 70.000 (*Kölnische Volkszeitung*) bzw. 35.000 (*Germania* und *Bayerischer Kurier*) Exemplaren zu den größten.

Der Zusammenbruch des Kaiserreichs traf den politischen Katholizismus und seine Presse 1918 vollständig unvorbereitet. Nach der Republikgründung und der Bildung der Weimarer Koalition sahen sich die katholischen Blätter - darin der sozialdemokratischen Presse nicht unähnlich - mit der Situation konfrontiert, eine Regierungspolitik verteidigen zu müssen, die mit den politischen Überzeugungen eines Großteils ihrer Leserschaft konfligierte.

Die Berliner *Germania*, also ein Blatt der Diaspora, kann als das Organ der Reichstagsfraktion des Zentrums gelten. Als 1923, nach dem Rückzug des Industriellen Klöckner, Franz von Papen als Repräsentant der äußersten Rechten innerhalb der Partei in den Besitz der Aktienmajorität gelangte, wurde durch die Nähe zur Fraktion einerseits und eine gewisse redaktionelle Unabhängigkeit andererseits ein Rechtsruck des Blattes verhindert. Besondere Bedeutung innerhalb der Zentrumspresse erlangte die *Germania* durch eine Übereinkunft mit der *Kölnischen Volkszeitung* und zahlreichen anderen rheinisch-westfälischen Zentrumsblättern, derzufolge diese auf ihre Berliner Vertretungen verzichteten und damit in ihrer überregionalen Berichterstattung auf die hauptstädtische Redaktion angewiesen waren. Während die Generallinie der *Germania* als "zentralistisch-republikanisch"[21] charakterisiert werden kann, profilierte sich die *Kölnische Volkszeitung*, in den Gründungsjahren der Republik Sprachrohr des rheinischen Zentrums, als Vertreter rheinischer Autonomiebestrebungen und schwenkte ab 1923 auf einen gemäßigt föderalistischen Kurs ein.

Als dritte Zeitung des politischen Katholizismus wurde als Repräsentant seiner extrem föderalistischen bzw. partikularistischen bayerischen Spielart der *Bayerische Kurier* als die auflagenstärkste BVP-Zeitung in die Materialrecherche aufgenommen. Die BVP wurde in den Tagen nach dem 9. November 1918 in Regensburg als konservative regionale Absplitterung von der Zentrumspartei gegründet. Ihren augenfälligsten und folgenreichsten Ausdruck findet die Differenz zwischen dem insgesamt republiktreuen Zentrum und ihrer bayrischen Schwesterpartei in der Präsidentenwahl 1925, als sich im zweiten Wahlgang die

---

[20] Angaben für 1928 nach: Hans Kapfinger, 1928: *Die deutschen Zeitungen in der Statistik*, in: Zeitungs-Verlag 1928: a.a.O., S. 141-143, hier: S. 143, sowie für 1932: Koszyk, 1972: a.a.O., S. 302. Allerdings differieren die Angaben je nach Quelle erheblich. So nennt H.-D. Fischer die Zahlen von 451 (in 1925) und 600 (in 1932) Titeln (Vgl. ders., 1981: *Handbuch der politischen Presse in Deutschland 1480-1980. Synopse rechtlicher, struktureller und wirtschaftlicher Grundlagen der Tendenzpublizistik im Kommunikationsfeld*, Düsseldorf, S. 300 bzw. S. 480. Vgl. die Zusammenfassung von Kotowski, 1989: a.a.O., S. 164 sowie Anm. 12).

[21] Rudolf Morsey, 1966: *Die Deutsche Zentrumspartei 1917 - 1923*, Düsseldorf, S. 56.

BVP, statt zur Wahl des demokratischen Zentrums-Kandidaten Marx (der die Unterstützung von SPD und DDP hatte) aufzurufen, auf die Seite Hindenburgs (den DVP, DNVP und NSDAP favorisierten) schlug.

Die nicht-katholische bürgerliche Presse

Bereits in der Überschrift deutet sich die enorme politische Spannweite derjenigen Zeitungen an, die die heterogenen Strömungen dessen repräsentieren, was in der Terminologie Lepsius' dem bürgerlich-liberalen und dem konservativen Milieu zuzurechnen ist: Sie reicht von entschieden republikanischen und die Republik beharrlich argumentativ verteidigenden bis zu militant republikfeindlichen Zeitungen. Um eine einigermaßen übersichtliche Form zu erreichen, wird die Darstellung dreifach untergliedert: Zunächst wird die republiktreue demokratische, liberale und nationalliberale Presse vorgestellt; danach sollen Zeitungen, die unter industrieller Hegemonie stehen und sich in einer Schattenzone von Wirtschaftsliberalismus und Reaktion bewegen, eingeführt werden, und schließlich folgen die konservativen antirepublikanischen Blätter.

Demokratische, liberale, nationalliberale Presse

Die demokratische und liberale Presse ist in der Erhebung des Textsamples mit dem *Generalanzeiger für Dortmund*, dem *Berliner Tageblatt*, der *Vossischen Zeitung* und der *Frankfurter Zeitung* vertreten, als Repräsentant des Nationalliberalismus wurde das *Hamburger Fremdenblatt* ausgewählt. Der *Generalanzeiger für Dortmund*, der mit Auflagenzahlen um 200.000 (max. 250.000) zur größten Provinzzeitung der Weimarer Republik avancierte, unterscheidet sich durch sein demokratisches Profil und hohe Qualitätsstandards signifikant von der Masse der Generalanzeiger, dieser, wie Max Weber sie schilt, "typischen Züchter politischer Indifferenz"[22]. Im Gegensatz dazu ist der *Generalanzeiger für Dortmund* "streng republikanisch, bis 1922 nicht ohne Präferenzen für USPD und DDP" und erhält in der 1928 beginnenden Amtszeit Jacob Stöckers ein "eindeutig pazifistisches Profil".[23]

Die "Hohe Schule" der demokratischen und liberalen Publizistik Weimars repräsentieren unangefochten die *Frankfurter Zeitung*, das *Berliner Tageblatt* und die *Vossische Zeitung*, alle drei gekennzeichnet durch hohen journalistischen

---

22 Weber, 1919: a.a.O., S. 527.

23 Wickert, 1989: a.a.O., S. 117. Vgl. auch Kurt Koszyk, 1963: *Jacob Stöcker und der Dortmunder "Generalanzeiger" 1929-1933*, in: Publizistik 8, S. 282 ff.

Anspruch und überregionale Bedeutung.[24] Die traditionsreiche *Frankfurter Zeitung*, 1876 von Leopold Sonnemann gegründet, wurde von Heinrich Simon, einem Enkel des Gründers, kollegial geleitet: "Täglich bestimmte die Redaktionskonferenz unter Simons Vorsitz die Tendenz des dann anonym veröffentlichten Leitartikels."[25] Allerdings geriet der Verlag, der die Inflation von 1923 gut überstanden hatte, später in finanzielle Schwierigkeiten, unter deren Druck die Familie Simon 49 Prozent ihrer Anteile verkaufen mußte, die dann mit Geldern des Kulturfonds der IG Farben erworben wurden.[26] Unter diesem Einfluß vollzog die Zeitung eine schleichende Wendung nach rechts, "die sie schließlich in die Nähe der Staatspartei rückte."[27]

Die *Vossische Zeitung*, - so genannt nach Christian Friedrich Voß, ihrem Verleger in der zweiten Hälfte des 18. Jahrhunderts[28] - die Arthur Koestler die "Bibel des deutschen Liberalismus" hieß[29], erschien seit 1913 im Ullstein-Verlag, stand im politischen Spektrum der Weimarer Republik der DDP nahe und trug bis 1930 die publizistischen Handschriften ihres Chefredakteurs Georg Bernhard und dessen linksintellektuellen Stellvertreters Julius Elbau. Als sich ab 1930 die Verlegerfamilie Ullstein dem nationalistischen Trend anzupassen begann, geriet auch die *Vossische Zeitung* unter Rechts-Druck. Allerdings resümmiert Koszyk einen Vergleich der politischen Linie von *Vossischer Zeitung* und *Berliner Tageblatt* in der Auflösungsphase der Republik dahingehend, daß beide sich ihre demokratische Substanz im wesentlichen haben bewahren können und die *Vossische Zeitung*

---

[24] Vgl. für die politische Ausrichtung in der Gründungsphase der Republik: Werner Becker, 1971: *Demokratie des sozialen Rechts. Die politische Haltung der Frankfurter Zeitung, der Vossischen Zeitung und des Berliner Tageblatts 1918-1924*, Göttingen, Zürich, Frankfurt/M.; für die Auflösungsphase: Michael Bosch, 1976: *Liberale Presse in der Krise. Die Innenpolitik der Jahre 1930 bis 1933 im Spiegel des "Berliner Tageblatts", der "Frankfurter Zeitung" und der "Vossischen Zeitung"*, Frankfurt/M., München; sowie unter Berücksichtigung verlagsorganisatorischer Aspekte: Koszyk, 1972: a.a.O, S. 216-219 ("Frankfurter Zeitung") und S. 250-257 ("Vossische Zeitung" und "Berliner Tageblatt").

[25] Ebd. S. 216.

[26] Vgl. Becker, 1971: a.a.O., S. 35. Genauere Aufschlüsse über die Hintergründe der nach Kräften verdeckten Transaktion liefert Koszyk, 1972: a.a.O., S. 216 ff.

[27] Bendikat, 1989: a.a.O., S. 141.

[28] Vgl. Hans Traub, 1928: *Zeitungs-Chronik des 17. und 18. Jahrhunderts*, in: Zeitungsverlag (Hg.) 1928: Die deutsche Zeitung. Ihr Werden, Wesen und Wirken (anläßlich der Internationalen Presse-Ausstellung in Köln), S. 158. Ihr Gründungsname, auf den sich das im Zeitungskopf genannte Gründungsdatum 1704 - das die "Vossische Zeitung" als eine der ältesten deutschen Zeitungen ausweist - bezieht, war: "Diarium von dem, was im Heil. Römischen Reich, da Sedes belli ist, passieret" (*Sedes belli* - Kriegsschauplatz - verweist auf den spanischen Erbfolgekrieg).

[29] Zitiert nach: Koszyk, 1972, a.a.O., S. 252.

"nur für eine recht kleine Spanne - während der Kanzlerschaft Schleichers - von ihrem Opportunismus beeinflußt worden ist. In der Beurteilung des Nationalsozialismus hat sie jedoch niemals einen Kompromiß geschlossen."[30]

Das *Berliner Tageblatt* aus dem Mosse-Verlag, eine Gründung des Jahres 1872, ist insgesamt die auflagenstärkste unter den drei großen liberal-demokratischen Zeitungen (zumindest bis zur Krise in der Notstands-Ära, als die Auflage 1932 auf nur noch 30.000 Exemplare sinkt und der Mosse-Verlag in Konkurs geht), und gleichzeitig diejenige, die am pointiertesten linksliberale Positionen vertritt. Journalistisch geprägt wurde das *Berliner Tageblatt* von seinem Chefredakteur Theodor Wolff und dem Leitartikler Ernst Feder, zu seinen Gastautoren rechneten Hugo Preuß und Heinrich Mann.

Als Vertreter nationalliberaler Publizistik in der Tradition des deutschen Imperialismus wurde das *Hamburger Fremdenblatt* in die Textauswahl einbezogen. Innerhalb des politischen Spektrums ist es zwischen DDP und DVP einzuordnen: Es erscheint einerseits in einer Auflistung von Zeitungen und Zeitschriften, die sich zur DDP bekennen, aus dem Jahre 1923[31] und veröffentlicht andererseits, wie zahlreiche andere Zeitungen auch, Beiträge - meist anonymisiert - von Gustav Stresemann.[32]

Presse im Dienste industrieller Interessen

Reichsaußenminister Stresemann ist auch eine der Schlüsselfiguren in jenem vielfältigen Beziehungsgeflecht aus staatlicher und industrieller Interessenwahrnehmung in der deutschen Publizistik, in dessen Zentrum die *Deutsche Allgemeine Zeitung* steht. Die *Deutsche Allgemeine Zeitung*, die in der Nachfolge der offiziösen *Norddeutschen Allgemeinen Zeitung* - "20 Jahre hindurch das spezielle Organ des Fürsten Bismarck"[33] - unter diesem Titel seit dem 12. November 1918 erschien, stand von Anfang an an der

"Nahtstelle für die Beziehungen von Staat und Industrie (...). Staatliche und industrielle Pressepolitik greifen in dieser Zeitung ineinander über und berühren gleichzeitig den Bereich der Parteipresse."[34]

---

[30] Ebd., S. 258.

[31] Vgl. ebd., S. 265.

[32] Vgl. ebd., S. 279.

[33] Karl Bömer, 1928: *Die Geschichte der Berliner politischen Presse in drei Jahrhunderten (1617-1928)*, in: Zeitungs-Verlag 1928: a.a.O., S. 5-17, hier: S. 12.

[34] Koszyk, 1972: a.a.O., S. 135. Sämtliche folgenden Angaben zur Geschichte der DAZ in den 20er Jahren beruhen auf Koszyks Darstellung (1972, S. 135-159, Kapitel IV: Die Deutsche Allgemeine Zeitung zwischen amtlicher und industrieller Pressepolitik).

Das Blatt, zunächst gebunden an einen noch vor der Novemberrevolution geschlossenen Vertrag, durch den es formell als halbamtliche Zeitung konstituiert wurde und demzufolge es der Reichsregierung gegenüber loyalitätspflichtig war, gelangte 1920 in den Besitz des Industriellen und DVP-M.d.R. Hugo Stinnes. Nach dessen Tod und im Zuge der Liquidierung seines Konzerns wurde die *Deutsche Allgemeine Zeitung* 1925 über eine Treuhändergesellschaft vom preußischen Staat, 1926 vom Reich, mit maßgeblichem Einfluß des Auswärtigen Amtes und der Reichskanzlei, übernommen - alles in allem eine im Rahmen einer parlamentarischen Demokratie kuriose, von den Akteuren absichtsvoll im Dunkeln belassene Konstruktion. 1927 verkaufte das Reich seine Anteile an eine Gesellschaft industrieller Gruppen (darin vertreten die rheinisch-westfälische Schwerindustrie, Großreedereien und Banken); das Blatt entfernte sich in der Folgezeit immer weiter von der DVP. Ab 1929 stand die *DAZ* entscheidend unter Einfluß der DNVP, und das Ergebnis der Septemberwahl 1930 "korrigierte" schließlich ihre Vorbehalte gegenüber dem Nationalsozialismus:

"Fritz Klein (der Chefredakeur; D.S.) stellte sich auf den Boden der Tatsachen, wie sie von Direktor Bernhard interpretiert wurden, daß es nämlich darauf ankomme, die 'wertvollen Elemente' des Fascismus in Bahnen zu lenken, die 'dem Ganzen förderlich' seien. (...) Am 12. Dezember 1930 veröffentlichte die *DAZ* einen Auszug aus Hitlers *Mein Kampf* unter dem Titel "Propaganda", und drei Tage später feierte das Blatt Hitler als den einzigen Politiker der Rechten, der es verstanden habe, Massen hinter sich zu bringen."[35]

Die *Münchner Neuesten Nachrichten* aus dem Verlag Knorr & Hirth, eine Zeitung ursprünglich linksliberaler Orientierung, gelangten 1920, nachdem "der wichtigste Mitinhaber von Knorr & Hirth (...) zuvor durch Erpressungen, die seine homosexuelle Veranlagung ausnutzten, finanziell ruiniert worden war"[36], zunächst in den Besitz einer von Hugenberg gegründeten Gesellschaft und dann in den der Oberhausener Gutehoffnungshütte. Die *Münchner Neuesten Nachrichten* unterstützten in der Folge den bayrischen Ordnungsblock, der die stramm rechte Regierung des Ministerpräsidenten von Kahr (BVP) bildete, und assimilierten sich zusehends der politischen Orientierung der Deutschnationalen.

Anders als die *Münchner Neuesten Nachrichten*, die erst durch eine gezielte Übernahmetaktik industrieller Kreise auf einen rechten Kurs verschwenkt werden mußten, war die *Rheinisch-Westfälische Zeitung* schon vor dem Kriege der Ruhrindustrie verbunden und vertrat konservative und zum Teil alldeutsche Positionen. 1929, als der Alleineigentümer Reismann-Grone zum Verkauf von

---

[35] Ebd., S. 155 (Hervorhebungen im Original).

[36] Ebd., S. 184.

Anteilen gezwungen war, verschaffte sich die Schwerindustrie unmittelbaren Einfluß auf die Zeitung.

Beide, *Münchner Neueste Nachrichten* und *Rheinisch-Westfälische Zeitung*, sind Beispiele für die systematische Pressepolitik einer Industrie, deren Beteiligungen sich nicht an genuin verlegerischen Kriterien, sondern allein an den zu erzielenden Erträgen orientierte. Die deutschnationale Orientierung der Blätter macht gleichzeitig deutlich, wie fragwürdig und wenig trennscharf die Kategorie "Wirtschaftsliberalismus" wird, wenn die Bedingungen so sind, daß die Politisierung unternehmerischen Denkens unmittelbar reaktionäre Politik erzeugt. Die Unterscheidung zwischen diesen und den im folgenden beschriebenen Zeitungen ist sinnvoll weniger hinsichtlich ihrer politischen Position zur und während der Weimarer Republik, als vielmehr mit Blick auf die geschichtlichen Hintergründe dieser Positionen.

Presse des rechten Antirepublikanismus

Zur Untersuchung der Deutungskultur des rechten, aber nicht nationalsozialistischen Antirepublikanismus wurden neben drei Zeitungen aus dem zum Hugenberg-Konzern gehörenden Scherl-Verlag, die den deutschnationalen *main stream* repräsentieren, die *Deutsche Tageszeitung* für das agrarische Milieu sowie drei Zeitschriften des Frontsoldatenverbandes *Stahlhelm* und des *Deutschen Offiziersbundes* ausgewählt. Die Charakterisierung als DNVP-nah kann für alle diese Organe Gültigkeit beanspruchen; die Pointe der letztgenannten besteht allerdings darin, daß sie als Reflex der besonderen lebensweltlichen Prägungen ihrer Leser und - im Falle der soldatischen Zeitschriften - auch ihrer Produzenten genauere Aufschlüsse über einige das Denken der gesamten Weimarer Rechten determinierenden Elemente politischer Deutungskultur zu geben versprechen. Weil auf diese Weise sowohl der großagrarische als auch der Stahlhelm-Flügel gleichsam in ihrer "reinen" Form im Textsample vertreten sind, wurde auf die Auswertung der beiden Strömungen gleichermaßen verpflichteten *Neuen Preußischen Kreuzzeitung* verzichtet.

Bei den Blättern aus dem Scherl-Konzern handelt es sich um *Der Tag* sowie den *Berliner Lokalanzeiger* nebst seiner Montagsausgabe *Der Montag*. Während sich *Der Tag*, der 1931 zur offiziellen Parteizeitung der DNVP wurde, an "den deutschnationalen Bürger mit gehobenem Bildungsstand"[37] wandte, rekrutierte sich das Publikum des *Berliner Lokalanzeigers*, der mit einer Auflage von um 200.000 zu den Massenblättern der Hauptstadt gerechnet werden muß, aus dem

---

[37] Reimus, 1989: a.a.O., S. 234.

"städtische(n) Kleinbürgertum"[38]. Die Scherl-GmbH war 1916, ein Jahr nach dem Ausscheiden August Scherls und über den Umweg des bald hochverschuldeten Deutschen Verlagsvereins, in den Konzern des Alldeutschen, späteren DNVP-Vorsitzenden und Wirtschaftsministers im ersten Kabinett Hitler und vormaligen Wirtschaftsmanagers Alfred Hugenberg, eingegliedert worden.[39] Hinsichtlich dessen publizistischen Ambitionen betont Koszyk allerdings zu Recht, daß er, "im Gegensatz zu manchen Ruhrindustriellen (...) das Zeitungswesen nicht vornehmlich als ein Gebiet der Spekulation, sondern als wichtiges Instrument politischer Werbung" betrachtet habe.[40]

Im Gegensatz zu *Der Tag* und dem *Berliner Lokalanzeiger* ist die ebenfalls DNVP-nahe *Deutsche Tageszeitung*, obgleich in Berlin erscheinend, an eine ländlich-agrarische Leserschaft adressiert. Das Blatt, das den ebenso nebulösen wie programmatischen Untertitel "Für das deutsche Volk! - Für deutsche Art! - Für deutsche Arbeit in Stadt und Land!" trägt, kann als Organ des großagrarisch-ostelbisch dominierten Reichs-Landbundes gelten, der in der Weimarer Republik die Nachfolge des politisch einflußreichen Bundes der Landwirte angetreten hatte. Durch ihre Verknüpfung mit dem agrarischen Milieu verspricht die *Deutsche Tageszeitung* einen privilegierten Zugang zu jenen politischen Vorstellungen, die aus den Dichotomien von Stadt und Land, "Zivilisation" und "Kultur", "Entwurzelung" und "Bodenständigkeit" hergeleitet sind und für den Antirepublikanismus der weimarischen Rechten insgesamt konstitutive Funktion haben.

Um die "soldatischen" Elemente in der politischen Deutungskultur des Weimarer Konservativismus zugänglich zu machen, wurden das Verbandsorgan des *Deutschen Offiziersbundes*, *Der Stahlhelm* als die Zeitschrift des Wehrverbandes "Stahlhelm - Bund der Frontsoldaten" sowie *Die Standarte - Zeitschrift für Neuen Nationalismus*, von 1926 bis 1930 monatliche Beilage des *Stahlhelm*, ausgewählt. Während der Deutsche Offiziersbund als größter Verband seiner Art zwar durchaus politisch dezidiert Stellung bezog, sich aber doch primär als Interessenorganisation seiner Klientel verstand, operierte *Der Stahlhelm* von seiner Gründung im November 1918 an als politischer Kampfverband, in dessen Zeitung der autokratische Vorsitzende Franz Seldte - der 1933 wie Hugenberg Mitglied in Hitlers Kabinett werden sollte - unablässig das Thema vom politischen Führungsanspruch der "im Weltkrieg gestählten Frontgeneration" variierte. Die einige Jahre als Beilage der Bundeszeitung erscheinende *Standarte* sollte als Forum für die Vertreter des Neuen Nationalismus konservativ-revolutionäre Strömungen in den Bund integrieren helfen. Das Monatsheft konnte sich aller-

---

[38] Ebd.

[39] Vgl. Koszyk, 1972: a.a.O., S. 222 f.

[40] Ebd., S. 219.

dings nicht durchsetzen: Es blieb innerhalb des Stahlhelm umstritten und gelangte über eine Auflage von 2.000 Exemplaren nicht hinaus.

Die nationalsozialistische Presse

Obwohl in der Gesamtkonzeption der NS-Propaganda die Zeitung im Vergleich zu anderen Medien eine eher untergeordnete, auf die Binnenkommunikation der Partei gerichtete Rolle spielte,[41] spiegelt sich in der Entwicklung des nationalsozialistischen Pressewesens der rasante Aufstieg der NSDAP selber wieder: Noch 1926 war der *Völkische Beobachter* die einzige nationalsozialistische Tageszeitung; erst dann begann der wegen des großen Kapitalbedarfs nur mühsam in Gang zu setzende Aufbau einer flächendeckenden Provinzpresse. 1930 gelang mit neun hinzugekommenen Tageszeitungen und mehr als einer Verdreifachung der Gesamttagesauflage auf über 250.000 ein Durchbruch, und 1932 umfaßte das NS-Presseimperium bereits 59 täglich erscheinende Blätter.[42] Das nationalsozialistische Zeitungswesen war absolut zentralistisch organisiert, Hitler vermochte über die Ernennung der Schriftleiter eine uneingeschränkte Kontrolle auszuüben, und das Zentralorgan, als dessen Herausgeber der Parteivorsitzende seit 1925 fungierte, gab der gesamten NS-Presse die redaktionelle Linie verbindlich vor.[43] Für die vorliegende Analyse wurden neben dem *Völkischen Beobachter*[44] als dem unangefochtenen publizistischen Flaggschiff der NSDAP das von dem späteren Propagandaminister Goebbels herausgegebene Berliner Gauorgan *Der Angriff*, der *Westdeutsche Beobachter* als die auflagenstärkste NS-Provinzzeitung sowie das thematisch geradezu zwanghaft auf Antisemitismus fixierte Pamphlet-Blatt *Der Stürmer* ausgewählt.

Bereits Ende 1920 übernahm die NSDAP den im Eher-Verlag erscheinenden *Völkischen Beobachter*. Das zunächst zweimal wöchentlich erscheinende Blatt wurde Anfang 1923 zur Tageszeitung und erreichte mit 30.000 Exemplaren einen ersten Auflagenrekord. Nach dem Bierkellerputsch vom November 1923 wurden die Partei und ihr Zentralorgan verboten. Nach der Wiederzulassung im März 1925 startete das Blatt aus einer Situation der Bedeutungslosigkeit heraus, und es dauerte bis 1930, bis die Auflage - nach Gründung einer Süddeutschen und einer Berliner Ausgabe - über die bereits vor der Verbotszeit erreichte

---

[41] Vgl. zur NS-Propaganda: Gerhard Paul, 1990: *Aufstand der Bilder. Die NS-Propaganda vor 1933*, Bonn; dort insbesondere zum NS-Pressewesen S. 180-186.

[42] Vgl. ebd., S. 382 ff.

[43] Vgl. die einschlägigen Beschlüsse des Parteitags vom 4.7.1926, auszugsweise dokumentiert bei Koszyk 1972: a.a.O., S. 382 f.

[44] Hier wird generell die Münchner Ausgabe verwendet.

Marke stieg. Seit 1923 bekleidete der allmählich zum führenden NS-Ideologen aufsteigende Alfred Rosenberg das Amt des Hauptschriftleiters.

Der Angriff des Berliner Gauleiters Goebbels kann als Prototyp des nationalsozialistischen "Kampfblattes" gelten, "das - wie schon sein Titel besagte - nur Wert auf Angriff und Provokation legte und ganz den modernsten Reklametechniken der Zeit verpflichtet war"[45]. Das Blatt, 1927 als Montagszeitung gegründet und ab 1930 wochentäglich als Abendzeitung erscheinend, stellt damit so etwas wie ein propagandistisches Übungs- und Experimentierfeld seines Herausgebers dar. Es wurde dank der publizistischen Professionalität Goebbels' gleichzeitig wegweisend für die nationalsozialistische Propaganda und blieb, dem Zentralismus des NS-Pressewesens zum Trotz, in Stil und Aufmachung von den anderen Zeitungen der NSDAP signifikant verschieden.

Dagegen ist der *Westdeutsche Beobachter*, obgleich nach dem Zentralorgan die auflagenstärkste aller nationalsozialistischen Parteizeitungen, als ein eher durchschnittlicher Repräsentant der NS-Gaupresse zu betrachten. Er wurde 1925 von dem rheinländischen Gauleiter Robert Ley als Wochenzeitung gegründet und, wie auch *Der Angriff*, 1930 in eine Tageszeitung umgewandelt.

Der Stürmer, seit 1923 unter der Herausgeberschaft des Nürnberger Gauleiters Julius Streicher als Gauorgan, später als Streichers Privatblatt erscheinende Wochenzeitung, nimmt durch diese organisatorische Besonderheit und durch seine Fixierung auf ein einziges Thema, den Antisemitismus, eine Sonderstellung innerhalb der nationalsozialistischen Presse ein. Die ganze Programmatik des pur pamphletistischen Hetzblattes ist in der Fußzeile "Die Juden sind unser Unglück!", die die Titelseite jeder Nummer nach unten abschließt, zusammengefaßt. Eine publizistische Spezialität des *Stürmer* waren Leserbrief-Kampagnen, deren Zweck in der Integration einer aktivistisch-antisemitischen Gemeinde bestand.

* * *

Aus dem umfangreichen Ertrag einer Totalerhebung dieser 30 Zeitungen und Zeitschriften hinsichtlich der Berichterstattung und Kommentierung zu den drei Gedenktagen anläßlich der Reichsgründung, der Unterzeichnung der Verfassung von Weimar und der Revolution vom November 1918 wurde das Textsample für die Analyse der politischen Deutungskultur der Weimarer Republik zusammengestellt.[46] Das Kriterium für die Aufnahme in das Analy-

---

[45] Paul 1989: a.a.O., S. 257. Zum Goebbelsschen Propagandakonzept vgl. Paul, 1990: a.a.O., S. 45 ff.

[46] Diese Erhebung fand im Rahmen und aus Mitteln des Forschungsprojektes "Politische Kultur der Weimarer Republik" am Otto-Suhr-Institut der Freien Universität Berlin statt. Recher-

sesample bildete die journalistische Stilform: In einem ersten Durchgang wurden alle Leitartikel, Kommentare, in Duktus und Inhalt leitartikelähnliche Texte aus den häufig anläßlich der Gedenktage produzierten Sonderbeilagen sowie die Texte dokumentierter Reden[47] aufgenommen. Um da und dort verbliebene Lücken aufzufüllen, fanden in einem zweiten Durchgang auch Berichte - sofern sie, was in der parteiischen Presse der Weimarer Republik häufig der Fall ist, auch kommentierenden Charakter haben -, sowie einige andere Textsorten gewissermaßen als Substitute für die vorgenannten privilegierten journalistischen Stilformen Berücksichtigung. Auf diese Weise wurde für die im folgenden beschriebene Inhaltsanalyse ein Sample aus 512 Texten zusammengestellt, von denen 139 dem Reichsgründungstag, 213 dem Verfassungstag und 160 dem Revolutionstag gelten.[48]

3.3 Methodische Umsetzung

3.3.1 Zur Logik des analytischen Modells

Obgleich die Inhaltsanalyse als Methode empirischer Sozialforschung auf eine für diesen relativ jungen Forschungsbereich lange Gechichte zurückblicken kann,[49] ist sie keineswegs in einem etwa der Umfrageforschung vergleichbaren Maß etabliert, noch ist das unter ihrem Begriff Gefaßte einigermaßen exakt definiert. Weil unter ihrem Schirm ganz verschiedene Methoden Platz finden, die gar unterschiedlichen Wissenschafts-"kulturen" angehören, vermag die Ankündigung einer Inhaltsanalyse dem Leser vorgängig nur wenig zur Klärung der Frage beizutragen, was denn tatsächlich beabsichtigt ist - zu groß ist die Spannweite zwischen einer kategorial disziplinierten Texthermeneutik einerseits und der computergestützten Ermittlung von Schlüsselworthäufigkeiten in zuvor digitalisierten Texten andererseits.

---

chiert wurde in Zeitintervallen, die jeweils 14 Tage vor einem der Gedenktage beginnen und eine Woche danach enden.

[47] Diese nur dann, wenn Redner und Zeitung generell ein und derselben politischen Linie bzw. Partei zugerechnet werden konnten bzw. wenn die Redaktion dem Leser ausdrücklich ihre volle inhaltliche Übereinstimmung mit den Ausführungen versicherte.

[48] Genauere Angaben zur Zusammensetzung des Textsamples sind im Anhang dokumentiert.

[49] Klaus Merten sieht sie 1926 in die "Phase der Reifung zum eigenständigen Erhebungsinstrument" eintreten (ders., 1983: *Inhaltsanalyse. Einführung in Theorie, Methode und Praxis*, Opladen, Abschnitt I.2.2.3, S. 35 ff.).

Aus diesem Grunde muß die spezifische inhaltsanalytische Konzeption für die vorliegenden Untersuchung - ihre methodische Anlage und ihre Verklammerung mit den theoretischen Versuchen zur Fixierung ihres Gegenstandes - dargelegt, nicht aber, und das aus mehreren Gründen, jener jahrzehntelang schwärende inhaltsanalytische Grundsatzstreit repetiert werden, der entlang der Dichotomien von quantitativ versus qualitativ, manifest versus latent oder, personifiziert, Berelson versus Kracauer[50] organisiert ist. Denn erstens sind die wenigstens ungefähren Positionen der Kontrahenten in jedem einschlägigen Lehrbuch nachzulesen;[51] zweitens handelt es sich dabei bis in die getreulich reproduzierten Dogmatiken und - absichtsvollen wie echten - Mißverständnisse hinein um nur ein Moment des in vielen Gewändern und an vielen Orten der sozialwissenschaftlichen Topographie auftretenden Positivismusstreits (der vielleicht besser beschrieben wäre als ein Streit zwischen anglo-amerikanischer und kontinentaleuropäischer Wissenschaftstradition); und drittens schließlich gibt es in Theoriebildung und Forschungspraxis mancherlei Hinweise darauf, daß ein Bewußtsein um die Möglichkeit und Notwendigkeit der Überwindung dieses Gegensatzes sich entwickelt hat[52] und seine neuerliche Zelebration nichts an-

---

[50] Vgl. die einschlägigen Grundsatztexte: Bernhard Berelson, 1952: *Content analysis in communication research*, New York, Neuauflage 1971, sowie Siegfried Kracauer, 1952: *The challenge of qualitative content analysis*, in: Public Opinion Quarterly 16, S. 631-642. Den Spagat zwischen beiden Paradigmen versuchte als einer der ersten: Jürgen Ritsert, 1972: *Inhaltsanalyse und Ideologiekritik. Ein Versuch über kritische Sozialforschung*, Frankfurt/M.

[51] Vgl. Klaus Krippendorf, 1980: *Content analysis. An introduction to its methodology* (The Sage COMMTEXT Series Volume 5), Beverly Hills, London; Merten, 1983: a.a.O.; Ralf Lisch/Jürgen Kriz, 1978: *Grundlagen und Modelle der Inhaltsanalyse. Bestandsaufnahme und Kritik*, Reinbek; Werner Früh, 1981: *Inhaltsanalyse. Theorie und Praxis*, München; aus ideologiekritischer Perspektive beschäftigt sich besonders ausführlich damit: Ritsert 1972: a.a.O.

[52] Oder auch: unterschwellig immer vorhanden war. Immerhin hat mit Adorno einer der pointiertesten Kritiker der quantifizierenden Sozialforschung an einer der einflußreichsten *survey research*-Studien mitgewirkt (Theodor W. Adorno et al. 1950: a.a.O.). Derselbe auch hat einerseits gegen den Primat der Quantifizierung eingewandt: "Aber das Erkenntnisideal der einstimmigen, möglichst einfachen, mathematisch eleganten Erklärung versagt, wo die Sache selbst: die Gesellschaft nicht einstimmig ist, auch nicht neutral dem Belieben kategorialer Formung anheimgegeben, sondern anders, als das Kategoriensystem der diskursiven Logik von seinen Objekten vorweg erwartet." (Adorno, 1972: *Zur Logik der Sozialwissenschaften*, in: Adorno u.a. 1972: Der Positivismustreit in der deutschen Soziologie, Darmstadt, Neuwied, 9. Aufl. 1981, S. 125-143, hier: S. 126); und gesteht andererseits zu: "Dort, wo die Menschen unter dem Druck der Verhältnisse in der Tat auf die 'Reaktionsweise von Lurchen' heruntergebracht werden, wie als Zwangskonsumenten von Massenmedien und anderen reglementierten Freuden, paßt die Meinungsforschung, über welche sich der ausgelaugte Humanismus entrüstet, besser auf sie als etwa eine 'verstehende' Soziologie." [ders., 1957: *Soziologie und empirische Forschung*, in: Adorno u.a. 1972: a.a.O., S. 81-101 (bzw. in: ders. 1979: Soziologische Schriften I - Gesammelte Schriften Band 8 - Frankfurt/M., S. 196-216.), hier: S. 87].

deres hieße, als tote Hunde zu schlagen.[53] So ist es keineswegs eine Ausnahme, wenn K. E. Rosengren 1981 die Entwicklung folgendermaßen resümiert:

"During the last five years, however, encouraging signs are multiplying that a new phase in the relationship between the continental and the Anglo-American tradition may be on its way. Adherents of the two research traditions meet and find that they can talk with each other in a meaningful way. As a result of such meetings, sterile antagonism is gradually being replaced by fruitful (if heated) discussions. Combined with this happy development, an increased interest in content analysis may be traced among humanists and social scientists, 'Marxists' and 'positivists' alike."[54]

So zeigt sich auch anläßlich des Versuchs einer Typisierung des eigenen Vorgehens rasch, daß die traditionelle Interpretation der Begriffsreihen von

positivistisch		hermeneutisch-dialektisch
hypothesentestend	*versus*	explorativ
quantitativ		qualitativ
manifest		latent

als oppositionell und in sich syntagmatisch eher konventionell denn theoretisch oder praktisch zwingend ist.

In einer ersten Annäherung kann die im Rahmen der vorliegenden Studie durchgeführte Inhaltsanalyse als *quantitatives* Modell zur Beschreibung *latenter* Textmerkmale und als von *explorativer* Charakteristik beschrieben werden. Fast trivial ist die Aussage, daß, wie praktisch bei aller quantifizierenden Sozialforschung, so auch hier über die Medien quantitativer Erfassung und statistischen Kalküls *qualitative* Aussagen angestrebt werden. Genauer läßt sich die Logik von Problemstellung und Problemlösung folgendermaßen skizzieren:

Der *input* der Inhaltsanalyse ist auf zweifache Weise strukturiert: Erstens geht unter dem Titel einer "vorläufigen Taxonomie der politischen Kultur Weimars"[55] eine auf das Feld der Träger politischer Kultur bezogene hypothetische Karte politisch-kultureller Milieus, operationalisiert über die Auswahl bestimmter Zeitungen und Zeitschriften als Repräsentanten dieser Milieus, in die Analyse ein. Zweitens wurden drei entlang einer Achse zunehmender Komplexität organisierte Ebenen politischer Vorstellungen - Geschichtsbilder, Stra-

---

[53] Einen über den inhaltsanalytischen Tellerrand hinausblickenden Kurz-Abriß gibt Manfred Opp de Hipt, 1987: *Denkbilder in der Politik. Der Staat in der Sprache von CDU und SPD*, Opladen, S. 101 ff.

[54] Karl Erik Rosengren, 1981: *Advances in Scandinavian content analysis: An introduction*, in: Rosengren (Hg.), 1981: Advances in Content Analysis (Sage Annual Reviews of Communication Research Vol. 9), Beverly Hills, London, S. 9-19, hier: S. 12.

[55] Siehe oben, Abschnitt 2.1.2.

tegien der Ein- und Ausgrenzung, Vorstellungen vom Staat - isoliert und zu inhaltsanalytischen Kategorien operationalisiert. Die Fragestellung nach allgemein der Struktur der politischen Deutungskultur und speziell den politisch-kulturellen Voraussetzungen der nationalsozialistischen Hegemoniefähigkeit läßt sich übersetzen in die Frage nach den Relationen - Assoziations- und Dissoziationsbeziehungen - zwischen den im Modell befindlichen Variablen, also:

1. zwischen den inhaltsanalytischen Kategorien als den Operationalisierungen der Elemente politischen Deutens;
2. zwischen den als Repräsentanten der Trägerschaft politischer Deutungskultur ausgewählten Zeitungen und Zeitschriften und
3. zwischen den Elementen politischer Kultur und ihren Trägern.

Es geht also um die Konstruktion eines Raumes politischer Deutungskultur, in dem sowohl politische Vorstellungen als auch diejenigen, die sie haben, zu verorten sind, eines Raumes des politisch-kulturellen Kapitals und der Deutungsexperten als dessen "Besitzern"[56]. Bourdieu beschreibt das Prinzip dieses Verfahrens allgemein, also nicht mit Beschränkung auf das Feld der politischen Kultur, folgendermaßen:

"Ausgehend von den Stellungen im Raum, lassen sich *Klassen* im Sinne der Logik herauspräparieren, das heißt Ensembles von Akteuren mit ähnlichen Stellungen und die, da ähnlichen Konditionen und ähnlichen Konditionierungen unterworfen, aller Voraussicht nach ähnliche Dispositionen und Interessen aufweisen, folglich auch ähnliche Praktiken und politisch-ideologische Positionen."[57]

In einem solchen Raum müßten, dies der angestrebte *output* der Inhaltsanalyse, politische Subkulturen als Cluster oder "Wolken" von Variablen zu erkennen sein. Die gleichzeitige Projektion von inhaltsanalytischen Kategorien und von Variablen, die Quellenangaben enthalten, in einen gemeinsamen Raum ermöglicht die Beschreibung seiner Struktur sowohl hinsichtlich der Verteilung des analysierten Deutungsinventars als auch hinsichtlich der seiner Anwender. Zwischen *input* und *output* der Analyse liegt also eine doppelte Transformation: Erstens wird die hypothetische Topologie politischer Deutungskultur in eine empirische überführt, und zweitens werden die bisher völlig unabhängig voneinander existierenden Strukturierungen - einerseits der politisch-kulturellen Deutungen und andererseits der Deutenden, der Teilhaber und Akteure politischer Deutungskultur - aufeinander projiziert.

---

[56] Genaugenommen fließen nicht Deutungsexperten als *Personen*, sondern Deutungs*institutionen* - Zeitungen und Zeitschriften - in die Analyse ein.

[57] Pierre Bourdieu, 1985a: *Sozialer Raum und "Klassen". Leçon sur la Leçon. Zwei Vorlesungen*, Frankfurt/M., 1. Aufl. S. 12 (Hervorhebung im Original).

3.3.2 Die Inhaltsanalyse

Zur Konzeption

Die Anforderungen der skizzierten Logik des Untersuchungsmodells präjudizieren die prinzipielle Entscheidung zugunsten einer *quantifizierenden* Inhaltsanalyse (1); aufgrund technischer Zwänge und arbeitsökonomischer Überlegungen muß auf die Durchführung einer computerunterstützten Inhaltsanalyse verzichtet werden (2); Gegenstand der Analyse müssen eher *latente* als *manifeste* Textmerkmale sein (3):

1. Die Durchführung einer *quantitativen* Inhaltsanalyse wird durch zwei Momente nicht nur nahegelegt, sondern fast diktiert: durch die Art des Materials (a) und durch die gestellte Aufgabe (b).

(a) Bei journalistischen Gebrauchstexten, wie es die hier verwendeten Leitartikel und Kommentare sind, handelt es sich - im Vergleich zu den meist in umfänglichen Werken dargelegten elaborierten Theorien - um kurze Texte. Demnach müssen, um einen hochkomplexen Gegenstand erfassen zu können, wie politische Deutungskultur als ein System politischer Deutungsangebote einer ist, eine Vielzahl von Einzeltexten analysiert werden. Denn es kann schlichtweg ausgeschlossen werden, daß das gesellschaftliche Inventar politischer Sinnstiftung - auch wenn es notwendig nur auf einigen wenigen Ebenen zu erfassen versucht wird - auf wenigen Druckseiten sich objektivieren könnte. Kommen gewisse Ansprüche an die Repräsentativität des Materials hinzu, sind weiterhin vergleichende Aussagen über Untergruppen des Materials intendiert (wobei die Zahl der anvisierten Untergruppen einen Multiplikationsfaktor bildet), gelangt man rasch zu einem Sample von eindrucksvoller Größe, dessen qualitative, texthermeneutische Analyse sowohl angesichts der überwiegend geringen Originalität der Texte eine Verschwendung intellektueller Energien bedeutete als auch gegenüber ihrer schieren Zahl zum Scheitern verurteilt wäre. Denn die strategische Vorgabe ist ja, aus einer Vielzahl unverbundener Einzeltexte, in denen je nur Momente der gesuchten Struktur verwirklicht sein können, deren Ganzes zu rekonstruieren. Für die hermeneutische Analyse bedeutete das, daß die immense und zerissene Textmenge stets im Kopf des Analytikers präsent sein müßte - was eine ungeheure Gedächtnisleistung erforderte.[58] Der strategische Vorzug der Inhaltsanalyse kommt hier zum Tragen, wenn es um die

---

[58] Zwar geht es an, eine solche Textmenge zu überschauen, wenn sie in Form eines oder einiger weniger Werke vorliegt, die in sich durchkomponiert sind und in denen ein Argument das andere gibt. Verteilt sie sich aber auf eine Vielzahl von Einzeltexten, die vorgängig keinen Bezug zueinander haben, obendrein sich zum Teil zum Verwechseln ähnlich sind, hätte ein solches Unterfangen Züge einer Sisyphos-Arbeit.

Identifizierung der in den Einzeltexten gegenwärtigen Splitter eines komplexen Syndroms als Elemente einer gemeinsamen Struktur geht.

(b) Die Verortung einer Vielzahl von Elementen unterschiedlicher Qualität - hier von einerseits politischen Vorstellungen auf verschiedenen Ebenen und andererseits ihren Anwendern - in einem mehrdimensionalen Raum müßte auf dem Wege reiner Texthermeneutik impressionistisch bleiben. Sie hat ohne Zweifel ihre Vorzüge in der genaueren Analyse und der dichten Beschreibung der Relationen weniger Systemelemente - und wird in dieser Funktion auch hier ihren Platz haben -, gerät aber gegenüber quantifizierenden Verfahren bei Problemstellungen wie der vorliegenden ins Hintertreffen. Das von Lisch und Kriz defensiv vorgetragene Argument -

"Es gibt keinen prinzipiellen Grund, warum die Struktur aus empirisch (...) rekonstruierten Textelementen und Beziehungen zwischen diesen - kurz: ein spezielles empirisches Relativ - nicht auf ein numerisches Relativ abgebildet werden soll, um dann mittels mathematischer Kalküle bestimmte Aussagen abzuleiten."[59]

- kann in diesem Zusammenhang offensiv gewendet werden: Erst die Konstruktion eines Koordinatensystems - hier: der politischen Deutungskultur - einschließlich der Vielzahl der darin gefaßten *numerischen* Relationen auf dem Wege mathematischen Kalküls schafft die Voraussetzung, um im Rahmen einer interpretatorischen Übersetzungsarbeit - der Resubstitution numerischer Repräsentanzen durch die darin abgebildeten Inhalte - die konstitutiven *empirischen* Relationen zu dechiffrieren. In diesem Sinne ist die Entscheidung zugunsten einer quantitativen Inhaltsanalyse nicht gleichzeitig eine zugunsten atomistischer Wortzählereien, denn:

"Mathematik ist bekanntlich nicht die Wissenschaft vom Quantitativen, sondern vom Operieren mit bestimmten Symbolen nach explizit und eindeutig festgelegten Regeln. Diese Symbole sind nichts anderes als die Abbilder oder Repräsentanten von Relationen - man könnte auch sagen: von Qualitäten. Daß empirische Objekte (z.B. Zeichen, Wörter, Sätze) und Beziehungen (...) zwischen ihnen auch durch Zahlensymbole und Rechensymbole repräsentiert werden können (...) bedeutet gerade die Möglichkeit, komplexe Strukturen hinreichend einfach intersubjektiv zu beschreiben - vergleichbar der Abbildung orchestraler akustischer Klangkomplexe mittels der Noten einer Partitur."[60]

---

[59] Lisch/Kriz, 1978: a.a.O., S. 47.

[60] Ebd. S. 49. Beiläufig sei darauf hingewiesen, daß Lisch/Kriz hier für das Verhältnis zwischen der numerischen und der empirischen Struktur von Relationen die gleiche Metapher verwenden, wie Rohe für das Verhältnis von politischer Kultur und politischer Praxis (vgl. Rohe 1987: a.a.O., S. 44).

2. Einer der Gründe dafür, daß die Inhaltsanalyse im Arsenal sozialwissenschaftlicher Instrumentarien bislang keine etwa der Umfrageforschung vergleichbare Bedeutung erringen konnte, ist der erhebliche und durch die erzielten Ergebnisse häufig nicht zu rechtfertigende Arbeitsaufwand, den merklich zu reduzieren man sich durch die Entwicklung von Systemen computerunterstützter Inhaltsanalyse versprach.[61] Diese Hoffnungen haben sich bisher aus theoretischen und forschungspraktischen Gründen nur in beschränktem Maße erfüllt. Im Rahmen der vorliegenden Analyse mußte auf den Einsatz maschineller Modelle verzichtet werden[62], weil die Grundvoraussetzung nicht erfüllt war: die Verfügung über das Textmaterial in maschinenlesbarer Form. Prinzipiell gibt es zwei Möglichkeiten, diesem Umstand abzuhelfen, und zwar entweder durch die manuelle Eingabe der Texte am Terminal oder durch das Einlesen über *scanner*, die im Prinzip wie die Lesegeräte automatischer Registrierkassen funktionieren. Die erste Variante stand aus Gründen des Arbeitsaufwandes nicht zur Diskussion, die zweite scheiterte an technischen Problemen: Obwohl die *scanner*-Technik in den letzten Jahren enorme Fortschritte gemacht hat, reichte die Qualität der Vorlagen nicht aus.[63] Das Textsample besteht überwiegend aus Kopien von Mikrofilmen, die in Kontrast und Schärfe die Anforderungen nicht erfüllen; ein weiteres, von der Reproduktionsqualität unabhängiges Problem stellt der ungenaue Zeilendurchschuß - d.h. die Buchstaben tanzen nach oben und unten aus der Reihe - dar.

3. Auf die u.a. von Berelson aufgestellte Forderung, Inhaltsanalyse auf die Erfassung *manifester* Inhalte zu beschränken,[64] wird *nicht* eingegangen. Die Kodierung des Textmaterials erfolgt durch Interpretation der Bedeutung von Textstellen, genauer: durch die interpretatorische Beantwortung der Frage, ob die Bedeutung eines Textmerkmals unter eine bestimmte Kategorie subsumierbar ist oder nicht, nicht durch die Identifikation von extensiv definierten Zei-

---

[61] Hans-Dieter Klingemann zitiert dazu de Sola Pool: "I stopped doing content analysis before Phil Stone had developed the General Inquirer (d.i. das erste umfassende inhaltsanalytische Wörterbuch zur sozialwissenschaftlichen Analyse von Massenmedien; D.S.), because it was too hard. The amount of work involved for the product was enormous" [zit. nach: Hans-Dieter Klingemann, 1984: *Computerunterstützte Inhaltsanalyse und sozialwissenschaftliche Forschung*, in: ders. (Hg.) 1984: Computerunterstützte Inhaltsanalyse in der empirischen Sozialforschung (Monographien Sozialwissenschaftliche Forschung Band 4), Frankfurt/M., New York, S. 7-14, hier: S. 7].

[62] Um einem Mißverständnis vorzubeugen: Unter computerunterstützter Inhaltsanalyse werden solche Verfahren verstanden, bei denen die Kodierung des Textmaterials, also die Daten*erhebung*, maschinell erfolgt; der Begriff bezieht sich ausdrücklich nicht auf die computergestütze *Auswertung* von zuvor konventionell erhobenen Daten.

[63] Dies ergab eine diesbezügliche Anfrage beim in dieser Hinsicht führenden Max-Planck-Institut für Geschichte in Göttingen.

[64] Berelsons vielzitierte Definition lautet: "Content Analysis is a research technique for the objective, systematic and quantitative description of the manifest content of communication" (Bernard Berelson, 1952: *Content analysis in communication research*, Glencoe, Ill., S. 18).

chenketten[65]. Allerdings muß in diesem Zusammenhang darauf hingewiesen werden, daß die alte Diskussion um manifest oder latent zu den gespenstischsten Auseinandersetzungen gehört, die sich die empirische Sozialforschung geleistet hat, was sich etwa darin ausdrückt, daß ein Durchgang durch drei Bücher zur Methode der Inhaltsanalyse drei unterschiedliche Auslegungen dieses Gegensatzes zutage fördert:

- Lisch/Kriz interpretieren Berelsons Festlegung auf manifeste Textgehalte plausibel als eine Privilegierung der "durchschnittlichen" oder "wahrscheinlichsten" Bedeutung eines Textmerkmals und lehnen diese Beschränkung wie die Unterscheidung zwischen manifesten und latenten Textgehalten überhaupt als wissenschafts- und erkenntnistheoretisch unhaltbar ab.[66]
- Klaus Merten zufolge sollen unter manifest "alle *absoluten* Merkmale eines Textes sowie die zwischen diesen herstellbaren Relationen"[67] und unter latent "die Relationen, die sich zwischen den absoluten oder relationalen Textmerkmalen und den *Benutzern* des Textes (...) ausmachen lassen"[68] verstanden werden. Er lehnt die Beschränkung auf manifeste Textmerkmale mit der Begründung ab, daß damit der "für die Inferenz interessanteste (...) Bereich der Inhaltsanalyse"[69] verschlossen würde.
- Werner Früh schließlich identifiziert in der Festlegung auf manifeste Textgehalte eine Reliabilitätsforderung: Wenn "verschiedene Codierer dieselben Textstellen denselben Kategorien zuordnen, dann ist die gemessene Bedeutung 'manifest'"[70] - und erklärt von daher den "Gegensatz manifest-latent (für) tatsächlich inhaltsleer und wissenschaftlich unfruchtbar"[71]

Einigkeit besteht immerhin insofern, als unisono die Diskussion um manifest *versus* latent für im Prinzip gegenstandslos, weil Residuum eines überwundenen Positivismus, erklärt wird.

Wenngleich also die Forderung Berelsons heute allgemein als unhaltbar angesehen wird, weil sie den Kodierern die unmögliche Trennung von Wahrnehmung und Interpretation abverlangt, so differieren die praktischen inhaltsanalytischen Konzeptionen doch hinsichtlich des Ausmaßes, in dem sie die interpretatorische Leistung der Kodierer zu minimieren versuchen oder umgekehrt sie

---

[65] Dies ist - allerdings nicht aus wissenschaftstheoretischen, sondern aus rein technischen Gründen - die Kodiertechnik in computerunterstützten Inhaltsanalysen.

[66] Lisch/Kriz, 1978: a.a.O., S. 44 ff.

[67] Merten, 1983: a.a.O., S. 56 (Hervorhebung im Original).

[68] Ebd.

[69] Ebd., S. 55.

[70] Früh, 1981: a.a.O., S. 113.

[71] Ebd., S. 114.

für sich in Anspruch nehmen und nutzbar machen wollen.[72] Wie die Entscheidung hier fällt, ist forschungspraktisch nicht unabhängig vom Abstraktionsniveau des Kategorienschemas und damit letztlich von der Fragestellung. So wird beispielsweise eine Themenanalyse - operationalisiert etwa über die journalistische Ressorteinteilung Innenpolitik, Außenpolitk, Wirschaft, Sport, Feuilleton usf. - den Kodierern geringere Interpretationsleistungen zumuten als eine Symbolanalyse.

Für die vorliegende Inhaltsanalyse gilt: Es handelt sich um eine Analyse mit vergleichsweise "weichen" Kategorien, die den Kodierern die Fähigkeit abverlangt, die Vermittlung zwischen Textmerkmalen als den Anwendungen politisch-kultureller Deutungsmuster und den kategorial beschriebenen Deutungsmustern selber interpretierend herzustellen. Praktisch heißt das im Rahmen einer historischen Studie, daß die Kodierer jenseits aller Kodiererschulung nicht nur über eine interpretatorische Alltagskompetenz, sondern über historische und theoretisch-konzeptionelle Kompetenz verfügen müssen; anders ausgedrückt: sie müssen intensive Kenntnisse über alle Belange des Projekts haben und im günstigsten Fall von Anfang an in den Forschungszusammenhang integriert werden.[73]

Festlegung der Units

Die inhaltsanalytischen *units* definieren die Bezugsgrößen der Analyse. Das sind vor allem: die Elemente, aus denen sich das Textsample zusammensetzt (Auswahleinheit oder *sampling unit*), und die Kriterien für die Fixierung eines kodierfähigen Textmerkmals (erstens Analyse- oder Kodiereinheit, *recording unit*; zweitens Kontexteinheit, *context unit*). In der Praxis allerdings ist die Bestimmung der Einheiten etwas komplizierter als es der vorstehende knappe Satz vermuten läßt, weil im Gewande exakter Definitionen eine ganze von Reihe von in Inhalt und Logik unterschiedlichen Begrifflichkeiten durch die inhaltsanalytische Literatur vagabundiert. So stellt Manfred Opp de Hipt zu Recht fest:

"Die Definitionen, die die Lehrbücher der Inhaltsanalyse zum Thema 'Einheiten' geben, erscheinen auf den ersten Blick zwar meist knapp, aber präzise. Erst der zweite Blick macht deutlich, daß es erhebliche Unklarheiten und Überschneidungen bei den einzelnen Typen von Einheiten gibt, und daß es nicht

---

[72] Unberührt davon bleiben selbstverständlich Reliabilitätsforderungen. Die Inanspruchnahme der Interpretationskompetenz der Kodierer darf keinesfalls mit einem Prinzip "künstlerischer Freiheit" bei der Kodierung verwechselt werden.

[73] Diese Voraussetzungen bieten am ehesten universitäre Forschungsprojekte, die sich von vorneherein um die Integration von Studenten/innen - aus deren Kreis sich später das Kodierer-Team zusammensetzen kann - in den Forschungsprozeß bemühen.

sicher ist, ob die verschiedenen Autoren dasselbe meinen, wenn sie dieselben Begriffe benutzen"[74]

- ergänzend könnte man hinzufügen: ob sie tatsächlich Verschiedenes meinen, wenn sie verschiedene Begriffe benutzen. Statt nun aber den mutmaßlich vergeblichen Versuch zu unternehmen, das begriffliche Geflecht aus Auswahl-, Erhebungs-, Aussage-, Meß-, Kodier-, Analyse-, Zähl- und sonstigen Einheiten aufzulösen, will ich im folgenden lediglich die hier relevanten Festlegungen in Abhängigkeit von der Logik des analytischen Verfahrens skizzieren:

1. Für die *Auswahleinheit* hat Klaus Merten eine eindeutige und durch den Begriff gedeckte, weil sich tatsächlich auf das Auswahlverfahren für das Textsample beziehende Definition gegeben: "Die Auswahleinheit ist eine formal (physikalisch) definierte Einheit, die n mal im Sample und N mal in der Grundgesamtheit vertreten ist."[75] Legt man diese Definition zugrunde, so wurde hier die entsprechende Festlegung implizit bereits weiter oben, nämlich im Zusammenhang mit der Beschreibung des Textsamples, getroffen:
Auswahleinheiten sind abgeschlossene Zeitungsartikel, genauer: Leitartikel und Kommentare sowie in Einzelfällen Artikel anderer journalistischer Stilformen, immer aber abgeschlossene publizistische Einheiten, die mit einem Titel beginnen und einem Satzschlußzeichen oder einem Autorenkürzel enden.

Das Sample besteht aus 512 Auswahleinheiten, die auf der Basis einer an systematischen (30 Zeitungen als Repräsentanten des politisch-kulturellen Raumes), thematischen (die drei politischen Gedenktage), formalen (Leitartikel und andere kommentierende Formen) und zeitlichen (Erhebungsintervall 14 Tage vor bis sieben Tage nach einem der Gedenktage) Kriterien orientierten Auswahl aus der Grundgesamtheit des publizistischen Diskurses um einen Nationalfeiertag zusammengestellt wurden.

2. Die *Analyseeinheit* bestimmt die allgemeinen Eigenschaften jener Textmerkmale, die bei der Kodierung des Materials unter eine Kategorie subsumiert werden können ("...the specific segment of content that is characterized by placing it in a given category"[76]), hier also Indikatoren für politische Vorstellungen auf den drei Ebenen der Analyse.

Im Allgemeinen werden Analyseeinheiten entweder syntaktisch (ein Wort, ein Satz, ein Hauptsatz etc.) oder semantisch (als Sinneinheit, Thema, Referenz an ein bestimmtes Objekt o.ä.) beschrieben. Dabei haben syntaktische Definitionen den Vorzug, eindeutig und leicht bestimmbar zu sein - soll die Analyseeinheit etwa ein Satz sein, so läßt sich der ohne weiteres als der Text zwischen zwei Satzschlußzeichen identifizieren -, können aber gleichzeitig ungewollt sen-

---

[74] Opp de Hipt, 1987: a.a.O., S. 121.

[75] Merten, 1983: a.a.O., S. 281.

[76] Ole R. Holsti, 1969: *Content Analysis for the social sciences and humanities*, Massachusetts, Menlo Park, London, Don Mills, S. 116.

sibel gegenüber syntaktischen Variierungen bei konstantem Inhalt sein. So kann etwa die Differenz zwischen einer Satzreihe und einer Reihe von Sätzen - die zu ganz unterschiedlichen Analyseeinheiten im Sinne syntaktisch festgelegter Sätze führte - tatsächlich in nichts anderem als in der Wahl von einerseits Kommata und andererseits Punkten als Trennmarken zwischen den Hauptsätzen bestehen. Demgegenüber lassen semantische Definitionen der Analyseeinheit flexiblere Anpassungen an die Logik des Kategorienschemas und an die Spezifika des Materials zu, allerdings oft um den Preis der Eindeutigkeit. In diesem Sinne bilden die Argumente pro und contra die syntaktische oder die semantische Definition der Analyseeinheit eine Unterabteilung der gegenläufigen Anforderungen von Zuverlässigkeit und Gültigkeit.

Für die vorliegende Arbeit produzierten entsprechende Pretests mit syntaktisch definierten Analyseeinheiten durchweg unbefriedigende Ergebnisse: Weil politisches Deuten sich in der Herstellung von Verweisungszusammenhängen zwischen einem "Modell" und einem Objekt, auf das das Modell angewandt wird, vollzieht, ist ein Wort eine untauglich kleine Analyseeinheit; Sätze, oder auch: Haupt- und Nebensätze dagegen erweisen sich als zu große Einheiten, weil darin ohne weiteres mehrere politische Deutungen enthalten sein können.

Der Ausweg kann also nur in einer semantischen Definition der Analyseeinheit bestehen, die gleichzeitig dem Gegenstand der Analyse, eben politischen Vorstellungen, optimal angepaßt sein muß. Diese Definition lautet folgendermaßen:

Analyseeinheit ist eine politische Vorstellung (oder ein politisches Symbol), erkennbar als die Verknüpfung eines politischen Gegenstandsfeldes (hier operationalisiert in den drei Analyseebenen) mit einem Eigenschafts- oder Tätigkeitsfeld und prinzipiell transformierbar in die allgemeine Form einer Abbildung von B auf A.

Diese Definition weist in eine ähnliche Richtung wie die von Jürgen Ritsert vorgeschlagene und am Beispiel ausgeführte Kodiereinheit "Motiv"[77] oder der Begriff des "Denkbilds" Manfred Opp de Hipts[78].

3. Die *Kontexteinheit* legt fest, welche die Analyseeinheit umgebende Textmenge die Kodierer als Erläuterung und Interpretationshilfe bei der Kodierentscheidung berücksichtigen sollen. Eine exakte Definition scheint hier eher als Fessel denn als Hilfe zu wirken; als adäquat hinsichtlich sowohl der Anforderungen an die Kodierer als auch der Erfordernisse vernünftiger Kodierentscheidungen erweist sich die Formulierung einer Faustregel:

Als Kontexteinheit ist erstens der Sinnzusammenhang des Absatzes, in dem die Analyseeinheit steht, und zweitens die Reichweite des grammatischen Zusammenhangs (die etwa über Pronomina recht groß sein kann) zu berücksichtigen.

---

[77] Vgl. Ritsert, 1972: a.a.O., S. 56 f.

[78] Vgl. Opp de Hipt, 1987: a.a.O., S. 123 ff. sowie S. 64 ff.

4. Schließlich sollen noch einige Bemerkungen zu einer nicht obligatorisch zu definierenden, meines Erachtens aber aus Gründen der logischen Konsistenz erforderlichen Einheit gemacht werden. Sie bezieht sich nicht auf den Datenerhebungs-, sondern auf den Datenauswertungsprozeß und soll die *Aussageeinheit* heißen. Gemeint ist damit die Bezugsgröße jener Aussagen, die bei quantitativen Inhaltsanalysen auf der Grundlage der Interpretation statistischer Auswertungen getroffen werden sollen. Wenn also die Auswahleinheit für die Zusammenstellung des Textsamples, die Analyseeinheit - ergänzt durch die Kontexteinheit - für die Kodierung konstitutiv ist, so ist es die Aussageeinheit für den Gang der Auswertung. Ein prinzipieller Unterschied zu den anderen inhaltsanalytischen Einheiten - und möglicherweise der Grund für ihre weitgehende Nichtbeachtung in der Literatur - besteht darin, daß sie nur in relativ einfach strukturierten Analysen eindeutig ist, während in der Regel innerhalb eines Projektes mit mehreren Aussageeinheiten gleichzeitig operiert wird.

Dennoch ist ihre Bedeutung beträchtlich: Man stelle sich etwa eine Untersuchung vor, die auf assoziative oder dissoziative Zusammenhänge zwischen zwei Kategorien abgestellt ist und dabei einmal als Aussageeinheit einen Zeitungsartikel und ein anderes Mal Gruppen von Artikeln (z.B. alle Artikel des Samples, die aus jeweils ein und denselben Zeitungeen stammen) wählt. Nun wäre es denkbar, daß die beiden fraglichen Kategorien zwar nie gemeinsam in einem Artikel, aber ausschließlich in Artikeln der Zeitung XY kodiert wurden. Dann würde ein Zusammenhangsmaß auf Basis der Aussageeinheit "Artikel" eine negative, auf der Grundlage der Aussageeinheit "Zeitung" dagegen eine positive Beziehung ausweisen.

In der vorliegenden Studie wird mit je nach verfolgter Fragestellung verschiedenen Aussageeinheiten gearbeitet. Im Zentrum des Interesses stehen die Zeitungen - denn die sind es, mit denen der politisch-kulturelle Raum der Weimarer Republik auszufüllen versucht wurde. Daneben werden aber auch Zeitintervalle, ideologisch kontingente Gruppen von Zeitungen sowie die Artikel zu je einem der Gedenktage und einzelne Artikel zu Aussageeinheiten verschiedener, v.a. in prüfender Absicht durchgeführter Analysen.[79]

Kategorienschema

Das Kategorienschema[80], seine Systematik und die darin beschriebenen Inhalte, ist der Dreh- und Angelpunkt des inhaltsanalytischen Verfahrens. So wichtig die

---

[79] Ein Teil dieser Analysen ist in Anhang C.2: *Korrespondenzanalysen mit Teildatensätzen* dokumentiert.

[80] Eine Dokumentation des Kategorienschemas, also der operationalen Kodieranweisungen, findet sich in Anhang B1. In diesem Abschnitt sollen allgemeine Anmerkungen zum Stellenwert des Kategoriensystems innerhalb des inhaltsanalytischen Verfahrens sowie zur Konstruktionslogik

anderen operationalen Schritte sind, auch eine optimale Wahl der Einheiten und die elaboriertesten Auswertungsverfahren können den Substanzverlust nicht ausgleichen, den Schwächen in der Konstruktion des Kategorienschemas bedeuten. Sein Stellenwert läßt sich mit dem Fragebogen der Umfrageforschung vergleichen - unter Berücksichtigung zweier allerdings gewichtiger Unterschiede: Erstens gewährleistet die Routine, mit der der Umfrageforschungsbetrieb funktioniert, daß praktisch für jedes Projekt eine Fülle bereits erprobter Skalenkonstruktionen konsultiert werden kann; und zweitens kann die Umfrageforschung ihr Erkenntnisinteresse sehr viel unbefangener in Fragen übersetzen, weil sie damit rechnen darf, im Prinzip auf jede Frage von einer überwiegenden Mehrheit der Befragten auch eine Antwort zu bekommen. Dagegen ist die Inhaltsanalyse darauf angewiesen, ihr Erkenntnisinteresse auf eine Weise in Kategorien zu gießen, die einen Widerhall in vorhandenem, prozeßproduziertem Textmaterial findet.

Innerhalb des ganzen inhaltsanalytischen Verfahrens bildet das Kategorienschema die entscheidende Klammer zwischen Theorie und Empirie. Die Arbeit an seiner Konstruktion repräsentiert in geradezu idealtypischer Weise das Bemühen um die Operationalisierung theoretischer Annahmen zu einer Interpretationsfolie für empirisches Material. Relevanz, Zuverlässigkeit und Gültigkeit der inhaltsanalytisch produzierten Ergebnisse können nicht größer sein, als das Kategorienschema es zuläßt:[81]

"Was das inhaltsanalytische Kategorienschema nicht zu erfassen in der Lage ist, 'fällt' durch das 'Aufmerksamkeitsraster' und entzieht sich der weiteren Interpretation. Sind die einzelnen Kategorien nicht trennscharf genug, entstehen keine verläßlichen Ergebnisse, und ist das Kategorienschema nicht so konstruiert, daß die mit seiner Hilfe stattfindende Strukturierung des Textes inhaltlich belangvoll ist, werden die Resultate banal oder irrelevant."[82]

Dieser zentralen Stellung, die das Kategorienschema im Produktionsprozeß der Inhaltsanalyse innehat, entsprechen auch die Art und der Aufwand an Arbeit, die in seine Konstruktion investiert werden muß. Den Ausgangspunkt des Verfahrens, das auf eine sukzessive Systematisierung der fragestellungsrelevanten Textmerkmale hinsteuert, bilden in der Regel *ad hoc* und auf der Grundlage theoretischen und empirischen Vorwissens vorgenommene Grobrasterungen, die erst noch der theoretischen Explikation bedürfen. Wenn dies geschehen ist,

---

jenes speziellen Schemas, das im Rahmen der vorliegenden Studie zur Anwendung kommt, ihren Platz finden.

[81] Wohl aber geringer - hier gilt die Regel vom schwächsten Glied der Kette. Denn selbstverständlich kann eine Inhaltsanalyse, auch wenn sie auf dem besten aller denkbaren Kategorienschemata beruht, vollständig entwertet werden durch falsch dimensionierte *units*, durch schlampige Kodierarbeit oder durch die Wahl unangemessener Auswertungsverfahren.

[82] Opp de Hipt, 1987: a.a.O., S. 130.

kommt ein Prozeß der wechselweisen Konfrontation theoretisch begründeter Strukturannahmen mit Stichproben empirischen Materials in Gang. Während dieses Prozesses sind in aller Regel vielfache Modifizierungen, wenn nicht gar grundlegende Reformulierungen dieser Strukturannahmen notwendig, bis endlich eine dem Material und der theoretisch motivierten Fragestellung adäquate Systematik entwickelt ist.[83]

Die Qualitätsprüfung des Kategorienschemas kann sich an einem Kriterienkatalog orientieren, in dem Holsti die Anforderungen an inhaltsanalytische Kategorien zusammengefaßt hat:

"1. müssen sie die 'Zwecke der Untersuchung widerspiegeln',
2. sollen sie erschöpfend sein,
3. sollen sie sich wechselseitig ausschließen,
4. muß ihre Unabhängigkeit garantiert sein. Schließlich
5. sollen sie aus einem einzigen Klassifikationsprinzip abgeleitet sein."[84]

Die Schlüsselposition des Kategorienschemas, seine Klammerfunktion zwischen Theorie und Operationalisierung wird in diesen Anforderungen sichtbar reflektiert:

Die erste Bestimmung referiert auf die Fragestellung und den theoretischen Bezugsrahmen der Analyse; die folgenden drei sind Präzisierungen des methodischen Bemühens um Zuverlässigkeit und Gültigkeit der Ergebnisse, soweit die Systematik des Kategorienschemas dafür die Voraussetzungen schaffen kann. "Erschöpfend" sind die Kategorisierungen im Rahmen eines - offenen oder geschlossenen - vollständigen Schemas, in dem tatsächlich alle relevanten Textmerkmale ihren Platz finden. Das hier verwendete Kategorienschema ist offen; mit Respekt gegenüber der Forderung nach Vollständigkeit werden Kategorien mit dem Titel "Sonstiges" geführt. Die Frequenz, mit der diese benutzt werden müssen, gibt Aufschluß darüber, inwieweit die Kategorien erschöpfend sind.[85] Die Forderung, daß die Kategorien sich "wechselseitig auszuschließen" haben, bezieht sich auf die Eindeutigkeit ihrer Formulierung. Wenn die gewährleistet ist, sind die Kategorien auch "unabhängig", d.h. die Kodierung eines Textmerkmals determiniert keine anderen Kodierungen. Die fünfte Forderung schließlich, die ein "einheitliche[s] Klassifikationsprinzip" verlangt, kann nur durch einen logischen und systematischen Aufbau des Schemas erfüllt werden, was wiederum

---

[83] In der Konstruktionsphase des hier verwendeten Kategorienschemas wurde die Grundstruktur relativ rasch gefunden. Deren Operationalisierung zu zuverlässig kodierbaren Kategorien aber verlangte rund 15 Schritte, in denen jeweils modifizierte Kategorien an Materialstichproben getestet und erneut modifiziert wurden.

[84] Ritsert, 1972: a.a.O., S. 51. Hier sind die Bestimmungen von O.R. Holsti 1969: a.a.O., S. 95 ff. zusammengefaßt. Vgl. dazu auch Merten 1983: a.a.O., S. 94 ff.

[85] So bilden etwa die Kategorien "weiblich" und "männlich" ein erschöpfendes und geschlossenes Schema der Geschlechter. In der Praxis muß man sich allerdings häufig mit offenen Schemata begnügen, wobei eine Kategorie "Sonstiges" als Auffangbecken dient.

die getreuliche Explikation eines heuristisch sinnvollen und empirisch relevanten theoretischen Rahmens voraussetzt.

Diese letztgenannte Forderung scheint allerdings - auch im Hinblick auf das in der vorliegenden Studie verwendete Kategorienschema - präzisierungsbedürftig: Für hierarchisch strukturierte Kategorienschemata - solche liegen immer dann vor, wenn etwa zwischen Dimensionen, Oberkategorien und Kategorien unterschieden wird - sollte gelten, daß auf jeder Hierarchieebene nach einem einheitlichen Prinzip klassifiziert wird, wohingegen auf verschiedenen Ebenen und in verschiedenen Pfaden durchaus unterschiedliche Distinktionsmodi angewandt werden können bzw. müssen. Was damit gemeint ist, soll an einem kleinen Beispiel illustriert werden:

In Arbeit sei eine Themenanalyse von Zeitungsmaterialien. Auf einer ersten Ebene[86] werde nach der üblichen journalistischen Ressorteinteilung verfahren. Weil dieses Kategorienschema als zu allgemein empfunden wird, finde man zu folgender weiterer, hier nur ausschnitthaft dargestellter Einteilung:

Schema: Bsp. für ein hierarchisch strukturiertes Kategorienschema

Innenpolitik -	**Außenpolitik** -	Wirtschaft -	**Feuilleton** -	Sport
.	-Westeuropa	.	-Literatur	.
.	-Osteuropa/SU	.	-Sachliteratur	.
.	-USA/Kanada	.	-Worttheater	.
.	-Lateinamerika	.	-Musiktheater	.
	-Nahost/Maghreb		-E-Musik	.
	-Mittelost		-U-Musik	
	-Ostasien		-Malerei	
	-Südostasien/ Ozeanien/Australien		-bildende Künste	
	-Afrika		-Architektur	

Offenkundig wechseln von der ersten zur zweiten Ebene die Klassifikationsprinzipien, desweiteren wird auf der zweiten Ebene im Pfad "Außenpolitik" mit guten Gründen anders kategorisiert als im Pfad "Feuilleton". Das Schema macht

---

[86] Ich vermeide absichtsvoll den gängigen Begriff *Dimensionen*, um Mißverständnissen vorzubeugen. Wie weiter oben skizziert wurde, wird die Auswertung auf die Konstruktion eines *Raumes* politisch-kultureller Deutungen zielen. Bei seiner Beschreibung kann auf den Begriff der Dimension nicht verzichtet, er soll daher für diesen Zweck aufgespart werden. Denn im Zusammenhang mit der Struktur des Kategorienschemas kann mit der Unterscheidung von *Ebenen* sehr gut operiert werden; der tatsächliche Sachverhalt wird damit sogar besser beschrieben. Die Struktur des hier benutzten wie die der meisten mir bekannten Kategorienschemata ist hierarchisch organisiert, *Dimensionen* dagegen sind im allgemeinen wissenschaftlichen Sprachgebrauch unabhängige, zueinander lotrecht angeordnete Richtungsvektoren.

nicht trotzdem, sondern gerade deswegen Sinn,[87] denn ein stures Festhalten an einem einheitlichen Klassifikationsprinzip über Hierarchieebenen und Pfade hinweg hätte rasch in Sackgassen führen müssen.

Diese näheren Ausführungen zum Thema "Klassifikationsprinzip" sind insofern wichtig, als die Konstruktionslogik des Kategorienschemas zur Analyse der politischen Deutungskultur in der Weimarer Repbulik ebenfalls auf einer solchen Mehrfachstruktur, wenngleich einer komplizierteren als in dem kleinen Beispiel, beruht:[88]

- Auf der ersten Ebene wird nach *Deutungsbereichen* zwischen Geschichtsbildern, Strategien der Ein- und Ausgrenzung und Staatsvorstellungen unterschieden. Während bei den Geschichtsbildern ohne weitere Zwischenschritte sogleich die Kategorisierung folgt, sind bei den beiden anderen Abteilungen noch weitere Ebenen eingezogen:
- Auf der zweiten Ebene bildet die Distinktion von *ingroup* und *outgroup(s)* das Klassifikationsprinzip für den Bereich Ein- und Ausgrenzung. Bei den Staatsvorstellungen wird danach gefragt, ob sie mit oder ohne Bezug auf die Weimarer Republik formuliert werden; wird diese Frage mit ja beantwortet, so wird - sozusagen auf der $2^1/_2$-ten Ebene - zwischen positiven und negativen Befunden für die Republik differenziert. Auf Ebene Zwei wird also für den Bereich Ein- und Ausgrenzung eine dichotomische, für die Staatsvorstellungen eine trichotomische Unterteilung vorgenommen.
- Auf der dritten Ebene wird im Pfad "Ein- und Ausgrenzung" nach den Sinnbereichen differenziert, denen die Modelle sowohl für die Konstitution der *ingroup* als auch der *outgroup* entstammen: dem politischen/wissenschaftlichen, dem sozialen, dem kriegerisch-militärischen und dem religiös-mythischen. Im Bereich "Staatsvorstellungen" - und zwar gleichermaßen für solche, die ohne, wie für solche, die mit positivem oder negativem Bezug auf die Weimarer Republik formuliert sind - bilden die Grundlagen staatlicher Legitimation, die darin implizit geltend gemacht werden, das Klassifikationsraster: Integration/Homogenität - Verfahren - Souveränität/Autorität.
- Erst auf der vierten Ebene sind die operationalen Kategorien angesiedelt.[89]

---

[87] Obgleich ich bitte, es nicht an den Anforderungen Holstis zu messen. Es ist spontan und rein impressionistisch zu Illustrationszwecken entworfen und keineswegs dazu gedacht, in einer echten Inhaltsanalyse zur Anwendung zu kommen.

[88] Vgl. dazu oben in Abschnitt 2.1.3 die Übersichten 1 bis 3.

[89] Ab der zweiten Ebene haben die Kategorienteilsysteme für die Bereiche *Ein- und Ausgrenzung* und *Staatsvorstellungen* Matrixform, weil die Klassifikationsprinzipien der dritten Ebene auf die Unterscheidungen der zweiten Ebene gleichmäßig angewandt werden.

Kodieranweisungen

Für die praktische Kodierarbeit sind über die formelle Festlegung der *units* und eine möglichst genaue Beschreibung der inhaltsanalytischen Kategorien hinaus einige allgemeinere Konventionen festzulegen, in denen die einzuhaltenden Verfahrensregeln bestimmt werden. Deren wichtigste sind im Rahmen der Studie zur politischen Deutungskultur die folgenden:

1. Neben den inhaltsanalytischen Kategorien sind die Werte einiger anderer Variablen zu bestimmen, die erstens den betreffenden Text identifizierbar machen und zweitens einige seiner äußeren Merkmale beschreiben. Es sind dies die Variablen

PRESSE	(aus welcher Zeitung?)	3-stellig
TAG	(zu welchem Gedenktag?)	1-stellig
NR	(eine Kennziffer)	1-stellig
JAHR	(aus welchem Jahr?)	2-stellig
STATUS	(beschreibt die Textart)	1-stellig
THEMA	(ein thematisches Grobraster)	2-stellig
AUTOR	(Autor oder Kürzel)	max. 20 Zeichen

2. Die Kodierung erfolgt in zwei Durchgängen. Im ersten Durchgang werden die Kategorien der Pfade *Geschichtsbilder* und *Ein- und Ausgrenzung* vercodet, im zweiten die des Pfades *Staatsvorstellungen*. Die Regelung hat den Vorteil, daß die Kodierer nicht stets das gesamte, 95 Kategorien umfassende Schema, sondern nur je eine Hälfte präsent haben müssen. Wer der jeweilige Kodierer ist, wird in den Variablen BEARB1 (für den ersten Druchgang) und BEARB2 (für den zweiten Durchgang) festgehalten.[90]
3. Die Texte sind spaltenweise auf DIN-A4 Papier geklebt. Alle Kodierungen werden zunächst am Rand (links im ersten, rechts im zweiten Durchgang) angeschrieben und, sofern der Bezug uneindeutig ist, im Text durch Unterstreichungen bzw. durch die Abgrenzung der Analyseeinheit mit Schrägstrichen kenntlich gemacht. Erst danach werden die Kodierungen auf *codesheets* übertragen.
4. Beim Kodieren liegt stets das Kategorienschema neben dem Text. Jede einzelne Kodierung erfolgt in einem Dreischritt: (1) Relevante Textmerkmale sind leicht daran zu erkennen, daß einer der Objektbereiche, die die Analyseebenen bilden, angesprochen wird. (2) Im Kategorienschema sind einzelne Kategorien zu heuristisch leicht faßlichen Gruppen zusammengefaßt[91], die als

---

[90] Die Kodierarbeiten wurden aus Mitteln des Projekts "Politische Kultur in der Weimarer Republik. Identitäts- und Konsensprobleme in einer fragmentierten Gesellschaft" am FB Politische Wissenschaft der FU Berlin finanziert.

[91] Diese sind weitgehend, aber nicht völlig identisch mit den Klassifikationsprinzipien der zweiten Hierarchieebene in der Struktur des Kategorienschemas. Weil im technischen Kategorien-

eine Art Wegweiser zur richtigen Kategorie genutzt werden können. (3) Innerhalb der Gruppe ist jetzt die passende Kategorie zu wählen. Ist ein relevantes Textmerkmal keiner Kategorie subsumierbar, so ist auf die entsprechende Residualkategorie "Sonstiges" auszuweichen. In diesem Falle ist eine inhaltliche Beschreibung des Textmerkmals als Zitat oder Paraphrase auf dem *codesheet* anzutragen.

5. Mehrfachkodierungen ein und desselben Textmerkmals sind unzulässig. Allerdings ist es denkbar, daß Analyseeinheiten sich überschneiden. So ist etwa der Satz:

   Die Sozialdemokraten sind Feiglinge und Verbrecher.

   aufzulösen in die Analyseeinheiten:

   Die Sozialdemokraten sind Feiglinge.
   Die Sozialdemokraten sind Verbrecher.

   und in den beiden einschlägigen Kategorien zu vercoden.

6. Um der Gefahr systematischer *biases* vorzubeugen, erfolgt die Vercodung des Textsamples in erster Ordung jahrgangsweise, in zweiter Ordnung nach den Gedenktagen, erst in dritter nach Zeitungen. Die Jahrgänge sollen nicht chronologisch, sondern rotierend nach der konventionellen Phaseneinteilung für die Weimarer Republik abgearbeitet werden. Eventuell im zeitlichen Verlauf eintretende Veränderungen im Kodierverhalten werden so auf alle Zeitungen, Gedenktage und Jahrgänge gleichmäßig verteilt.

Reliabilität der Kodierungen

Aus der komplizierten Problematik der Gültigkeit von Untersuchungsergebnissen soll an dieser Stelle nur ein Aspekt, nämlich der der Zuverlässigkeit der vorliegenden Inhaltsanalyse hinsichtlich der Datenerhebung, also die Frage nach der Reliabilität der Kodierungen, herausgegriffen werden. Auf einen anderen Aspekt der internen Gültigkeit oder Reliabilität, nämlich den der Datenauswertung, wird im nächsten Abschnitt eingegangen werden; Fragen der externen Gültigkeit, zumeist kurz Validität genannt,[92] können nicht vom Instrument her, sondern nur anhand der Ergebnisse und also am Schluß der Darstellung unter dem Stichwort "Interpretationsvalidität" behandelt werden.

---

schema vor allem Handhabbarkeit gefragt ist, wurden die Gruppenüberschriften möglichst dem Alltagsverständnis entsprechend formuliert.

92 Dies ein Sprachgebrauch, der nicht ganz korrekt ist, weil Aussagen über Reliabilität immer auch Aussagen über das weitere Feld der Validität sind. Zum Problemkreis "Gültigkeit und Inhaltsanalyse" vgl. Merten, 1983: a.a.O., S. 301-311, Krippendorf, 1980: a.a.O., S. 129-168, Lisch/Kriz, 1978: a.a.O., S. 84-104.

Das Problem der Zuverlässigkeit von Kodierentscheidungen stellt sich im Rahmen von Inhaltsanalysen - sofern sie nicht computergestützt durchgeführt werden - vor allem unter dem Aspekt der Intersubjektivität.[93] Sie ist dann gewährleistet, wenn verschiedene Kodierer zu den gleichen Kodierungen gelangen (1);[94] ein unspezifisches Kriterium für Zuverlässigkeit und Robustheit des Verfahrens kann dadurch gewonnen werden, daß man das Erhebungsinstrument auf verschiedene repräsentative Stichproben aus dem Textsample anwendet und die Resultate vergleicht (2).

1. Zur Überprüfung der Intercoderreliabilität der zwei Kodierer wurden zwei Verfahren herangezogen. Zum einen wurde die Kodiererübereinstimmung im direkten Vergleich getestet - dies allerdings nur anhand von Stichproben, weil das Material für diesen Zweck doppelt vercodet werden muß (a); zum anderen durch einen Test auf die Unabhängigkeit der Kodierhäufigkeiten von der Person des Kodierers (b).

(a) Im Zuge der Kodiererschulung wurde die Jahrgänge 1927 und 1930 zu Vergleichszwecken doppelt kodiert. Als Güteindex wurde der Anteil der übereinstimmenden Kodierentscheidungen an der Gesamtzahl der Kodierungen, berechnet nach der Formel

$$Z = \frac{2\,N_{Ü}}{N_1 + N_2}$$

$N_{Ü}$: übereinstimmende Kodierungen
N_1: Kodierungen des Kodierers 1
N_2: Kodierungen des Kodierers 2,

gewählt. Der Nachteil dieser Maßzahl besteht darin, daß der Anteil zufälliger Übereinstimmungen nicht herausgerechnet wird. Dieser Anteil beträgt

$$\frac{1}{N_K} * \frac{1}{N_K} * N_K = \frac{1}{N_K}$$

N_K: Anzahl der Kategorien,

und verhält sich also umgekehrt proportional zur Anzahl der Kodieralternativen. Im ersten Kodierdurchgang, auf den der Test sich bezieht, betrug die Anzahl der

93 In diesem Zusammenhang sei auf den Vorschlag von Lisch/Kriz hingewiesen, demzufolge man prinzipiell, statt die Kodierer durch Selektions- und Schulungsverfahren "gleichzuschalten", sich die unterschiedlichen Interpretationen nutzbar machen könne, in dem man durch eine repräsentativ zusammengestellte Kodierergruppe die Verteilung der ja wirklich unterschiedlichen Reaktionen der Nachrichtenrezipienten rekonstruiert (vgl. Lisch/Kriz, 1978: a.a.O., S. 89 f.). Dieser Vorschlag scheint mir insofern wichtig, als er die Fixierung der Zuverlässigkeitsdebatte auf Aspekte der Kodiererübereinstimmung durchbricht. Für die vorliegende Analyse freilich ist er aus zwei Gründen ohne Belang: Erstens liegt ihr kein Reiz-Reaktionsmodell zugrunde, das heißt es wird nicht nach der Rezeption politisch-kultureller Deutungsangebote gefragt, sondern bescheidener nach ihrer Binnenstruktur; zweitens erforderte die Zusammenstellung einer repräsentativen Gruppe von Kodierern einen phantastischen Projektetat.

94 Die Intercoderreliabilität konnte allerdings nur für die im ersten Durchgang kodierten Kategorien getestet werden, weil - Fluch des kleinen Budgets - der Autor im weiteren Gang der Arbeit mit seinen Kodierkünsten allein gelassen wurde.

Kategorien 38, mithin der Anteil zufälliger Übereinstimmungen .026 - eine hinsichtlich eines angestrebten Übereinstimmungsgrades von .90 tolerable Größenordnung.

Für den Jahrgang 1927 wurde ein Übereinstimmungswert von .83 ermittelt. Weil dieser Wert unter der angestrebten Marke von .90 liegt, wurde daraufhin die Kodiererschulung fortgesetzt und anhand des Jahrgangs 1930 der Test wiederholt. Das Ergebnis von .88 konnte als durchaus befriedigend angesehend werden, obgleich auch damit die erwünschte Übereinstimmungsquote von .90 noch nicht erreicht war. Daher wurde zusätzlich die Verteilung der Differenzen auf die einzelnen Kategorien untersucht und für neun Kategorien, die überdurchschnittlich häufig abweichend kodiert wurden, ein konsensuales Verfahren vereinbart. Für die verbleibenden 30 Kategorien stieg dadurch der Übereinstimmungsquotient allerdings nur geringfügig auf .89 an.[95] Obwohl damit das hoch gesteckte Planziel einer 90-prozentigen Übereinstimmung knapp verfehlt wurde, kann das Resultat angesichts der relativ weichen Kategoriendefinition als ausgesprochen gut gelten.

(b) Für alle Jahrgänge sollte darüberhinaus die Hypothese geprüft werden, daß zwei Teilsamples, wobei das eine von Kodierer 1 und das andere von Kodierer 2 bearbeitet worden war, derselben Grundgesamtheit entstammen; ein Test also auf die Unabhängigkeit der erhobenen Daten von der Person des Kodierers. Um andere Störquellen auszuschalten, wurden aus diesen beiden Teilsamples zwei bedingte Zufallsstichproben so gezogen, daß sie sich hinsichtlich der Verteilung der Variablen PRESSE möglichst ähnlich waren. Angewandt wurde das Modell von Kolmogoroff-Smirnoff für gruppierte Daten.[96] Durchschnittlich liegt das Signifikanzniveau, mit dem die Null-Hypothese H_0 (beide Stichproben entstammen derselben Grundgesamtheit) bestätigt werden kann, bei .95. Nur für zwei Variablen, nämlich die Eigengruppenkategorie K011 'Macht' und die Fremdgruppenkategorie K031 'Nutznießer', muß H_0 nach dem Testergebnis zurückgewiesen werden.[97] Eine genaue Überprüfung der Kodierungen ergab allerdings, daß dafür nicht unterschiedliche Kodiergewohnheiten, sondern eine unterschiedliche Verteilung der tatsächlich darunter zu kodierenden Analyseeinheiten in den beiden Stichproben verantwortlich ist.

---

[95] Weil diese Verbesserung um gerade ein Prozent den erheblichen Arbeitsaufwand kaum zu rechtfertigen vermochte, wurde die Vereinbarung über die konsensuale Vercodung der neun ausgewählten Kategorien später wieder suspendiert.

[96] Das Modell wird erläutert bei Jürgen Kriz, 1973: *Statistik in den Sozialwissenschaften. Einführung und kritische Diskussion*, Opladen, 4. Aufl. 1983, S. 187-189. Ein ungelöstes Problem besteht allerdings darin, daß der Test ja für alle 38 Kategorien des ersten Kodierdurchgangs, also 38mal, durchgeführt werden mußte und mithin bei einem Signifikanzniveau von bspw. .90 definitionsgemäß drei dieser Tests *zufällig* zu falschen Ergebnissen führen mußten.

[97] Die Ergebnisse der Tests sind in Anhang B.2 dokumentiert.

2. Ein zweiter Zuverlässigkeitstest wurde nach der sogenannten *split-half-technique* durchgeführt. Dabei wird das Textsample aufgrund einer Zufallsauswahl in zwei Hälften geteilt. Als robust kann das Verfahren dann gelten, wenn die Anwendung des gleichen Instruments, hier also des gleichen Kategorienschemas, auf beide Hälften zu den gleichen Ergebnissen führt.[98] Der Test ist allerdings unspezifisch: Verläuft er unbefriedigend, so kann der Grund sowohl darin liegen, daß das Erhebungsinstrument unzuverlässig ist, als auch in einer Unterdimensionierung des Textsamples. Kann es durch 50%-Stichproben nicht mehr repräsentiert werden, so muß davon ausgegangen werden, daß es seinerseits nicht repräsentativ für die Grundgesamtheit ist, aus der es gezogen wurde.

Praktisch wurde hier so vorgegangen, daß eine Zufallsvariable generiert wurde, die in 50 Prozent aller Fälle den Wert 2, ansonsten den Wert 1 annehmen mußte. Der Wert dieser Zufallsvariablen definierte die beiden Stichproben. Analog zum Verfahren bei der Prüfung der Intercoderreliabilität, wurde dann die Null-Hypothese H_0 (Die beiden Stichproben gehören der gleichen Grundgesamtheit an) mit Hilfe des Omnibus-Tests von Kolmogoroff und Smirnoff überprüft.[99] Im Durchschnitt aller inhaltsanalytischen Kategorien liegt das Signifikanzniveau, mit dem H_0 akzeptiert werden kann, bei .98. Bei zwei Variablen ist H_0 mit einer Wahrscheinlichkeit von weniger als 90, aber mehr als 80 Prozent richtig, für eine weitere Variable liegt der Wert bei .79. Aufgrund des Testergebnisses zurückgewiesen werden muß sie - wie schon bei der Prüfung der Intercoderreliabilität - für die Eigengruppenkategorie 'Macht/Tat', außerdem für die Fremdgruppenkategorie 'Angeber/Ehrlose'. Eine Überprüfung der einschlägigen Kodierungen erbrachte allerdings wiederum keinen Hinweis darauf, daß die Kategorien heterogen gehandhabt worden sind; vielmehr spricht alles dafür, daß die entsprechenden Textmerkmale ungleich in den Stichproben verteilt sind.

3.3.3 Auswertungsverfahren

Die Datenerhebung mit Hilfe des beschriebenen inhaltsanalytischen Modells produziert einen Datensatz, der für jeden der 512 ausgewerteten Texte neben einigen objektiven Textmerkmalen - insbesondere Quellenangaben - ein Profil der darin aufgefundenen Vorstellungen über die Struktur der Zeit und die Bewegungskräfte von Geschichte, über die Struktur des sozialen Raumes sowie über den Staat im allgemeinen und die Weimarer Republik im besonderen ent-

---

[98] Vgl. Ritsert, 1972: a.a.O., S. 61.

[99] Die Ergebnisse der Tests sind in Anhang B2 dokumentiert.

hält. Dieses Vorstellungsprofil besteht in der Angabe der absoluten Kodierhäufigkeiten der inhaltsanalytischen Kategorien in jedem einzelnen Text.

Das Grundprinzip der quantitativen Inhaltsanalyse besteht nun schlicht darin, diese Häufigkeiten als Intensitätsmerkmale zu interpretieren, also davon auszugehen, daß dem Inhalt einer beispielsweise in 100 Texteinheiten 150 mal kodierten Kategorie größere Bedeutung zuzumessen ist als einer, die in der gleichen Textmenge nur 50-mal kodiert wurde, die wiederum stärker wiegt als eine einmal aufgefundene. Die häufigste Ausprägung innerhalb eines solchen Datensatzes ist in aller Regel die Null, die anzeigt, daß ein der betreffenden Kategorie korrespondierender Inhalt im betreffenden Text nicht enthalten ist. Die paradigmatische Annahme eines Zusammenhangs zwischen Frequenz und Bedeutung ist freilich nicht unproblematisch; das potentiell überragende Gewicht nur singulär auftretender Textmerkmale ist in der inhaltsanalytischen Diskussion um Quantität oder Qualität eines der zentralen Argumente der Kritiker quantifizierender Konzepte. Es ist in der Tat vorstellbar, daß die entscheidende Pointe einer politischen Rede, die vorbereitende Andeutung eines Koalitions- oder sonstigen Wechsels zum Beispiel, in einem winzigen Nebensatz versteckt ist, während der ganze große Rest einer Hommage an die Kontinuität des Bestehenden gewidmet ist. In solchen Fällen wäre die Frequenzanalyse genau der falsche Ansatz.

Für die politische Kulturforschung allerdings scheint das quantitative Paradigma plausibel: Wenn nach der Struktur politischen Deutens, der praktischen Logik politischer Vorstellungen gefragt wird, kann beispielsweise der Befund, daß der Staat dreimal häufiger mit einer Familie verglichen wird als mit einem Wirtschaftsbetrieb, tatsächlich als Ausdruck der Dominanz eines traditionalen, organologisch-genealogischen politischen Deutens über ein Denken in den Kategorien rationaler Organisation interpretiert werden. Fernerhin macht es durchaus Sinn, etwa die Beobachtung, daß in Texten, die die Familie als Modell für den Staat verwenden, gleichzeitig signifikant häufig vormoderne Geschichtsbilder verwandt und die Distinktionen von Freund und Feind vorzugsweise aus dem Besitz oder Nicht-Besitz von Sekundärtugenden - Ehre, Anstand, Treue, Pflicht etc. - hergeleitet werden, als Objektivation eines politisch-kulturellen Syndroms zu betrachten.

Wenn sich also für die Fragestellung der hier vorgenommenen Analyse durchaus gute Argumente finden lassen, die für die Akzeptierung des quantitativen Paradigmas sprechen, so bleibt doch offen, wie das Programm, die Rekonstruktion eines empirischen Raumes politischer Deutungskultur, erfüllt werden kann. Die konservativen Varianten der Auswertung quantitativer Inhaltsanalysen bestehen darin, einfache Deskriptivstatistiken zu erstellen: Häufigkeitsauszählungen und Prozentuierungen auf der Basis von Einzeltexten und Gruppen von Texten, Maße der zentralen Tendenz, Kreuztabellen, Assoziationsmaße und dergleichen mehr. So sehr solche einfachen beschreibenden Statistiken auch im Rahmen dieses Projekts immer wieder zu ihrem Recht kamen, die zentrale Fragestellung läßt sich auf diesem Wege nicht lösen. Das zur Rede stehende Problem ist - wie es in dem Vorsatz, einen *Raum* zu konstruieren, zum Ausdruck kommt - mehrdimensional und verlangt den Einsatz multivariater Analysemethoden. Damit allerdings begibt man sich leicht in den Bereich der voluntaristischen Anwendung statistischer Methoden: Die populären multivariaten Verfahren, allen voran die verschiedenen Modelle der Hauptkomponenten- und Faktorenanalyse, daneben die fall- wie die variablenorientierten Clusteranalysen, sind Modelle zur Analyse intervallskalierter Daten und stoßen damit im Bereich der Sozialwissenschaften generell und im Rahmen von Inhaltsanalysen in besonders massiver Weise auf so große *undermeasurement*-Probleme, daß ihre Anwendung allzuoft in den Bereich jenseits der Grenzen der Seriosität führt.

Dennoch verweist Merten mit vollem Recht auf die Unverzichtbarkeit multivariater Verfahren im Rahmen der Inhaltsanalyse.[100] Und in der Tat sind auch zwei multivariate Analyseverfahren zur Hand, die auf jenes skalenniveaulose Datenmaterial zugeschnitten sind, wie es die Inhaltsanalyse in aller Regel produziert, nämlich die Multidimensionsale Skalierung und die Korrespondenzanalyse. Auf letztere als Mittel der Wahl fiel die Entscheidung im Rahmen dieser Untersuchung zur politischen Deutungskultur der Weimarer Republik.[101] Weil die Korrespondenzanalyse bisher zumindest in der Bundesrepublik[102] noch nicht Allgemeingut einer breiteren sozialwissenschaftlichen Öffentlichkeit geworden ist, sollen die Grundzüge des Verfahrens kurz skizziert werden:

"Bei der Korrespondenzanalyse handelt es sich primär um ein Verfahren zur simultanen grafischen Darstellung von Zeilen und Spalten einer (mehrerer) Kontingenzabelle(n). Ähnlich wie bei der Hauptkomponentenanalyse, der multidimensionalen Skalierung oder der Clusteranalyse handelt es sich bei der Korrespondenzanalyse um ein Datenreduktionsverfahren - vorhandene Informationen sollen mit möglichst wenigen Faktoren (Dimensionen) abgebildet werden. Diese sind orthogonal zueinander. Insgesamt gesehen ist die Korrespondenzanalyse

---

[100] Vgl. Merten, 1983: a.a.O., S. 333 f.

[101] Die Auswertungen wurden mit dem in SAS - PROC MATRIX geschriebenen Programm KORRES (Copyright Jörg Blasius/Harald Rohlinger, Universität Köln) durchgeführt.

[102] Insbesondere in Frankreich dagegen gehört das Verfahren zum Standard. Möglicherweise ist dafür eine gewisse Kontingenz zwischen dieser sehr geometrischen Methode und der Dominanz des strukturalen Denkens in den französischen Geistes- und Sozialwissenschaften verantwortlich. Eine gewisse Popularisierung auch in der Bundesrepublik verdankt die Korrespondenzanalyse sicher der hierzulande stark rezipierten Studie von Pierre Bourdieu, 1984: *Die feinen Unterschiede. Kritik der gesellschaftlichen Urteilskraft*, Frankfurt/M. 3. durchgesehene Aufl., worin das Verfahren an zentraler Stelle zur Anwendung kommt (vgl. zu den methodischen Aspekten von "La Distinction" den Beitrag von Jörg Blasius/Joachim Winkler: 1989: *Gibt es die "feinen Unterschiede"? Eine empirische Überprüfung der Bourdieuschen Theorie*, in: Kölner Zeitschrift für Soziologie und Sozialpsychologie 41, S. 72-94.

ein mächtiges Instrument zur explorativen Analyse kategorialer (oder höher skalierter) Daten."[103]

Die entscheidenden Vorzüge des Verfahrens bestehen in seiner Anspruchslosigkeit hinsichtlich des Skalenniveaus, der Robustheit seiner Ergebnisse gegenüber Modell-Modifikationen, vor allem aber in der Möglichkeit der simultanen Projektion von Zeilen und Spalten einer Kreuztabelle, von abhängigen und unabhängigen Variablen[104] in ein und denselben Raum.[105] Um zu verdeutlichen, welche Möglichkeiten dadurch erschlossen werden - was insbesondere dem statistisch nicht informierten Leser nicht evident sein wird -, soll diese Leistung der Korrespondenzanalyse mit der vorliegenden Problemstellung konfrontiert werden:

Es geht um die Konstruktion einer Topographie politischer Deutungskultur, deren wichtigste Elemente einerseits die in den inhaltsanalytischen Kategorien beschriebenen politischen Vorstellungen und andererseits die Informationen über die "Besitzer", die Produzenten und Distributeure dieser Vorstellungen sind. Dazu müssen zwei verschiedene Schemata - das der politischen Vorstellungen und das ihrer Träger - aufeinander projiziert werden. Diese Aufgabe ist etwa der Erstellung von Übersichten über die geographische Verteilung von Industriezweigen vergleichbar. Dabei wird ein Schema der Industriebranchen erstellt, durch geeignete Symbole - ein Zahnrad für den Maschinenbau, ein Reagenzglas für die chemische Industrie usw. - visualisiert und auf eine Landkarte projiziert. Ähnlich verhält es sich hier: Eine Karte politischer Vorstellungen, die ja *praktisch* immer nur als Anwendung eines Modells auf ein Objekt in Erscheinung treten, bleibt solange abstrakt, wie es nicht gelingt, in ihr neben den Modellen auch deren Anwender zu lokalisieren. Eine Lösung genau dieses Problems bietet die Korrespondenzanalyse an, indem sie es gestattet, politische Vorstellungen, hier operationalisiert als inhaltsanalytische Kategorien, in *einem* Raum mit ihren Trägern, Produzenten, Distributeuren, hier operationalisiert in den verschiedenen Zeitungen und Zeitschriften, abzubilden.

Die dafür relevanten Informationen lassen sich in einer Tafel zusammenfassen, in der die Kontingenztabellen der inhaltsanalytischen Kategorien mit der Variablen PRESSE, deren mögliche Ausprägungen für die verschiedenen Zeitungen

---

[103] Jörg Blasius, 1988: Zur Stabilität von Ergebnissen bei der Korrespondenzanalyse, in: ZA-(Zentralarchiv für empirische Sozialforschung-) Information 23, November, S. 47-62, hier: S. 47.

[104] Diese Unterscheidung wird hier im rein statistischen Sinn benutzt.

[105] Zwar erlaubt auch die Hauptkomponentenanalyse die Produktion von Streudiagrammen sowohl der Fälle (auf der Grundlage der *factor scores*) als auch der Variablen (auf Basis der Faktorenmatrix). Weil die dazu verwendeten Maße aber nicht ineinander überführbar sind, können Fälle und Variablen nicht in einem gemeinsamen Raum verortet werden.

und Zeitschriften des Textsamples stehen, untereinandergeschrieben sind.[106] Einen kleinen Ausriß aus dieser Kontingenztafel zeigt *Tabelle 1.* Die Zellen der Matrix enthalten Informationen der Form "Kategorie X ist in den Materialien aus Zeitung Y n-mal kodiert worden." Die Zeilen können als Verteilungsprofile der Kategorien oder "Zeitungsvektoren", die Spalten als "Vorstellungsprofile" der einzelnen Zeitungen oder "Vorstellungsvektoren" gelesen werden.[107] Eine solche Matrix entspricht der Eingabeform der Korrespondenzanalyse.

Tabelle 1: Kontigenztafel (Ausriß)

ZEITUNGEN *KATEGORIEN*	RF	VW	.	FZ	.	TAG	BLA	.	VB
G.modern	10	72	.	31	.	3	1	.	4
G.teleologisch	13	21	.	6	.	35	11	.	37
G.mythisch	1	1	.	0	.	17	13	.	36
.	.	.	.	.	.	.	.	.	.
Zukunft (EF)	23	177	.	94	.	8	13	.	10
Deutschtum (EF)	1	3	.	11	.	71	15	.	77
.	.	.	.	.	.	.	.	.	.
Verschwörung (F)	6	5	.	0	.	8	4	.	28
Zersetzung (F)	4	9	.	3	.	17	13	.	48
.	.	.	.	.	.	.	.	.	.
Einheit (S)	4	7	.	25	.	16	14	.	7
Achtung (S)	3	10	.	9	.	9	8	.	6
Kulturstaat	1	1	.	0	.	25	14	.	6
Organismus (S)	3	4	.	6	.	23	10	.	24

Deren Aufgabe besteht darin, die Punkte, die in der Matrix durch die Zeilen- und die Spaltenvektoren definiert sind, bei minimalem Informationsverlust und unter Berücksichtigung ihrer "Massen" - hier der unterschiedlichen Kodierhäufigkeiten in den Zeilen und den Spalten - in einen niederdimensionalen, zur graphischen Darstellung zweidimensionalen, Raum zu projizieren.

Das Ergebnis der Korrespondenzanalyse besteht darin, daß jene Punkte, die in die Analyse eingegangen sind, in einem von orthogonalen Achsen aufgespannten Raum so lokalisiert werden, daß es darin irgendwo einen Punkt gibt, an dem das gesamte Modell im Gleichgewicht ist:

[106] Mit dieser Kreuztabellierung wird allerdings ein Wechsel der Bezugseinheit vorgenommen. Die Daten dieser Matrix sind nicht mehr auf einzelne Texte, sondern auf Zeitungen bezogen. Damit unterscheidet sich die Aussageeinheit (Zeitung oder Zeitschrift) von der Auswahleinheit (Text).

[107] Ausgehend von einem Rohdatensatz der Form q * r (q seien die 512 Texte des Samples, r die Variablen) erhält man eine solche Matrix, indem man die Kodierhäufigkeiten aller Texte je einer Zeitung aufsummiert und anschließend diese Aggregatdatenmatrix um 90° dreht.

"Eine anschauliche Analogie dazu bietet sich bei einer Apothekerwaage, wo die eine Seite durch Gewichte an der anderen Seite aufgewogen wird. Was bei dieser Waage der Auflagepunkt ist, ist hier der Schwerpunkt, also der Punkt, an dem die Summe der linksdrehenden Elemente gleich der Summe der rechtsdrehenden Elemente ist."[108]

Die Interpretation bezieht sich auf die Verteilung der Punkte in diesem Raum. Zwar dürfen die Abstände zwischen den Punkten "nicht mit dem Lineal gemessen"[109] werden, wohl aber kann ihre relative Lage zu den Achsen [bestimmt durch die Stärke der Korrelationen zwischen (Zeilen- und Spalten-) Vektoren und den Achsen] sowie zum Schwerpunkt (bestimmt durch das Vorzeichen der Korrelation) interpretiert werden.

Zwar ist die grafische Darstellung von fast unmittelbarer Anschaulichkeit, präzisere Informationen aber geben die zugehörigen Statistiken wieder. Ihre wichtigsten Elemente sind:

- Angaben über die Wichtigkeit der Achsen in Form von *explained variances*;
- die Korrelationen der Zeilen und Spalten der Eingangsmatrix mit den Achsen;
- das relative Gewicht der Punkte in der Darstellung, getrennt normiert für Zeilen und Spalten.
- Schließlich können in Form von Statistiken mehr als nur die zwei Achsen der graphischen Darstellung berücksichtigt werden.[110]

* * *

Zweck dieses Stenogramms zur Korrespondenzanalyse ist es, sowohl die Transparenz der Vorgehensweise zu erhöhen, als auch vielleicht einen Beitrag zur Popularisierung eines noch zu wenig beachteten Verfahrens beizutragen. Denn daß zumindest bisher das Modell, das einen zentralen Platz in Bourdieus "La Distinction" einnimmt,[111] von der erheblichen fachwissenschaftlichen wie feuilletonistischen Aufmerksamkeit für die Studie nicht profitieren konnte, mag auch an der dort geübten, ganz und gar unzulänglichen Dokumentationspraxis gelegen haben. Mehr Aufmerksamkeit hat das Verfahren ohne Zweifel verdient, denn angesichts der Probleme, auf die die Anwendung der üblichen multivariaten Modelle in den Sozialwissenschaften unablässig stößt, sollte

---

[108] Blasius, 1987: a.a.O., S. 174.

[109] Ebd., S. 184.

[110] Im Prinzip gilt das allerdings auch für die Grafik: Analog zu den Plots, die im Zuge von Faktorenanalysen erstellt werden, können auch hier ebenenweise mehrere Achsen ausgeplottet werden.

[111] Bourdieu, 1984: a.a.O.

"die universelle Anwendbarkeit der Korrespondenzanalyse (...) auch Grund sein zu prüfen, ob (bei bestimmten Anwendungen; D.S.) nicht völlig auf Verfahren wie Faktoren-, Cluster- oder Diskriminanzanalyse verzichtet werden kann und muß."[112]

Im Rahmen der vorliegenden Studie wurde eine Reihe von Korrespondenzanalysen auf der Basis des gesamten Datensatzes und auf der Grundlage ausgewählter Teilmengen - auf bestimmte Jahrgänge und/oder auf bestimmte Kategorien reduzierte Datensätze - durchgeführt. Auf diese Weise sollte nicht nur ein allgemeiner Überblick über das Feld der politischen Deutungskultur Weimars - im Sinne einer großmaßstabigen Topologie - gegeben, sondern darüberhinaus die Stabilität der Vorstellungs-Ensembles im zeitlichen Verlauf überprüft werden.[113] Gleichsam als Nebenprodukt wurden damit Tests auf die Robustheit respektive Labilität des Gesamtmodells gegenüber Modifikationen des Datensatzes und gleichzeitig auf die Stimmigkeit der Konstruktionslogik des Kategorienschemas durchgeführt.[114] Als Ausgangspunkt der Korrespondenzanalysen diente ein gegenüber dem inhaltsanalysierten Textsample um Fälle und Kategorien reduzierter Datensatz:[115]

- Von den 30 Zeitungen und Zeitschriften gehen 22 in die Korrespondenzanalysen ein. Die acht ausgeschlossenen sind solche, die sich nur sporadisch zu den politischen Gedenktagen äußerten. Von den Nicht-Tageszeitungen konnten nur *Der Stahlhelm* und das Organ des *Deutschen Offiziersbundes* in den Kerndatensatz aufgenommen werden,[116] die *Welt am Abend* wurde, obgleich wochentäglich erscheinend, ausgeschlossen, weil sie nicht umfassend

---

112 Jörg Blasius, 1987a: Einstellung zur Hamburger Innenstadt. Eine Auswertung mit Hilfe der Korrespondenzanalyse, in: ZA- (Zentralarchiv-) Information 21, S. 29-51, hier: S. 50.

113 Die Ergebnisse verschiedener Korrespondenzanalysen mit unterschiedlichen Teildatensätzen sind in Anhang C.2 dokumentiert. Es zeigt sich, daß die Resultate sich von denen der Analyse des gesamten Datensatzes nur graduell unterscheiden; die Struktur des Gesamtmodells bleibt stabil.

114 Die Konstruktion des Kategorienschemas wird dabei einer Prüfung hinsichtlich der Kriterien "erschöpfend" und "Eindeutigkeit des Klassifikationsprinzips" unterzogen, die gerade bei offenen Kategoriensystemen wie dem hier verwandten problematisch sind. Bleiben die Achsen bei verschiedenen Korrespondenzanalysen mit verschiedenen Teilen des Datensatzes inhaltlich stabil, so kann darin ein wichtiger Beleg für die Stimmigkeit des Kategoriensystems gesehen werden. Damit werden neben Belangen der Reliabilität auch solche der Validität im Sinne von Konstruktvalidität - worauf später noch eingegangen wird - berührt.

115 Der Grund für diese Reduktion liegt darin, daß, um zufällige Ergebnisse zu vermeiden, entsprechend der Chi-Quadrat-Regel die Erwartungshäufigkeit, mit der die Zellen der oben beschriebenen Eingangsmatrix besetzt sind, zeilen- wie spaltenweise gerechnet nicht unter fünf liegen darf.

116 Die Wochenzeitung *Der Montag*, Sonderausgabe des *Berliner Lokalanzeigers*, wurde dem Mutterblatt zugschlagen.

erhoben werden konnte. Von den 512 ausgewerteten Texten verbleiben 467 in der Analyse.

- Die 95 inhaltsanalytischen Kategorien wurden auf 59 reduziert. Dies geschah teilweise durch die Eliminierung von Kategorien, die aus konstruktionslogischen Gründen geführt wurden, aber offensichtlich sinnlos waren und tatsächlich nie kodiert wurden.[117] Überwiegend aber wurde die Reduktion der Kategorienzahl durch Fusionen erreicht: zum einen im Bereich Ein-/Ausgrenzung durch Zusammenfassung dichotomischer Kategorien, denen das gleiche Deutungsprinzip zugrunde liegt,[118] und zum anderen durch die Verschmelzung von Kategorien möglichst kontingenten Inhalts.[119]

---

117 Im Bereich "Staatsvorstellungen" entstand z.B. automatisch eine Kategorie des Inhalts "Die Weimarer Republik verwirklicht die Diktatur des Proletariats", die freilich ohne empirisches Korrelat bleiben mußte.

118 So wurden etwa die Eigengruppenkategorie "ausgebeutet" und das Feindbild "Ausbeuter" zu einer Kategorie "Ausbeutung" zuammengefaßt.

119 So beispielsweise die Kategorien "Wirtschaftsdemokratie" und "Gemeinwohl" zu "Sozialstaat". Diese Verfahren stellt einen Kompromiß zwischen statistischen Anforderungen und begrifflicher Reinheit dar. Schöner wäre es gewesen, alle Kategorien in ihrer ursprünglichen Form in die Analyse aufzunehmen. Dann allerdings wären insbesondere im Bereich der "Staatsvorstellungen" viele Kategorien an den statistischen Eingangsvoraussetzungen gescheitert und wichtige Inhalte verlorengegangen. Wie ich glaube zeigen zu können, läßt sich mit diesem Kompromiß allerdings gut leben.

4. Politische Deutungskultur in der Weimarer Republik - Ergebnisse

Was im folgenden als die Struktur der weimarischen politisch-kulturellen Landschaft präsentiert wird, beruht auf Ergebnissen und Interpretationen der Ergebnisse korrespondenzanalytischer Auswertungen, erläutert, exemplifiziert und sinnlich faßbar gemacht durch Zitate aus dem Materialfundus. Das Ziel ist die Rekonstruktion des Systems bzw. der Systeme politischen Deutens. Der Akzent dabei liegt auf "System": Intendiert ist nicht einfach eine Beschreibung semantischer Felder, vielmehr verspricht das eingangs entwickelte theoretische Konzept politischer Kultur den Nachweis einer Systematik, einer objektiven Regelmäßigkeit politischer Vorstellungen. Gelingt es, jene in den inhaltsanalytischen Kategorien fixierten Deutungen von Politik plausibel als Elemente einer oder mehrerer Deutungsstrukturen auszuweisen, so hat das Konzept seine Praxistauglichkeit nachgewiesen und kann wenigstens vorläufig mit einigem Recht Gültigkeit beanspruchen.

Begonnen wird mit einem Blick aus der Vogelperspektive, um festzustellen, ob das Inventar der politischen Vorstellungswelt, soweit es hier untersucht wird, verschiedenen, abgrenzbaren Deutungsenklaven zugehört - um es vorwegzunehmen: es verhält sich so - und wer in diesen haust (4.1). Es geht also zunächst um die Frage, ob die These von der Segmentierung der politischen Kultur Weimars empirisch erhärtet werden kann, und darum, ob und wieweit die eingangs vorgenommene, von anderen, wahlanalytisch motivierten Konzepten entliehene Taxonomie politischer Subeinheiten sich in der Topologie der politischen Deutungskultur wiederfindet.

In den folgenden Abschnitten (4.2.1 bis 4.2.3) sollen die Binnenverhältnisse der verschiedenen politisch-kulturellen *codes* untersucht werden. Es geht um Heterogenität und Homogenität, Distinktion und Übergang, um die Frage nach der Struktur und den Grundzügen jener praktischen Logik, mit der die politischen Vorstellungen der verschiedenen Untersuchungsebenen aufeinander bezogen sind.

Schließlich soll in der Synopse des zuvor Erarbeiteten das Eigentümliche der politischen Deutungskultur Weimars analysiert werden (4.3). Über die Deskription des Feldes, wie sie im ersten Schritt unternommen, und die Analyse verschiedener Enklaven, wie sie im zweiten versucht wird, hinaus soll hier eine Einschätzung des Verhältnisses von Orthodoxie und Heterodoxie(n) vorgenommen und darüber versucht werden, die Frage nach den politisch-kulturellen Gründen für die nationalsozialistische Hegemoniefähigkeit zu beantworten.

4.1 Topologie der politischen Vorstellungen - ein Überblick

Im Verlauf der bisherigen Darstellung wurde an zwei Stellen eine Milieu- oder Lagereinteilung zur Beschreibung der politischen Landschaft der Weimarer Republik bemüht: Einmal, als es um eine vorläufige Taxonomie der politischen Kultur ging, und ein zweites Mal als Gliederungshilfe im Zuge der Konstruktion des Textsamples.[1] Ohne relativierende Einschränkungen ist dort von einem sozialistischen und einem katholischen Milieu die Rede; sehr viel vorsichtiger wird der bürgerlich-protestantische "Bereich" in einerseits die in sich wiederum sehr heterogenen Liberalen und andererseits die Konservativen unterteilt; der Nationalsozialismus wird aus strategischen Gründen - als sozusagen zu erklärende Variable - separat geführt.

Hält man diese vorläufige Taxonomie gegen *Graphik 1*, in der die ersten beiden Achsen einer Korrespondenzanalyse des kompletten Datensatzes ausgeplottet sind,[2] so hat auf den ersten Blick die empirisch erstellte Topologie mit der zuvor heuristisch entfalteten wenig zu tun. In der graphischen Darstellung sind drei *cluster* deutlich zu erkennen, die zu der ursprünglichen Einteilung allerdings erheblich quer liegen:[3]
Auf der ersten Achse, die 40.7 Prozent der Varianz erklärt, laden auf der rechten Seite von den Zeitungen die *Frankfurter Zeitung*, die *Vossische Zeitung*, der *Generalanzeiger für Dortmund* und *Der Vorwärts*, das *Berliner Tageblatt* und die *Kölnische Volkszeitung*, ferner, wenngleich schwächer, die *Germania*, alle in geringem Abstand zur Achse und dementsprechend unkorreliert mit der zweiten Dimension. In diesem *cluster* befinden sich also: die vier linksliberalen und demokratischen Zeitungen des Textsamples (nicht aber die wirtschafts- und nationalliberalen Blätter), eine der beiden SPD-Zeitungen und zwei der drei katholischen. Auf der Ebene der inhaltsanalytischen Kategorien ist ein modernes Geschichtsbild absolut vorherrschend (*G. modern*), für die Eigengruppe werden Zukunftsorientierung [*Zukunft (EF)*] und Vernunft [*Vernunft (EF)*] reklamiert, und als Feinde gelten vornehmlich solche des Weimarer Staates, also nationalsozialistische, restaurative und kommunistische Putschisten (*Staatsfeinde*). Dementsprechend wird die Republik, vor allem ihre soziale Fortschrittlichkeit

---

[1] Siehe oben, Abschnitte 2.2 und 3.2.

[2] In die Graphik wurden alle Zeilen und Spalten der Eingangsmatrix aufgenommen, deren quadrierte Korrelation mit einer der beiden ersten Achsen mindestens .30 (was einer Korrelation von mindestens .55 entspricht) beträgt, aufgenommen.

[3] Bei dieser ersten in einer ganzen Reihe von Korrespondenzanalysen sollen graphische Darstellung und die zugehörigen Statistiken relativ breit erläutert und Hinweise auf die Interpretationsmöglichkeiten gegeben werden. Analog dazu können die anderen korrespondenzanalytischen Ergebnisse gelesen werden, bei denen ich auf diese breite Deskription verzichten will.

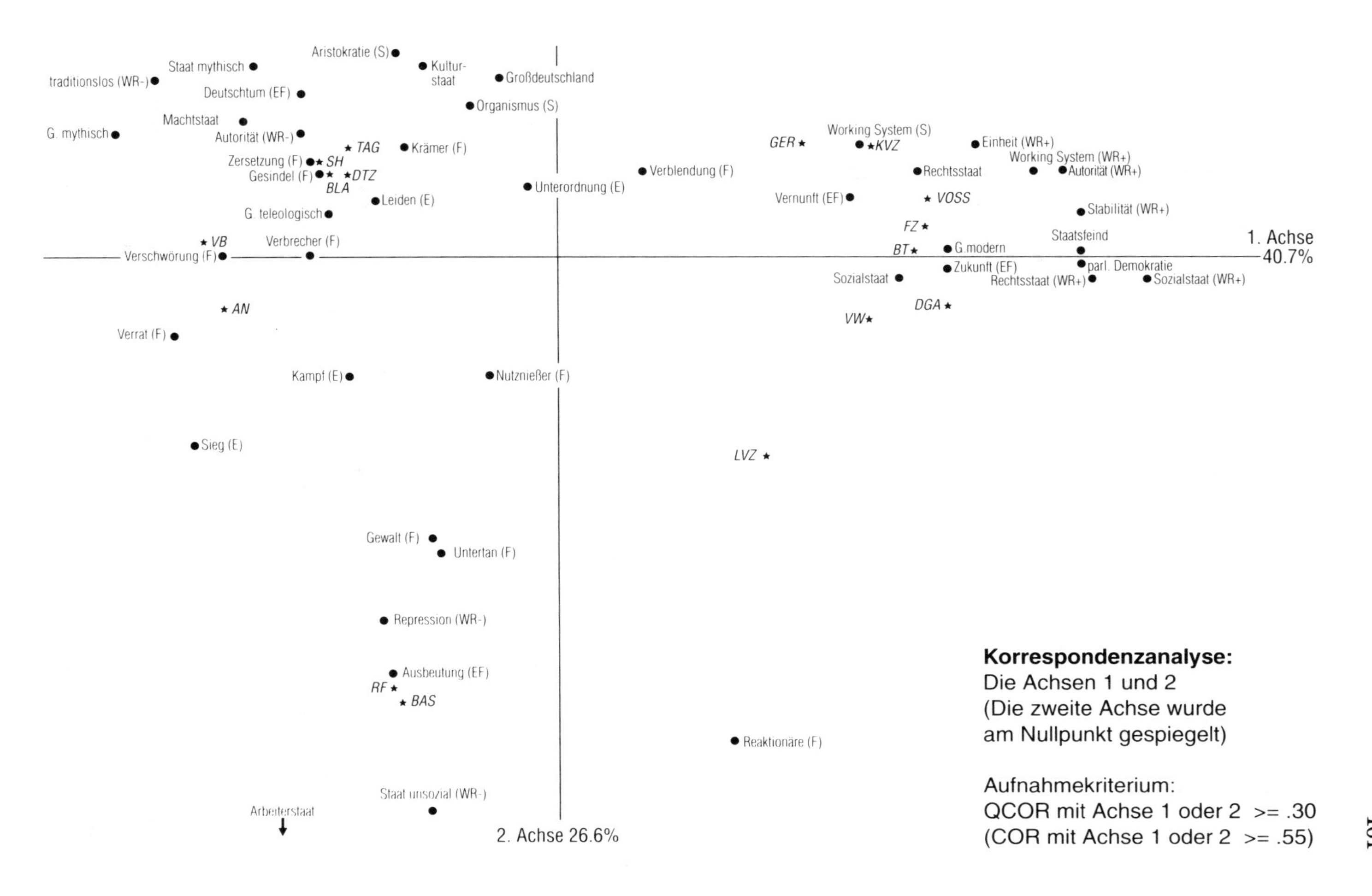

Korrespondenzanalyse:
Die Achsen 1 und 2
(Die zweite Achse wurde
am Nullpunkt gespiegelt)

Aufnahmekriterium:
QCOR mit Achse 1 oder 2 >= .30
(COR mit Achse 1 oder 2 >= .55)

[(*Sozialstaat (WR+)*], ihre rechtsstaatliche Ordnung [*Rechtsstaat (WR+)*] und ihre Stabilität nach den Wirren des Krieges und der Revolutionszeit [*Stabilität (WR+)*], positiv beurteilt. Vom Staat im allgemeinen wird vor allem erwartet, daß er Verfahren für ein rationales Verhältnis zwischen Bürgern und Führung bereitstellt [*Parlamentarische Demokratie (S)* und *Rechtsstaat (S)*, *Working System (S)*], und daß er durch sozialstaatliche Eingriffe integrierend und ausgleichend wirkt (*Sozialstaat*).

Auf der linken Seite wird die Achse vom *Völkischer Beobachter*, der *Deutschen Tageszeitung*, vom *Stahlhelm* und dem *Tag* bestimmt, weniger stark laden der *Berliner Lokalanzeiger* und Goebbels' *Angriff*, der gleichzeitig die einzige Zeitung dieses *clusters* ist, die unter die zweite Achse gerutscht ist. Das zweite *cluster*, im linken oberen Quadranten befindlich, bilden also die dezidiert konservativen (nicht aber die industrienahen) Zeitungen wie die groß-agrarische *Deutsche Tageszeitung* und die beiden Blätter aus dem Scherl-Verlag, das Verbandsorgan des Stahlhelm (dagegen bleibt das des Deutschen Offiziersbundes außen vor), sowie die nationalsozialistischen Blätter. In diesen Zeitungen wird Geschichte zumeist in mythischer Metaphorik (*G.mythisch*) und deterministisch-heilsgeschichtlich (*G.teleologisch*) gedeutet. Die Eigengruppe fühlt sich einerseits durch ihr *Deutschtum* ausgezeichnet und andererseits, unter der Kriegsniederlage und dem Versailler Vertrag leidend, gedemütigt und geknechtet [*Leiden (E)*]. In den Feinden erblickt man vornehmlich *Verräter*, *Verschwörer*, *Verbrecher* und *Zersetzer* - hier wird die Dolchstoßlegende wirksam - und verachtet sie als Gesindel, Pöbel und Mob [*Gesindel (F)*]. Die Staatsvorstellungen bewegen sich in den Kategorien des - nach außen und innen - mächtigen Staates (*Machtstaat)* und eines mythisch gedeuteten Reiches, das die Linie vom Heiligen Römischen Reich Deutscher Nation über das deutsche Kaiserreich zu einem "Dritten Reich" fortsetzen soll (*Staat mythisch*). Der Weimarer Republik wird dementsprechend vor allen Dingen vorgeworfen, *traditionslos (WR-)* und unfähig zur Ausübung staatlicher Autorität [*Autorität (WR-)*] zu sein.

Das dritte *cluster* kann im unteren Bereich der zweiten Achse, die 26.6 Prozent der Varianz erklärt, verortet werden und streut nur wenig um die erste Achse, ist mit ihr also nicht korreliert. Hierher gehören mit der *Roten Fahne* und der *Bergischen Arbeiterstimme* die beiden kommunistischen Zeitungen sowie, allerdings schwächer ausgeprägt, die links-sozialdemokratische *Leipziger Volkszeitung*. Die Mechanismen der Ein- und Ausgrenzung ebenso wie die Staatsvorstellungen sind eindeutig am Modell des Klassenkampfes geschult: Die Eigengruppe konstituiert sich über ein Bewußtsein von der Moralität und Solidarität der Ausgebeuteten gegenüber ihren Ausbeutern [*Ausbeutung (EF)*], die Feinde werden als Reaktionäre und Militaristen [*Reaktionäre (F)*], gewalttätige Schinder [*Gewalt (F)*] und Untertanengeister [*Untertan (F)*] gesehen. Der Weimarer Republik wird vor allem der Fortbestand wirtschaftlicher Ungerechtigkeit [*Sozialstaat (WR-)*] und die Unterdrückung der Opposition [*Repression (WR-)*]

vorgehalten; das positiv besetzte Gegenbild wird in der Sowjetunion gefunden (*Arbeiterstaat*).[4]

Die Graphik weist also einen republikanischen und einen nationalen Block sowie ein klassenkämpferisches[5] Milieu als deutlich abgrenzbare *cluster* aus. Mit dem Konzept der sozialmoralischen Milieus Lepsius' und der Lagertheorie Burnhams, die für die anfängliche heuristische Taxonomie der politischen Kultur Weimars herangezogen wurden, läßt sich diese Grobstruktur des politisch-kulturellen Feldes allerdings nicht in Einklang bringen: Das "marxistische Lager" bzw. das "sozialistische Milieu" ist auf zwei verschiedene *cluster* verteilt, und die Zeitungen des politischen Katholizismus erscheinen entweder im republikanischen *cluster* oder, wie der *Bayerische Kurier*, gar nicht.[6] Zunächst sind Aussagen über das bürgerlich-nichtkatholische Lager insofern problematisch, als zwar die linksliberalen Blätter den republikanischen Bereich dominieren, aber bisher weder über das nationalliberale *Hamburger Fremdenblatt* noch über die industrienahen Zeitungen irgendwelche Aufschlüsse gewonnen sind.

Die Tatsache, daß diese in der Graphik ebenso fehlen wie einige der inhaltsanalytischen Kategorien, darunter so bedeutsame wie die für antisemitische Feindbilder, verweist aber auch auf die Beschränkungen der graphischen Lösung: Es werden eben nur die beiden wichtigsten Dimensionen eines mehrdimensionalen Modells präsentiert, die in diesem Fall zwar immerhin 67.3 Prozent der Varianz erklären, aber eben auch ein knappes Drittel unberücksichtigt lassen. Genauere Interpretationen werden möglich, wenn die statistischen Ergebnisse der Korrespondenzanalyse hinzugezogen werden, von denen ein Ausriß in *Tabelle 2* dargestellt ist.[7]

Eine genauere Betrachtung der ersten Achse zeigt, daß ihre (positiven) Korrelationen mit den Elementen des republikanischen *clusters* durchweg stärker ausgeprägt sind als ihre negativen Zusammenhänge mit dem konservativ-nationalen *cluster*. Trotz dieser Asymmetrie wird sie deutlich durch die Polarität zwi-

---

[4] Die entsprechende Kategorie 'Arbeiterstaat' (Sowjetrepublik, Dikatur des Proletatiats usf.) wurde in den Berechnungen nicht berücksichtigt, weil sie im linken unteren Eck der Graphik in so großer Entfernung vom Schwerpunkt zu liegen kommt, daß, soll die Darstellung auf eine Seite passen, alles andere unübersichtlich eng zusammengeschoben wird. Ihre Lage ist deshalb hier nur angedeutet.

[5] Insofern auch die *Leipziger Volkszeitung* als linke SPD-Zeitung dazugehört, kann nicht schlankweg von einem kommunistischen Milieu gesprochen werden.

[6] Er erfüllt - wie einige andere Variablen auch - das in Anm. 2 bereits genannte Eingangskriterium der Graphik (QCOR > = 0.30) nicht.

[7] Die vollständigen *general statistics* der Korrespondenzanalysen sind, wie es im folgenden prinzipiell die Praxis sein wird, in Anhang C dokumentiert, um den fließenden Text nicht ständig durch endlose Zahlenkolonnen unterbrechen zu müssen. Hier wird ein Ausriß aus der Tabelle ausnahmsweise in den Textteil gezogen, um die Gelegenheit zur Präsentation einer Lesehilfe zu nutzen.

schen Trägern der Republik und rechten Antirepublikanern konstituiert. Die Zeitungen, die in der Deskription von *Graphik 1* als Mitglieder dieser beiden Blöcke aufgeführt wurden, determinieren die Lage der Achse gemeinsam zu 92 Prozent, wozu 54 Prozent die sieben republikanischen Zeitungen und 37 Prozent die sechs dem rechts-antirepublikanischen Feld zugerechneten Zeitungen beitragen. Während also die erste Achse dichotomisch konstruiert ist, stellt sich die zweite Achse ganz anders dar: Sie wird zu 70 Prozent von nur zwei Zeitungen, nämlich der *Roten Fahne* und der *Bergischen Arbeiterstimme* als den beiden kommunistischen Blättern, und zu weiteren fünf Prozent von der linkssozialdemokratischen *Leipziger Volkszeitung* determiniert, die alle im unteren Bereich der Achse laden. Die Ladungen der Zeitungen im oberen Bereich sind durchweg relativ gering: Von den Blättern, die als Mitglieder der ersten beiden *cluster* ausgewiesen werden konnten, korrelieren lediglich *Der Tag* (QCOR = 0.25) sowie die beiden zentrums-katholischen Zeitungen, die *Kölnische Volkszeitung* (QCOR = 0.16) und die *Germania* (QCOR = 0.15) mit dieser Achse. Ähnlich starke Zusammenhänge weisen einige Zeitungen auf, die keinem der beiden durch die Distinktion entlang der ersten Achse definierten *cluster* angehören: der *Bayerische Kurier* (QCOR = 0.29) sowie die industrienahen Blätter *Rheinisch-Westfälische Zeitung* (QCOR = 0.23) und die *Deutsche Allgemeine Zeitung* (QCOR = 0.22). Die krasse Asymmetrie zwischen oberem und unterem Achsenbereich läßt sich so deuten, daß die politische Kultur des Klassenkampfes auf der Seite des "Klassenfeindes" auf kein ebenso klar definiertes Gegenkonstrukt, vielmehr auf ein diffuses Konglomerat aus eher altväterlich vorgetragenen Sekundärtugenden [im Bereich der inhaltsanalytischen Kategorien laden hier *Deutschtum (EF)* und *Unterordnung (E)*] und autoritären Staatsvorstellungen trifft.

Um zu einem komplexeren Modell fortzuschreiten, soll außerdem die dritte Achse betrachtet werden, die noch 10.9 Prozent der Gesamtvarianz beschreibt. Sie wird, ähnlich wie die vorher beschriebene Achse durch die kommunistische Presse bestimmt wird, zu 57 Prozent von den beiden nationalsozialistischen Zeitungen determiniert. Im negativen Bereich der dritten Achse laden von den Zeitungen ausschließlich der *Angriff* (QCOR = 0.48) und der *Völkische Beobachter* (QCOR = 0.28); von den inhaltsanalytischen Kategorien haben dementsprechend die antisemitischen Feindbilder [*Antisemitismus (F)*] und die Märtyrer-Attitüde für die Eigengruppe [*Opfertod (E)*], ergänzt durch eine unbedingte Siegesgewißheit [*Sieg (E)*], hier ihren Platz. Im positiven Bereich der dritten Achse sind mit der *Rheinisch-Westfälischen* (QCOR = 0.28) und der *Deutschen Allgemeinen Zeitung* (QCOR = 0.25) zwei der drei industrienahen Blätter sowie der *Berliner Lokalanzeiger* (QCOR = 0.25) angesiedelt, die vor allem die Schwäche und Uneinigkeit in der Eigengruppe, hier zumeist gedacht als das "deutsche Volk" beklagen [*Schwäche (E)*] und - damit kontingent - der Weimarer Republik vorwerfen, erstens die nationale Einheit nicht herstellen zu können [*Zwietracht*

(WR-)] und zweitens keine vernünftige und verläßliche Organisation staatlichen Verwaltungshandelns zu gewährleisten [*Working System (WR-)*].

Tabelle 2: general statistics (Ausriß)

	GESAMTMODELL			*1. ACHSE*			*2. ACHSE*		
VAR	*MASS*	*SQCOR*	*INR*	*LOC1*	*QCOR1*	*INR1*	*LOC2*	*QCOR2*	*INR2*
RF	0.055	0.976	0.130	-0.343	0.063	0.020	1.278	0.870	0.423
BAS	0.033	0.977	0.084	-0.328	0.053	0.011	1.339	0.885	0.279
DGA	0.042	0.797	0.047	0.821	0.758	0.088	0.148	0.025	0.004
VW	0.092	0.850	0.071	0.662	0.709	0.125	0.200	0.064	0.017
.	.	.	.	.	.	.	.	.	.
BLA	0.042	0.706	0.035	-0.472	0.336	0.029	-0.232	0.081	0.011
STA	0.082	0.931	0.056	-0.502	0.468	0.064	-0.287	0.153	0.032
VB	0.085	0.947	0.099	-0.748	0.603	0.147	-0.052	0.003	0.001
AN	0.040	0.861	0.072	-0.702	0.345	0.061	0.166	0.019	0.005
G.Mod	0.019	0.813	0.020	0.818	0.792	0.040	0.026	0.001	0.000
G.Det	0.017	0.813	0.009	-0.471	0.548	0.012	-0.113	0.032	0.001
G.Myth	0.009	0.908	0.015	-0.911	0.657	0.024	-0.344	0.094	0.005
Vernunft	0.043	0.903	0.026	0.622	0.825	0.052	-0.179	0.068	0.007
Zukunft	0.051	0.963	0.046	0.818	0.929	0.106	0.060	0.005	0.001
Deutsch	0.028	0.793	0.023	-0.536	0.437	0.025	-0.473	0.340	0.029
.	.	.	.	.	.	.	.	.	.
Zersetz	0.013	0.740	0.009	-0.520	0.521	0.011	-0.265	0.135	0.004
Antisem	0.009	0.938	0.053	-1.205	0.299	0.039	-0.075	0.001	0.000
Sozsta	0.014	0.758	0.013	0.715	0.671	0.022	0.071	0.007	0.000
ParDemo	0.015	0.904	0.026	1.105	0.870	0.055	0.026	0.000	0.000
.	.	.	.	.	.	.	.	.	.
MachtSta	0.029	0.914	0.027	-0.662	0.596	0.040	-0.398	0.215	0.022
MythtSta	0.014	0.814	0.019	-0.635	0.363	0.017	-0.557	0.280	0.020
-SozSta	0.006	0.902	0.022	-0.260	0.021	0.001	1.648	0.843	0.071
-Repress	0.017	0.926	0.036	-0.356	0.076	0.007	1.091	0.713	0.096
.	.	.	.	.	.	.	.	.	.
-Krank	0.006	0.596	0.004	-0.358	0.250	0.002	-0.307	0.183	0.003
-Autorit	0.011	0.781	0.011	-0.536	0.381	0.010	-0.363	0.175	0.007

Links außen sind die Kategorien angegeben, die die Zeilen und Spalten der Eingangsmatrix definierten. Die ersten drei Zahlenspalten beschreiben das Gesamtmodell, die folgenden Dreierblocks die erste und zweite Achse. Die Spalte MASS gibt die Masse des Profils, für Spalten und Zeilen getrennt auf 1 normiert, hier also die relative Kodierhäufigkeit, an. SQCOR steht für "Summe der quadrierten Korrelationen" und beschreibt den Varianzanteil, der durch die ersten vier Achsen des Modells beschrieben wird. SQCOR entspricht der Summe der Spalten QCOR1 bis QCOR4, von denen in diesem Tabellenausriß nur die ersten beiden Achsen dokumentiert wurden. Die Spalte INR gibt, wiederum für Spalten und Zeilen getrennt auf 1 normiert, die "Trägheit" an, also das Ausmaß, in dem die jeweilige Spalte oder Zeile das Modell determiniert. In den Statistiken für die einzelnen Achsen sind folgende Informationen enthalten: LOC1 gibt den Ort der Variablen in Relation zum Schwerpunkt des Modells bzw. zum Achsenkreuz der Graphik an. QCOR1 ist die quadrierte Korrelation der Spalten und Zeilen mit den Achsen. Der Wert ist selbstverständlich immer positiv; die Richtung des Zusammenhangs kann am Vorzeichen von LOC1 abgelesen werden. INR1 beschreibt, wie gehabt für Spalten und Zeilen getrennt auf 1 normiert, die Trägheit

der Zeitungen und Kategorien bezogen auf die erste Achse. Die Statistiken für die anderen Achsen sind analog konstruiert.
Ein Lesebeispiel: Auf den *Völkischen Beobachter* entfallen 8.5 Prozent der Kodierungen (MASS = 0.085), die ersten vier Achsen erklären 94.7 Prozent seiner Varianz (SQCOR = 0.947), das Modell wird durch den VB zu 9.9 Prozent determiniert. Das Quadrat seiner Korrelation mit der ersten Achse ist .603, der Betrag der Korrelation zwischen VB und erster Achse also 0.777. Das negative Vorzeichen bei LOC1 (= -0.702) indiziert einen negativen Zusammenhang. Die erste Achse wird zu 14.7 Prozent durch den VB, und damit durch ihn stärker als durch jede andere Zeitung, determiniert. Ein Zusammenhang mit der zweiten Achse besteht nicht (QCOR = 0.003).

Eher beiläufig erwähnt sei schließlich noch die vierte Achse, die freilich nur noch 3.8 Prozent der Gesamtvarianz beschreibt. Sie wird durch den militaristischen *Stahlhelm* (INR4 = 0.46) und - weniger stark - den *Völkischen Beobachter* (INR4 = 0.17) zu 61 Prozent determiniert, die ihre Eigengruppe vorwiegend durch die Kategorien von *Macht* und *Kampf* konstituieren, gleichzeitig ein ausgesprochenes Elitebewußtsein [*Samenkorn (E)*] zur Schau tragen und sich den Staat folgerichtig am liebsten als eine Aristokratie der Besten - die mit den Mitgliedern der Eigengruppe identisch sind - vorstellen [*Aristokratie (S)*].

Allerdings zeigt sich, daß einige der Zeitungen und Zeitschriften des Textsamples auf der Grundlage des gesamten Datensatzes nur unbefriedigend beschrieben werden können: Für das *Hamburger Fremdenblatt*, die *Münchener Neuesten Nachrichten*, den *Bayerischen Kurier* und für das Verbandsblatt des *Deutschen Offiziersbundes* liegt der Anteil der aufgeklärten Varianz bei Berücksichtigung der ersten vier Achsen[8] unter 50 Prozent. Aber auch die *Deutsche Allgemeine Zeitung* und die *Rheinisch-Westfälische Zeitung*, die in einem Intervall zwischen 50 und 70 Prozent erklärter Varianz (Vier-Achsen-Lösung) liegen, werden durch das Modell deutlich schlechter erfaßt als das Gros der Zeitungen.[9]

Mit der ersten oberflächlichen Inspektion der *cluster* und Achsen soll es damit sein Bewenden haben. Um zu genaueren Einblicken in die Struktur der politschen Deutungskultur Weimars zu kommen, wird im folgenden eine inhaltliche Interpretation der ersten drei Achsen des Modells vorgenommen, die zu-

---

[8] Vgl. Spalte SQCOR in den *general statistics* (Anhang C).

[9] Wenigstens für einige der genannten Zeitungen sind die Gründe dafür leicht nachzuvollziehen: *Hamburger Fremdenblatt* und *Bayerischer Kurier* sind politisch unentschlossene Zeitungen. Das *Hamburger Fremdenblatt* oszilliert insofern zwischen dem republikanischen und dem konservativen *cluster*, als es zwar am Verfassungstag der Republik die Treue erklärt, aber anläßlich des Reichsgründungstages sich regelmäßig bedingungslos bismarcktreu geriert. Der Zwiespalt, in dem der *Bayerische Kurier* sich gegenüber der Republik befindet, läßt sich mit einem Verweis auf die Wahlempfehlung der BVP zugunsten Hindenburgs und gegen den demokratischen Zentrumskatholiken Marx anläßlich der Präsidentenkür 1925 illustrieren. Das Blatt des *Deutschen Offiziersbundes* ist in dem Zwiespalt gefangen, einerseits eine in aller Regel kaisertreue und reaktionäre Klientel bedienen zu wollen und andererseits Organ eines Lobbyisten zu sein, der die Interessen seiner antirepublikanischen Mitglieder gegenüber der Republik vertreten muß.

sammen knapp 80 Prozent der Gesamtvarianz beschreiben. Die Grundstruktur läßt sich folgendermaßen beschreiben:

Die erste Achse trennt, ihrem statistisch dominanten Status entsprechend, diejenigen politisch-kulturellen *codes*, die tatsächlich die Konkurrenz um die Deutungshegemonie in der Weimarer Republik unter sich austragen: den rechts-antirepublikanischen auf der einen und den republikanisch-demokratischen auf der anderen Seite. Es handelt sich dabei um zwei Schemata, die vor aller politisch-programmatischen Differenz auf zwei unterschiedliche Logiken des politischen Denkens, beide von säkularer Bedeutung, rekurrieren. Vorab läßt sich das auf der linken Seite der Achse vorherrschende Prinzip der Sinnstiftung durch symbolische Verweisungen als vor- oder antimodern und analogisch, das die rechte Seite dominierende als modern und immanenzorientiert beschreiben.

Die zweite Achse wird ganz eindeutig durch das dualistische Modell des Klassenkampfes determiniert. Die Tatsache, daß die beiden kommunistischen Blätter als die engagiertesten Vertreter des dichotomischen Modells von Ausbeutern und Ausgebeuteten mit der ersten und wichtigsten Achse unkorreliert sind, weist darauf hin, daß sie in der Weimarer Republik die Rolle eines echten Außenseiters spielen, dessen Hauptthema neben oder quer zu jenem politischen Diskurs steht, in dem es um kulturelle Hegemonie und damit um die Machtfrage geht. In diesen Diskurs vermag die kommunistische Deutung nicht einzugreifen: weder positiv, weil sie nicht koalitionsfähig oder -willig ist - die Frage nach der Koalitionsfähigkeit bezieht sich hier nicht auf Aspekte der Regierungsbildung, sondern auf die Formierung politisch-kultureller "Deutungskoalitionen" -, und noch nicht einmal negativ, weil sich am anderen Ende der Achse kein stringent darauf bezogenes Gegenmodell formiert. Die unter dem Zeichen des Klassenkampfes gestartete Rebellion gegen die Autoritäten wird in gewisser Weise von den Angegriffenen durch Nichtbeachtung abgeschmettert, insofern die Auseinandersetzung ausschließlich in Form politischer Repression, nicht aber als Widerlegung des Deutungsmodells stattfindet - den Kommunisten wird quasi die Zulassung zum Bereich des Streits von Orthodoxie und Heterodoxie verweigert.

Die dritte Achse ist zwar ähnlich eindeutig wie die zweite durch nur zwei, nämlich die nationalsozialistischen Zeitungen determiniert; dennoch sind die Verhältnisse hier am entscheidenden Punkt ganz anders. Denn die beiden NS-Blätter bestimmen nicht nur diese dritte Achse, sondern laden gleichzeitig signifikant im negativen Bereich der ersten und sind in diesem Sinne keineswegs Außenseiter. Ihre politischen Deutungsangebote gehorchen prinzipiell der gleichen Logik wie die des übrigen rechten Antirepublikanismus, sind freilich radikaler und kämpferischer akzentuiert und um die Nuance des rabiaten Antisemitismus erweitert[10] und damit prinzipiell sehr wohl koalitionsfähig. Der tatsächliche Status des Nationalsozialismus innerhalb des rechten Antirepublikanismus wird dadurch deutlich, daß am anderen Ende der von ihm dominierten dritten Achse keineswegs sein Gegenmodell steht, sondern die Achsenseiten sich eher wie Problem und Problemlösung verhalten: es stehen sich die Klagen über Schwäche und Laxheit der Republik und den Verlust des Machtstaates einerseits und die nationalsozialistischen Verheißungen des Kampfes ums "Dritte Reich" andererseits gegenüber.

4.2 Die Dimensionen politischen Deutens

4.2.1 Der Kampf um die Hegemonie: Modernität und Antimodernismus

Die erste und aussagekräftigste Achse des Modells wird durch den Gegensatz von republikanischen und konservativ-nationalen Zeitungen bestimmt. Überträgt man diese Opposition vom Schema der politischen Presse auf das der politischen Parteien, so läßt sich die eine Seite der Achse mit den Parteien der Weimarer Koalition und die andere mit den Rechtsparteien DNVP und NSDAP identifizieren. Damit ist der politische "Nennwert" der Achsenseiten hinreichend bestimmt; bemerkenswert ist allerdings die geringe Distanz zwischen den NS-Zeitungen und den vorwiegend DNVP-orientierten Blättern - ein erster Hinweis auf die politisch-kulturelle Konvergenz von Konservatismus und nationalsozialistischer Bewegung.

Wenn also die Korrelate der beiden Achsenseiten im System der politischen Akteure ohne weiteres auszumachen sind, so gilt es nun, deren Modelle politischer Sinnstiftung, die das Feld des politischen Handelns - für das die Parteinähe nur einen Indikator darstellt - strukturieren, zu bestimmen. Einen ersten Überblick verschafft eine Gegenüberstellung der positiv und der negativ mit der Achse korrelierten inhaltsanalytischen Kategorien, sortiert nach den Analyseebenen:

---

[10] Der selbstverständlich wirkungsgeschichtlich keineswegs eine "Nuance" darstellt, wohl aber politisch-kulturell, insofern dem rechten Denken Antisemitismus ja nicht fremd war. Lediglich die Vulgarität, mit der er vorgetragen wurde, bedrohte zwar die "Salonfähigkeit" der Bewegung, bedeutete aber keinen Bruch mit der Deutungslogik.

ANALYSE-EBENE	LINKE	RECHTE
	SEITE VON ACHSE 1	
GESCHICHTSBILD:	mythisch heilsgesch.-deterministisch	modern
EIN-/AUSGRENZUNG:		
- Eigengruppe:	Leiden, Sieg, Deutschtum, Kampf	Zukunft, Vernunft
- Feindbild:	Verrat, Komplott, Zersetzung, Verbrecher, Krämer, Gesindel, Undeutsche,	Staatsfeinde, Unvernunft, Rückständigkeit
STAATS-VORSTELLUNGEN:		
- allgemein:	Machtstaat mythischer Staat	parl. Demokratie, Sozialstaat, Rechtsstaat, "working system"
- Weimar positiv:		Stabilität, Grundrechte, Sozialstaat, nationale Einheit, working system hat Autorität
- Weimar negativ:	traditionslos ohne Autorität	

Auf den ersten Blick fällt die ungleiche Verteilung von einerseits Kategorien der Ein- und Ausgrenzung und andererseits Staatsvorstellungen auf die beiden Seiten der Achse auf: Links vom Schwerpunkt beträgt das Verhältnis zehn zu vier, rechts ist es mit drei zu zehn fast genau umgekehrt - eine Disproportion, die, wie zu zeigen sein wird, System hat. Fernerhin ist bemerkenswert, daß alle drei Kategorien zur Erfassung von Geschichtsbildern auf dieser und keiner anderen Achse laden.

Die Behauptung nun ist, daß die auf den beiden Achsenseiten ladenden Kategorien nicht einfach ungeregelte Konglomerate von ideologischen Versatzstücken repräsentieren, sondern in ihnen sich zwei grundlegend distinkte Logiken oder Modelle praktischen politischen Deutens objektivieren. Anders ausgedrückt: Es handelt sich um in sich konsistente politisch-kulturelle *codes* von einer auf gesellschaftliche Teilbereiche beschränkten Reichweite, die gleichermaßen von denjenigen objektiven Chancen und Risiken durchformt sind, die die weimarische Gesellschaft den Trägern dieser *codes* bietet, wie sie als Institutionen distinkte Perzeptionsweisen politischer Wirklichkeit hervorbringen und damit distinkte Räume politischer Handlungsoptionen definieren.

Eine Annäherung an ihre Konstruktionsprinzipien, also ihre durchgängigen Reglements für die Stiftung symbolischer Verweisungen, soll zunächst anhand eines Vergleichs der je favorisierten Geschichtsbilder vorgenommen werden: Auf der einen Seite wird die Struktur der geschichtlichen Zeit auf einen mythischen Zirkel, daneben auf ein Geschichtstelos, mit dem der Kreislauf der Wiederkehr durchbrochen wird, abgebildet; auf der anderen Seite dominiert eine Vorstellung von geschichtlicher Bewegung, die an die Paradigmen der Linearität, Irreversibilität und Prozeßhaftigkeit gebunden ist. Versucht man nun, diese beiden Modelle für die Struktur der geschichtlichen Zeit von ihrem konkreten Objekt abzulösen, um dahinter ein allgemeines Prinzip der Generierung symbolischer Verweisungen freizulegen, so läßt sich die Projektion der geschichtlichen Zeit auf die natürliche als Resultat einer *mythisch-analogischen* Operation beschreiben. Dagegen beruht ihre Strukturierung entlang einer Linie, auf der ein spezifischer historischer Zustand immer nur relativ aufgrund des Verhältnisses von bereits vollzogener und noch erwarteter Bewegung angetragen werden kann, auf einer *prozeduralen* Konstruktion nach dem Prinzip von Ursache und Wirkung. Allerdings ist, wie im folgenden zu zeigen sein wird, auf der linken Achsenseite das mythisch-analogische Modell ebensowenig auf die Deutung geschichtlicher Zeiten beschränkt wie auf der rechten Achsenseite das kausale Modell. Vielmehr finden sich beide Verweisungsprinzipien auf den Ebenen der Ein- und Ausgrenzung und der Staatsvorstellungen wieder.

Flucht vor der Moderne: Das mythisch-analogische Schema

So beruht der Mythos, der den politischen Feind mit den zerstörerischen Kräften der Natur, mit Zersetzung und Vergiftung, Fäulnis und Verwesung, identifiziert [*Zersetzung (F)*], auf exakt der gleichen Projektion wie der, der die geschichtliche Zeit auf die zyklisch organisierte natürliche Zeit abbildet. Beide Male ist es der Kreislauf von Wachsen und Vergehen, Geburt und Tod, der der Symbolproduktion als Pictura-Reservoir dient. In einem Text zum Jahrestag der Novemberrevolution heißt es:

"Durch die deutsche Nacht dieser Zeit geht mit dumpfem, schwerem Rollen der Pestkarren, der Schüdderump, der mit der Hast des Hasses und der Angst zum Schindanger fährt und in die Grube schüttet die letzten Reste, fast die letzten Erinnerungen deutscher Größe und deutscher Geltung. (...) Der Schüdderump rollt. Zur Grube, zum Ende. Wirklich zum Ende? Immer sind Ende und Anfang eins. Es erneuert sich immer der Kreis des Geschehens. Dies Deutschland soll dennoch und trotz alledem nicht das Aas unter den Völkern bleiben." (TAG 81 3 1 22).[11]

Das Zitat macht eine der prominentesten Anwendung mythischer Analogisierung in der politischen Deutungskultur der Weimarer Republik deutlich: Es

---

[11] Im folgenden werden die Texte des Textsamples stets durch das Zeitungskürzel und ihren Nummerncode kenntlich gemacht. Die genauen Quellenangaben sämtlicher Texte sind, sortiert nach den Nummerncodes, in Anhang A 1 dokumentiert.

dient der antirepublikanischen Rechten als Mittel zur Bändigung der als katastrophisch empfundenen Kriegsniederlage, der Revolution, der Republikanisierung und des Versailler Vertrags. Die aktuellen Krisen können in der zirkulären Struktur der Zeit zuverlässig aufgefangen und ihr desorientierendes Potential gemildert werden, weil der Tod darin nur als Durchgangsstation zur Neugeburt dient - "immer sind Ende und Anfang eins". Dabei ist es stets das durch die Dolchstoßlegende zu einem einzigen kontingenten Ereigniskomplex zusammengezogene Geschehen im Kontext von Kriegsniederlage und Revolution, das an der tiefsten Stelle des Zirkels - die einschlägigen Topoi sind Nacht, Winter, Tod, Verwesung, kalte Erde, Dunkelheit - angesiedelt wird.

Der gleichen Logik folgt die Produktion von Symbolen der Ausgrenzung: die politischen Feinde funktionieren analog den zerstörerischen Kräften in der Natur. Allerlei Ekel-Getier - Parasiten, Blutsauger, Ungeziefer, Gewürm, Maulwürfe -, vor allem aber und immer wieder Fluten, Schlamm, Kot und Morast geben das Pictura-Reservoir für die Taxonomie der Feinde ab:

Sie sind "aus dem Sumpfe an die Oberfläche" geschwemmt worden (DTZ 71 3 2 21) und ließen sich, getragen von einer "Schmutzwelle" (DTZ 71 3 2 28), "zu den Stätten der Macht hinaufschwemmen" (DTZ 71 3 2 21). Die Revolution wird bevorzugt als Dammbruch oder Flutkatastrophe wahrgenommen: Eine "flutende Masse" (MNN 62 3 1 28), ein "Menschenstrom ergoß" sich (SH 91 3 1 28), kam "herausgequollen" (SH 91 3 1 28), um alles, was Wert besitzt, "in den Straßenkot" zu werfen, "in den Schmutz"[12] oder "in den eigenen Kot" (VB 101 3 1 27) zu ziehen und den "geschwächten ... Volkskörper", (DTZ 71 3 1 28) "von zahllosen Parasiten aus dem Osten ausgesogen", zu einem "60 Millionen oder 70 Millionen starken Menschenhaufe zu paralysieren" (VB 101 3 1 21).

In den entfesselten Fluten der Revolution, in den Zersetzern, Unterhöhlern, Vergiftern und Verseuchern, die sie angeblich ins Werk setzten, in den ungeordneten Massen des Mob, des Pöbels und der roten Horden, die sie schließlich vollzogen, ebenso in den Sümpfen und im Morast der Republik objektivieren sich Ängste vor jenem unsicheren und ungeordneten Terrain, als das die republikanische Gegenwart und ihre unmittelbare Vorgeschichte interpretiert werden.

Diese Auflösungsmodelle, die in der Deutung der säkularen Katastrophe von Kriegsniederlage und Revolution eine herausragende Rolle spielen, bleiben auf dieses Feld keineswegs beschränkt. Der Gegensatz von *fest* und *flüssig* gibt dem konkretistisch-analogischen Denken vielmehr ein umfassendes Reduktionsmodell an die Hand, mit dessen Hilfe die Aufweichungs- und Vermischungstendenzen der politischen Moderne überhaupt, in die Deutschland mit der Republikgründung erst eintritt, metaphorisch gefaßt werden können. Ob im Zusammenbruch der Front, in der Revolution, die mit dem Matrosenaufstand in Kiel und

---

[12] O. Spengler, zit. nach: *Der Tag*, 9.11.1928 (Text nicht im Textsample).

somit als Anschlag auf die militärischen Prinzipien von Gehorsam und Unterordnung begonnen hatte, im allgemeinen Wahlrecht und im Mehrheitsprinzip, im Moloch der modernen Großstadt, in der Aufweichung von Klassen- und Standesgrenzen, in der Erhöhung sozialer und räumlicher Mobilität, in der Internationalisierung wirtschaftlicher und politischer Prozesse, in der Pluralisierung künstlerischer Ausdrucksformen - in sämtlichen Wahrnehmungsbereichen verlieren alte Zuordnungsschemata ihre Gültigkeit; es entfaltet sich ein Szenario allgemeiner Verflüssigung und Diffusion.

Während in der Deutung von Kriegsniederlage und Revolution als Resulat eines von Zersetzern planmäßig inszenierten Dammbruchs das generative Modell der Symbolbildung noch auf einer unmittelbaren Analogisierung von Natur und Politik beruht, also von politischem Geschehen in naturalen Kategorien gesprochen und insofern im strengen Sinne mit einem mythischen Deutungsmodus operiert wird, erweitert sich mit dem Anwendungsbreich mythisch-analogischer Deutungsmuster auch das Pictura-Reservoir, aus dem bei der Symbolbildung geschöpft wird - gleichwohl dabei die Logik der Sinnstiftung, die tendenziell totalitäre Reduktion politischer Wirklichkeit durch konkretistische Analogisierung mit anderen Realitätsbereichen, beibehalten wird. Diese Erweiterung des Verweisungshorizonts ist notwendig zur Stiftung einer über die zwar sinnhafte, aber defensive Erklärung der Katastrophe von 1918 hinausweisenden positiven und offensiven Vorstellung von einer Überwindung der gegenwärtigen Misere. Der Schlüssel dafür liegt auf der Ebene der Geschichtsbilder in der Verknüpfung der mythischen Identifizierung von geschichtlicher und natürlicher Zeit mit säkularisierten Heilsvorstellungen (*G.teleologisch*).

Dieser Konnex wird hergestellt, indem die Jetztzeit als tiefster Punkt des Kreislaufes und rituelle Wiederholung eines in mythischen Tiefen erahnten Ursprungs gedeutet und dadurch zum absoluten Wendepunkt wird, zum Ausgangspunkt einer Eschatologie von Kathastrophe und Katharsis, zum Augenblick des apokalyptischen Umschlags nach dem christlichen Modell des Jüngsten Gerichts - freilich unter Verzicht auf dessen transzendente Gehalte. Diese Deutung avisiert ein Entrinnen aus der ewigen Wiederkehr und ermöglicht auf diesem Wege die Integration eines messianischen Geschichtstelos in die mythische Geschichtsdeutung, das sich in der antirepublikanischen Rechten der Weimarer Republik in der Vorstellung von der Gründung eines endgültigen und ewigen Reiches konkretisiert. Damit erweitert sich das Pictura-Reservoir der Symbolbildung von der Natur auf die Geschichte selber bzw. auf ihre mythologisierten Derivate. Zur Begründung eines kommenden, endgültigen Reiches bedarf es des Rekurses auf vergangene Herrlichkeit:

"In der Nacht der Gegenwartsnot leuchtet der große Erinnerungstag wie ein Stern erster Größe. Es ist ein heller Morgenstern, der uns auf den Morgen neuer Macht und Hoffnung hinweist." (DTZ 71 1 2 21) - "Dann wird (das deutsche Volk; D.S.) wieder aufsteigen in neuer Freiheit und neuer Kraft; und dann wird dem 18. Januar der Jahre 1701 und 1871 ein dritter Tag folgen, an dem das deutsche Volk, dessen Größe immer mit dem Gedanken des Kaisertums verkettet war, von neuem die Krone trägt." (DTZ 71 1 2 24) - "Am 18. Januar 1701 gab Friedrich I. seinen weit verstreuten Ländereien das Ziel der Verschmelzung zu Preußen, als er ... den Kurhut mit der Königskrone vertauschte! - Am 18. Januar 1871 - nur 170 Jahre später - scharte sich um den Preußenkönig Wilhelm I. bereits Alldeutschland, endlich vereinigt im Kaiserreich! - Die Nachfahren vermochten bis heute nur die Einheit des Reiches zu retten! Viel versunkene Schätze aber harren noch der Hebung!" (SH 91 1 2 26) - "...wollen arbeiten und kämpfen für den Tag, an dem jenes Reich ausgerufen wird, das endlich die Jahrtausende alte Sehnsucht aller Deutschen erfüllt." (AN 102 1 1 31) - "...die Kraft, die wir brauchen, das Deutschland der Schmach und Schande zu erlösen und an seine Stelle zu setzen das Großdeutsche Reich des Nationalsozialismus" (VB 101 3 2 28).

Zur Absicherung dieser Reichs-Eschatologie werden unaufhörlich die verschiedensten Analogien aus der Tiefe des historischen und der Weite des geographischen Raumes herbeizitiert. Dies geschieht freilich nicht in Form einer Suche nach vergleichbaren Stukturen und Konstellationen, um darüber zu einer "figurale(n) oder typologische(n) Zuordnung von Ereignissen"[13] - was einer geschichtswissenschaftlichen Vorgehensweise entspräche - zu gelangen, sondern in der Art beliebiger, allein durch den Zweck, die Stiftung unmittelbarer Gewißheit über ein künftiges Reich, gesteuerter Beschwörung von Gestalten und Begebenheiten einer mythologisierten Geschichte:

"Bismarck, der Riese mit den Götteraugen" (BLA 82 1 1 31) - "Friedrich II. ... Sargon ... Nebukadnezar ... Alexander der Große (Zeugen für Wilhelm II.; D.S.)" (SH 91 1 3 31) - "Wer den Gallischen Krieg von Cäsar gelesen hat ..., der weiß, wie so oft über biedere Germanenkraft römische Klugheit siegte. Und beide Eigenschaften vereinigten später in sich die Frankenkönige, die Merowinger, die mit geistiger Klugheit in der Führung die deutsche Tapferkeit und den Mut zu paaren wußten" (SH 91 1 2 21).

Hermann und die Schlacht im Teutoburger Wald, Rom und Byzanz und das Heilige Römische Reich Deutscher Nation, "das Grabmal Theoderichs in Ravenna" und die germanische "Jugend unseres Volkes" (DTZ 71 1 1 31), Bismarck, aber nicht als Kanzler, sondern als "irgendein Großer der Vorzeit; Mythe ist sein Gedächtnis und Sage..." (VB 101 1 1 31), Barbarossa und - von exklusiver Deutungsmacht - Siegfried sind der Weimarer antirepublikanischen Rechten Fixpunkte des deutschen Heldenmythos. Insbesondere Siegfrieds Tod, integriert in die Dolchstoßlegende, gewinnt geradezu paradigmatische Kraft für die Deu-

---

[13] Reinhart Koselleck, 1973: *Geschichte, Geschichten und formale Zeitstrukturen*, in: Koselleck, 1975: a.a.O, S. 130-143, hier: S. 132.

tung der Kriegsniederlage als Effekt des Verrats an einem unverletzbar starken Heer:[14]

"Die über uns hereingebrochene Not schnürt uns das Herz zusammen. Dennoch verzagen wir nicht. Was die Sage von *Siegfried* erzählt, der Verkörperung deutscher Heldenhaftigkeit und - deutscher unpolitischer Arglosigkeit: '*Der ihn erschlagen, hat ihn nicht besiegt*,' das wird auch der Geschichtsschreiber vom Siegfriedsschicksal Deutschlands im Weltkrieg berichten. Und alle, die Augen haben zu sehen, sollen es sagen: der am Boden liegende, zerschmetterte deutsche Volksriese wird noch gefürchtet. Schlotternde Angst stiert aus dem Cäsarenwahn der Feinde und ihren Erpressungen. Das sollte uns zu denken geben und - zu hoffen" (DTZ 71 1 2 21; Hervorhebung im Original).

Dabei geht es dieser Metaphorik nicht um rhetorischen Schmuck, sondern um Prophetie und Bestimmung auf der Grundlage eines mythischen Systems. In einem Gedicht zum Reichsgründungstag heißt es:

> "Der Kampf ist aus. In Schlachten unbesiegt
> Erlagen einem Weltall wir von Waffen.
> Ein altes Schicksal hat es so gefügt:
> Den Deutschen kann Verrat dahin nur raffen.
> So fiel einst Siegfried durch des Freundes Speer,
> Durch Lug und Tücke fiel das Deutsche Heer.
> Das Siegfriedsschwert, ihr Brüder, ist zerbrochen
> Und noch die Trümmer raubt der Feinde List -
> Nun gilt das Wort, das Wotan einst gesprochen:
> 'Wer schmiedet neu es und zu welcher Frist?'
> 'Nur wer das Fürchten nie gelernt, nur der
> - So klang es aus des Gottes dunklem Munde -
> Der schmiedet neu die alte Siegfriedswehr,'
> Nur der heilt seines Volkes tiefe Wunde"
> (SH 91 1 1 21).

In der mythisch-analogischen Deutung läuft jede Metapher, jeder Vergleich auf unmittelbare Identität hinaus. Zwei Strophen später wird das Motiv "Nibelungenlied" wieder aufgenommen:

> "Nein nimmermehr! Wir blieben unbezwungen.
> Heil euch, ihr neu erstandenen Nibelungen!"
> (SH 91 1 1 21).

---

[14] Vgl. dazu Herfried Münkler, 1988: *Siegfrieden*, in: Herfried Münkler/Wolfgang Storch: Siegfrieden. Politik mit einem Deutschen Mythos, Berlin 1988, S. 49-142, insbesondere S. 86-94.

Dabei speist sich die Pictura der Nibelungen-Weltkriegs-Symbolik aus zwei weit entfernten Stellen des Liedes:[15] Einerseits werden Kriegsniederlage und Siegfrieds Tod, also das Ende des ersten Teils der Sage, aufeinander projiziert; andererseits aber klingt im Bild vom "Weltall von Waffen" das Motiv des Untergangs der Nibelungenhelden an Etzels Hof an, also das Ende des zweiten Teils des Liedes. In der Projektion des verlorenen Weltkriegs auf Siegfrieds Tod wird die Niederlage in einen vereitelten Sieg transformiert und gleichzeitig das unbedingte Streben nach einer Revision des geschichtlichen Fehlurteils in den Bestand politischer Dogmen integriert. Gleichwohl findet in der Dolchstoßlegende als dem wirkungsvollsten Gegenwartsmythos der Weimarer Republik das Siegfrieds-Heer keineswegs durch einen Speer den Tod, noch wird die todbringende Waffe von einem grimmigen Hagen, bis zum Mord immerhin ein Weggefährte Siegfrieds und darüberhinaus bis zum Ende der tapferste der Burgunderrecken und Sinnbild der Nibelungentreue, geführt. Die Ermordung Siegfrieds ist Resultat eines ritterlichen Ehrhändels, wie er prinzipiell nur unter solchen gleichen Standes ausgetragen werden kann. Die Größe des sterbenden Helden gibt mithin zwar ein geeignetes Bild für die Größe des "im Felde unbesiegten" Heeres ab, der Täter Hagen aber ist völlig unbrauchbar, um darin die verachteten "Novemberlinge" wiederzuerkennen:[16]

"Es ist schwer vorstellbar, daß eine 'Speerwurflegende' dieselbe denunziatorische Intensität erlangt hätte wie die Legende vom hinterhältigen Dolchstoß. Der Speer nämlich ist und bleibt, auch wenn er meuchlings geführt wird, eine Waffe für den Kampf zwischen Gleichen, im Gegensatz zum Dolch, der von unten geführten Waffe, mit der Schwächere Stärkere zu Fall bringen."[17]

Besser geeignet für die Ausdeutung der "Täterseite" der Novemberrevolution ist aus der Perspektive der antirepublikanischen Rechten in der Tat jene Konstellation aus Neid, Mißgunst, Habgier und Intrige, die auf Etzels Burg ins Desaster führt. Wenn dieses Symbol zwar in der einschlägigen Deutung der Novemberereignisse stets mitschwingt, aber nie in einer Weise explizit gemacht

---

[15] Über den Bildkomplex "Wotan (Odin) - zerbrochenes Schwert" werden offensichtlich noch Elemente der älteren Sage von Sigurd, der das zerborstene Schwert seines Vaters Sigmund, eine Gabe Odins, neu schmieden läßt und damit den Drachen Famir tötet und dessen Schatz erwirbt, integriert. Denn das Siegfriedsschwert Balmung aus dem Nibelungenlied zerbricht nicht. Wir haben es hier mit einem jener häufigen Fälle der Verschränkung unterschiedlicher Mythen zu tun, die Wülfing, Bruns und Parr als "Mythensynkretismus" bezeichnen (vgl. Wulf Wülfing/Karin Bruns/Rolf Parr, 1991: *Historische Mythologie der Deutschen 1789 - 1918*, München, S. 5 f.).

[16] Eher schon kann "die Feindschaft zwischen dem grimmen Hagen und dem lichten Siegfried" als Symbol für die Tragik der "gleichsam zwei Naturen" deutschen Volkstums ("die eine strebt nach Betätigung eines starken Zusammengehörigkeitsgefühls, die andere aber neigt zur Sonderbündelei") verwandt werden (Zitate aus DTZ 71 1 1 22).

[17] Münkler 1988: a.a.O., S.88.

wird, die der Analogisierung 'Siegfried : deutsches Heer' vergleichbar wäre, so dürfte der Grund in der Endgültigkeit dieser Nibelungen-Katastrophe zu suchen sein, die der Stiftung einer Wiedergeburts-Eschatologie keinen Anhaltspunkt zu geben vermöchte. So setzt sich denn die Dolchstoß-Deutung durch:[18]

"Aus ihren (der Deserteure; D.S.) Reihen rekrutierten sich großteils jene Horden, die im Rücken der kämpfenden deutschen Armee dann den Dolchstoß führten." (DTZ 71 3 1 28) - "Hier (in einer Propagandaschrift zur Meuterei der Hochseeflotte; D.S.) wird ... nachgewiesen, daß der Dolchstoß im verhängnisvollsten Augenblick geführt worden ist, und daß er getroffen hat" (DTZ 71 3 1 22).

Und zur Bekräftigung der Legende und zum Nachweis der Infamie der Revolutionäre werden sogar angebliche Selbstzeugnisse vorgelegt:

"... es war gekommen, wie Wendelin Thomas, ein kleiner Mann eines großen Verbrechens, sagte: 'Der Dolchstoß in den Rücken des deutschen Heeres war der glücklichste Dolchstoß des revolutionären Proletariats'" (VB 103 1 1 27).

Der Wechsel von Siegfrieds Tod zu Etzels Burg, vom Speer zum Dolch, vom Täter Hagen zu den "hunnisch"-verschlagenen "Novemberlingen", der hier als Inkonsequenz und Bruch in der Konstruktion des Siegfried-Dolchstoß-Mythos erscheint, verweist tatsächlich auf eine konsequent durchgehaltene Logik dieses politisch-kulturellen *codes*: Erstens konstruiert das analogische Denken seine Mythen radikal *output*-orientiert auf eine Wunschdeutung hin; die einzelnen Pictura-Elemente werden weitestgehend aufgrund ihrer Relation zur gewünschten Subscriptio selegiert, wogegen ihre Relationen untereinander ziemlich belanglos und dementsprechend "Bild-Sprünge" tolerierbar sind. Zweitens wird die Symbolproduktion durch die Privilegierung eines bestimmten Pictura-Bereichs, hier des höfisch-ritterlichen Ehrenkodex und des Militärs als dem letzten Ort solcher Ritterlichkeit in einer materialistisch-mechanischen Welt,[19] gesteuert. In zwangloser Übereinstimmung mit dem Komplex 'Siegfried : Dolchstoß :: Kriegsniederlage : Revolution' laden auf der linken Seite der ersten

---

[18] Daneben bleiben noch das Giftmord-Modell [so zum Beispiel im TAG: "...systematisch (wurde) Kampf- und Heimatsfront mit dem Gift des Landesverrats verseucht." (81 3 1 27); vgl. dazu auch Münkler, 1988: a.a.O., S.,92 f.], das Brandstifter- und das Judas-Symbol [hier ein Beispiel, in dem beide gemeinsam auftreten: In einem *Stahlhelm*-Text hat sich in die belagerte deutsche Burg ein Verräter eingeschlichen. "Der hob frech sein Haupt. Er ging heimlich zu den Feinden. 'Was wollt ihr mir bieten? Ich will sie euch verraten!' Und sie boten ihm dreißig Silberlinge. Und er fing an, heimlich Feuer zu legen in den Winkeln der Burg und er bließ und fachte das Feuer an." (91 3 1 21)] wirksam, erlangen allerdings nie die Durchschlagskraft der Dolchstoß-Legende.

[19] Erinnert sei in diesem Zusammenhang an die gängige Identifizierung von Krieg und Ehre, wie sie etwa in dem Topos vom Schlachtfeld als dem "Feld der Ehre" zum Ausdruck kommt, wie für die sinnhafte Integration des Krieges überhaupt gerne soziale Kategorien - man denke an des Militär als die "Schule der Nation" - zur Anwendung gebracht werden.

Achse, die als Bereich des mythisch-analogischen Deutens ausgewiesen wurde, Kategorien der Ein- und Ausgrenzung, die die Distinktion von Freund und Feind nach einem Modell von *Ehre und Unehre* vornehmen:

Den Ausgangspunkt bildet die Deutung von Kriegsniederlage und Revolution als einer Verletzung deutschnationaler Ehre. Die rechts-antirepublikanische Eigengruppe fühlt sich durch den Ereigniskomplex aus Waffenstillstand, Revolution, Friedensbedingungen und Repbulikanisierung verunglimpft, verhöhnt und gedemütigt [*Leiden (E)*]:

"Ungeheuer sind Not und Schmach, in denen das deutsche Volk lebt." (BLA 82 1 1 32) - "Fremde Soldaten stehen in unseren zerissenen Grenzen" (BLA 82 1 1 21) - "Wer erinnert sich nicht mehr all der zähneknirschend ertragenen Demütigungen?" (SH 91 3 1 20) - der "9. November (ist der) Tag von Deutschlands tiefster Schmach" (BLA 82 1 1 23) - "...mit dem Worte Versailles verbindet sich für uns jetzt noch ein anderer Gedanke, ein Gedanke des tiefsten Sturzes aus lichter Höhe, die Erinnerung an den Versailler Schmachfrieden" (BLA 82 1 1 23) - "Wir erlebten einen unglaublichen Absturz von steiler Höhe in die Tiefe nationaler Schmach" (DTZ 71 1 2 21) - "entehrende Tribute ... Demütigungen (durch die 'Kriegsschuldlüge')" (TAG 81 1 1 32) - "Verfassung ... eines unfreien, leidenden Volkes..." (BLA 82 2 1 25).

Die politische Perspektive der antirepublikanischen Rechten ist dementsprechend auf Satisfaktion, die Wiederherstellung der von den Siegermächten[20] wie von den Trägern der Novemberrevolution besudelten Ehre gerichtet [*Kampf (E)*, *Sieg (E)*] - "Wir dürfen nicht länger die Schmach hinnehmen, waffenlos zwischen Bewaffneten zu leben" (BLA 82 1 1 31):

"Immer klarer und stärker wird das Bewußtsein, daß unser Volk ohne Wiederherstellung seiner Freiheit und seiner Ehre ... nicht leben kann." (DTZ 71 1 2 24) - "Je mehr die Feinde jeglicher Sorte diesen Geist einer wirklich großen Vergangenheit fürchten ..., umso stärker muß er sich regen, kampfesfreudig, die nie verklingende, das ganze Volk wieder durchklingende Losung des 18. Januar beseelend: Kaiser und Reich!" (DTZ 71 1 2 21) - "Ich sehe davon ab, ein weiteres persönliches Erlebnis zu schildern, welches mir allerdings einige Faustschläge eintrug, aber dafür einen Mann der Gegenpartei kampfunfähig machte." (SH 91 3 1 28) - "Jungstahlhelm marschiert in den heiligen Streit,/ für Deutschlands Größe und bessere Zeit." (SH 91 3 1 32).

Ehrhändel werden auf diese Weise zu einer Schlüsselkategorie politischer Entscheidungsfindung, und die einfache Dialektik von Ehrbezeigung und Ehrverweigerung, Verlust und Wiedergewinn der Ehre zum eigentlichen *movens*

---

[20] Den schwersten Anschlag auf den deutschen Ehrenkodex, der nicht zuletzt durch Kategorien höherstehender und minderwertiger Nationen und Rassen geprägt ist, führt Frankreich, als in der Ruhrarmee farbige Soldaten - die "schwarze Schmach" oder die "schwarze Pest" - eingesetzt werden.

politischer Geschichte. So wird der deutsch-französische Krieg von 1870/71 zur "Ehrensache" und gelangt damit zu unwiderlegbarer Legitimität:

"Mitten im Herzen des feindlichen Landes kam die Reichsgründung zustande. Das war ein Symbol. Der Gegner, der Erbfeind Frankreich, hatte versucht, die unausbleibliche Einigung der deutschen Stämme zu verhindern. Deshalb war - alles in allem genommen - der Krieg 1870 gekommen. (...) Man hatte die Ehre verletzt und den deutschen Boden bedroht. Das war zuviel gewesen, und deshalb erwachte ein kaum geahnter Kampfessinn des ganzen deutschen Volkes..." (TAG 81 1 1 33).

Dem zugrunde liegt ein ungleichzeitiger Affekt gegen die Rationalisierungstendenzen der bürgerlichen Gesellschaft, den Friedrich Zunkel bereits im 19. Jahrhundert ausmacht, als der genuin bürgerliche Ehrbegriff, in dessen Zentrum der sittliche Wert der Arbeit, und, in der Konsequenz, des Reichtums steht, zusehends fragwürdig wird und eine Renaissance ritterlich-aristokratischer Repräsentationsformen einsetzt:

"... dieser 'Feudalisierungsprozeß' (fand) doch in der 2. Hälfte des 19. Jahrhunderts weite Verbreitung, was gegenüber allen demokratischen Auflösungs- und Einebnungstendenzen zur ideologischen Verfestigung des ritterlich-ständischen Ehrbegriffs in den deutschen Führungsschichten beitrug."[21]

Die Privilegierung der Ehre als eines der sozialen Ordnung feudaler Gesellschaften verhafteten und politisch vormodernen Prinzips ist Ausdruck eines politischen Romantizismus, der mit dem Rekurs auf eine angeblich bessere, verklärte Vergangenheit gegen die instrumentelle Rationalität der Moderne opponiert. Nun kann man in der Tat der Ansicht sein, daß ein Mehr an Ehrenhaftigkeit dem politischen Betrieb generell gut anstünde; allerdings ist die Ehre, die im politische-kulturellen *code* des rechten Weimarer Antirepublikanismus ihren Platz hat, nicht zu verwechseln mit der schlichten Forderung nach Lauterkeit, sondern eine Angelegenheit des Standes: Man hat sie durch Geburt, oder man hat sie nicht; und angeboren ist sie den oberen Schichten, die sie verlieren, wenn sie sich, wie das liberale Bürgertum es tut, mit ihrem Gegensatz, dem Pöbel und Mob der Straße, gemein machen - so die einfach reaktionäre Deutung. Oder die Ehre wird, integriert in das Begriffsfeld von Idealismus, Kultur und Innerlichkeit und damit in Opposition zu Materialismus, Zivilisation und Äußerlichkeit, zum Kennzeichen des deutschen *versus* dem 'westlichen', vorrangig dem französischen 'Nationalcharakter'. In der nationalistisch-chauvinistischen Deutung reduziert sich das unterscheidende Prinzip von Ehre und Unehre auf den Gegensatz von Deutschtum -

---

21 Friedrich Zunkel, 1975: *Ehre*, in: Otto Brunner/Werner Conze/Reinhart Koselleck, 1975: Geschichtliche Grundbegriffe. Historisches Lexikon zur politisch-sozialen Sprache in Deutschland. Band 2, Stuttgart, S. 1-63, hier: S. 51 f.

"... überlegene deutsche Feldherrenkunst und unvergleichliche deutsche Soldatentugend..." (DTZ 71 1 1 33) - "Aus dem Werden einer geistigen Einheit, in der Besinnung auf unser Wesen, auf unsere Volkheit, wird der Wille zur Hingabe an die Gesamtheit, wird die wahre soziale Kraft unseres Volkes hervorgehen..." (TAG 81 1 1 21) - "So denkt der an Leib und Seele lotrecht gebaute Deutsche..." (TAG 81 1 1 22) - "'Der Gott, der Eisen wachsen ließ/ Der wollte keine Knechte.' Wie Stöße eines wilden Sturmes hallen die Zeilen des alten Trutzliedes, das so urdeutsch, so ehrlich deutsch ist, zum alten Fritz empor." (TAG 81 1 1 31) - "Heiliger Glaube an Deutschlands Zukunft und deutsche Sendung..." (TAG 81 1 1 32) - "Deutschland (sah) aus wie eine Burg... Und ein starkes Geschlecht wohnte darinnen, wohlhabend, fleißig, gewissenhaft und mutig. Es war tapferer als alle Geschlechter rings umher." (SH 91 3 1 21) - "Wo nur der einfache deutsche Kolonialsoldat, Beamte, Arzt, Missionar, Pflanzer, Ingenieur hingekommen ist, hat er auch in diesem Sinne deutscher Ehrlichkeit gewirkt und sich die unerschütterliche Treue und Dankbarkeit der Eingeborenen erworben." (VB 101 1 2 21)

- und Undeutschem [*Deutschtum (EF)*]:

"... dieser Weltkrieg (ging) um die Entscheidung, ob die Anbetung und der Dienst des Mammons oder der Gedanke des Dienstes und der Hingabe an den Staat in Zukunft die Führung haben solle." (TAG 81 1 1 21) - "'Unser Vaterland ... ist die Welt ...', bekennt ein Mann mit Papuafrisur und Papuadenkvermögen auf dem Parteitag der Sozialdemokratie." (TAG 81 1 1 22) - und die Weimarer Republik ist ein "mit fremdländischem Putz verzierte(r) ... Bau" (TAG 81 3 1 32), ein "internationale(r) Tummelplatz für das Geschmuse aller Welt" (VB 101 2 2 21) - "Marx' Jünger aber sind auf die internationale Gemeinschaftlichkeit eingeschworen, sie schwärmen für Völkerversöhnung, huldigen einer grob materialistischen Geschichtsauffassung" (SH 91 3 1 20).

Die stets wiederkehrenden Symbole "undeutscher" Art - Intellektualismus, Individualismus, Rationalismus, Materialismus, Mechanik, Pazifismus, Internationalismus und Relativismus; die zugehörigen Schmähworte heißen "Zivilisationsliterat" oder "Hornbrillendemokrat" - lassen sich unschwer als Chiffren der Moderne, genauer: ihrer als Tendenzen der Auflösung interpretierten Verunsicherungen, erkennen. Die Implikationen der Dichotomie 'deutsch *versus* undeutsch' sind also wiederum dieselben wie die des Gegensatzes 'fest *versus* flüssig', der das Grundthema jener Elemente des mythisch-analogischen Schemas ist, die auf der unmittelbaren Identifizierung von Politik und Natur basieren. Gleichzeitig sind die Symbole des Deutschtums - Geist, Seele, Treue, Glaube, Mut, Kampf, Tat - weitgehend identisch mit jenen Tugenden, die der Kodex der ritterlich-aristokratischen Ehre verlangt. Trotzdem geht die Distinktion von 'Ehre *versus* Unehre' in dem Schema 'deutsch *versus* undeutsch' nicht vollständig auf. Denn es macht einen entscheidenden Unterschied, ob die 'Undeutschen' anderer Nationalität sind, oder aber Deutsche, die sich 'undeutsch' verhalten: Während diese prinzipiell gleichen Standes und somit in das Spiel um Ehrerweis, Ehrverlust und Ehreroberung integriert sind, gelten jene als sittlich depriviert und nicht satisfaktionsfähig.

So werden sie beispielsweise als Kleinkrämer, Parteigänger und Opportunisten [*Krämer (F)*] verachtet. Heftige Affekte richten sich gegen ein

"... müde und verantwortungsscheu gewordenes Geschlecht von Parteipolitikern ..." (SH 91 3 1 31) - gegen "... neudeutsche Streber und Vorsichtskommissare ..." (DOB 92 2 1 30), "... Interessentenhaufen ..." (DOB 92 2 1 31) und " ... behäbige Nachtmützen ..." (AN 102 2 1 29), die "keine andere und dringendere Sorge mehr (kennen) als die um das liebe Ich und das bißchen eigenes Leben, ... das Restchen angeeigneter Macht." (DTZ 71 3 2 21) - Denn: "Es herrschen die Kompromißnaturen, die vielleicht für die Schiebungen des parlamentarischen Betriebs brauchbar waren, die aber nicht imstande waren, wirklich schwere Entschlüsse auf sich zu nehmen und durchzukämpfen" (DTZ 71 3 1 21).

Die Zitate machen deutlich, daß die Krämer- und Interessenten-Symbolik, indem sie die Träger der Republik nennt, auf die Republik selber zielt. Der 'Kramladen' ist die parlamentarische Demokratie, in der kein Souverän, sondern die Begehrlichkeit der Lobbyisten die Entscheidungsgewalt an sich gerissen habe. In dieser Übertragung manifestieren sich einerseits jene alten Ressentiments, die westlichem Rationalismus und Kalkül die Tiefe deutscher Volksseele entgegenhalten, und andererseits kann sie über die Analogiekette 'Demokratie - Handel - Schacher - Jude' mühelos in ein antisemitisches Modell transformiert werden.

Während das Symbol 'Feinde : Krämer' bevorzugt im Kontext von Parlamentarismus und Parteien - und damit vor allem in Texten zum Verfassungstag - zur Anwendung kommt, bezieht die Diffamierung der politischen Feinde als Gesindel, Pöbel oder Mob [*Gesindel (F)*] ihr Bildmaterial ganz überwiegend aus der Novemberrevolution:

"Die Gasse revoltiert...!" (TAG 81 3 2 28) - "Am Potsdamer Platz gröhlt eine Kompagnie ohne Regimentsnummer, Hände trotzig in den Manteltaschen, die Internationale." (TAG 81 3 2 28) - "Besessen johlt der Pöbel durch die Gassen ..." (BLA 82 3 1 28) - "... dann gesellte sich der Mob hinzu, Gesindel, das nichts zu verlieren, aber alles zu gewinnen hatte ..." (DTZ 71 3 2 21), mit "den übelsten Instinken fanatisierter Menschen" (DTZ 71 3 2 26). - Akteure und Mitläufer der "Revolution der Reklamierten" (SH 91 3 1 28) sind "der zivile[n] Mob der Großstädte" (DTZ 71 3 1 24), der "Fortschrittspöbel auf der Linken" (SH 91 2 1 28), "verwahrloste Matrosen" (TAG 81 3 2 28), "lichtscheues Gesindel und die übelste Hefe des Berliner Mob" (DTZ 71 3 1 27) mit einem "auffällig stark(en) (..) Anteil moralisch oder geistig Minderwertiger ..." (DAZ 61 3 1 24).

In den Textbeispielen zeigen sich Verachtung und Angst vor der Straße - die in diesem Zusammenhang fast immer zur 'Gasse' wird, möglicherweise wegen deren phonetischer Nähe zur 'Gosse' - gleichermaßen. Im revolutionären 'Mob', in der ungeordneten und unberechenbaren Menschenmasse gelangen die mythischen Ängste vor den chaotischen Kräften der Natur zu geschichtlicher Konkretion; und gleichzeitig fügt sich die Symbolik, die den politischen Feind im 'Pöbel' wiedererkennt und damit als den Gegensatz zum 'Bürger von Stand' identifiziert,[22] exakt in das Distinktionsschema von 'Ehre *versus* Unehre'.

Radikaler noch werden die politischen Feinde durch das 'Kriminellen'-Symbol ins soziale Abseits gestellt. Mit der Denunziation als Diebe, Räuber, Hehler oder Schieber [*Verbrecher (F)*] wird das Maß an 'Unehre' und damit die Ausgrenzung total:

"Denn die ganze Ostmark antwortet (den Revolutionsmachern; D.S.): 'Ihr seid die Verbrecher!'" (DTZ 71 3 2 21) - "Und nun ging das Plündern los! ... Viele dieser Leute verscheuerten die Gegenstände gleich auf der Straße zu Schleuderpreisen und stahlen nochmals." (SH 91 3 1 28) - "... der verbrecherische Todesstoß gegen den deutschen Geist ..." (VB 101 3 3 25) - "... von einer organisierten Verbrecherbande in einer Nacht zu Tode geworfen ..., von Zuhältern und Verbrechern ... vernichtet" (VB 101 3 2 27) - "... erpresserisch ..." (BLA 82 2 1 29) - "... schamloses Erpressertum ..." (BLA 82 3 1 20) - "... ganz gemeine Schiebung ..." (SH 91 2 1 27).

Unmittelbarer Effekt der Symbolik 'politischer Feind : Verbrecher' ist die Entpolitisierung der politischen Auseinandersetzung: Als Kriminelle fallen die Feinde prinzipiell in den Zuständigkeitsbereich von Polizei und Staatsanwaltschaft, die freilich ihren Aufgaben nicht nachkommen, weil ja in der rechts-antirepublikanischen Deutung die Weimarer Republik selber das hervorstechendste Resultat verbrecherischer Aktivitäten ist. Wiederum wird auf die politischen Feinde gezielt und die Republik - "ein Schieberlokal, eine Animierkneipe, ein aberwitziger Kientopp, ein wüster Rummelplatz" (BLA 82 3 1 25) - gleich mitgetroffen: Ein Staat in der Hand der organisierten Kriminalität muß, das gilt als selbstverständlich, beseitigt werden.

---

22 Conze verweist auf die ideologische Funktion des mit moralisch-sittlichen Kategorien aufgeladenen Begriffs 'Pöbel', an den sich Vorstellungen von niedrigen Instinkten und Amoralität anlagern, im Zusammenhang mit der "Negation politischer Kompetenz und Verantwortung" der Unterschichten, die in der Verbindung von 'Poebelherrschaft' und Demokratie zum Ausdruck kommt und spätestens mit der Französischen Revolution und der Aktualisierung der Partizipationsfrage politische Brisanz gewinnt (Vgl. Werner Conze, 1984: *Proletariat*, in: Brunner/Conze/Koselleck, 1972 - ?: a.a.O., Band 5, S. 27-68, hier: S. 31-37) Das Vorbild der politischen Unmündigkeitserklärung für den Pöbel, auf dessen Ahnungslosigkeit der Fürst ruhig spekulieren könne, gibt allerdings schon Machiavelli: "Ein Herrscher braucht also nur zu siegen und seine Herrschaft zu behaupten, so werden die Mittel dazu stets für ehrenvoll angesehen und von jedem gelobt. Denn der Pöbel hält sich immer nur an den Schein und den Erfolg; und in der Welt gibt es nur Pöbel." (Niccolò Machiavelli, 1978: *Der Fürst* (Org. Il Principe, 1532); übersetzt und herausgegeben von Rudolf Zorn), Stuttgart, 6. Aufl., XVIII. Kapitel, S.74).

Die vollständige Integration der politischen Feinde in eine mythisch interpretierte Welt, in der der unerbittliche Kampf des guten mit dem bösen Prinzip tobt, gelingt schließlich mit Verschwörungstheorien, die die Feinde als mächtige Drahtzieher, als Dämonen und Ausgeburten der Finsternis identifizieren. Sie leisten die Personifizierung jener anonymen und beängstigenden Auflösungstendenzen, denen das mythisch-analogische Denken durch die Errichtung eines Systems einfacher Gewißheiten zu entkommen versucht [*Verschwörung (F)*]:[23]

"Mit einer Gewissenlosigkeit ohnegleichen haben die Drahtzieher gehandelt." (DTZ 71 3 1 22) - "Gestalten der Tiefe ..." (SH 91 3 1 26) - "Die Fratze der Revolution grinste ..." (BLA 82 3 1 28) - "'Also dann - heute Nacht!' Ich drehe mich blitzschnell um und blicke in die Visage des größten Hetzers unseres Ersatzbat." (SH 91 3 1 28) - "... die tobenden Gestalten der Unterwelt ..." (SH 91 3 2 32). - Und über einen Umzug zur Verfassungsfeier heißt es: "So hampelt ein Menschenhaufe daher, der von außen geschoben wird von einem Geist, der das Böse will ..." (STÜ 103 2 1 23).

Es wurde verschiedentlich auf den vorpolitischen Status des mythisch-analogischen Schemas und seine Ungleichzeitigkeit zu einer modernen Gesellschaft hingewiesen: Sowohl die Abbildung der geschichtlichen auf die natürliche Zeit als auch die Pflege säkularisierter Heilsvorstellungen, sowohl die Identifizierung der politischen Feinde mit den chaotischen Kräften der Natur als auch der Modus der Ein- und Ausgrenzung nach dem ritterlich-aristokratisch interpretierten Kodex von Ehre und Unehre sind Modelle für die Deutung moderner Politik, die weder modern noch originär politisch, vielmehr anderen Erfahrungsbereichen, vorzugsweise der Natur und dem Sozialen, und/oder vormodernen Stufen des historischen Bewußtseins entlehnt sind. Daraus erklärt sich auch, daß im Bereich des mythisch-analogischen Denkens, im Korrespondenzmodell also im negativen Bereich der ersten Achse, zwar zehn Kategorien der Ein- und Ausgrenzung laden, aber nur vier, die den Staat, um dessen Form immerhin die ganze politische Auseinandersetzung der Weimarer Republik sich dreht, beschreiben. Und auch diese vier - es handelt sich um die Kategorien 'Machtstaat' und 'mythischer Staat', sowie um die an die Republik adressierten Vorwürfe, 'traditionslos' und 'ohne Autorität' zu sein - sind insofern nahtlos in das mythisch-analogische Schema integriert, als sie lediglich das Resultat einer Übertragung des Distinktionsmodus 'Ehre *versus* Unehre' vom personalen auf staatliches Terrain sind: Die Hoffnung auf die Wiederherstellung oder Neubegründung deutscher Machtstaatlichkeit findet ihre Absicherung in der Vorstellung von einem mythisch begründeten und daher mit Ewigkeitsgarantien ausge-

---

[23] Die Beschreibung der wirksamsten Verschwörungstheorie in der Weimarer Republik, die der Nationalsozialismus mit der "jüdischen Weltverschwörung" inszeniert, wird, weil sie ihren Ort, obzwar dem mythisch-analogischen Schema affin, außerhalb von dessen Zentrum hat, erst weiter unten vorgenommen werden.

statteten Reich. Zur Illustration dessen, wie das mythisch-analogische Schema den Machtstaatsgedanken und den Reichsmythos verknüpft und beide in das System aus mythischen Geschichtsbildern, Heilsvorstellungen und Ehrprinzipien integriert, soll anstelle der sonst zumeist privilegierten Collagen aus Kurzzitaten eine längere Textstelle dienen:

"Wenn wir der verschiedenen Achtzehnten (gemeint ist der Monats-Achtzehnte; D.S.) in der neueren Geschichte gedenken - der Siegestag von Fehrbellin, Leipzig, Belle-Alliance und Granelotte - steigt eine scheinbar versunkene Welt preußisch-deutscher Heldengröße vor unserem geistigen Auge empor. Und wie Lichtstrahlen sich in einem Brennpunkt vereinigen, so klingen alle hehren stolzen Erinnerungen in dem vaterländischen Ereignis vom 18. Januar 1871 zusammen. Da gelang es nach einem glänzend eröffneten und beharrlich durchgeführten Feldzug von sieben Monaten, den Sehnsuchtstraum eines Jahrtausends deutscher Geschichte zu erfüllen. ... Die alte Losung 'Kaiser und Reich!', die zu allen Wendezeiten sturmesgewaltig erklungen, ging in Erfüllung, der deutsche Glaube an Weltmachtstellung wurde zur geschichtlichen Tat. ... Deutschland betrat mit festem Schritt die weltgeschichtliche Bühne. ... Unsere Hoffung gipfelt im siegreichen Kampf um staatliche Selbstbehauptung. Wir haben auch als Volk Unsterblichkeit im Sinn und werden sie gewiß auch erleben, wenn nur die ewigen Gotteskräfte, wie sie der geistige Auferstehungsglaube und Lebensglaube umschließt, auch in willenstarken Persönlichkeiten die erforderliche Empfänglichkeit finden" (DTZ 71 1 2 21).

Das Zitat versammelt im wesentlichen alle positiv besetzten Elemente des mythisch-analogischen Schemas: staatliche Machtentfaltung, Feldzüge und Schlachten, Reichsmythos, Glaube, Kampf, Sieg, "fester Schritt", Ewigkeit, Unsterblichkeit und Auferstehung; an anderer Stelle des Textes kommt auch das 'Deutschland : Siegfried'-Symbol zur Anwendung.

Umgekehrt stiften die beiden negativ auf die Weimarer Republik gemünzten Kategorien, die den neuen Staat als undeutsch, traditions-, kultur- und gottlos [*traditionslos (WR-)*] zeichnen, als einen verachteten Staat, dem die Bürger zu dienen nicht bereit sind und dessen Führung aus Schwächlingen und Dilettanten besteht [*Autorität (WR-)*], eine Analogie zwischen der 'Unehre' der Feinde und der der Republik:

So stellt sich die Weimarer Republik dar als ein "nackter Staat im grauen Gewande, (der) unter anderen Mächten schmucklos stehen muß[t]" (SH 91 1 3 21)[24], verglichen mit dem "ein einziger königlicher Gendarm (.) früher mehr

---

24 In der verqueren Wendung vom 'nackten Staat im grauen Gewande' - wie es im Kinderreim heißt: Dunkel war's, der Mond schien helle... - zeigt sich wieder die *output*-orientierte Technik einer Symbolproduktion, die allein auf das Symbolisierte ausgerichtet ist. Die *subscriptii* der *picturae* 'nackt' und 'im grauen Gewande' sind 'Scham/Verachtung' und 'Ärmlichkeit'; die Bildgehalte passen so gut zusammen, wie die Bilder sich widersprechen. Die Textstelle ist

Autorität (hatte) als heute das gesamte Ministerkollegium" (TAG 81 1 1 22). In ihm werden "die eigentlichen Kräfte staatlichen Lebens, die Erinnerung und die Sehnsucht, (.) zurückgewiesen" (BLA 82 1 1 31) und "die Befreiung des privaten Daseins gegen den Staat" geübt (TAG 81 2 1 28). Es herrschen "tiefe Unsittlichkeit" und "Heuchelei" (BLA 82 2 1 28), und es ist "nur folgerichtig, daß ... die Organe der widernatürlichen Unzuchtverbände in allen Kiosken der Großstädte aushängen und die ... Jugend anreizen" (VB 101 2 1 28). Alles in allem: "Drum ist es (das Weimarer Verfassungs-'Kind'; D.S.) krank, ein ewiger Todeskandidat. Ihm fehlt eins: Es kann die deutsche Luft nicht vertragen - und wo sie weht, droht ihm Gefahr." Daher: "Der Tag, an dem die deutsche Seele wiedererwacht, ist der Todestag des Machwerkes von Weimar" (SH 91 2 1 26).

* * *

Die Distinktion von Freund und Feind nach dem Modell von 'Ehre *versus* Unehre', wie sie im mythisch-analogischen Deutungssystem vorgenommen wird, konstruiert einen totalitären asymmetrischen Gegensatz[25]; das Attribut "totalitär" ist auf die Unüberwindbarkeit der so errichteten Grenze zwischen Freund und Feind, Innen und Außen bezogen. Die Ehrlosigkeit der Feinde gilt als ebenso unaufhebbar, wie ihre Machtstellung in der Republik zwangsläufig nur vorübergehend sein kann. Die verschiedenen Ausprägungen der Unehrenhaftigkeit unterscheiden sich zwar darin, welcher gesellschaftliche - oder außergesellschaftliche - Ort den Ehrlosen zugewiesen wird; jedenfalls aber ist ihre Ehrlosigkeit unkorrigierbar; Prozesse des Lernens oder der "Besserung" sind nicht vorgesehen. Umgekehrt gelten Ehre und Tugend der Eigengruppe als von übergeschichtlichem, ewigem Charakter, weil sie keiner rationalen - auch keiner wertrationalen - Begründung bedürfen, sondern auf einer Metaphysik letzter Werte beruhen.

Durch diesen sich totalitär gerierenden Exklusivitätsanspruch der Eigengruppe wird der Bereich des legitimerweise Umstrittenen, also das Feld von Orthodoxie und tolerabler Heterodoxie, radikal auf die politischen Binnendifferenzierungen des eigenen rechts-antirepublikanischen Blocks verengt, und der Bereich der Doxa, dessen, was als selbstverständlich und als unhinterfragbar anzuerkennen gilt, ebenso erweitert wie das Feld derer, die ihr Mitspracherecht unter den Ehrenleuten verwirkt oder es nie zugestanden bekommen haben. Mit dem auf Wertrationalität gestützten und prozedural einzulösenden Geltungsan-

---

beides: köstliche Stilblüte und Ergebnis der konsequenten Anwendung des mythisch-analogischen Schemas.

[25] Im Sinne des bereits weiter oben eingeführten Konzepts der "asymmetrischen Gegenbegriffe" von Koselleck. Vgl. Koselleck, 1975, a.a.O., sowie in dieser Arbeit Abschnitt 2.3 *Geschichtsbilder*.

spruch der ersten deutschen Republik ist die politisch-kulturelle Schließung, die das mythisch-analogische Deuten affiziert, inkompatibel.

Diskurse und Verfahrensregeln: Das Modell immanenter Legitimierung

Ebenso wie sich im vorbeschriebenen mythisch-analogischen Schema eine bestimmte Logik der Generierung von Symbolen aufweisen läßt, die die politischen Vorstellungen auf allen drei Analyseebenen strukturiert, es vermutlich auch auf anderen, die hier nicht untersucht wurden, tut und mithin ansatzweise eine objektive Disposition politischen Deutens darstellt, läßt sich für jenen republikanischen *cluster* am anderen Ende, also im positiven Bereich der ersten Achse des Korrespondenzmodells, ein kohärentes Deutungsschema identifizieren, das als prozedurales Modell immanenter Rechtfertigung bezeichnet werden kann.[26]

Wiederum ausgehend vom vorherrschenden Geschichtsbild, läßt sich seine Kohärenz so beschreiben, daß eine lineare, durch Irreversibilität gekennzeichnete Vorstellung von der geschichtlichen Zeit (*G.modern*) ganz zwanglos zur Distinktion von eigener und gegnerischer Politik gemäß der Unterscheidung von "vorwärts" und "rückwärts", und ebenso selbstverständlich zu Effizienz, Rationalität und Reform als den verlaufs- und verfahrensorientierten Schlüsselkategorien des Staatsbildes führt. Die treibenden Kräfte geschichtlicher Bewegung sind in der modernen Deutung die menschliche Tätigkeit und die objektiven - technischen, wissenschaftlichen, sozialen, politischen, wirtschaftlichen - Bedingungen, unter denen sie sich vollzieht. Dem entsprechen Bewegungsbegriffe wie "Werden und Machen", "Fortschritt und Krise", "Beschleunigung und Verzögerung", "Zukunft", "Dynamik", "Veränderung", "Wechsel", "Verbesserung", "Rationalität" und "Lernen":

"Auf den revolutonären Akt vom 9. November folgt der Prozeß der langsamen, aber sicheren Umgestaltung der gesellschaftlichen Verhältnisse in der Demokratie." (VW 31 3 1 29) - "Die Weimarer Verfassung hat zunächst die historische Funktion gehabt, zum ersten Male in der deutschen Geschichte der Gesamtheit der Volksgenossen die Bestimmung ihrer politischen Geschicke selbst anzuvertrauen." (FZ 41 2 1 28) - "endlich wurde der Weg frei, um einem reifen ... Volk die Leitung seines Geschickes in die eigene Hand zu legen ..." (DGA 21 3 1 28).

---

[26] Um den darunter gefaßten politisch-kulturellen *code* zuordenbar zu machen, seien noch einmal die Zeitungen genannt, die an diesem Ende der ersten Achse laden: Es sind dies die drei liberaldemokratischen Blätter *Vossische Zeitung*, *Frankfurter Zeitung* und *Berliner Tageblatt*, das sozialdemokratische Zentralorgan *Der Vorwärts*, der linksliberale *Generalanzeiger für Dortmund* sowie mit der *Germania* und der *Kölnischen Volkszeitung* die beiden Zentrumsblätter (vgl. *Graphik 1*).

Es ist dies die jenem historischen Zustand entsprechende Semantik geschichtlicher Zeit, dem die Natur als im Großen und Ganzen beherrscht und, wo sie es noch nicht ist, doch als prinzipiell beherrschbar gilt. In der Erfahrung der Zeit als einer einbahnigen Bewegung entlang einer historischen Linie emanzipiert sich die Moderne von der als zirkulär erfahrenen natürlichen Zeit ebenso wie von der auf ein *telos* ausgerichteten, und dieser Akt der Emanzipation hat zur Voraussetzung die real vollzogene oder vom antizipierenden Bewußtsein vorweggenommene Emanzipation des Menschen von den Zwängen der Natur. Erst unter den Bedingungen dieser Befreiung

"ist es möglich, Geschichte als Prozeß zu begreifen, der von immanenten Kräften entfesselt wird, der nicht mehr aus naturalen Bestimmungen allein ableitbar und damit auch kausal nicht mehr hinreichend erklärbar ist. Die Dynamik der Moderne wird als *sui generis* gesetzt. Es handelt sich um einen Zeitigungsprozeß, dessen Subjekt oder Subjekte nur in der Reflexion auf den Prozeß zu ermitteln sind, ohne damit den Prozeß determinierbar zu machen."[27]

Das Resultat dieser emanzipatorischen Operation freilich ist ambivalent: Der Preis für die neugewonnene Freiheit, "Geschichte zu machen", wird mit dem Verlust jener Gewißheiten bezahlt, die die Teleologie einer Gottheit, das Walten des Schicksals oder schlicht das Werden oder Vergehen in der Natur zu stiften vermag. Das darin liegende Potential an Verunsicherungen ist ebenso erheblich wie das an positiv gestimmter Erwartung: Die eigene Zeit, die Jetzt-Zeit wird als transitorisch, als permanenter Übergang zwischen Vergangenheit und Zukunft erfahren:

"Die geschichtliche Selbstbesinnung ist uns, die wir zunächst ... an die Endgültigkeit des Bismarckschen Reiches und den Gedanken der Aufgipfelung unserer ganzen Geschichte zu ihm gewöhnnt waren, heute eine dringende Aufgabe. Es handelt sich um ein neues Bild der deutschen Geschichte, das dem Verstande und der Phantasie vorleuchten und das den Weg in die neuen Zukunftsmöglichkeiten sichtbar machen muß. Nach allen Katastrophen und Weltwendungen muß das Geschichtsbild in seinem großen Hauptzuge umgedreht werden, um Vergangenheit und Zukunft in eine neue Verbindung zu bringen und die Ratlosigkeiten oder Kurzsichtigkeiten des Moments aus dem inneren Zuge des Werdens heraus zu überwinden" (VOSS 42 1 1 21). So schrumpft die Gegenwart

---

[27] Reinhart Koselleck, 1973: *Geschichte, Geschichten und formale Zeitstruktur*, in: ders. 1979: a.a.O., S. 130-143, hier: S. 143 (Hervorhebung im Original). In der Bemerkung Kosellecks, daß dem modernen Bewußtsein die Möglichkeit hinreichender kausaler Erklärung der Geschichte abhanden gekommen sei, meint *kausal* offensichtlich nicht einen im Sinne der modernen Logik durchschauten Zusammenhang von Ursache und Wirkung, sondern jenen reduktionistischen Erklärungsmodus, der die Geschichte auf außer ihr und damit außerhalb menschlicher Kompetenz und menschlichen Begreifens liegenden Kräfte zurückführt und so Kaualitäten konstruiert - durch Analogieschlüsse, wie sie im letzten Abschnitt beschrieben wurden.

tendenziell auf einen Zeit*punkt* zusammen:[28] "Vier Jahre sind dahingeflossen seit den Herbsttagen 1918 ... Vier Jahre des Leidens und Kämpfens, des Entsagens und der Demütigung, vier Jahre aber auch eines neuen Wollens und Schaffens, des Glaubens und der Hoffnung. Und doch sind diese Jahre nur eine Sekunde im Reiche der Unendlichkeit, im Zuge der Ereignisse, durch die Weltgeschichte gemacht wird" (DGA 21 2 1 22).

Nachdem die dauerhaften Verläßlichkeiten verloren sind, muß das moderne Bewußtsein sich stets aufs Neue um die Bestimmung seines eigenen, ja immer nur als Relatum zu einem gewesenen und zu einem erwarteten oder angestrebten Zustand beschreibbaren geschichtlichen Ortes und des an diesem Ort entwicklungsgeschichtlich Notwendigen und Möglichen bemühen, also versuchen, in der Heterogenität der beobachteten Ereignisse eine objektive Tendenz auszumachen:

"Die Weltgeschichte ... hat bewiesen, daß sie sich um 'angeborene' und 'göttliche' Rechte nicht kümmert, schon deswegen nicht, weil göttlich und uns angeboren doch nur der Verlauf der Geschichte selbst sein kann." (VW 31 2 2 21) - "Es gilt, die Wichtigkeit der Einzelvorgänge ... für jedes Ereignis zu bewerten. So müssen die kleineren Episoden zurücktreten vor den Hauptzügen, welche die geschichtliche Entwicklung bestimmt haben. Schließlich ist dies das einzige, worauf es ankommt." (FZ 41 1 1 27) - "Gerade weil wir die Ansicht teilen, daß das alte preußische Königtum in der Zeit seiner Kraft und Blüte dem politischen Zustand des von ihm geführten Volkes angemessen war und damit in der Bahn der nationalen geschichtlichen Entwicklung lag, ... sind wir heute überzeugt, daß alle Versuche einer monarchischen Restauration ... vollständig fruchtlos sein werden" (FZ 41 1 1 21).

Dabei besteht freilich permanent die Gefahr, daß eine beobachtbare Entwicklungstendenz zu einem selber als geschichtliches Subjekt wirkenden "Geist der Geschichte" hypostasiert und in diesem Gewand die bereits abgedankten Verläßlichkeiten gleichsam durch die Hintertüre zurückkehren: Es brauchen nur die subjektiven Erwartungen und die angebliche objektive Richtung des geschichtlichen Prozesses in eins gesetzt zu werden, um die eigenen Aspirationen mit einer Aura von Gewißheit und Bestimmung zu umgeben und die Offenheit der modernen Deutung geschichtlicher Zeit zu relativieren und mit deterministischen und/oder Heilsvorstellungen zu verknüpfen:

"Erst wenn all diese Wünsche erfüllt sind, erst dann hat die deutsche Demokratie ihre Sendung erfüllt ..." (DGA 21 1 1 28) - "Die Verfassung von Weimar beruht auf dem allgemeinen, gleichen Wahlrecht ... und dem parlamentarischen System. Bredt (Prof. Dr., Vors. der Wirtschaftspartei; D.S.) zeigt in überzeu-

---

[28] Vgl. Koselleck, 1977: a.a.O., S. 330 f.

gender Weise, daß es sich hier um eine natürliche, gar nicht aufzuhaltende Entwicklung gehandelt habe" (VW 31 2 1 26).

Die moderne Vorstellung von der geschichtlichen Zeit ist gewissermaßen Voraussetzung des wertrational-prozeduralen Deutungsmodells, weil erst sie Geschichte auf immanente Kräfte zurückführt und damit die Chance ihrer tätigen Aneignung offeriert. Damit wird die geschichtliche Bewegung dem Wirken transzendenter Mächte entrissen und den Strategien rationaler Planung und Steuerung zugänglich. Die expropriierten außergeschichtlichen Absolutheiten stehen nun freilich auch als Stifter normativer Grundlagen nicht mehr zur Verfügung: Der Immanenz der geschichtlichen Bewegungskräfte entspricht die Verpflichtung auf eine immanente Legitimierung ihres Wirkens.

Für den unmittelbar politischen Bereich staatlicher Organisation ergibt sich aus der modernen Geschichtsvorstellung also die Forderung einer immanenten, und das kann nur heißen: formalen Legitimation, die in der Weimarer Verfassung durch die Institutionalisierung von *Verfahrensregeln* einzulösen versucht wird: Unter Berufung auf unveräußerliche Freiheits- und Gleichheitsrechte sollen Prozesse freier politischer Willensbildung garantiert und die Durchsetzung des auf der Grundlage parlamentarischer Mehrheitsentscheidung ermittelten idealen Gemeinwillens gewährleistet werden.

Insofern gehorchen die moderne Vorstellung von der geschichtlichen Zeit und jene Vorstellungen vom Staat, die auf die Rationalität staatlicher Verfahrensweisen abgestellt sind, ein und derselben prozeduralen Logik.[29] So ist es auch ganz folgerichtig, daß alle in dieser Hinsicht einschlägigen, auf die Organisation des demokratischen Prozesses referierenden Staats-Kategorien gemeinsam mit dem modernen Geschichtsbild im positiven Bereich der ersten Achse und damit innerhalb des republikanischen *clusters* laden:

Vom Staat - konkret von der Weimarer Republik, die danach zumeist positiv beurteilt wird - wird erwartet, daß das Volk als Souverän sein Parlament durch Mehrheitsentscheid wählen und ebenso wieder abberufen kann und das Prinzip

---

[29] Dieser Zusammenhang zwischen moderner Geschichtsvorstellung und immanenter Rechtfertigung des Staates muß keineswegs *ex post* festgestellt werden, sondern wird von den Klassikern bürgerlich-liberalen Denkens explizit formuliert. Als Beispiel sei ein Zitat von John Stuart Mill angeführt, in dem die Legitimation von Herrschaft radikal an ihre Zweckmäßigkeit angesichts je geltender historischer Bedingungen gebunden wird: "Das Prinzip der Freiheit hat dort nichts zu suchen, wo die geschichtliche Entwicklung noch nicht einen Zustand erreicht hat, in dem die Menschen zu freier und gleichberechtigter Diskussion fähig sind. Bis dahin bleibt ihnen nichts übrig, als einem Abkar oder Karl dem Großen zu gehorchen, wenn sie so glücklich sind, einen zu finden. Sobald jedoch die Menschheit die Fähigkeit erreicht hat, durch Überzeugung oder Überredung einem glücklichen Zustand zugeführt zu werden (...), ist jeder Zwang (...) nicht länger als Mittel zu ihrem eigenen Besten zulässig und gerechtfertigt allein zur Sicherung anderer" (John Suart Mill, 1859: *On Liberty* (deutsch: Die Freiheit, übersetzt und mit Einleitung und Kommentar hrsg. von A. Grabowsky, Zürich 1945), zit. nach: Lothar Gall/Rainer Koch (Hg.) 1981: Der europäische Liberalismus im 19. Jahrhundert. Texte zu seiner Entwicklung (4 Bände), Erster Band, S. 119-132, hier: S. 128 f.).

der Gewaltenteilung befolgt wird [*parlamentarische Demokratie, parlamentarische Demokratie (WR+)*]:

"... die Verfassung (ist) bewußt eingestellt auf die Regierung des ganzen Volkes." (DGA 21 2 1 28) - "Gesetzgebung und Verwaltung sind fortan getragen vom Willen des Volkes, und Reichspräsident wie Reichsminister danken ihre Ämter dem Vertrauen des Volkes, dessen Verlust ihren Sturz zur Folge hat." (VW 31 2 1 24) - "Kann es demnach noch eine Verfassung geben, die toleranter, die demokratischer, die fortschrittlicher und den Massen zugetaner ist als die Weimarer?" (DGA 21 2 1 28) - "Das Parlament hat heute nicht zu kontrollieren und zu verhindern, heute ist es selbst der Träger staatlicher Verantwortung durch die Regierung, die aus ihm hervorgeht, und infolgedessen muß auch jeder einzelne Wähler bei der Ausübung seiner staatsbürgerlichen Handlungen, vor allem der Wahl, erfüllt sein von dem Gedanken der Verantwortung gegenüber dem Ganzen" (HILFE 45 2 1 26).

In der Privilegierung des Parlaments als Institution politischer Entscheidungsfindung objektiviert sich der prozedurale Legitimationstyp auf zweifache Weise: Erstens im Wahlverfahren, das das repräsentative Verhältnis des Parlaments zum Wahlvolk gewährleisten soll, und zweitens in der Idee, innerhalb des Parlaments diskursiv rationale Entscheidungen auf dem Wege argumentativen Überzeugens, der einvernehmlichen Kompromißbildung und - wo die nicht gelingt - kraft Mehrheitsvotum herbeizuführen.

"Das zeichnet eben die Verfassung aus, daß der Kampf mit geistigen Waffen für jede politische Anschauung freigegeben ist. Niemand hat es noch nötig, zu den Mitteln der Gewalt zu greifen, um seine Auffassung zum Siege zu führen" (VW 31 2 2 21).

So konstitutiv dieser Kodex der Entscheidungsfindung für den Parlamentarismus auch ist, die empirische Wirklichkeit ist oft allzu entäuschend:

"Aus dem Kampf der Meinungen mit geistigen Waffen ist nicht zuletzt von rechts her (.) ein Guerillakrieg geworden, der mit Schmutz in Wort und Bild, mit persönlicher Verunglimpfung jedes Gegners, kurz mit allen nur ausdenklichen unanständigen Mitteln geführt wird. Wir bereuen es dennoch nicht, daß die Weimarer Verfassug auch ihren Gegnern jede Freiheit der Betätigung gegeben hat." (VW 31 2 2 21)

Der Mehrheitsentscheid innerhalb wie außerhalb des Parlaments gilt sowohl als probates Mittel der effektiven Kontrolle der Regierung als auch als einzig rationales Verfahren der Führerauslese. So schreibt Erich Koch, Vorsitzender der DDP, zum Verfassungstag 1924 in der Vossischen Zeitung:

"Nein, ich bin der Meinung, daß das Prinzip der Führerauslese, die schließlich das Wichtigste in jeder Verfassung ist, besser gewahrt ist in der reinen Demokratie mit ihren klaren Verantwortlichkeiten als in irgendeiner monarchischen

Staatsform, in der man jedesmal ein Jahrhundert zu warten hat, bis ein Monarch an die Spitze tritt, der selbst etwas kann oder wenigstens von der Auswahl der richtigen Männer etwas versteht." So kommt der Autor zu dem Schluß: "Mir scheint also, die neue Verfassung hat die Aufgabe, dem deutschen Volke Führer zu schaffen, gelöst. Und wichtiger als alle Redekämpfe im Parlament und in Volksversammlungen ist die Frage der Führerauslese. Die Sicherheit, mit der die demokratischen Staatsverfassungen Englands und Frankreichs im Kriege Männer an die Spitze der Nation gebracht haben, die sich im Eifer für ihr Land, in der klugen Behandlung der Volksseele, in der Geschicklichkeit der außenpolitischen Verhandlungen turmhoch über die deutschen Staatsmänner erhoben, ist entscheidend für ihre Güte." (VOSS 42 2 2 24).

Fernerhin werden die Merkmale des modernen Anstaltsstaates - die Effizienz und die Funktionstüchtigkeit seiner Verwaltung - als Qualitätsmaßstab an die Wirklichkeit der Weimarer Republik anglegt und, wo der staatliche Ist-Zustand den Anforderungen nicht genügt, Offenheit für Reform und Verbesserung eingefordert. Dadurch werden die republikanischen Institutionen, deren Legitimation an die Rationalität ihrer Verfahrensabläufe, gewissermaßen also an Kategorien interner zeitlicher Strukturierungen geknüpft ist, selber als *work in progress* vorgestellt und damit auch extern konsequent der Verzeitlichung unterworfen [*Working System, Working System (WR+)*]:

"Politischer und sozialer Fortschritt ist das Lebensprinzip der Republik." (VW 31 3 1 31) - "... Anerkennung, daß die Weimarer Verfassung für die Lösung der beiden bedeutendsten unserem inneren Staatsleben sich stellenden Aufgaben eine geeignete Grundlage geschaffen hat." (VOSS 41 2 1 21) - "... liegt die Werbekraft der Verfassung darin, daß sie unter allen Verhältnissen die beste Leitung der öffentlichen Angelegenheiten sichert." (HF 44 2 1 26) - "Die wechselnden Erfordernisse der Zeit bestimmen, was es (das Reich) im Interesse der Gesamtheit selbst, was es durch die Länder regeln und verwalten läßt." (FZ 41 2 1 22) - "Die Weimarer Verfassung hat sich bewährt. Wenn auch die Kompromißnatur mancher Bestimmung in der Anwendung Schwierigkeiten macht, ist doch im Ganzen die Kompetenz des Reichsrats, des Reichstags, des Reichspräsidenten wohl ausgewogen ..." (BT 43 2 1 22) - "(die Verfassung) ein Spiel vieler Gewichte, kunstvoll gefügt wie bei dem von Meisterhand geschaffenen Uhrwerk alter Kathedralen." (VOSS 42 2 1 32) - "Sie (die Mängel der Verfassung) zeigen uns, daß es nötig ist, ein schnell geschaffenes Werk dauernd zu prüfen, auszubauen und zu bessern" (GER 52 2 1 28).

In der Vorstellung vom Staat als *work in progress* wird der Zusammenhang zwischen dem Verlust der Transzendenz, modernem Geschichtsbild und immanenter Legitimierung politischen Handelns explizit: Ebenso wie die Anforderungen an den Stand staatlicher Entwicklung aus den Möglichkeiten, die die objektiven historischen Bedingungen bieten, abgeleitet werden, setzen umgekehrt auch die Beschränktheiten des geschichtlichen Entwicklungsniveaus den

Möglichkeiten staatlicher Rationalisierung eine definitive Grenze. In dieser Vorstellung objektiviert sich sowohl ein Bewußtsein um die historische Ungleichzeitigkeit des chronologisch Gleichzeitigen als auch eine Evolutionslogik, derzufolge Fortschritt sich in dialektischen Prozessen der Beseitigung von Ungleichzeitigkeiten durch Anpassung des historisch Überständigen und der Herstellung neuer Ungleichzeitigkeiten durch besonders dynamische, historisch vorauseilende Realitätsbereiche vollzieht:

"Die Zeiten sind vorüber, wo der Gesetzgeber die Tafeln mit den zehn Geboten vom Berg Sinai herunterholen konnte. Die heroische Zeit ist auch auf dem Gebiete der Gesetzgebung vorüber. Heute vollstreckt der Gesetzgeber den Willen des Volkes. Keine demokratische Verfassung vermag Ideen, die unausgereift sind, dem Volke aufzudrängen. Was man von ihr verlangen muß, ist nur, daß sie entwicklungsfähig ist und den Weg für solche Gedanken nicht verbaut" (VOSS 42 2 2 24).[30]

Eine - eher qualitativ als statistisch - signifikante Differenzierung innerhalb des republikanischen *clusters* bilden die unterschiedlichen Traditionen verhafteten Deutungen des Gleichheitsbegriffs in der bürgerlich-liberalen und der proletarisch-sozialistischen Demokratiekonzeption.[31] Gleichheit im liberalen Sinne verlangt vom Staat, konkret: der Weimarer Republik, daß er die Persönlichkeitsrechte - Meinungs-, Preß-, Versammlungs- und Organisationsfreiheit - seiner Bürger, Rechtsgleichheit und Rechtssicherheit als die Voraussetzungen sowohl bürgerlicher Emanzipation als auch - Vertragssicherheit! - kapitalistischen Wirtschaftens zu garantieren vermag (*Rechtsstaat*)[32]:

Demgemäß legt die Verfassung dem Staat "Schranken auf vor der Sphäre der persönlichen Freiheit und den naturgegebenen Rechten des Individuums und weist eine etwaige Willkür des Staates bzw. seiner Gesetzgebungs- und Verwaltungsorgane in klare Grenzen." (KVZ 51 2 1 22) - "Die demokratische Staatsform, so wie sie in Weimar festgelegt wurde, gab allen Volkskreisen freie Bahn und gleichen Start." (VOSS 42 2 1 28).

---

[30] Vgl. kontrastierend das im letzten Abschnitt dargestellte mythisch-analogische Schema. Das Zitat - "... die heroische Zeit ist vorüber ..." - argumentiert direkt gegen den vormodernen Heroismus der antirepublikanischen Rechten.

[31] Auch wenn diese Unterscheidung statistisch von eher geringer Relevanz ist, so wird sie in der graphischen Darstellung (siehe *Grafik 1*) doch durch die Lage der zweiten Achse visualisiert: Die Zeitungen des republikanischen *clusters*, in denen der liberale Gleichheitsbegriff dominiert, kommen oberhalb, diejenigen, in denen der sozialistische privilegiert ist, unterhalb der y-Achse zu liegen. Die saubere Trennung ist allerdings nicht überwiegend auf die beiden explizit die verschiedenen Konzepte der Gleichheit beschreibenden Kategorien 'Rechte' und 'SozStaat', sondern auf kumulative Effekte mehrerer Kategorien zurückzuführen.

[32] Jenes Recht also, das, wie Anatol France spottet, "in majestätischer Gleichheit dem Reichen wie dem Armen verbiete, Brot zu stehlen und an den Straßenecken zu betteln" (zit. nach: Hermann Heller, 1926: *Die politischen Ideenkreise der Gegenwart*, Breslau, S. 69).

Freilich sollte sich zeigen, daß die liberalen Gleichheitsforderungen zwar von der Verfassung zugesagt, zumindest in der Auflösungsphase aber nicht von der republikanischen Realität, die geprägt ist durch Regierungen auf der Grundlage des Ausnahmezustands-Artikels 48, eingelöst werden konnten:

"Was blieb nach dreizehn Jahren, von der feierlichen Präambel zur Verfassung des Deutschen Reiches ... ? Ein historisches Dokument, das Werk der Weimarer Nationalversammlung, von deren einhunderteinundachtzig Artikeln nur einer das dreizehnte Jahr der Republik in voller Jugendfrische erreichte, Artikel 48, der Artikel des Ausnahmezustands und der Diktaturgewalt" (BT 43 2 1 32).

Dagegen nimmt sich der sozialistische Gleichheitsbegriff, darin weit über das formale Recht hinausgreifend, die gesamte sozio-ökonomische Bedingtheit gesellschaftlicher Existenz zum Ausgangspunkt und knüpft die Legitimität des Staates an seine Fähigkeit zur Druchsetzung "sozialer Demokratie" [*Sozialstaat, Sozialstaat (WR+)*]:

"Es war nicht der Wille der Schöpfer der Verfassung von Weimar, eine plutokratische Republik zu begründen und die Verfassung einer Republik des Besitzes zu schreiben. Der Geist der Verfassung von Weimar ist nicht der Geist einer formellen Demokratie, die Verfassung von Weimar ist erfüllt von sozialem Geiste. Das Ziel, das ihren Schöpfern vorschwebte, war nicht nur formelle Gleichberechtigung, sondern soziale Gerechtigkeit" (VW 31 2 2 25).

In der genuin sozialistischen Deutung bildet diese soziale Demokratie einen klaren Gegensatz zur kapitalistischen Wirtschaft; das Ziel, anzustreben auf dem Wege der Reform -

"Die Weimarer Verfassung ist nicht sozialistisch. Aber was Karl Marx einmal von den Vereinigten Staaten Amerikas gesagt hat, daß ihre Verfassungseinrichtungen den Sieg des Sozialismus ohne Gewaltanwendung möglich erscheinen lassen, gilt in erhöhtem Maße von dem Deutschland der Weimarer Verfassung." (VW 31 2 1 24)

- kann nur die Errichtung eines demokratischen Sozialismus sein:

"Die Aufgabe des Sozialismus ist es, unser Jahrhundert aus der kapitalistischen Beutewirtschaft heraus in die friedliche Gemeinwirtschaft der Welt überzuführen." (VW 31 2 1 21) - "Die ökonomische Revolution stellt nun die Sozialisierung als ökonomische Forderung auf die Tagesordnung der Politik" (LVZ 32 3 1 20) - "Auf dem Boden der eroberten Demokratie sollte das Werk des Aufbaues des sozialistischen Staates in Angriff genommen werden." (VW 31 3 1 21) - Es geht demnach darum, "zu der politischen Umwandlung von 1918 die ökonomische zu fügen, die das Ereignis des Jahres 1918 für die Arbeiterklasse erst zu einer wirklichen Umwälzung, nämlich zur Ersetzung der herrschenden privatkapitalistischen Tendenzen durch soziale und sozialistische führt ..." (VW 31 3 2 28).

Die Vorstellung von einer sozialen Verpflichtung der Demokratie ist aber durchaus auch, wenngleich mit viel geringerem Stellenwert, im liberal-demokratischen Denken verankert, gleichwohl ohne auf eine sozialistische Konzeption von Gleichheit zu verweisen. Dahinter steht vielmehr die Sehnsucht nach einer von Klassenkämpfen ungestörten Harmonie der Volksgemeinschaft:

"Erst der Staat wird unser Vaterland des Herzens sein, in dem sich Industrieller und Arbeiter, Kaufmann und Beamter, Angestellter und Intellektueller brüderlich die Hand reichen." (DGA 21 2 1 27) - "Der Geist einer wahrhaften Republik, einer demokratischen und sozialen Volksgemeinschaft möge nicht in den Artikeln der Verfassungsurkunde begraben bleiben, sondern Leben gewinnen in unseren Herzen und in unserem Tun." (FZ 41 2 1 27) "Von den Millionen Arbeitern, die in jener Partei (gemeint ist die SPD; D.S.) ihre politische Vertretung sehen, schrieb kürzlich eine rechtsstehende Zeitschrift, daß wir 'ohne sie kein Volk sind'. Durch die Verfassung ... ist für die Volksgemeinschaft ... das Fundament gelegt. Wem 'Volksgemeinschaft' keine Phrase ist, wer über alle Parteianschauungen hinaus das Bewußtsein der nationalen Schicksalsgemeinschaft beleben und erhalten will, der wird den Verfassungstag begehen als einen Tag der Volksgemeinschaft ..." (VOSS 42 2 1 26) - "Wir, die wir noch glauben und hoffen, sehen die unheilvolle Zerreißung des deutschen Volkskörpers. ... Nur einige sind frei und fühlen sich frei. Auf diesen Freien ruht unsere Hoffnung: den Freien, die sich nicht scheuen, sich als Volk zusammenzufinden, mögen sie Sozialisten, Katholiken oder Jungkonservative, mögen sie Akademiker oder Arbeiter sein, mögen sie dem Reichsbanner oder den Wehrverbänden angehören" (GER 52 2 1 27).

Deutungsfiguren wie die angeführten finden sich in der liberalen Publizistik nicht sehr häufig; es handelt sich hauptsächlich um eine Erscheinung der Stabilisierungszeit der Republik, die sich wohl entweder dem Versuch einer Aneignung des bis dahin von der antirepublikanischen Rechten monopolisierten nationalen und Gemeinschaftsdenkens verdankt oder Ausdruck einer national-"volklichen" Euphorie im Zeichen der sich stabilisierenden Republik ist. Bedeutung erlangen Textstellen wie die oben angeführten trotz ihrer geringen Zahl in zweifacher Hinsicht: Erstens weisen sie auf eine Brücke hin, die von der politischen Kultur des Liberalismus zu der des rechten Autoritarismus führt und möglicherweise einen Hebel für die Transformation des einen in den anderen darstellt. Und zweitens markieren sie die signifikanteste Distinktion innerhalb des republikanischen *clusters*:

Im Katalog sozialdemokratischer Staatsvorstellungen spielt die nationale Einheit eine ganz periphere Rolle, während sie in Texten aus liberalen und vor allem zentrumsnahen Zeitungen doch bemerkenswert häufig notiert wurde[33] -

[33] Werden die absoluten Kodierhäufigkeiten nach der Anzahl der im Sample befindlichen Texte gewichtet, so ergibt sich für die Kategorie 'Einheit' bei den beiden sozialdemokratischen Zei-

hier und in den unterschiedlichen Konzeptionen von 'Gleichheit' zeigt sich eine innere Strukturierung des republikanischen *clusters*, in dem zwei Linien, die - beide in demokratischer Tradition stehend - sich seit der zweiten Hälfte des 19. Jahrhunderts ausdifferenziert hatten und in der Weimarer Republik gemeinsam das demokratische Feld politischer Deutungskultur besetzen.

Bisher konnten die im Bereich des Modells immanenter Rechtfertigung ladenden Vorstellungen vom Staat (*Sozialstaat, parlamentarische Demokratie, Rechtsstaat, Working System*) und die ihnen korrespondierenden positiven Beurteilungen der Weimarer Republik [*Sozialstaat (WR+), parlamentarische Demokratie (WR+), Rechtsstaat (WR+), Working System (WR+)*] jeweils in einem Zuge beschrieben werden; das war möglich, weil bspw. nicht nur die Vorstellung vom Rechtsstaat, sondern auch das Urteil, daß die Weimarer Republik ein solcher sei, gleichermaßen positiv mit der ersten Achse korreliert sind. Für andere Kategorien, die günstige Urteile über die Republik erfassen, gilt das allerdings nicht. Es ist eine bemerkenswerte Asymmetrie, daß zwar die Einschätzungen, denenzufolge die Republik Autorität besitze [*Autorität (WR+)*], Stabilität, Sicherheit [*Stabilität (WR+)*] und die nationale Einheit [*Einheit (WR+)*] gewährleiste, allesamt hochgradig positiv mit der ersten Achse korrelieren und damit im Feld des Modells immanenter Legitimation respektive des republikanischen *clusters* zu verorten sind, die ihnen entsprechenden allgemeinen Staatsvorstellungen aber am entgegengesetzten Ende der selben Achse[34], auf einer anderen Achse[35] oder nirgendwo signifikant laden[36].

Diese Asymmetrie sieht auf den ersten Blick nach einer beachtlichen Inkonsistenz und einer effektiven Widerlegung der Behauptung aus, die Vorstellungen seien als bedeutungstragende Elemente zu regelmäßigen Deutungssystemen organisiert. Auf den zweiten Blick allerdings läßt sich dieselbe Asymmetrie als schlüssiges Resultat der Anwendung des auf immanente Legitimation verpflichteten Deutungsmodells ausweisen.

Unerheblich sind in diesem Zusammenhang die Kategorienpaare *Einheit/Einheit (WR+)* und *Stabilität/Stabilität (WR+)*. Als allgemeine Staatsvorstellungen formuliert, handelt es sich dabei um politische Gemeinplätze, die

---

tungen ein Wert von .16 (d.h. die Kategorie ist in nicht einmal jedem sechsten Text einmal kodiert worden), für die anderen republikanischen Zeitungen dagegen ein Wert von .83.

34 So die Kategorien *Machtstaat* und *Staat mythisch*, deren positiv auf die Weimarer Republik gemünzte Entsprechungen mit einigen anderen zu der Kategorie *Autorität (WR+)* fusioniert wurden.

35 Wie die auf der zweiten Achse ladenden Kategorien *Aristokratie (S)*, *Kulturstaat*, *Großdeutschland*, *Organismus (S)*, die als Urteile über die Republik ebenfalls unter die Kategorie *Autorität (WR+)* gefaßt wurden.

36 So *Stabilität (S)* und *Einheit (S)*, die im ganzen nicht-kommunistischen Spektrum einigermaßen gleichmäßig gepflegt und dadurch "neutralisiert" werden.

deshalb nirgendwo laden; positiv bezogen auf die Weimarer Republik laden sie im positiven Bereich der ersten Achse, weil im Allgemeinen nur die republikanischen Zeitungen günstig über die Republik urteilen und es deswegen auch hinsichtlich dieser Kategorien tun.

Aufschlußreicher und gleichzeitig komplizierter ist der Fall bei den anderen der genannten Kategorien. Der Tatbestand ist ja offensichtlich der, daß die Zeitungen des republikanischen *clusters*, die identisch sind mit den Trägern des *codes* immanenter Rechtfertigung, der Republik Leistungen attestieren, die sie selber von einem guten Staat gar nicht oder zumindest nur am Rande und mit sehr viel weniger Nachdruck als andere Teile des politischen Spektrums verlangen. So erklären die Zeitungen des republikanischen *clusters* die Weimarer Republik im Vergleich zu denn anderen Zeitungen zwölfmal so oft (absolut 181:15) für einen Staat, der Autorität besitzt [*Autorität (WR+)*], wogegen bei den entsprechenden Kategorien auf der Ebene allgemeiner Staatsbilder umgekehrt die außerhalb dieses *clusters* befindlichen Organe über fünfmal öfter (absolut 1296:238) autoritäre Staatsvorstellungen äußern.[37]

Die Bereitschaft, für die Republik Geltungsgründe ins Feld zu führen, die, gemessen an den eigenen Vorstellungen, zwar nicht gerade gegen die Republik sprechen, aber auch nicht eben die prominentesten für sie sind, erklärt sich aus jenem diskursiven Politikverständnis, das bereits an der Privilegierung des Parlaments als politischer Entscheidungsinstanz explizit wurde [*parlamentarische Demokratie/parlamentarische Demokratie (WR+)*] und integraler Bestandteil des Schemas immanenter Legitimation ist. Der Republik eine Autorität zu attestieren, die man selber von ihr gar nicht verlangt, ist als Ausfluß einer prorepublikanischen Beliebigkeit nicht hinreichend erklärt, sondern kann nur im Kontext des an Verfahrensregeln - zu denen auch die Prozedur des argumentativen Überzeugens gehört - orientierten Deutungcodes als Bestandteil einer diskursiven Strategie verstanden werden: Es geht um den Versuch einer kommunikativen Überwindung der antirepublikanischen Aversionen der politischen Gegner. Man antizipiert jene Vorstellungen vom Staat, die die Gegner der Republik haben, und sucht den Nachweis zu führen, daß die Republik durchaus auch in ihrem Sinne sein müsse. Argumentativ sollen die Gegner von der Grundlosigkeit ihres Antirepublikanismus überzeugt werden:

"Selbst da, wo man die Weimarer Verfassung unter dem Gesichtspunkte des staatlichen Hoheitsrechtes und eines mehr autoritären Denkens betrachtet, erfüllt sie die Anforderungen in hohem Maße" (KVZ 51 2 2 27). Mit Erinnerungen an die breite Gemeinsamkeit, mit der die Verfassung in der Weimarer

---

[37] Rechnete man die beiden Zentrums-Blätter *Kölnische Volkszeitung* und *Germania*, die sich an der Peripherie des *clusters* befinden, heraus, so würden die Verhältnisse noch deutlicher: Dann hätten die nicht-republikanischen Zeitungen bei den autoritären Staatsvorstellungen ein Übergewicht von 11:1 (absolut 1296:118; im republikanischen Feld entfallen 50% aller autoritären Staatsvorstellungen auf *Kölnische Volkszeitung* und *Germania*).

Nationalversammlung erarbeitet worden sei, appelliert man an die Bereitschaft ihrer Gegner zu konstruktiver Mitarbeit: So sei die Verfassung "ein großes nationales Werk. Gewiß in erster Linie dem Pflichtgefühl und Staatsbewußtsein der republikanischen Parteien zu danken ... Aber im ganzen doch ein Werk des gesamten Volkes, nahezu ohne Unterschied der Partei und des Stamms. ... Auch die Deutschnationale Volkspartei und die Deutsche Volkspartei haben an der Weimarer Verfassung kräftig und wirksam mitgearbeitet" (BT 43 2 1 24).

Der Grund für dieses Werben liegt darin, daß der parlamentarische Diskurs umso zuverlässiger zu rationalen Entscheidungen führt, je intensiver und konstruktiver sich alle Fraktionen an ihm beteiligen:

"Denn im Wesen des Parlamentarismus liegt nicht nur die Entscheidung durch die Mehrheit ... Im Wesen des Parlamentarismus liegt die verantwortliche Mitarbeit der Opposition. Im Wesen des Parlamentarismus liegt es, daß das Gesetz gefunden wird durch die Teilnahme des gesamten Parlamentes im kontradiktorischen Verfahren. ... Zum Wesen demokratischer Gesetzgebungsarbeit gehört das Ja der Mehrheit und das Nein der Opposition, gehört der Wille der Opposition zur sachlichen Mitarbeit, zur Verbesserung nach bestem Wissen und Gewissen, gehört auch der Wille der Mehrheitsparteien, die sachliche Mitarbeit der Opposition anzuerkennen und nach bestem Wissen und Gewissen über sie zu entscheiden" (VW 31 2 2 25).[38]

Der Modus diskursiver Herstellung von Rationalität und der Versuch, möglichst weite Teile der gesellschaftlichen Kräfte in den politischen Diskurs zu integrieren, sind ebenso Resultat der Anwendung des auf Immanenz abgestellten Deutungsmodells wie die prozedurale Legitimation des Staates im Allgemeinen und der Weimarer Republik im Besonderen; und genau wie es den staatlichen Institutionen als *work in progress* widerfährt, wird der Schlüsselbegriff 'Vernunft', gedeutet als Resultat eines Diskussionsprozesses, zu einer permanent neu zu bestimmenden Kategorie verzeitlicht. Im Kontrast zu den manifesten Tendenzen politisch-kultureller *Schließung*, die das mythisch-analogische Schema erzeugt, strebt die Logik des diskursiv-prozeduralen Modells einer politisch-kulturellen *Öffnung* zu. Das hat seinen Grund darin, daß eine diskursiv erzeugte Rationalität umso bessere Rechtfertigungsgründe vorzuweisen hat, je mehr Individuen oder Gruppen, Parteien und Standpunkte an ihrer Hervorbringung beteiligt waren - wie umgekehrt jede Ausgrenzung von Meinungen aus dem Diskurs die Legitimation seiner Resultate relativiert - und objektiviert

---

[38] Das Zitat bezieht sich - unter der Überschrift "Gefeiert - gebrochen! Verfassungstag 1925." - auf die Verabschiedung eines Zollgesetzes gegen die Stimmen der SPD-Opposition; in diesem Falle sollen also nicht die Gegner der Republik zur Mitarbeit aufgefordert, sondern das Recht einer republikanischen Opposition auf Mitarbeit eingeklagt werden. Aber auch wenn hier das Motiv ein "egoistisches" ist, gibt das Zitat eine ausgezeichnete Illustration des diskursiven Verständnisses von der Parlamentsarbeit.

sich in der Dominanz der Kategorie des politischen *Gegners* über die des politischen *Feindes*: Bereits im ersten Überblick über die erste Achse wurde auf die asymmetrische Verteilung von Staatsvorstellungen und Kategorien der Ein- und Ausgrenzung auf den positiven und den negativen Bereich der Achse hingewiesen. Die geringe Zahl von nur drei Eigen- und Fremdgruppenkategorien im positiven Achsenbereich, wo das Modell der immanenten Legitimation seinen Ort hat (im Vergleich zu zehnen, die im Bereich des mythisch-analogischen Schemas laden), kann nun allgemein so erklärt werden, daß Strategien rigider Ein- und Ausgrenzung, wie sie die einschlägigen Kategorien überwiegend beschreiben, mit der Logik des Modells nicht vereinbar sind.

Eine genauere Inspektion ergibt, daß die dennoch im Bereich des Immanenz-Modells ladenden Kategorien der Distinktion von politischem Freund und politischem Gegenspieler [*Vernunft (EF), Zukunft (EF), Staatsfeinde*] zwar asymmetrisch sind, aber keine totale Ausgrenzung des Anderen vornehmen, noch einen Exklusivitätsanspruch der Eigengruppe implizieren - wie es im mythisch-analogischen Schema der Fall ist -, sondern vielmehr selber die Möglichkeit ihrer diskursiven Aufhebung in sich tragen. So ist die bedeutsamste unter den Unterscheidungen, die in den Zeitungen des republikanischen *clusters* zwischen eigener politischer Position und der des Gegners vorgenommen wird, die zwischen

Vernunft		Unvernunft
Besonnenheit		Hitzköpfigkeit
Reife/Mündigkeit	und	Unreife/Unmündigkeit
Gerechtigkeit		Ungerechtigkeit
Erkenntnis/Einsicht		Uneinsichtigkeit/Lernbedürftigkeit

[*Vernunft (EF)*],[39] ein asymmetrischer Distinktionsmodus also, der aber prinzipiell durch Lernprozesse überwindbar ist:

"Die Gegner der Republik ... müssen sich heute zugestehen, daß sie in einer Täuschung befangen waren." (VW 31 2 1 22) - "Ihr (der politischen Führungsschichten des Kaiserreichs; D.S.) Hauptfehler liegt darin, daß sie nicht erkannt haben ..." (VOSS 42 3 1 21) - "... noch widerstrebende(n), noch mit Vorurteilen und schiefen Gedanken belastete(n) Köpfe(n) ..." (BT 43 2 2 25) - "Es stellte sich heraus, daß die Rechtsregierung ... keinerlei Programm ... hatte." (BT 43 2 1 25)

---

[39] In den 167 Texten aus den Zeitungen im Bereich des Modells immanenter Rechtfertigung, also aus dem *Vorwärts*, dem *Dortmunder Generalanzeiger*, der *Frankfurter* und der *Vossischen Zeitung*, dem *Berliner Tageblatt*, der *Kölnischen Volkszeitung* und der *Germania*, wurde die Kategorie 438 mal, also durchschnittlich 2.6 mal pro Artikel, kodiert (zum Vergleich: in den 149 Texten aus der *Deutscher Tageszeitung*, dem *Tag*, dem *Berliner Lokalanzeiger*, dem *Stahlhelm*, dem *Völkischen Beobachter* und dem *Angriff*, die Träger des mythisch-analogischen Schemas sind, beträgt die durchschnittliche Frequenz 0.7).

- "... nicht einen Funken von Einsehen in politische Notwendigkeiten gezeigt ..." (VW 31 3 1 25).

Dem kontrastieren auf der anderen Seite die Attribute der Vernunft und des Ausgleichs, die für das je eigene Lager in Anspruch genommen werden:

"Jeder Verständige weiß ..." (FZ 41 2 1 24) - "Der gerechte Beurteiler ..." (VOSS 42 2 1 24) - "... auf dem Wege zur harmonischen Ausgleichung von Gegensätzen ..." (HF 44 2 1 29) - "Sie (die Arbeiter; D.S.) begriffen dank ihrer politischen Schulung ..." (VW 31 3 2 21) - "Die klare Erkenntnis der neuen Bedingungen ..." (VW 31 3 1 28) - "... mit ausgezeichneten Mitteln eines klaren Verstandes und einer bewundernswerten Sachkenntnis ..." (DGA 21 3 1 30) - "Und dennoch: sehen wir die Dinge wie sie sind, lassen wir uns die Klarheit des Schauens und Denkens nicht durch Illusionen trüben ..." (DGA 21 2 1 29).

Die Unterscheidung *Vernunft versus Unvernunft* trennt prinzipiell politische Standpunkte, nicht Menschen oder Parteien: Es ist theoretisch denkbar und wird praktisch so gehandhabt, daß die Vielzahl politischer Positionen zu verschiedenen Problembereichen, die an einem anderen Ort des politischen Spektrums synchron eingenommen werden, eine differenzierte Beurteilung erfahren; also etwa die Einschätzung eines Faktums durch einen beliebigen politischen Akteur als unvernünftig abgelehnt, die Meinung, die derselbe Akteur zum gleichen Zeitpunkt zu einem anderen Tatbestand vertritt, aber durchaus als plausibel akzeptiert wird. Außerdem ist dieser Distinktionsmodus in zeitlicher Perspektive durchlässig: Wer zum einen Zeitpunkt als uneinsichtiger Gegner erscheint, kann durchaus zu einem anderen Zeitpunkt als vernünftiger Partner in Frage kommen. Solche Prozesse der Annäherung wie umgekehrt der Distanzierung politischer Positionen sind - jenseits aller Mehrheitsarithmetik - Voraussetzung wechselnder Koalitionsbildungen. Daß bei solchen Operationen in aller Regel den nötigen Wandel - das heißt: die Vergrößerung oder Verringerung des vernünftigen Potentials - vornehmlich der jeweils andere vollzogen haben soll, gehört mit zum Spiel und liegt durchaus in der Logik des Modells: Auch wenn die eigene Programmatik als an historische Bedingungen geknüpft und somit verzeitlicht verstanden wird, erfordert das politische Selbstverständnis doch allemal, ihr einen Vernunft-Vorsprung und infolgedessen einen geringeren Korrekturbedarf als den je konkurrierenden Programmen zuzubilligen.

Eine deutlich schärfere Grenze zum politischen Gegner als die zwischen 'Vernunft' und 'Unvernunft' wird durch die Etikettierung als *Staatsfeind* (konkret also: als Feind der Republik) errichtet. Es signalisiert, daß der Gegner sich in einem Bereich jenseits des als legitim anerkannten politischen Diskurses angesiedelt habe, steht also für eine Strategie echter, wenngleich nicht irreversibler Ausgrenzung. Zum Staatsfeind und damit tendenziell aus dem politischen Diskurs ausgeschlossen wird, wer in seinen politischen Vorstellungen die legitimatorische Minimalausstattung der Republik - das Mehrheitsprinzip, die Sicherung von Grundrechten, das parlamentarische Verfahren - offensiv nicht anerkennt. Allerdings wird im Bereich des republikanischen *clusters* auf eine verquere Weise gleichzeitig skrupulös und bedenkenlos mit der Kategorie *Staatsfeinde* hantiert:

Bei konsequenter Anwendung des Distinktionsmodells müßte die gesamte antirepublikanische Rechte, gleich ob monarchistisch-restaurativ, konservativ-revolutionär oder nationalsozialistisch, vom politischen Diskurs ausgeschlossen werden - freilich ein praktisch ebenso wie hinsichtlich der diskursiven Legitimation der Republik unmögliches Unterfangen in einem Staat, der oft eine "Republik ohne Republikaner" genannt wurde und jedenfalls nicht über einen halbwegs stabilen demokratischen Konsens verfügte. Stattdessen wurde die Kategorie der Staatsfeindschaft an das offene, deklamatorische Bekenntnis zu revolutionären oder sonstigen Umsturzbestrebungen gebunden, wogegen der objektive Antirepublikanismus etwa der DNVP, sofern er nur wenigstens für den Moment das staatliche Gewaltmonopol und die parlamentarischen Spielregeln anzuerkennen bereit war, für Zentrum und DDP, also Parteien der Weimarer Koalition, noch nicht einmal ein Hinderungsgrund für die Bildung von Regierungskoalitionen war.[40] Großzügig wurde dagegen mit der Ausgrenzung als *Staatsfeind* gegenüber Nationalsozialisten und vor allem Kommunisten verfahren, die, gewissermaßen im Zeichen einer "Weimarischen Totalitarismustheorie", bereitwillig in einen Topf gerührt wurden:

"Die Welle des Bolschewismus, die von Rußland her zu uns herüberwogte, ist abgeprallt. ... Die Fanfare des Fascismus, die von Italien zu uns herüberklang, ist mit einem schrillen Mißton abgebrochen ..." (VOSS 42 2 2 24) - "... das hysterische Geschrei der Sowjetfreunde und der Hakenkreuzanbeter" (VW 31 2 1 30).

Während das Merkmal *Vernunft versus Unvernunft* zwischen der eigenen und den konkurrierenden Positionen unterscheidet, indem es ihnen verschiedene Orte innerhalb des politischen Diskurses zuweist, trennt das zweite bedeutende Distinktionsmuster, das im Modell immanenter Rechtfertigung seinen Platz hat,[41] Freund und Gegner nach den Positionen, die sie auf der Linie der historischen Zeit einnehmen: Es unterscheidet zwischen Zukunftsbezogenheit und Fortschrittlichkeit einerseits und Anhänglichkeit an geschichtlich Überständiges und Rückschrittlichkeit andererseits [*Zukunft (EF)*]. Demzufolge steht das ei-

---

[40] Wobei freilich angemerkt werden muß, daß die SPD nach den Reichstagswahlen vom Dezember 1924, aus denen sie als deutlich stärkste Partei hervorgegangen war, mit Rücksicht auf die Stimmung ihrer Mitgliedschaft den Eintritt in die Regierung scheute und so ihr Teil zum Zustandekommen der Rechtsregierungen der nächsten Jahre beitrug.

[41] Die mittlere Frequenz pro Artikel beträgt in den Zeitungen des republikanischen *clusters* 3.6 (zum Vergleich: in der *Deutschen Tageszeitung*, im *Tag*, dem *Berliner Lokalanzeiger*, dem *Stahlhelm*, dem *Völkischen Beobachter* und dem *Angriff* liegt sie bei 0.5).

gene politische Programm - *Der Vorwärts* führt den Anspruch im Titel - auf der Höhe der Jetzt-Zeit:

"Diese (preußische; D.S.) Regierung hat aber nach der Kraft des Menschenmöglichen versucht, an der Eroberung einer deutschen Zukunft mitzuarbeiten ..." (VW 31 2 1 31) - "Auf den Trümmern des alten Systems wies die Sozialdemokratie den Weg in die Zukunft und die Ziele der Zukunft." (VW 31 3 1 26) - "Wir entrichten der Vergangenheit den Zoll: ehrt eure deutschen Meister! aber wir setzen hinzu gedenket auch der Zukunft, die nach neuen Plänen und nach neuen Meistern ruft!" (BT 43 1 1 31) - "Die Verfassung ... müssen wir lebendig machen. Zu ... einem lebendigen Werkzeug des Hinaufarbeitens in eine freie und gesicherte Zukunft." (FZ 41 2 1 21) - "Auf dem Wege zur nationalen Republik müssen wir unbeschadet aller unvermeidlichen Rückschläge vorwärtsschreiten." (GER 52 2 1 22) - "Aber neue Hoffnung, mutvolles Planen und rüstige Arbeit auf allen Gebieten." (VOSS 42 2 2 24) - "Es gilt vor allem, vorwärts zu schauen ..." (BT 43 2 1 25) - "Demokratie ist uns Deutschen jetzt als Aufgabe gestellt, Aufgabe der Selbsterziehung und der Volkserziehung" (FZ 41 2 1 26).

Anders die politischen Gegner, die sich gegenüber dem aktuellen Entwicklungsstand ungleichzeitig verhalten:

"... diese Aufgabe wird gemeistert werden, wenn die letzten in unseren Reihen, die noch in verbissenem Trotze das Neue verachten, einsehen gelernt haben, daß das Rad der Geschichte nicht mehr rückwärts gedreht werden kann." (KVZ 51 3 1 28) - "Die Junker pfeifen heute noch auf das Reich, wie das einst Fürst Hohenlohe in seinem Tagebuch notiert hat." (BT 43 2 1 22) - "... noch heute Anhänger des alten, nicht nur gestürzten, sondern vor der Geschichte auch längst innerlich überlebten Obrigkeitsstaates." (VW 31 2 1 31) - "Es hilft deshalb nichts, wenn wehleidige Seelen heute über die entschwundene monarchistische Herrlichkeit klagen ..." (VW 31 3 1 20) - "... die Mächte, die das ... Entwicklungstempo zurückrevidieren, das Rad der Zeit auf den vor dem 9. November besetzten Punkt zurückführen wollen." (VW 32 3 1 26) - "Es fehlt auf jener Seite an der Beweglichkeit des Geistes und der Kraft, sich ein Neues zu bauen ..." (FZ 41 1 1 25) - "... Wächter(n) des alten Systems ..." (BT 43 2 2 25) - "... die Ewig-Gestrigen und die politischen Klageweiber ..." (VW 31 3 1 27) - "... fast vergangenheitstrunken ..." (KVZ 51 2 2 22) - "... rückständige Junkerkaste ..." (VW 31 3 1 31).

Der Zusammenhang zwischen diesem Distinktionsmodus und der modernen, linear-prozeßhaften Vorstellung von der Struktur der geschichtlichen Zeit ist offensichtlich: Zur Rechtfertigung der je eigenen Politik und um sie gegenüber anderen Politiken abzugrenzen, wird sie als der Jetzt-Zeit angemessen beziehungsweise als die geeignete Strategie zur Beschleunigung des Übergangs zur "nächsten Zeit" ausgewiesen. Das Symbol, das das permanent Transitorische der Gegenwart veranschaulicht, ist immer wieder das "Rad der Geschichte", an dessen Lauf die eigene Bewegung sich anzugleichen hat; umgekehrt gilt der Versuch, es anzuhalten oder zurückzudrehen, als unsinnig, ist allenfalls als Ausbruch sentimentaler Regungen verständlich - eine Donquichotterie. Ebenso spiegeln die aktivischen Begriffe - Arbeit, Erziehung, Lernen stehen im Zentrum - die Imperative und Chancen der modernen Geschichtsvorstellung: das tätige Subjekt ist "geschichtsmächtig", Geschichte vollzieht sich als Geschichte ihrer Aneignung, die "Anhänger des Alten", die "Morschen" und "Überlebten" bleiben außen vor.

* * *

Das Modell immanenter Rechtfertigung erweist sich über alle drei Analyseebenen hinweg als ein in sich logischer und vollständiger Deutungscode, der weitgehend aus den Notwendigkeiten und Möglichkeiten, die sich aus der modernen Vorstellung von der Struktur der Zeit ergeben, deduziert werden kann. Er ist geprägt durch die Ersetzung transzendenter durch prozedurale Legitimierungen: den tätigen Eingriff in geschichtliche Entwicklung, das Mehrheitsprinzip als Delegierungsverfahren auf allen Wahlebenen, maßgeblich aber für das Parlament, diskursive Verfahren zur Herstellung von Rationalität innerhalb wie außerhalb des Parlaments.

Im Vergleich zum mythisch-analogischen Schema präsentiert sich das Modell immanenter Legitimierung in allen seinen Ausprägungen auf den verschiedenen Analyseebenen als vollständiges Gegenmodell: Überschneidungen zwischen beiden existieren weder in der Trägerschaft noch hinsichtlich der Deutungslogik. Es bestätigt sich die zeitgenössische Diagnose Paul Tillichs: "Das ursprungsmythische Bewußtsein ist die Wurzel alles konservativen und romantischen Denkens in der Politik."[42] Dagegen: "Die Brechung des Ursprungsmythos durch die unbedingte Forderung ist die Wurzel des liberalen, demokratischen und sozialistischen Denkens in der Politik."[43] Das mythisch-analogische Schema und das Modell immanenter Legitimierung definieren zwei distinkte Felder innerhalb des politisch-kulturellen Raumes der Weimarer Republik, wobei die Tatsache, daß die Achse, an deren Enden sie angesiedelt sind, die erklärungskräftigste des Modells ist, darauf hinweist, daß diese beiden säkularen Modelle politischen Deutens die Kontrahenten im Kampf um die politisch-kulturelle Hegemonie sind.

---

[42] Paul Tillich, 1933: *Die sozialistische Entscheidung*, Neuauflage Berlin 1980, S. 18.

[43] Ebd., S. 19. Mit der "unbedingten Forderung" meint Tillich die der modernen Existenz eigentümliche Ausrichtung auf die Schaffung eines "unbedingt Neuen", durch die der mythische "Kreislauf grundsätzlich durchbrochen" (S. 18) werde.

4.2.2 Autoritarismus und Rebellion gegen die Autoritäten

Bereits im ersten Überblick über die Ergebisse der Korrespondenzanalyse wurde auf die Asymmetrie der zweiten Achse, die noch 26.6 Prozent der Gesamtvarianz beschreibt, hingewiesen. Während die erste Achse klar durch den Gegensatz zweier *cluster*, genauer: den Gegensatz zwischen republikanischen und rechts-antirepublikanischen Zeitungen im System der politischen Akteure und den Gegensatz zwischen dem Modell immanenter Legitimierungen und dem mythisch-analogischen Schema im System der politischen Vorstellungen, konstituiert wird, wird die zweite Achse einseitig durch die in ihrem negativen Bereich ladenden Variablen - die kommunistischen Blätter und die linkssozialdemokratische *Leipziger Volkszeitung* sowie die von der Linken privilegiert benutzten politischen Vorstellungen - determiniert. In der graphischen Lösung wird diese Asymmetrie an der erheblich größeren Ausdehnung des unteren im Vergleich zum oberen Bereich der Achse sichtbar.[44]

Tatsächlich wird die zweite Achse auf der Ebene der Zeitungen zu 75 Prozent von nur drei Blättern - *Rote Fahne*, *Bergische Arbeiterstimme* und, mit deutlichem Abstand, *Leipziger Volkszeitung* - determiniert, die alle in ihrem negativen Bereich laden; dagegen wird die Achse durch jene vier Blätter, die positiv mit ihr korrelieren (min = 0.45), - *Bayerischer Kurier*, *Der Tag*, *Rheinisch-Westfälische Zeitung* und *Deutsche Allgemeine Zeitung* nur zu neun Prozent festgelegt.[45] Das gleiche Bild zeigt sich, wenn man statt der Zeitungen die inhaltsanalytischen Kategorien in den Blick nimmt. Das zahlenmäßige Verhältnis jener Kategorien, die das Aufnahmekriterium (QCOR2 > = 0.20; COR2 > = 0.45) erfüllen, ist ausgeglichen; zehn laden im negativen, elf im positiven Bereich. Aber die Lage der Achse wird zu 74 Prozent von den im negativen Bereich und nur zu 18 Prozent von den im positiven Bereich angesiedelten Kategorien bestimmt.[46]

---

[44] Siehe *Graphik 2: Korrespondenzanalyse: Die Achsen 1 und 2 - modifizierter Plot*. Für eine genauere Betrachtung der zweiten Achse ist die bisher verwendete Graphik nicht sehr geeignet, weil durch das strenge Aufnahmekriterium (eine quadrierte Korrelation mit einer der beiden Achsen von mindestens .30) einige geringer ladende, für Achse 2 gleichwohl wichtige Variablen ausgeblendet werden. Daher wurde ein modifizierter Plot erstellt, der sich von der ersten Graphik in zwei Punkten unterscheidet: erstens wurden zusätzlich jene Variablen aufgenommen, deren quadrierte Korrelation mit Achse 2 größer oder gleich .20 (COR > = 0.45) ist, und zweitens wurden alle Variablen, die mit mindestens diesem Wert auf der zweiten Achse laden, durch Fettdruck hervorgehoben.

[45] Die auf 100 fehlenden 16 Prozent verteilen sich auf die 15 Zeitungen, die das Eingangskriterium nicht erfüllen.

[46] Die auf 100 fehlenden acht Prozent verteilen sich wiederum auf die 39 Kategorien, die das Eingangskriterium nicht passieren.

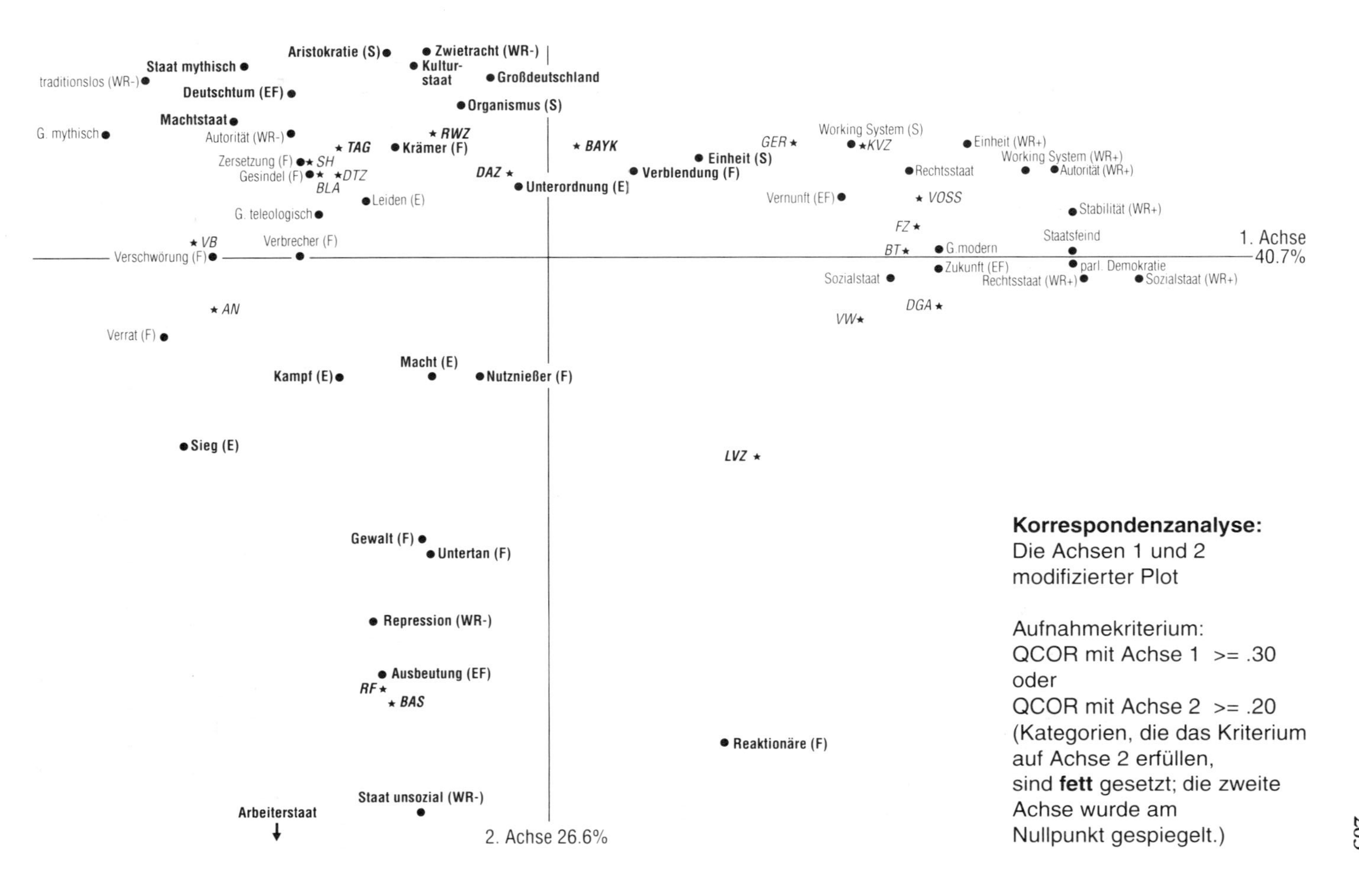

Korrespondenzanalyse:
Die Achsen 1 und 2
modifizierter Plot

Aufnahmekriterium:
QCOR mit Achse 1 >= .30
oder
QCOR mit Achse 2 >= .20
(Kategorien, die das Kriterium
auf Achse 2 erfüllen,
sind **fett** gesetzt; die zweite
Achse wurde am
Nullpunkt gespiegelt.)

Die Asymmetrie zwischen negativem und positivem Bereich bleibt auch erhalten, wenn man von der quantitativen zur qualitativen Beobachtung übergeht: Während am unteren Ende der Achse ein relativ scharf umrissenes linkssozialistisches und klassenkampf-orientiertes *cluster* formiert ist, das auch räumlich von den durch die erste Achse konstituierten republikanischen bzw. rechts-antirepubikanischen Feldern sichtbar abgesetzt ist, ist die Lage am anderen Ende der zweiten Achse diffus: Die dort ladenden Zeitungen sind hinsichtlich ihrer parteipolitischen Orientierung inhomogen, und teilweise korrelieren die Variablen gleichzeitig - meist negativ - mit der ersten Achse [so *Staat mythisch*, *Machtstaat* und *Deutschtum (EF)*]. Um einen genaueren Überblick über die Inhalte dieser Dimension zu gewinnen, sollen zunächst wiederum die auf den beiden Achsenseiten ladenden Kategorien einander gegenübergestellt werden:

ANALYSE-EBENE	OBERER BEREICH VON ACHSE 2	UNTERER
EIN-/AUSGRENZUNG:		
- Eigengruppe:	Deutschtum Unterordnung	Ausbeutung, Macht, Kampf, Sieg
- Feindbild:	Krämer Verblendung	Reaktion, Gewalt Untertanen, Gewinnler
STAATS-VORSTELLUNGEN:		
allgemein:	Großdeutschland, Organismus, Kulturstaat, mythischer Staat, Aristokratie, Machtstaat, Einheit	Arbeiterstaat
- Weimar negativ:	Zwietracht	-Sozialstaat -Repression

Auf der zweiten Achse laden weder Geschichtsbilder - die sind eindeutig der ersten Achse zugeordnet - noch positiv auf die Weimarer Republik bezogene Staatsvorstellungen; es bringt also weder die im positiven noch die im negativen Bereich der Achse angesiedelte Deutungsweise eine günstige Beurteilung der Republik hervor. Außerdem kann, wie schon bei der ersten Achse, eine ungleiche Verteilung von einerseits Kategorien der Ein- und Ausgrenzung und andererseits Staatsvorstellungen konstatiert werden: Im oberen Achsenbereich ist das Verhältnis vier zu acht, im unteren acht zu drei. Allerdings kann dieses Ungleichgewicht zumindest für den unteren Bereich ganz formal erklärt werden: Er wird weitestgehend von den beiden kommunistischen Blättern dominiert, und das Kategorienschema enthält praktisch nur eine für Kommunisten akzeptable Staats-Kategorie (*Arbeiterstaat*); ebenso sind die beiden republikkritischen Kategorien *Sozialstaat (WR-)* und *Repression (WR-)* exakt die beiden, die in einen klassenkämpferischen Deutungscode passen - mit diesen drei Kategorien ist also das einschlägige Potential des Kategorienschemas vollständig ausgeschöpft.

Anders verhält es sich im positiven Bereich der Achse: Hier stehen einem vollständigen Katalog konservativer Staatsvorstellungen nur vier Kategorien der Ein- und Ausgrenzung gegenüber, von denen obendrein zwei gleichermaßen oder sogar stärker im negativen Bereich der ersten Achse laden, also dem mythisch-analogischen Schema zugehören. Ähnliches gilt für zwei der Staatsvorstellungen: 60 Prozent der Varianz von *Machtstaat* werden durch die erste, 22 Prozent durch die zweite Achse erklärt; bei *Staat mythisch* sind es 36 und 28 Prozent. Fernerhin sei berücksichtigt, daß fast alle Variablen des rechtsantirepublikanischen Feldes bzw. des mythisch-analogischen Deutungsschemas oberhalb der ersten Achse liegen und also zwar zumeist nur schwach, aber doch positiv mit der zweiten Achse zusammenhängen, und daß umgekehrt fast alle Variablen, die im positiven Bereich der zweiten Achse laden, links von ihr plaziert sind, also eine mehr oder weniger starke Affinität zum Feld des mythisch-analogischen Schemas haben. Nimmt man diese Beobachtungen zusammen, so ist die Folgerung unausweichlich, daß der negative Bereich der ersten und der positive Bereich der zweiten Achse keine völlig distinkten, sondern entweder zwei sich überschneidende und affine oder aber unterschiedliche Aspekte und Anwendungen ein und desselben politisch-kulturellen *codes* beschreiben. Eine genauere Bestimmung dieses Verhältnis soll aber erst im Anschluß an die Interpretation der zweiten Achse vorgenommen werden.

Das klassenkämpferische Schema und die Moralität der Ausgebeuteten

Die bereits in den Vorkriegsjahren sich anbahnende politische Desintegration der deutschen Arbeiterbewegung manifestiert sich in der Folgezeit des November 1918 in ihrer Aufspaltung in zunächst drei, nach der Auflösung der USPD noch zwei Parteien. Dahinter steht allerdings keineswegs nur eine Ausdifferenzierung der politischen Programme, sondern auch die Entfaltung distinkter politisch-kultureller Deutungscodes. Während der Mehrheitsflügel der SPD zur "Staatspartei der Republik"[47] avanciert und in seinem politischen Deuten das Modell immanenter Legitimierung verinnerlicht, eignet sich die KPD rasch einen *code* an, in dessen Zentrum anstelle des diskursiven Prinzips der Herstellung von Rationalität der Rekurs auf die Moralität des Schwächeren - der ausgebeuteten Klasse - steht. Die *Leipziger Volkszeitung* als Repräsentantin zunächst der USPD, später des linken SPD-Flügels nimmt auf programmatischer wie auf politisch-kultureller Ebene eine Art Mittelstellung ein: Einerseits privilegiert sie wie die Kommunisten und im Gegensatz zur sozialdemokratischen Orthodoxie den Klassenkampf gegenüber dem Diskurs als *movens*

[47] Lehnert, 1989: a.a.O.

der Geschichte, andererseits akzeptiert sie wie der dominierende Flügel der SPD die Republik als Ausdruck des gegebenen historischen Entwicklungsstandes und Ausgangspunkt für das Fortschreiten zum Sozialismus auf reformerischem, nicht umstürzlerischem Wege[48] - eine Mittelstellung, die in der graphischen Darstellung darin zum Ausdruck kommt, daß die *Leipziger Volkszeitung* in etwa auf halbem Wege zwischen den republikanischen und den kommunistischen Zeitungen zu liegen kommt.

Das Generierungsprinzip, aus dem das gesamte klassenkämpferische Schema hervorgeht, bildet die rigide Dichotomisierung der Gesellschaft in eine ausgebeutete Majorität und eine ausbeutende Minorität [*Ausbeutung (EF)*]:

"... die Millionen Arbeiter und Angestellte(n) in den Betrieben, die das Diktat der Unternehmer von Tag zu Tag härter spüren, (.) die Millionen Erwerbslosen, ... die Millionen, die in elenden Wohnhöhlen vegetieren ..." (RF 11 2 1 26) - "Die wahren Machtverhältnisse in Deutschland, das ist die Diktatur der Kapitalistenklasse, das sind die Machtverhältnisse, wie sie geschaffen wurden, nicht durch den revolutionären Ansturm des Proletariats 1918, sondern durch die Niederschlagung des Proletariats in den Jahren 1918-19 durch den Sieg der bürgerlichen Konterrevolution." (BAS 12 2 1 20) - "... den Achtstundentag geraubt, die Löhne auf ein elendes Niveau weit unter die Vorkriegslöhne herabgedrückt, eine Verteuerung der wichtigsten Bedarfsartikel über alle Vorkriegspreise hinaus beschert, ein ständiges Erwerbslosenheer geschaffen, das Elend der Arbeiter, Angestellten, der Beamten, der Kleinbauern, des Mittelstandes ins Ungeheuerliche gesteigert ..." (RF 11 3 1 24) - "Ist es ein menschenwürdiges Dasein, wenn der Heimarbeiter im Erzgebirge oder im Thüringer Wald achtzig Stunden in der Woche arbeitet und dann glücklich zwanzig oder fünfundzwanzig Mark verdient hat? Führen die Bergarbeiter im westlichen Industriegebiet oder die Braunkohlenarbeiter in Mitteldeutschland ein 'menschenwürdiges Dasein'? Führt überhaupt die große Masse des deutschen Proletariats ein menschenwürdiges Dasein? - Die Fragen stellen, heißt sie verneinen" (LVZ 32 2 1 28).

Damit ist ein asymmetrisches und undurchlässiges Modell der Ein- und Ausgrenzung zur Hand, dessen unmittelbare Konnotate die Gegensätze von

Moralität		Amoralität
Legitimität	*versus*	Illegitimität
Opfer		Täter

---

[48] Was im folgenden als das klassenkämpferische Schema beschrieben wird, gilt mithin für die *Leipziger Volkszeitung* nur mit Einschränkungen: Eine starke Ähnlichkeit zwischen den kommunistischen Zeitungen und der *Leipziger Volkszeitung* besteht hinsichtlich der Kategorie *Ausbeutung (EF)*, den Feindbildkategorien *Reaktionäre (F)* und *Nutznießer (F)*, sowie in der Kritik der Weimarer Republik als unsozial [*Staat unsozial (WR-)*]. Insbesondere die *Arbeiterstaat*-Kategorie ist fast exklusiv kommunistisch, und auch bei dem durch *Kampf, Macht, Sieg* geprägten kommunistischen Selbstverständnis zeigen sich erhebliche Differenzen zur *Leipziger Volkszeitung.*

sind. Diese Distinktion von *ingroup* und *outgroup* unterscheidet sich allerdings ganz entscheidend von jener ebenfalls asymmetrischen Strategie der Ein- und Ausgrenzung nach dem Modell von 'Ehre und Unehre', die im mythisch-analogischen Schema ihren Platz hat: Während diese sich den objektiven Tatbestand gesellschaftlicher Ungleichheit zum Ausgangspunkt nimmt, spukt jene wie das Gespenst eines längst Vergangenen als bloße Ungleichzeitigkeit durch die Gegenwart. Das klassenkämpferische Schema beruht wie das der immanenten Legitimierung auf einer modernen Vorstellung von der Struktur der geschichtlichen Zeit mit eben den Klassenkämpfen als immanenter Bewegungskraft und einer Abfolge historischer Entwicklungsstufen als objektiver Bewegungsrichtung. In der kommunistischen Deutung erscheinen die Krisenerscheinungen der Jetzt-Zeit als Zeichen einer steten Zuspitzung des aktuellen Klassenkampfes zwischen Bourgeoisie und Proletariat und damit als Vorboten der unmittelbar bevorstehenden proletarischen Revolution. Der revolutionäre Voluntarismus wird durch eine Hypostase beobachtbarer Einwicklungstendenzen zu reinen und mit Naturnotwendigkeit sich vollziehenden Gesetzen abzusichern und zu legitimieren versucht. Unter der Hand wird durch die Transformation der marxistischen Geschichtstheorie in eine Alltagstheorie (nicht im Sinne einer Theorie des Alltags, sondern einer Theorie für den alltäglichen Gebrauch) die moderne Vorstellung von der Struktur der geschichtlichen Zeit von deterministischen Verkürzungen eingeholt und mit apokalyptischen Zügen - die Revolution als Weltgericht, die radikale Spannung zwischen defizienter Gegenwart und künftiger Fülle - ausgestattet.[49] Wie diese Transformation vor sich geht, kann anhand eines Artikels der *Roten Fahne* zum Revolutionstag demonstriert werden. Der Autor des Textes hebt mit einem Zitat aus Marx' "Der achtzehnte Brumaire des Louis Bonaparte" an -

"...proletarische Revolutionen dagegen, wie die des 19. Jahrhunderts, kritisieren beständig sich selbst, unterbrechen sich fortwährend in ihrem eigenen Lauf, kommen auf das scheinbar Vollbrachte zurück, um es wieder von neuem anzufangen, verhöhnen grausam-gründlich die Halbheiten, Schwächen und Erbärmlichkeiten ihrer ersten Versuche, scheinen ihren Gegner nur niederzuwerfen, damit er neue Kräfte aus der Erde sauge und sich riesenhafter ihnen gegenüber wieder aufrichte, schrecken stets von neuem zurück vor der unbestimmten Ungeheuerlichkeit ihrer eigenen Zwecke, bis die Situation geschaffen ist, die jede Umkehr unmöglich macht und die Verhältnisse selbst rufen: Hic Rhodus, hic salta!" (RF 11 3 1 21)[50]

---

[49] Zu den apokalyptischen Strukturelementen der marxistischen Geschichtskonzeption vgl. Klaus Vondung, 1988: *Die Apokalypse in Deutschland*, München, S. 101-105.

[50] Vgl. Marx 1869: a.a.O., S. 118.

- und wendet, was sich auf den "coup de main vom Februar 1848" und den "coup de tête vom Dezember"[51] in Frankreich bezieht, auf den 9. November 1918 in Deutschland an:

"Der Tag selbst, der 9. November 1921, ist eine grausam-gründliche Verhöhnung, nicht der Revolution, aber der 'Halbheiten, Schwächen und Erbärmlichkeiten ihrer ersten Versuche.' (...) Wahrlich, der 9. November 1918 hat sich grausam-gründlich kritisiert. Der 'scheinbar niedergeworfene Gegner' hat sich in der Tat riesenhaft wieder aufgerichtet. Die geschichtliche Dialektik arbeitet mit haarscharfer Präzision. Sie arbeitet aber nach zwei Seiten. Sie hat in den Tatsachen, in der leiblichen Wirklichkeit des Proletariats, die Liquidation der Illusionen, Halbheiten, Schwächen der bürgerlich-demokratischen Revolution gründlich herausgearbeitet. Sie bereitet damit in der einzig möglichen Weise den Umschlag in die zweite, die proletarisch-sozialistische Revolution vor ... Äußerlich stehen die Parteien der kleinbürgerlichen Demokratie, Sozialdemokratie und Zentrum noch mächtig da. Aber die Tatsachen haben schon ihr Todesurteil gesprochen" (RF 11 3 1 21).

Hier ist die Transformation bereits vorbereitet: Die "geschichtliche Dialektik" ist bereits von einer objektiven Tendenz zum geschichtsmächtigen Subjekt geworden, sie "liquidiert" und spricht "Todesurteile". Die weitere Argumentation zur republikanischen Gegenwart schließt mit der Aussage: "Das Deutschland der Stinnes und Ludendorff, der Wirth, Ebert und Breitscheid ... verfault in einem schillernden Morast", und bereitet damit eine revolutionäre Teleologie vor:

"Mit vollkommener Sicherheit sagen wir Kommunisten aus diesem 9. November voraus: (...) So gewiß der 9. November 1921 dem Tiefpunkt der demokratisch-bürgerlichen Revolution nahesteht, so gewiß steht er dem Wendepunkt nahe, von dem ab die aufsteigende Phase der proletarischen Revolution rechnen wird" (RF 11 3 1 21).

An dieser Stelle ist die Argumentation strukturell die gleiche wie in jener Eschatologie von Katastrophe und Katharsis, die das mythisch-analogische Schema für den nach Gewißheiten suchenden, desorientierten rechten Antirepublikanismus bereithält. Die geschichtliche Dialektik hat sich in einen Determinismus verwandelt, der keine tätige Aneignung der Geschichte mehr zuläßt. Nicht: "Die Menschen machen ihre eigene Geschichte, aber sie machen sie nicht aus freien Stücken, nicht unter selbstgewählten, sondern unter unmittelbar vorgefundenen, gegebenen und überlieferten Umständen", wie es bei Marx heißt;[52]

---

[51] Ebd.

[52] Ebd., S. 115. Man kann übrigens die revolutions-teleologische Verkürzung des modernen Geschichtsverständnisses, die im klassenkämpferischen Schema vorgenommen wird, wiederum mit einem Zitat aus Marx' "Brumaire" kontern, der von den "Herren Demokraten" sagt: "Der zweite Mai 1852 war in ihren Köpfen zur fixen Idee geworden, zum Dogma, wie der Tag, an dem Christus wiedererscheinen und das Tausendjährige Reich beginnen sollte, in den Köpfen der Chilia-

stattdessen: die beruhigende Gewißheit, mit dieser mächtigen Kraft, der geschichtlichen Dialektik, die unaufhaltbar der proletarischen Revolution entgegenstrebt, im Bunde und des Sieges sicher zu sein [*Sieg (E)*]:

"Gestählt durch das Feuer der revolutionären Kämpfe der Vergangenheit, gefestigt gegen den Verrat und Betrug der Reformisten werden wir marschieren, fest und geschlossen, im Vertrauen auf unsere Kraft mit dem Ziel: den Sturz der Klassenherrschaft der Bourgeoisie, den siegreichen Oktober der deutschen Revolution herbeizuführen!" (RFRONT 13 3 1 28) - "Der revolutionäre Aufschwung der Arbeiterklasse hat begonnen. Er steht noch am Anfang; aber er wird unvermeidlich bis zur vollen Reife emporsteigen ... Das deutsche Proletariat ... wird das nächste Mal mit euch, den Kapitalisten und Sozialfaschisten, russisch reden. Es wird bolschewistisch mit euch sprechen! Und es wird siegen wie der Bolschewismus 1917 gesiegt hat." (RF 11 2 1 29).

Der deterministisch verkürzte Historische Materialismus und der revolutionäre Voluntarismus greifen ineinander: der kämpferische Widerstand gegen den ausbeutenden Feind [*Kampf (E)*] gilt nicht nur als umfassend legitimiert, sondern wird geradezu zur historischen Mission der Unterdrückten, die immanent aus ihrer großen Zahl und der Solidarität der Klasse und transzendent aus der Übereinstimmung ihrer revolutionären Bestrebungen mit den historischen Gesetzen ihre unwiderstehliche Kraft beziehen [*Macht (E)*]:

"Zerreißt eure Ketten! Kämpft für eure Befreiung! Wir sind bereit! (BAS 12 3 1 24) - "... bis die deutsche Arbeiterklasse das vollbringt, was ihr 1918/19 nicht gelang, bis sie im siegreichen Aufstande die Macht der Bourgeoisie zerbricht, ihre eigene Diktatur errichtet und die Feinde der Revolution ausrottet." (BAS 12 3 1 29) - "Der Kommunismus lebt. Er marschiert. Er greift die Republik der Kapitalisten auf der ganzen Front an. Das Gespenst des Kommunismus, das seit Jahrhunderten die Besitzenden ängstigt, ist in der Epoche der proletarischen Revolution zur drohenden Wirklichkeit, zur lebendigen Tat geworden" (RF 11 2 1 29).

Wie die Eigengruppe im Bunde mit der Geschichte, so stehe der Feind gegen sie. Gestützt auf das Militär, eine reaktionäre Bürokratie und Justiz, die Kirchen und die "Klassenschulen", versuche die Bourgeoisie, ihre privilegierte und historisch überholte, ihre ungleichzeitige Position mit allen Mitteln zu retten oder ihren unausweichlichen Sturz wenigstens hinauszuzögern [*Reaktionäre (F)*]:

---

sten. Die Schwäche hatte sich wie immer in den Wunderglauben gerettet, glaubte den Feind überwunden, wenn sie ihn in der Phantasie weghexte, und verlor alles Verständnis der Gegenwart über der tatlosen Verhimmelung der Zukunft, die ihr bevorstehe, und der Taten, die sie in petto habe, aber nur noch nicht an den Mann bringen wolle." (Ebd., S. 119). Wie den Herren Demokaten mit ihrem zweiten Sonntag im Mai 1852 widerfährt es den Herren Kommunisten mit dem 9. November.

"Die Justiz ist eben ein Machtinstrument, das vorläufig - ebenso wie die Wehrmacht und die Verwaltung - noch von der reaktionären Bourgeoisie beherrscht wird." (LVZ 32 2 1 28) - "Und wie unter der Fuchtel des deutschen Militarismus, so herrschen auch jetzt in der Welt die Infanterie, Kavallerie und Artillerie, die Instrumente des Kapitals." (RF 11 1 1 21) - "Mit ... Pfaffensegen wird heute der Jahrestag der Weimarer Verfassung ... gefeiert." (BAS 12 2 1 28) - "Bis in die höchsten Regierungsstellen reicht die Macht der Monarchisten; will ihnen die Regierung ungehorsam werden, rasseln sie mit den Waffen - der Reichswehr." (BAS 12 3 1 22) "... die Regierung des Trustkapitals, der Bankiers und der Junker ... herrscht ..., gestützt auf den gegenrevolutionären Machtapparat" (BAS 12 3 1 27).

Das Ziel, das der revolutionäre Kampf mit so großer Sicherheit erreichen wird, ist der Staat der Arbeiterklasse (*Arbeiterstaat*), auf den sich die Hoffnungen wie auf ein Heilsversprechen konzentrieren. Das große Vorbild und der Maßstab, an dem die Weimarer Republik stets gemessen wird, ist die Sowjetunion - ein Vergleich, zu dem die kalendarische Nähe von 7. November als dem Tag der siegreichen proletarischen Revolution in Rußland und 9. November als dem der wahlweise gescheiterten proletarischen oder geglückten bürgerlichen Revolution in Deutschland geradezu nötigt.

So stehen jener "Republik der Besitzenden" (RF 11 2 1 29) mit ihrer Verfassung, die als die "beste Waffe der Unternehmer" (RF 11 2 1 21) gilt und als "Mißgeburt einer 'demokratischen Nationalversammlung'" (RF 11 3 1 24), in der das "hohenzollersche(n) System ... mehr denn je in die Halme schießt" (RF 11 2 1 21), der "offene(n), unverhüllte(n) bürgerliche(n) Diktatur" (RF 11 3 1 24), der "Kolonie des westeuropäischen Imperialismus" (RF 11 3 1 25) unter der "Herrschaft kapitalistischer Monopole (RF 11 3 1 26), dieser "deutschen Geldsackrepublik" (RF 11 3 1 27), der "Diktatur der Bourgeoisie" (RF 11 2 1 29), als die die Weimarer Republik gedeutet wird, das leuchtende Vorbild "Räterußlands" (RFRONT 13 2 1 26), der "größten Friedensmacht der Welt, ... (des) Vaterland(es) der Unterdrückten aller Länder" (BAS 12 3 1 27), "der proletarischen Demokratie" (RF 11 3 1 26), wo "150 Millionen Menschen ..., die den 6. Teil der Erde bewohnen, (.) den 11. Jahrestag ihrer Revolution als Tag der Befreiung der Arbeiterklasse und des Aufstiegs aus Not und Elend" (RFRONT 13 3 1 28) feiern, und die Erwartung einer "deutsche(n) Sowjetrepublik" (RF 11 3 1 28), der "Sowjetrepublik der befreiten Arbeiter" (BAS 12 2 1 25), der "Alleinherrschaft der Werktätigen" (RF 11 3 1 24) und der "Regierung durch die Arbeiter- und Soldatenräte" (BAS 12 3 1 26), "des kommenden freien sozialistischen Deutschlands, das kein kapitalistisches Privateigentum, keinen Fascismus und auch kein Massenelend mehr kennen wird" (RF 11 2 1 30), in schrillem Kontrast gegenüber. Die Identifikation zwischen den Ausbeutern als dem eigentlichen Klassenfeind einerseits und der Weimarer Republik wird total. Eine Textpassage wie diese: "Kampf gegen die fascistische, gegen die monarchistische

Reaktion, Kampf für die bürgerliche Demokratie, die bürgerliche Republik, das ist zweifelsfrei" (RF 11 2 1 32), ist nicht nur eine Ausnahme, sondern tatsächlich eine Singularität.[53]

Dabei sind es neben der Kontinuität der kapitalistischen Wirtschaftsordnung vor allem die traumatisierenden Erfahrungen aus den Gründungsjahren - hier bekommt die Ermordung Rosa Luxemburgs und Karl Liebknechts symbolische Qualität -, die im kommunistisch-klassenkämpferischen Deutungsmodell zu Paradigmen für die Einschätzung der Weimarer Republik werden:

"Noskes Freikorps, unter der Führung meist adliger Offiziere, hätten aus den Leichen der erschlagenen proletarischen Kämpfer in Berlin, in Bremen, in München und vielen anderen Städten des Reiches einen gewaltigen Leichenberg türmen können." (RF 11 2 1 28) - "Was tut die Republik für die Republikaner? Sie ließ die republikanische Arbeiterschaft zu Tausenden durch monarchistische Reichswehroffiziere und Studentenfreiwillige niederschießen und niederstechen ... Die Republik erschlug dem Proletariat die besten Führer: Liebknecht und Luxemburg." (BAS 12 2 1 22).

Die differenzierungslose Dichotomisierung der Gesellschaft in Freunde und Feinde erweist sich als außerordentlich folgenreich. Erstens erzeugt sie eine völlige Blindheit gegenüber den emanzipatorischen Chancen der parlamentarischen Demokratie, in der nichts als eine "Maske" und Verschleierung der alten Machtverhältnisse des Kaiserreichs gesehen wird:

So existiere im Unterschied zur Vorkriegszeit jetzt mit der demokratischen Verfassung eine "Paragraphensammlung", die "der herrschenden Klasse als Feigenblatt (dient), mit dem sie ihre Diktatur ... verdeckt" (RF 11 2 1 21), ein "Trugbild" (RF 11 2 1 32), mit "Theaterdonner" aufgeputzt (BAS 12 2 2 22), das "die Diktatur der Bourgeoisie in demokratische Formen kleidet, sie umhüllt und unkenntlich macht" (BAS 12 2 1 28), während gleichwohl die "Ausbeuter ... regieren ... mit Handgranaten und Maschinengewehr, mit Zuchthaus und Hungerpeitsche ..." (BAS 12 2 1 23).

Und zweitens fehlt, weil die Superlative der Ablehnung bereits in der Demagogie gegen die Republik verschlissen werden, das Vorstellungsvermögen, das nötig wäre, um im Nationalsozialismus nicht bloß eine Zuspitzung des Klassenkampfes, sondern eine neue und ganz andere Qualität der Unterdrückung erkennen zu können.

So scheint das politische Personal der Ausbeuterherrschaft austauschbar, gleich ob es 1919 "Ebert - Noske - Scheidemann" (RF 11 2 1 28), sieben Jahre später "Luther - Marx - Hindenburg" (RF 11 2 1 26) oder 1932 "Papen - Schleicher -

---

[53] Außer der zitierten wurde in den 37 Texten aus der *Bergischen Arbeiterstimme* und der *Roten Fahne* nur noch eine Textstelle als positive Beurteilung der Weimarer Republik kodiert, in der ihr immerhin attestiert wird, ein Fortschritt gegenüber der Hohenzollernmonarchie zu sein.

Hitler" (RF 11 2 1 32) heißt; es gilt allemal: "Der Weg der Weimarer Verfassung und ihrer 'Demokratie' ist die Entwicklung der kapitalistischen Ausbeuterherrschaft zur faschistischen Diktatur des Finanzkapitals" (RF 11 2 1 30).

Und schließlich wird im Zeichen des sozialistischen Bruderhasses die Sozialdemokratie umstandslos dem Klassenfeind subsumiert - ähnlich wie dieser allmählich das Vermögen, zwischen kommunistischer und nationalsozialistischer Republikfeindschaft zu unterscheiden, abhanden kommt -, die Spaltung der Arbeiterbewegung, die wohl als einzige gesellschaftliche Kraft eine wirkungsvolle Verteidigung gegen den Nationalsozialismus hätte formieren können, zementiert und ihre Aktionsfähigkeit destruiert. Die sozialdemokratische Reformpolitik, gedeutet nach den Regeln des kommunistisch-klassenkämpferischen Schemas, gilt nicht einfach als der falsche Weg zum - gemeinsamen - sozialistischen Ziel, sondern - Rache jenes deterministisch verkürzten Geschichtsbildes, dem der Sozialismus zur Heilsvision wird - als Häresie. Und als Häretiker lenken Sozialdemokraten gar mehr an kommunistischer Wut auf sich als der bourgeoise Klassenfeind selber. Während der nur die ihm von der geschichtlichen Dialektik objektiv zugewiesene Rolle spiele, trifft die "im Solde des Kapitals" stehende Sozialdemokratie [*Untertan (F)*] der Bannstrahl des Verratsvorwurfs [*Verrat (F)*]:

"Die sozialdemokratischen Führer helfen der besitzenden Klasse nicht nur in den Regierungsorganen den Kampf zu führen gegen die Arbeiterklasse, sondern sie verbinden sich in den Arbeitsgemeinschaften mit der Bourgeoisie, um das Proletariat in Ketten zu schmieden." (RF 11 2 1 21) - Sie "dienen als Leibgardisten der Regierung Stinnes" (BAS 12 2 1 22), sind "reformistische(n) Agenten des Kapitals" (BAS 12 2 1 28) und "reformsozialistische(n) Handlanger", "Platzhalter" (RF 11 3 1 20) und "Lakaien" (RF 11 3 1 24) der Bourgeoisie.

Die Wut auf die Sozialdemokratie, die vom Moment der Spaltung an in Verschwörungstheorien ausagiert wird, wird schließlich in der Sozialfaschismusthese zu einer verbindlichen und kohärenten Deutung gebündelt:

"Aber die deutsche Revolution hat nicht gesiegt. Sie wurde nach einem kurzen, mächtigen, heroischen Anlauf im Arbeiterblut erstickt. Die Mörder der deutschen Revolution, die Noske, Ebert und Scheidemann, die Sozialdemokratische Partei, die vier Jahre lang den Weltkrieg unterstützt und verlängert hat, die Sozialdemokratie, die den weißen Terror gegen das Proletariat mit viehischer Brutalität entfesselt hat, ... hat sich von der Partei der Sozialverräter zur Partei der Sozialfaschisten entwickelt. Sie sitzt heute wie vor zehn Jahren, im Dienste des Finanzkapitals, im schmählichen Auftrag der herrschenden Bourgeoisie, als Lakai und Henker in der Koalitionsregierung der Weimarer Republik" (RF 11 2 1 29).

Spätestens mit der Sozialfaschismusthese sind alle Möglichkeiten einer Verständigung zwischen Kommunisten und Sozialdemokraten verbaut, ist die Entfremdung zwischen den beiden Flügeln der Arbeiterbewegung auf der Ebene politischen Handelns vollständig. Auf politisch-kultureller Ebene dagegen zeigen sich durchaus Kontingenzen. Zwar kann mit dem kommunistisch-klassenkämpferischen Schema ein vom Modell immanenter Legitimierung distinkter linkssozialistischer Deutungscode beschrieben werden; gleichwohl ist dessen Logik von diesem weniger weit entfernt als das eingangs beschriebene mythisch-analogische Deutungsschema. Dafür, daß es eine Strukturähnlichkeit gibt, spricht bereits auf der rein phänomenologischen Ebene einerseits die Tatsache, daß die organisatorische Ausdifferenzierung erst 1918 stattfindet[54], die kommunistische Partei also über keine andere Deutungstradition als die sozialdemokratische verfügt, und andererseits die Mittelstellung der links-sozialdemokratischen *Leipziger Volkszeitung*.

Was die sinn- und bedeutungsstiftenden Vorstellungen von Kommunisten und Sozialdemokraten anbetrifft, gehen sie gleichermaßen von einer modernen, linearen und fortschrittsorientierten Vorstellung von der Struktur der Zeit und von einem im Unterschied zum Liberalismus nicht formal-rechtlichen, sondern sozialen Gleichheitsbegriff aus. Gemeinsam ist ihnen außerdem das Denken in den Kategorien gesellschaftlicher, durch gleiche Interessenlagen integrierter Kollektive - wiederum im Unterschied zum liberalen, am Modell autonomer Marktteilnehmer orientierten Individualismus. Erst wenn es um die Frage nach den legitimen Mitteln der Durchsetzung kollektiver Interessen geht, setzt die Differenzierung in zwei politisch-kulturelle *codes* ein: Während die Sozialdemokratie - ihr linker wie ihr rechter Flügel - die objektiv und offensichtlich stattfindenden Klassenkämpfe durch Verfahrensregeln disziplinieren, sie sozusagen in diskursiv-zivilisierte Bahnen lenken will,[55] gelten im kommunistisch-klassenkämpferischen Modell alle Mittel des antikapitalistischen Kampfes bereits durch die gesellschaftliche Lage des Proletariats und durch seine Überzahl - also auch hier eine prinzipielle Anerkennung der legitimatorischen Kraft des Mehrheitsprinzips - vorab als gerechtfertigt, während umgekehrt keine Chance gesehen wird, im Diskurs mit dem Klassenfeind ein Plus an sozialer Gerechtigkeit zu erringen.[56] Die rigide Ein- und Ausgrenzung, die auf der Grundlage der Dichotomie von Ausgebeuteten und Ausbeutern vorgenommen wird, rückt jeden Versuch, sie diskursiv zu überwinden, in die Nähe des Verrats und ist entsprechend

---

[54] Auf programmatischer Ebene muß der Differenzierungsprozeß bereits früher, spätestens mit dem Streit um die Burgfriedenspolitik, angesetzt werden. Genaue Datierungen sind aber - eben weil es sich um einen Prozeß handelt - nicht möglich.

[55] Was heute "Sozialpartnerschaft" heißt, ist die logische Fortentwicklung dessen.

[56] Auf der Ebene politischer Pragmatik objektivierte sich diese Einschätzung in der Sturheit, mit der die KPD auch im 2. Wahlgang der Präsidentschaftswahl 1925 ihren völlig chancenlosen Kandidaten Thälmann ins Rennen schickte, anstatt durch die Unterstützung Marx' wenigstens die Wahl Hindenburgs - "der Monarchist vom Scheitel bis zur Sohle, das Symbol der schwarzweißroten Restauration" (RF 11 2 1 29) - zu verhindern.

sanktionsbedroht. Insofern ist das kommunistisch-klassenkämpferische Modell der Politikdeutung - und darin trifft es sich wiederum mit dem mythisch-analogischen Schema - eines der politisch-kulturellen Schließung.

Ruhe und Ordnung: die autoritäre Staatsvorstellung

Anders als im unteren Bereich der zweiten Achse, wo mit dem durch die Kategorien des Klassenkampfes konstituierten Deutungsmodell ein politisch-kultureller *code* angesiedelt ist, der einem genau beschreibbaren Segment des politischen Spektrums in der Weimarer Republik zugeordnet werden kann, ist die Lage im oberen Bereich dieser Achse in mehrfacher Hinsicht diffus: Erstens ist die Trägerschaft weder durch einen Parteibezeichnung noch durch ein bestimmtes Verhältnis zur Republik hinreichend zu beschreiben, zweitens sind die meisten der hier ladenden Variablen gleichzeitig mehr oder weniger stark mit der ersten Achse korreliert, und drittens sind - deswegen - die quadrierten Korrelationen allesamt nicht sehr hoch.

Die Zeitungen, die im oberen Bereich dieser Achse angesiedelt sind, sind *Der Tag* als das seriösere und "gebildetere" der beiden Scherl-Blätter, die *Deutsche Allgemeine* und die *Rheinisch Westfälische Zeitung* als industrienahe Organe (die *Münchener Neuesten Nachrichten* verpassen das Kriterium QCOR2 .20 nur ganz knapp) und das BVP-Blatt *Bayerischer Kurier* Es handelt sich dabei um Blätter, die der Weimarer Republik sehr skeptisch bis dezidiert ablehnend gegenüberstehen, ohne aber einen allzu krakeelerischen Antirepublikansimus zu pflegen, und die sich an das gehobene, anspruchsvolle rechte Bürgertum wenden. Diese knappe und eher impressionistische Beschreibung der Träger paßt durchaus zu den im gleichen Bereich angesiedelten inhaltsanalytischen Kategorien, die ganz überwiegend zur Erfassung autoritärer politischer Vorstellungen auf verschiedenen Analyseebenen konzipiert wurden. Dominiert wird das Feld ganz eindeutig von den Elementen einer konservativen, autoritären und nationalistischen Staatsvorstellung - sieben von insgesamt acht einschlägigen Kategorien laden im oberen Bereich der zweiten Achse.

Es soll aber noch einmal betont werden, daß der Status dieses Feldes von dem der bisher beschriebenen verschieden ist: Während das mythisch-analogische Schema und das Modell immanenter Legitimierung ebenso wie das klassenkämpferische Modell komplette Deutungslogiken, politsch-kulturelle *codes* sind, die mit einem gewissen Grad an Exklusivität bestimmten Segmenten des politischen Spektrums zugeordnet werden können, sind die Elemente des autoritären Staatsverständnisses breiter gestreut. Es können also lediglich Aussagen der Form gemacht werden, daß die im oberen Bereich der zweiten Achse ladenden Textgehalte in den ebenfalls dort plazierten Zeitungen relativ besonders häufig angetroffen werden; gleichwohl finden sich diese Kategorien auch in

Zeitungen des rechts-antirepublikanischen und teilweise des republikanischen *clusters* in erheblicher Frequenz.

Dennoch ist das Feld der autoritären Vorstellungen, also der obere Bereich der zweiten Achse, für die Struktur des politisch-kulturellen Raumes der Weimarer Republik in zweifacher Hinsicht bedeutsam: Erstens als Gegensatz zum anderen Achsenende, wo das klassenkämpferische Deutungsschema seinen Platz hat (1), und zweitens durch die Relationen, die zwischen ihm und dem mythisch-analogischen Schema einerseits und dem Modell immanenter Rechtfertigung andererseits existieren. Während bisher die Struktur der politischen Deutungskultur fast ausschließlich unter Aspekten der Isolierung verschiedener Deutungslogiken beschrieben wurde, tritt jetzt also der Aspekt der eventuellen Schwellen und Übergänge zwischen diesen hinzu (2).

1. Der logische Gegensatz zwischen den rechten bürgerlichen und industrienahen Blättern am oberen und den kommunistischen Zeitungen am unteren Achsenende ist ebenso evident wie der zwischen den autoritären Vorstellungen von Ruhe und Ordnung, gesellschaftlicher Integration und Hierarchisierung da und der revolutionären Perspektive des klassenkämpferischen Schemas dort. Die vertikale Differenzierung der Gesellschaft in eine besitzende und eine besitzlose Klasse, die den Ausgangspunkt des klassenkämpferischen Modells bildet, ist das exakte Gegenkonzept zu jenem Modell der Harmonisierung objektiver Interessengegensätze im nationalen Kollektiv und der Überantwortung der Souveränität an eine starke Führung, das die autoritäre Deutungsweise avisiert. Die tragenden Säulen des autoritären Modells sind

- die Identifizierung von Nation und *ingroup*, die mit den anderen Nationen als *outgroups* konfrontiert ist, als Integrationsmodus, und
- die Rechtfertigung ausgeprägter Hierarchien nach dem Prinzip von Autoritätsausübung und autoritärer Unterordnung als Notwendigkeit für die Bewährung des nationalen Kollektivs in der - politischen, militärischen, wirtschaftlichen, kulturellen - Auseinandersetzung mit den anderen Nationen.

Zu den verbreitetsten Modellen nationaler Integration rechnet ohne Frage der Rekurs auf gemeinsame kulturelle und religiöse Traditionen (*Kulturstaat*) - insbesondere in Deutschland, wo der Bestand an politisch-nationaler Tradition als Integrationsfaktor ausgesprochen gering war und die humanistische Idee der Kulturnation im späten 18. und frühen 19. Jahrhundert eine frühe, freilich auf das kleine bildungsbürgerliche Segment der Gesellschaft beschränkte Blüte nationalen Denkens hervorbrachte. So heißt es in einem Artikel der *Rheinisch-Westfälischen Zeitung*:

"Wir haben ein deutsches Volk - einig im Kulturempfinden - wir haben eine deutsche Sprache - einheitlich im Schriftgebrauch ... Wer die Mission der kulturellen und sprachlichen Einheit leugnet, leugnet das Daseinsrecht des Volkes überhaupt; denn als Axiom muß gelten, daß es der Sinn jeden Volkslebens ist, einen Menschentyp von besonderer kultureller Prägung herauszuarbeiten." (RWZ 63 1 1 21).

Im Zusammenhang mit dem autoritären Deutungsmodell interessiert allerdings weniger der Aspekt der nationalen Integration durch Kultur, sondern deren ideologische Verwendbarkeit für die Rechtfertigung staatlicher Macht und Autorität, wie das folgende Zitat sie andeutet:

"... Einheit des politischen und national-kulturellen Lebens ... (ist) nicht zu denken (.), ohne daß die geistige Kultur des Volkes Stützen schafft für Ehrliebe, Freiheitssinn und Stolz, - seelische Güter, die ihrerseits kein Leben haben ohne staatliche Hoheit und ohne 'der Historie schwertgekrönter Macht'" (RWZ 63 3 1 22).

Zum 'ersten Satz' einer Symphonie nationaler - kultureller, militärischer wirtschaftlicher und politischer - Integration wird Kultur in einem Aufsatz von Friedrich Meinecke über den "deutsche(n) Einheitswillen", verfaßt anläßlich des 50. Jahrestages der Reichsgründung, stilisiert:

"Das Grundthema, das noch heute in uns klingt, ist einst angeschlagen worden von Lessing und Kant, Goethe und Schiller. Es war das wunderartige Aufblühen eines neuen deutschen Geisteslebens, das - ganz ungewollt und doch so höchst natürlich - ein neues deutsches Gesamtgefühl, ein Bewußtsein von der tragenden, befruchtenden und beglückenden Kraft des deutschen Nationalgeistes hervorbrachte. Gleich dahinter setzte das zweite Thema ein, gewissermaßen von Trompeten und Hörnern gespielt: Kampf und Schlacht, Schmach der Niederlage und Fremdherrschaft, heroischer Aufschwung zur befreienden Tat. Und die Kämpfer von 1813, die für Deutschlands Freiheit und, wie sie hofften, auch künftige Einheit ins Feld zogen, blieben gleichzeitig dem Grundthema des neuen deutschen Nationalgedankens treu, indem sie Nation und Menschheit zugleich im Herzen trugen und an den universalen Sinn des Rechtes auf rationale Individualität glaubten. Neue Töne kamen dann aus der schaffenden Arbeit des 19. Jahrhunderts, aus dem Bedürfnisse nach Zusammenfassung eines einheitlichen Wirtschaftsgebietes ... Als letzten Faktor des neuen Einheitswillens darf man dann den im 19. Jahrhundert endlich erwachenden politischen Geist der Nation bezeichnen, der nun zwiefach, von unten nach oben wie von oben nach unten, wirkend sich entwickelte" (DAZ 61 1 1 21).

Die gemeinsame Nationalkultur erfüllt im autoritären Modell, wie das ausführliche Zitat exemplarisch verdeutlicht, die Funktion, die Grundlagen nationaler Integration erst zu stiften, in dem im Sinne symbolischer Repräsentation aus der objektiv - wenigstens für die "gebildeten Schichten" - vorhandenen kulturellen Identität die Existenz einer umfassenden nationalen Identität abgeleitet wird. Ganz anders, nämlich metaphorisch, funktioniert eines der hervorragendsten und wirkungsvollsten Symbole der nationalen Integration und Homogenisierung: die Projektion von Staat und Volk auf einen *Organismus*.

Der Staat wird darin zum "Körper der Volkspersönlichkeit" (KVZ 51 1 2 31) und "Staatskörper", das Reich zum "Reichsbaum" (DAZ 61 1 1 31), zum "deutschen Lebensbaum" mit den Einzelstaaten als "Äste(n)" und der nationalen Einheit als "Wurzeln" (RWZ 63 1 1 23), und zum "Reichskörper", in dessen Innerem "das deutsche Volk zweifellos enger zusammengewachsen" ist (RWZ 63 1 1 24). "Der Staat ... ist nicht nur eine nützliche und notwendige Zweckanstalt, sondern lebendiger, gewachsener Organismus, Verkörperung, Behausung und Haushaltung der Volksfamilie, Lebensgemeinschaft und Schicksalsverbundenheit" (KVZ 51 1 2 31).

Ganz selbstverständlich affiziert die organologische Deutung von Staat und Volk die Aufhebung gesellschaftlicher Gegensätze in einer Volksgemeinschaft, in der für Parteienzwist und Partialinteressen kein Platz ist. Der Effekt ist, wie Schnädelbach in seiner Analyse des organologischen Denkens in der Historischen Schule bemerkt, zugleich antiindividualistisch und antirationalistisch, denn "das auf seiner eigenen aparten Vernunft insistierende Individuum kann ja die Einheit und Lebensfähigkeit des 'Volkskörpers' nur gefährden."[57] Denn wie die einzelnen Teile eines Organismus je für sich nicht lebensfähig sind, bedrohen gesellschaftliche Konflikte und individuelle Interessen die Lebensfähigkeit des zum Kollektivsubjekt stilisierten Volkes:

"Nieder mit den Parteischranken - hoch die Gemeinschaft!" (DAZ 61 1 1 24) - "... ist uns die Wahrung der Volksgemeinschaft heilige Pflicht, der Volksgemeinschaft, die das Trennende zurückzutreten läßt und fordert, Hand in Hand mit jedem zu gehen und zu arbeiten, der ehrlich das gleiche Ziel verfolgt." (BAYK 53 1 2 26) - "Der Tag ... fällt in schwerste Notzeiten unseres Volkes, die nur dadurch überwunden werden können, daß sich die Volksgesamtheit in Vaterlandsliebe zusammenschließt." (DAZ 61 1 1 31) - "Überwindung des Parteigeistes durch echten Bürgersinn. In diesem Sinne ist Volksgemeinschaft keineswegs etwas Schwächliches, sondern heißt Kampf und Arbeit für den Staat." (MNN 62 1 1 24)

Über den harmonisierenden Effekt hinaus bringt, wie sich im letzten Zitat bereits andeutet, die Volks- und Staatsorganismus-Symbolik gleichzeitig die Notwendigkeit straffer gesellschaftlicher Hierarchien und einer starken Führung zu unmittelbarer Evidenz. Wie der menschliche Körper "edlere" und "unedlere" Teile hat, so sind auch im Volkskörper einige zur Führung befähigt [*Aristokratie (S)*] und haben andere sich ihnen unterzuordnen [*Unterordnung (E)*]. Gleich sind die Einzelteile nur in ihrer Zugehörigkeit zum Organismus und ihrer Pflicht, das ihre zu seinem Wohl beizutragen, ungleich aber in ihrer Funktion und ihrem Stellenwert:

---

[57] Schnädelbach, 1983: a.a.O., S. 65.

"Das Programm eines deutschen Staates ... muß dem einen Zwecke untergeordnet werden: Wie bringt man die in der Nation vorhandenen Begabungen dazu für die Pflege und Erhaltung des Staatskörpers zu wirken, und wie verschafft man Genies die Möglichkeit der Führung, d.h. die Erde, aus der ihre Gaben sich entwickeln können?" (RWZ 63 1 1 30) - "Wer das Du des Staates groß schreibt und das eigene Ich klein, der scheint mir im tiefsten Sinn verfassungstreu zu sein, mag er zu Einzelheiten der Verfassung auch kritisch stehen. Der Staat lebt von den Volkskräften, die es als ihre höchste Pflicht ansehen, die Sorge für das Gemeinwohl allem voranzustellen." (DAZ 61 2 1 27) - "Die Entwicklung arbeitet auf Stärkung der Staatsautorität, des Verantwortlichkeitsgefühls, des Pflichtbewußtseins hin und nicht auf die Entfesselung uferloser Vielrederei, Verschiebung der Verantwortlichkeiten, platonische Bekenntnisse und Ausweichen vor schweren Aufgaben. Die Parole ist nicht 'Jedem dasselbe', sondern 'Jedem das Seine'. Nicht die sorgfältige Protektion der Schwäche und Mittelmäßigkeit kann dem Staate die notwendigen motorischen Kräfte zuleiten, sondern nur bewußte Schaffung einer Aristokratie nach Leistung, Fähigkeit und Bildung." (RWZ 63 2 1 24) - "Gelingt es nicht, alles Trennende zurückzustellen und einem zuverlässigen Führer unbedingte Gefolgschaft zu leisten, dann werden die Keile, die jetzt in unseren zusammengeschmolzenen Reichsbau getrieben werden, Ansatzpunkte finden und schließlich über kurz oder lang den Staat sprengen." (RWZ 63 1 1 23)

Wie die Zitate zeigen, ist der Weg vom Unmut angesichts des "Parteiengezänks" und der instabilen Regierungen der Weimarer Republik über die Forderung nach einerseits autoritärer Unterordnung der Individuen unter das Gemeinwohl und andererseits einer aristokratischen, von kleinlichen Kontrollmaßnahmen befreiten Regierung zur Propaganda eines bedingungslosen Führertums nicht weit. Der im Ruf nach einer starken und persönlichen Führung sich objektivierende Affekt gegen die diskursive Herstellung politischer Rationalität im Parlament, wie das Modell immanenter Legitimierung sie vorsieht, ist im Bereich der autoritären Vorstellungen der gleiche wie im mythisch-analogischen Schema. Anders als diesem aber liegt jenem nicht zwangsläufig ein antimoderner Impuls zugrunde. Eher schon knüpfen die autoritären Staatsvorstellungen an eine bestimmte regressive Variante moderner Selbstvergewisserung an, auf die bei der Beschreibung des Modells immanenter Legitimierung bereits hingewiesen wurde: die Rückführung des Geschichtsprozesses auf einen *objektiven Geist* der Geschichte und die Ernennung der Staaten zu deren eigentlichen Subjekten - eine Operation, die Schnädelbach bereits in der geschichtsphilosophischen Debatte des 19. Jahrhunderts nachweist:

"Geschichte als objektiver Geist bedeutet (.) hauptsächlich Geschichte historischer Individualitäten, die selbst ein *objektiv Allgemeines* sind; die 'holistische' Betrachtungsweise ist für Hegels Geschichtsphilosophie ebenso kennzeichnend wie für das Geschichtsbild der Historischen Schule. Volksgeister (Herder), Nationen, Staaten, die sittlichen Mächte (Droysen), Kulturen - dann auch Klassen - bevölkern den geschichtlichen Raum, und die Individuen sind nur insofern historisch bedeutsam, als sie ein Allgemeines handelnd verkörpern."[58]

Anders als im Falle Hegels oder der Historischen Schule ist es hier allerdings nicht um eine geschichtsphilosophische Position, sondern um eine spezifische Politikdeutung zu tun, die durch ganz handfeste politische Aspirationen motiviert ist.[59] Eine Deutung, die Politik zu einer Sache der Staaten und Nationen anstelle der Individuen erklärt, suggeriert, daß in der Unterordnung des einzelnen unter das Ganze der Nation sich zwangsläufig das wohlverstandene Eigeninteresse eines jeden verwirkliche, delegitimiert die im Inneren vorgetragenen Emanzipationsansprüche gesellschaftlicher Gruppen als Anschläge auf die Stellung des Staates und der Nation in der internationalen Auseinandersetzung und legitimiert eine unter machtstaatlichen Gesichtspunkten formulierte Außenpolitik. Und sie korrespondiert damit hochgradig mit den Interessen der wirtschaftlichen Eliten, die sich - als Leser und als Verleger - mit der *Deutschen Allgemeinen*, der *Rheinisch-Westfälischen Zeitung* und den *Münchener Neuesten Nachrichten*, also den Zeitungen, die maßgebliche Träger des autoritären Modells sind, verbunden wissen.

2. Im Gegensatz zum mythisch-analogischen Schema, das eine im Kern un- oder vorpolitische Politikdeutung hervorbringt, derzufolge Politik sich nach alter Väter Sitte als Ehrensache und Krieg als Schwertgang vollzieht, sind die autoritären Vorstellungen in einem präzisen Sinne politisch reaktionär: Sie ermöglichen die Formulierung einer konservativen Antwort auf jene Herausforderungen, die das diskurisve Prinzip politischer Entscheidungsfindung und die mit der Weimarer Verfassung versuchte Einleitung politischer und sozialer Emanzipationsprozesse bedeuten. Bei allen inhaltlichen Differenzen scheint es doch unter Gesichtspunkten der Logik politischen Deutens Kontingenzen zwischen dem autoritären und dem Modell immanenter Legitimation zumindest insofern zu geben, als beide auf transzendente Erklärungen und Rechtfertigungen weitgehend verzichten und prinzipiell (zweck-) rationalistische Argumentationen privilegieren. Trotz der politisch-programmatischen Gegensätze zwischen den rechten bürgerlichen Zeitungen als den wichtigsten Trägern des autoritären und den republikanischen als den Trägern des diskursiven Modells verfügen sie also über

---

[58] Schnädelbach, 1983 a.a.O., S. 64 f. (siehe auch Habermas, 1985a: a.a.O., S. 52). Von Interesse ist, daß diese Operation der Verlagerung geschichtlicher Kompetenz von den Individuen auf Kollektivsubjekte eine wohlfeile Ausflucht aus den Verunsicherungen der vorbildlosen Moderne darstellt, die uns bereits im Modell immanenter Legitimierung und im klassenkämpferischen Schema begegnete; freilich mit dem Unterschied, daß das Resultat im einen Fall kontemplativ, im anderen Fall revolutionär und hier genuin konservativ ist.

[59] Womit nicht gesagt sein soll, daß wissenschaftliche Positionen von einer anderen Welt und politisch uninteressiert seien.

eine gemeinsame kommunikative Grundlage, die wenigstens eine Verständigung über die programmatischen Gegensätze ermöglicht.

Ganz anders dagegen ist das Verhältnis des autoritären zum mythisch-analogischen Modell gestaltet: Prinzipiell sind alle Elemente des autoritären Modells mit dem mythisch-analogischen Schema kompatibel. Statistisch drückt sich das in deren mehr oder minder ausgeprägten negativen Korrelationen mit der ersten Achse, graphisch in der räumlichen Nähe beider Schemata, die sich weitgehend den oberen linken Quadranten des Achsenkreuzes teilen, aus. Zieht man außerdem geeignete Deskriptivstatistiken zu Rate, so zeigt sich, daß in den Zeitungen, die hier als Träger des autoritären Deutens genannt wurden, dessen Elemente nicht einmal häufiger aktualisiert werden als in Zeitungen, die Träger des mythisch-analogischen Schemas sind. Der Unterschied zwischen beiden Gruppen besteht vielmehr darin, daß in den Zeitungen, deren Politikdeutung dem autoritäten Modell folgt, die für das mythisch-analogische Schema konstitutiven Elemente - die Distinktion von Freund und Feind nach dem Prinzip von Ehre und Unehre, die Dämonisierung des Feindes, das mythische Geschichtsbild - fehlen oder deutlich seltener aufzuweisen sind. Diese Beobachtung kann so interpretiert werden, daß autoritäres und mythisch-analogisches Modell unterschiedlichen Deutungslogiken folgen, aber weitreichende inhaltliche Übereinstimmungen, vor allem die politisch folgenreiche Suprematie der Kollektivsubjekte 'Volk' und 'Staat' über das autonome Individuum, erzeugen. Eine genauere Betrachtung des gesamten politisch-kulturellen Raumes und damit auch der Relationen zwischen den unterschiedlichen Deutungsmodellen wird weiter unten vorgenommen werden; vorläufig soll festgehalten werden: Das autoritäre Modell scheint in Struktur und Logik politischen Deutens sich auf einem ähnlichen Niveau wie das prozedurale Modell zu befinden, bei gleichwohl scharfen inhaltlichen Gegensätzen. Umgekehrt unterscheidet es sich in seiner Deutungslogik fundamental vom mythisch-analogischen Schema, ist mit ihm aber weitgehend kompatibel hinsichtlich der politisch-programmatischen Inhalte.

4.2.3 Verlust des Machtstaats und Marsch aufs "Dritte Reich"

Die genauere Betrachtung der ersten beiden Achsen der Korrespondenzanalyse, die zusammen 67.3 Prozent der Gesamtvarianz beschreiben, hat bisher zur Isolierung von vier Deutungsmodellen geführt, von denen allerdings zwei - das mythisch-analogische und das autoritäre - sowohl im System der Träger politischer Kultur als auch im System der politischen Vorstellungen Überschneidungen aufweisen. Als letzte soll nun, um das Modell differenzierter gestalten zu können, die dritte Achse hinzugezogen werden, die immerhin noch 10.9 Prozent der Gesamtvarianz aufklärt.[60]

Die beiden Graphiken auf den folgenden Seiten zeigen diese dritte Achse jeweils als Ordinate im Verhältnis einmal zur ersten und einmal zur zweiten Achse.[61] Eine Auffälligkeit besteht darin, daß die dritte Achse - ähnlich wie schon die zweite - asymmetrisch ist: Die Zeitungen und Kategorien, die am stärksten in ihrem negativen Bereich laden, sind sehr viel weiter vom Schwerpunkt des Modells entfernt als diejenigen, die die höchsten positiven Ladungen haben.

Der augenfälligste Unterschied zwischen beiden Darstellungen ist aber der, daß am rechten Ende der Abszisse in dichter Streuung um die Achse im ersten *plot* das republikanische *cluster* zu liegen kommt, während die kommunistischen Zeitungen - und die zugehörigen Kategorien - in der Darstellung fehlen. Im zweiten *plot*, wo Achse 2 die Abszisse bildet, ist es umgekehrt: Die republikanischen Zeitungen inklusive der Kategorien, die das Modell immanenter Legitimierungen konstituieren, sind aus der Darstellung verschwunden; an ihrer Stelle kommen jetzt die kommunistischen Zeitungen und das klassenkämpferische Schema zu liegen. Das heißt, daß diese beiden Modelle und ihre Träger gleichermaßen mit der dritten Achse unkorreliert sind und mit ihr also nichts zu tun haben: Weder bestimmen sie die Lage der Achse, noch gibt diese irgendwelche Auskünfte über sie. Die Erklärungskraft der dritten Achse besteht darin, daß sie genauere Aufschlüsse über die internen Differenzierungen jenes Bereichs gibt, der in der bisher verwandten Graphik der Achsen 1 und 2 im wesentlichen im vierten Quadranten plaziert ist, wo die Kategorien des mythisch-analogischen und des autoritären Modells dicht beieinander liegen und ein relativ homogenes Konglomerat bilden.

Von den Zeitungen laden im negativen Bereich der dritten Achse die beiden nationalsozialistischen Blätter *Der Angriff* (QCOR3 = 0.48) und *Völkischer Beobachter* (QCOR3 = 0.28), im positiven Bereich die *Rheinisch-Westfälische* (QCOR3 = 0.28), die *Deutsche Allgemeine Zeitung* (QCOR3 = 0.26) und der *Berliner Lokalanzeiger* (QCOR3 = 0.25). Es handelt sich mithin ausnahmslos um Zeitungen der Weimarer Rechten, die zur Republik eine sehr kritische bis militant ablehnende Haltung beziehen. Daran wird deutlich, daß die dritte Achse also tatsächlich Binnendifferenzierungen der weimarischen Rechten beschreibt, wogegen das gesamte republikanische und linke Spektrum außer Betracht bleibt. Die mit der Achse korrelierten inhaltsanalytischen Kategorien (als

---

[60] Der Varianzanteil der vierten Achse liegt dann nur noch bei 3.8 Prozent; ein Betrag, der zu gering ist, als daß er noch sinnvoll interpretierbar wäre.

[61] Da die Lage von Punkten in einem dreidimensionalem Raum in einer perspektivischen zweidimensionalen Darstellung nicht möglich ist, muß behelfsweise auf die Plots der verschiedenen Ebenen ausgewichen werden.

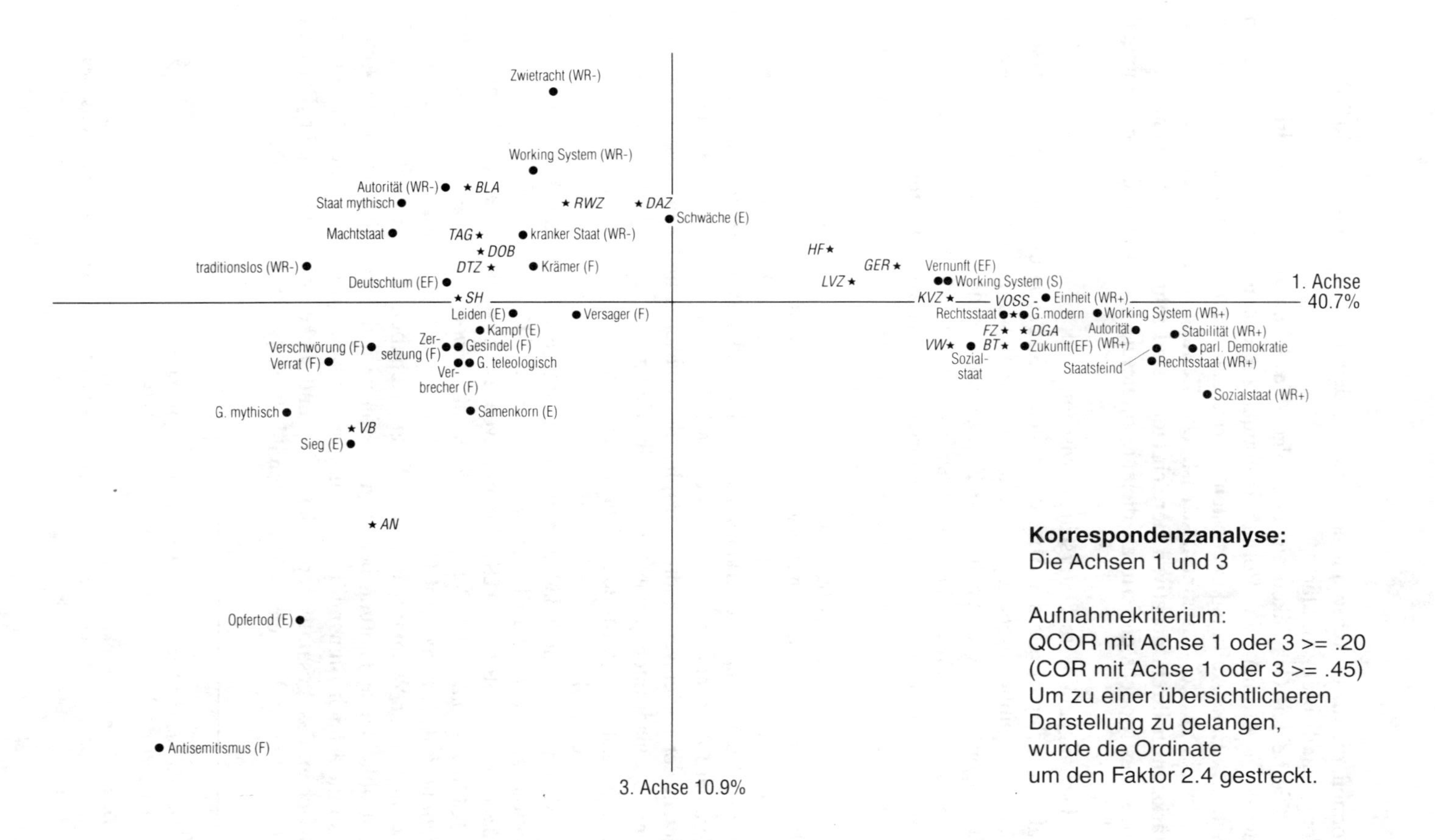

Zwietracht (WR-)
Working System (WR-)
Autorität (WR-)
BLA
Staat mythisch
RWZ
DAZ
Schwäche (E)
Machtstaat
TAG
kranker Staat (WR-)
DOB
traditionslos (WR-)
DTZ
Krämer (F)
Deutschtum (EF)
SH
Leiden (E)
Versager (F)
Kampf (E)
Verschwörung (F)
Zer-
setzung (F)
Gesindel (F)
Verrat (F)
G. teleologisch
Ver-
brecher (F)
G. mythisch
Samenkorn (E)
VB
Sieg (E)
AN
Opfertod (E)
Antisemitismus (F)
3. Achse 10.9%
HF
GER
Vernunft (EF)
LVZ
Working System (S)
1. Achse
40.7%
KVZ
VOSS
Einheit (WR+)
Rechtsstaat
G.modern
Working System (WR+)
FZ
DGA
Autorität
Stabilität (WR+)
VW
BT
Zukunft(EF)
(WR+)
parl. Demokratie
Sozial-
staat
Staatsfeind
Rechtsstaat (WR+)
Sozialstaat (WR+)
Korrespondenzanalyse:
Die Achsen 1 und 3
Aufnahmekriterium:
QCOR mit Achse 1 oder 3 >= .20
(COR mit Achse 1 oder 3 >= .45)
Um zu einer übersichtlicheren
Darstellung zu gelangen,
wurde die Ordinate
um den Faktor 2.4 gestreckt.

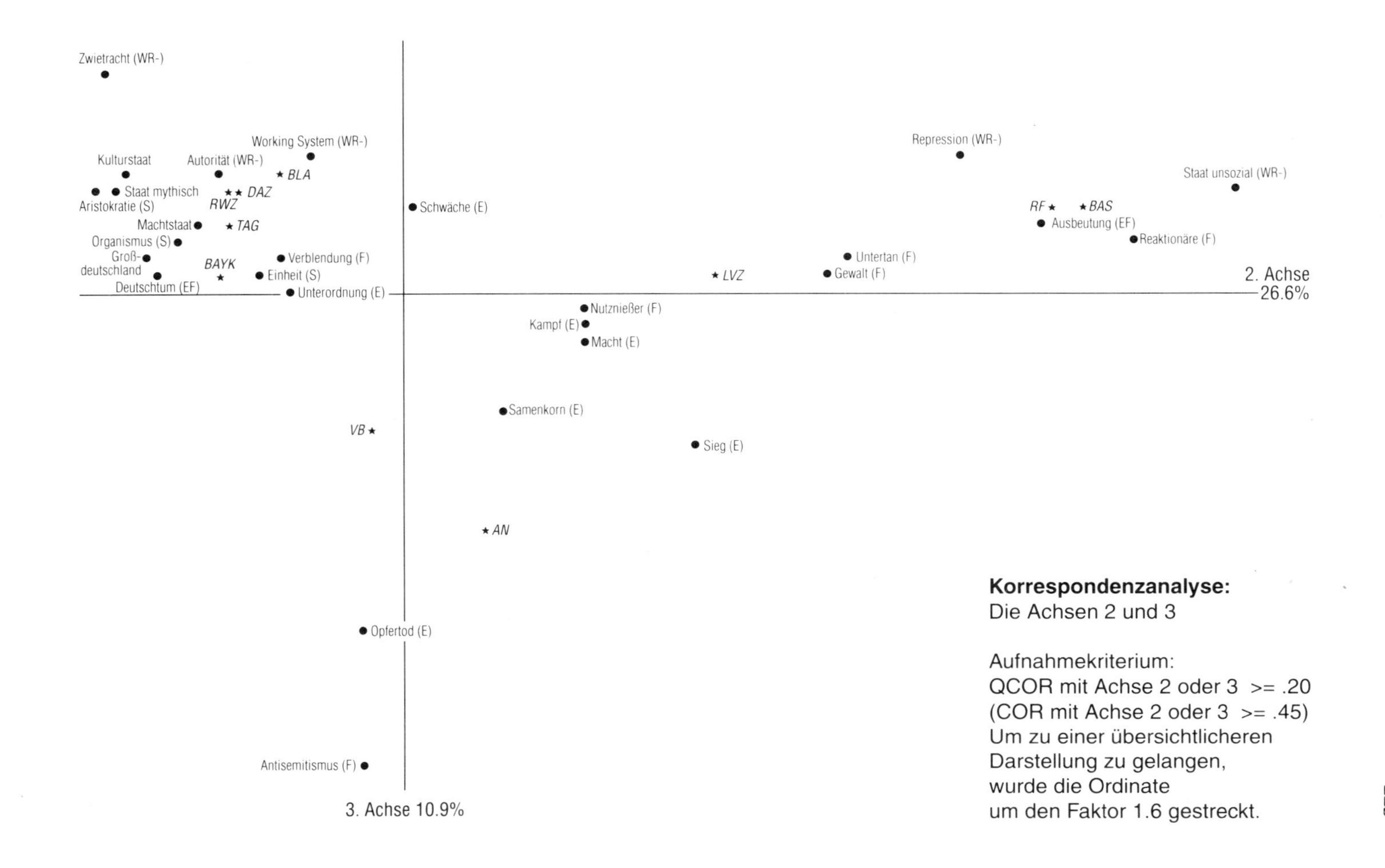

Korrespondenzanalyse:
Die Achsen 2 und 3

Aufnahmekriterium:
QCOR mit Achse 2 oder 3 >= .20
(COR mit Achse 2 oder 3 >= .45)
Um zu einer übersichtlicheren
Darstellung zu gelangen,
wurde die Ordinate
um den Faktor 1.6 gestreckt.

Schwellenwert wurde wieder eine quadrierte Korrelation von 0.20 gewählt) sind in der folgenden Übersicht zusammengestellt:

ANALYSE-EBENE	OBERER	UNTERER
	BEREICH VON ACHSE 3	
EIN-/AUSGRENZUNG:		
- Eigengruppe:	schwach	Opfertod, Sieg Samenkorn
- Feindbild:		Antisemitismus
STAATS-VORSTELLUNGEN:		
- allgemein:	--	--
- Weimar positiv:	--	--
- Weimar negativ:	Working System (WR-) Zwietracht (WR-) Autorität (WR-)	--

Während im oberen Bereich der Achse also ausschließlich Kategorien laden, die eine negative Gegenwartsdiagnose stellen, sind es am unteren Ende die, die jene Dramatisierung der vom mythisch-analogischen Deutungsschema ohnehin rigide dichotomisch organisierten politischen Welt erfassen, mit der der Nationalsozialismus gleichsam den blutigen Weg aus der Misere der Gegenwart weisen will.

Damit stehen die beiden Achsenenden in einem grundsätzlich anderen Verhältnis zueinander als die der ersten beiden Achsen: Während sich an den Polen der ersten Achse zwei völlig verschiedene Logiken politischer Sinnstiftung gegenüberstehen und die zweite Achse durch zwei negativ aufeinander bezogene, die gegensätzlichen Klassenlagen reflektierende Modelle aufgespannt wird, wird die dritte Achse durch Frage und Antwort, Problem und Problemlösung, Diagnose und Therapie konstituiert: eine Elegie auf die Schwäche, an der die republikanische Gegenwart krankt, auf der einen und die Kernelemente des nationalsozialistischen Weltbildes auf der anderen Seite.

Allerdings muß darauf hingewiesen werden, daß die Abgrenzungen im positiven Bereich dieser dritten Achse - wie es auch schon bei der zweiten der Fall war - relativ unscharf sind. Klage über die gegenwärtige politische Agonie wird praktisch im gesamten bürgerlichen rechten und antirepublikanischen Spektrum geführt und kommt in der *Deutschen Allgemeinen* und der *Rheinisch-Westfälischen Zeitung* sowie dem *Berliner Lokalanzeiger* als den am stärksten positiv mit Achse 3 korrelierten Zeitungen nur relativ deutlicher zum Ausdruck als in den anderen Rechtsblättern, ohne ihnen aber auch nur annähernd exklusiv zu sein. Graphisch findet dieser Sachverhalt darin seinen Ausdruck, daß auch *Der Tag*, das Blatt des *Deutschen Offiziersbundes* und die *Deutsche Tageszeitung* im oberen linken Quadranten plaziert sind.[62] Am besten wird die Gesamtaussage der Achse so interpretiert: Im gesamten rechten Spektrum hinterlassen die Traumata von Kriegsniederlage und Revolution, Demokratisierung und Verlust der deutschen Machtstellung eine - in den Gründerjahren starke, später durch andere Momente überlagerte - resignative Grundstimmung, aus der einzig der nationalsozialistische Aktivismus ausschert: Er bietet statt einer vagen Hoffnung auf künftige "staatliche Wiedergeburt" einen mythisch-konkretistischen Weg an, der über die Leichen der eigenen Märtyrer [*Opfertod (E)*], vor allem aber über die Vernichtung des dämonisierten Über-Feindes, dessen Rolle den Juden zugedacht wird [*Antisemitismus (F)*], zum "Dritten Reich" führen soll.

Im Zentrum der rechten Klagen über die Misere der Gegenwart steht das Eingeständnis eigener Schwäche [*Schwäche (E)*]. Dabei differieren allerdings die Bezugsgrößen. Es geht einerseits darum, daß Fehler und Ohnmacht des eigenen engeren politischen Lagers - dann im Stile nüchterner Beurteilungen - konstatiert werden:

"Die Rechte hat - sprechen wir es offen aus - bereits unendlich viel versäumt, teils durch falsche Führung, teils durch falsche Zielsetzung, teils durch Mangel an Disziplin, teils durch Trägheit ihrer Anhänger." (DAZ 61 1 1 30) - "Nur in allem ein Trost! Die nationale Welt ... Ein Unglück in diesem Trost auch hier die Uneinigkeit innerhalb derer, die vorgeben, dasselbe zu wollen." (TAG 81 1 1 33) - "Elf Jahre haben wir seine (des Weimarer 'Systems'; D.S.) sachlich und sittlich verwüstenden Wirkungen mitangesehen und - zu unserer Schande! - uns gefallen lassen" (BLA 82 3 1 29). Mitunter wird auch eine eigene "Mitschuld" an der Novemberrevolution zugestanden: "... wohl sind wir schuldig vor uns selbst und an uns selbst ... Und das Schlimmste ist, daß wir in dieser Schuld verharren. Noch ist Entzweiung unter uns, noch füllt Selbstzerstörung fast alle unsere Tage." (BLA 82 1 1 21) - "... so sehr der 9. November auch uns selbst zu Mitschuldigen an Deutschlands Verderben gemacht hat." (TAG 81 3 1 22) - "Denn wer trug keine Schuld an diesem Tag der Schande?" (BLA 82 3 1 25).

Die Qualität dieser Schuld durch Untätigkeit ist freilich nicht zu vergleichen mit der, die die revolutionären Aktivisten 1918 auf sich geladen haben - das Feindbild von den "Novemberverbrechern" wird durch derlei Selbstbekenntnisse in keiner Weise relativiert. In aller Regel steckt hinter Schuldeingeständnissen der angeführten Art eine strategische Absicht: Die Selbstbezichtigung, im entscheidenden Moment unentschlossen gewesen zu sein, mündet unmittelbar in den

---

[62] Fernerhin sind, wie die Statistiken ausweisen (vgl. Anhang C 1), auch die *Münchener Neuesten Nachrichten*, die in der Graphik nicht dargestellt sind, positiv mit der Achse korreliert (QCOR3 = 0.12, also COR3 = 0.35). Lediglich *Der Stahlhelm* und der *Bayerische Kurier* sind unabhängig von der dritten Achse.

Appell, den Fehler keinesfalls zu wiederholen und fortan umso entschlossener und tätiger für die Überwindung der Misere zu wirken.

Zumeist aber wird die Eigengruppe weiter gefaßt. Wie im rechten Denken die Nation das dominierende Kollektivsubjekt politischen Handelns ist, bilden in aller Regel die "Gesamtheit aller Deutschen", das Volk oder die "Volksgemeinschaft" die referentielle *ingroup*, allenfalls unter vorheriger Substraktion von "Volksfeinden" und "undeutschen Elementen". Im Kern der Klagen steht immer wieder der Mangel an nationaler Geschlossenheit und Einigkeit:

Man fühlt sich als "geschlagenes, von seinen Feinden mißhandeltes, in sich selbst zerwühltes und vergrämtes, um sein tägliches Brot mühsam kämpfendes Volk ..." (DAZ 61 1 1 21), dessen "Zerrissenheit ... sich nach außen hin besonders kläglich ausnimmt" (RWZ 63 1 1 25) - "Zwiespalt im Innern und der Haß der Feinde an allen Grenzen waren die Totengräber." (DAZ 61 1 1 29) - Das eigene Volk lebt in "innere(r) Feindschaft" (DAZ 61 3 1 28), in "innere(r) Zerrissenheit" (DAZ 61 3 1 21), in einer "Volksfehde" (BLA 82 2 1 25).

Die Ursache dieser inneren Zerrissenheit wird oft in den Tiefen des historischen Raumes gesucht und bevorzugt in der "nationalen Verspätung" der Deutschen - die ihrerseits gerne als Ausdruck des ambivalenten "deutschen Wesens" anthropologisiert wird - gefunden:

"Weil seit Jahrhunderten dieses Volk vielmehr Objekt als Subjekt, nur Mitspieler in der europäischen Geschichte war, fehlte ihm der Blick für weltpolitische Notwendigkeiten" (TAG 81 1 1 21).

Die existentielle Qualität der Bedrohung, die die evidente und im parlamentarischen System gar institutionalisierte nationale Uneinigkeit für die weimarische Rechte birgt, kommt dann zum Ausdruck, wenn als Bildbereich der Symbolproduktion Kategorien der Organizität gewählt werden. In der organologischen Deutung wird die Schwäche des nationalen Kollektivsubjekts dramatisch als körperliche Versehrung interpretiert.

Das Volk "zerfleischt sich" (MNN 62 3 1 20), und wird, "in solchem gegenseitigen Zerfleischen müde geworden" (DTZ 71 1 1 21), schließlich Opfer der äußeren Feinde. In welchem Maße Staat und Nation der Weimarer Rechten als Projektionsfläche des eigenen Körperbewußtseins dienen, objektiviert sich - gleichsam als negatives Resultat der Lust an der Macht - in Kastrations- und Vergewaltigungsängsten. Die zentrale Metapher ist die "Selbstentmannung" (RWZ 63 3 1 31, BLA 82 3 1 28 u.a.): der 9. November ein "Tag deutscher Selbstentmannung" (TAG 81 3 1 22), der Waffenstillstand am 11. November die "wüste Selbstentmannung eines Volkes" (TAG 81 3 1 22). Merkwürdigerweise ist die Kastrationsmetaphorik ausschließlich den inneren Ereignissen, vor allem dem Waffenstillstand, vorbehalten und erscheint mithin stets als Selbstkastration. Dagegen wird, was dem Volks- und Staatskörper von außen, also den Entente-Mächten, zugefügt wird, als Vergewaltigungsakt gedeutet. So gelten die "brutal auferlegten Tribute" als "unerhörteste Vergewaltigung der Weltgeschichte" (BLA 82 3 1 28), und "(i)nnerlich nicht mehr intakte Nationen (.) verfallen leicht dem Brande einer fremden Revolution ... und erliegen dann einer Vergewaltigung ihres Wesens" (SH 91 3 1 31).

Die Weimarer Rechte hat dieser als demütigend empfundenen Position der Schwäche wenig entgegenzusetzen. Was sie zu bieten hat: ein lebhaftes Freund-Feindbewußtsein und einen vehementen Antirepublikanismus, sentimentale Erinnerungen an die vergangene Pracht der Kaiserzeit und das Hohelied auf den Heroismus des deutschen Frontsoldaten, ist negativ oder vergangenheitsorientiert. Zwar bietet fernerhin vor allem das mythisch-analogische Deutungsschema eine konkretistisch simplifizierende Erklärung für den Weg in die Gegenwartsmisere, und zirkuläre ebenso wie teleologische Vorstellungen von der Struktur der geschichtlichen Zeit stiften die Gewißheit, daß sie irgendwann überwunden werde. Aber der Trost bleibt schal; es mangelt - vor allem, weil sich restaurative Hoffnungen rasch verbrauchen - an einer Alternative zur verhaßten Republik und an einer Perspektive für ihre Beseitigung, die konkret genug wäre, um Handlungsorientierungen bieten zu können. Vor allem aber vermag die Weimarer Rechte gegen die Traumata von Kriegsniederlage, Versailler Vertrag und Revolution und gegen die Ängste, die der krisenhafte Prozeß gesellschaftlicher Modernisierung erzeugt, kurz: gegen den verunsichernden Verlust des Selbstverständlichen, keine Mittel zu finden.

Eine entsprechende Rezeptur zusammenzumischen bleibt stattdessen dem Nationalsozialismus vorbehalten - nicht durch die Entfaltung eines eigenen und eigenständigen Systems politischer Sinnstiftung, sondern durch eine Symbolproduktion, die vollständig den Regeln des mythisch-analogischen Systems verhaftet bleibt und lediglich einige propagandistisch besonders wirksame Bildbereiche privilegiert, radikalisiert und in ihrer Anwendung universalisiert. Gemeint sind damit die Eigengruppen-Symbole *Opfertod*, *Samenkorn* und *Sieg* sowie der Antisemitismus als totalitäre Ausgrenzungsstrategie, die sämtliche negativen Affekte gegen Modernität, Parlamentarismus und Internationalität, Ängste vor sozialer Deprivation und Identitätsverlust bündelt und auf eine gesellschaftliche Minderheit projiziert [*Antisemitismus (F)*].

Der Opfertod als Symbol äußerster Hingabe hat im mythisch-analogischen Schema seinen festen Platz. Während aber die weimarische Rechte die Märtyrersymbolik im allgemeinen lediglich retrospektiv zur Heroisierung der gefallenen deutschen Weltkriegssoldaten benutzt - auch um deren Opferbereitschaft der "unheldischen" Gegenwart zu kontrastieren -, erweitert die nationalsozialistische Propaganda systematisch seinen Anwendungsbereich und macht den Totenkult zu einem ihrer zentralen Motive.

Um das heroische Potential des in der weimarischen Rechten unumstrittenen Märtyrerstatus der Weltkriegstoten für ihre Zwecke nutzbar zu machen, nimmt die nationalsozialistische Märtyrer-Symbolik eine Identifizierung der

Toten der "Bewegung" - die "Gefallenen" des Marsches auf die Feldherrenhalle vom 9. November 1923 und später Horst Wessel als Vorzeige-Leichen - mit den Opfern des Weltkrieges vor:

"Männer, die in vorderster Front in West und Ost, in Süd und Nord die deutsche Heimat beschirmt hatten und für sie auch nachher stritten, fielen durch 'deutsche' Gewehre, die auf Befehl wortbrüchiger Befehlshaber losgingen. Am 8. November trauert München um seine 13 000 Gefallenen und gedenkt ihrer bei der Enthüllung des neuen Denkmals. Auch die Männer vor der Feldherrenhalle fielen für die Freiheit Deutschlands." (VB 101 3 1 25) - "Die Toten vom 9. November sind nicht umsonst gefallen, genausowenig wie die zwei Millionen Toten des Weltkrieges" (VB 101 3 2 26).

Wenn die "Bewegungstoten" in ihrem Status erst den Kriegstoten angeglichen sind, kann eine weit ausholende Aneignungstrategie Platz greifen:

"Die zwei Millionen Toten des Weltkrieges, die ihr Leben ließen für ein Reich der Ehre und Freiheit, stehen heute (am Jahrestag des Marsches auf die Feldherrenhalle; D.S.) im Geiste bei uns" (VB 101 3 1 31).

Die faktische Differenz zwischen Kriegsopfern und toten Parteigenossen wird aufgehoben; nach dem Motto 'Jeder gefallene Soldat war Nationalsozialist' wird an Leichen vereinnahmt, was irgend möglich ist:

"Wir denken der zwei Millionen, die in den Gräbern von Flandern und Polen verbleichen. Wir denken der tausend und tausend Soldaten, denen das Weltmeer in seiner Unendlichkeit ein ewiges, ruhelos bewegtes Grab bettete. Wir denken aller, die aus den Lüften stürzten, die in den Löchern der Erde starben, die unter dem Meeresspiegel ihr letztes Amen beteten und die bei den versengenden Gluten der Tropensonne verkamen in Durst und Qual. Wir denken der Soldaten der deutschen Revolution, die für die Aufrichtung des Vaterlandes ihr dreimal heiliges Leben auf den Altar der Zukunft legten. Wir denken der Märtyrer für ein anderes Reich, die den Glauben, den unerschütterbaren mit ihrem Herzblut besiegelten. Wir denken der tollkühnen Männer, die in der Zeit der größten Schmach unseres Volkes wissend dem Feind in die Gewehrläufe liefen und zusammenbrachen unter dem Ruf: Es lebe das Vaterland. Die Fahnen nieder! Und senkt die Knie! Gebe Gott Euch Kraft zum Hassen und Trotzen!" (AN 102 3 1 27).

Auch wenn solche Textstellen - die zitierte stammt aus der Feder Goebbels' - heute geradezu lächerlich pathetisch klingen, würde die Vermutung, daß der nationalsozialistische Totenkult allenfalls für nekrophile Zeitgenossen eine sinnstiftende Qualität haben könne, seiner tatsächlichen Deutungsmacht nicht gerecht. Denn rund zwei Millionen Gefallene hinterlassen ein Vielfaches an näheren Verwandten und engen Freunden; ein erheblicher Teil der deutschen Bevölkerung ist nach dem Weltkrieg also mit dem psychischen Problem konfrontiert, den Tod eines nahestehenden Menschen zu verkraften. Ein solcher Verlust aber wird entschieden erträglicher, wenn einerseits dem Toten gebührende Ehrerbietung zuteil wird und andererseits es gelingt, jenen Abgrund von Sinnlosigkeit zu überbrücken, der sich angesichts des Todes insbesondere in einem letztendlich verlorenen Krieg auftut.

Während mit Achtungsbezeigungen - sei es für die Opfer eines *in toto* sinnlosen Krieges, sei es für die erst vom Dolchstoß überwundenen Helden des "Völkerringens" - keines der politischen Lager geizt, bereitet die Generierung positiver Sinnhaftigkeit für das Massensterben erhebliche Probleme. Die Deutung des Weltkrieges als Produkt eines tobsüchtig gewordenen Militarismus und Imperialismus, wie sie das klassenkämpferische Schema bereithält, entkleidet den Tod an der Front noch der letzten und schalen Rechtfertigung, er sei immerhin "für das Vaterland" gestorben worden. Ebenso hat die pazifistische Losung "Nie wieder Krieg!" zwar eine Lehre für die Zukunft, nicht aber eine retrospektive Sinnstiftung für das Sterben anzubieten. Auch das Modell immanenter Legitimierung, das Krieg und Tod als Resultat einer mangelhaft kontrollierten und unvernünftigen Staatsführung erklärt, überantwortet, wie Münkler bemerkt, die "Kriegstoten der Uneinsichtigkeit verantwortungsloser Politiker und dem Karrierestreben ehrgeiziger Generale."[63] Und schließlich kann auch der Heldenmythos allein, den die Dolchstoßlegende des mythisch-analogischen Schemas um die Gefallenen spinnt, zwar heroischen Überschuß, aber keinen positiven Sinn erzeugen, denn verloren wurde am Ende unwiderleglich ja doch. Welche gesellschaftliche und politische Relevanz die Frage nach dem Sinn des Todes im Weltkrieg besitzt, wird daran deutlich, daß sie in der gesamten rechten Presse mit einiger Zuverlässigkeit aufgeworfen wird, sobald Betrachtungen über den Ereigniskomplex von Kriegsniederlage und Revolution angestellt werden. Die Antwort aber bleibt in aller Regel vage und fade: Wenn Deutschland dereinst wieder auf der Höhe sei, seien die Toten gerächt und nicht mehr umsonst gefallen...

Hier liegt die Deutungsmacht der nationalsozialistischen Opfertod-Symbolik: Sie integriert die gefallenen Helden in einen Zeugungsmythos, der den Tod auf dem Schlachtfeld oder im Kampf für die "Bewegung" in eine Bedingung neuen Lebens ummünzt und das vergossene Blut in ein magisches Elexier der Stärke verwandelt - "(a)us vergossenem Blut und erkalteten Leibern erwächst die Kraft" (VB 101 3 2 28): So heißt es über die "Geburt" des Nationalsozialismus: "Gezeugt in den Gräben des Westens, auf einsamen Posten in vorgeschobener Linie, beim Sturm auf zerstampfte Gräben, im Anblick zerfetzter Kameraden, im Aufschrei des Sieges und im unendlichen Warten des Grabenkrieges" (VB 101 3 2 28). Es ist eine Deutung, in der zuerst der Tod und dann die Geburt kommt. Vor diesem Hintergrund erweist sich der Topos von den "Blutzeugen", geprägt für die Toten des 23er-Putsches, als doppelsinnig: sie *bezeugen* nicht nur

---

[63] Münkler, 1988: a.a.O., S. 88.

ihre eigene Opferbereitschaft und die Skrupellosigkeit der "bürgerlichen Reaktion", die vor der Feldherrenhalle zum Täter eines "zweiten Dolchstosses" wird, sondern sie *zeugen* gleichzeitig neue nationalsozialistische Kämpfer:

"Aus dem Blute der Gefallenen vom 9. November 1923 steigt heraus die Armee der Braunhemden und marschiert hinein in eine große deutsche Zukunft" (STÜ 103 3 1 28). Der unerreichte Meister der nationalsozialistischen Totenreichs-Poesie, Goebbels, läßt in einem seiner Artikel zum 9. November einen wahrhaftigen Toten, einen der "Helden" des Münchner Putsches selbstverständlich, selber zu den Lebenden sprechen: "Eine Kugel traf mich mitten ins Herz. Kein Franzose zielte so genau wie der Bruder aus eigenem Volk. (...) Denkt immer daran! Nicht für Vergänglichkeit stiegen wir hinauf zu den Toten, sondern für das Unvergängliche, für Deutschland! Wir grüßen Euch, die Ihr auf unserem Blute steht und fechtet. (...) Steht auf und fordert! Ihr habt das Recht, das wir für Euch erwarben, das Recht der Toten an die Lebendigen. Wenige, aber edle Geschlechter gründen aufs Neue das Reich. Wir haben die Bahn gebrochen, Ihr sollt sie vollenden! Die Toten marschieren vorwärts, niemals zurück. Die Straßen frei! Das junge Deutschland ist im Aufbruch! Hinter den Toten! Vorwärts!" (AN 102 3 1 28).[64]

Die Versöhnung mit dem Tod ist vollkommen. Die Botschaft ist ebenso einfach wie tröstend: umsonst stirbt keiner; der Kampf, zu dem der Weltkrieg nur der Auftakt, eine Art Erweckungsfanfare war, dauert an und ist infolgedessen auch nicht verloren; die nationalsozialistische Bewegung ist es, die die Mission der deutschen Frontsoldaten erfüllt. Hinzu tritt eine "Erweckungsarithmetik", die die Unausweichlichkeit des schließlichen Sieges beweisen soll:

"Alle Mächte der Hölle wurden gegen die vorwärtsstürmende junge Bewegung entfesselt. Hunderte ihrer besten Kämpfer traf der marxistische Mordstahl, aber Tausende von neuen Freiheitskämpfern ergriffen das Banner und trugen es weiter bis in die letzten Winkel deutschen Landes" (VB 101 3 1 31).

Die gleiche Arithmetik des exponentiellen Wachstums - allerdings unter Verzicht auf den Tod als Quelle - benutzt Hitler in einer Rede am 9. November 1927:

"Wenn ein Volkskörper sich Jahr für Jahr um 1 Prozent vermehrt und innerhalb desselben eine Organisation um 10 Prozent, dann muß eines Tages diese Organisation den Volkskörper repräsentieren. Und wenn sie mehr als 100 Prozent wächst, dann muß einmal der Sieg kommen, und wenn Hölle und Teufel sich dagegen verschwören." (VB 101 3 2 27)

Durch die Eschatologie, die der Mythos von Tod und Zeugung stiftet, sind die beiden anderen Kategorien, hinsichtlich derer die nationalsozialistische Deu-

---

[64] Man beachte, wie hier neuerlich auf "synkretistische" Weise die beiden Topoi "*den Bann brechen*" und "*die Bahn vollenden*" zusammengebracht werden.

tungswelt sich von der des sonstigen rechten Antirepublikanismus abhebt (*Samenkorn* und *Sieg*), mit der Opfertod-Symbolik eng verknüpft: Die Nationalsozialisten empfinden sich als die aufgehende Saat, den Vortrupp oder die Bannerträger des "Dritten Reiches", als einen zunächst kleinen Kern von Wissenden oder Erweckten, der aber unaufhaltsam wächst:

"Wir Nationalsozialisten als Vortrupp des kommenden Reiches wissen, daß das neue Volksgefühl stark genug sein wird, die heutige Kolonie Deutsche Republik zu überwinden und einst zu gründen den ersten, wahrhaftigen Deutschen Nationalstaat." (VB 101 1 1 30) - "... ganz naturnotwendig (.) wird die völkische Bewegung ... immer mehr um sich greifen. Und am meisten ist es zu begrüßen, daß das völkische Bewußtsein in immer breitere und tiefere Schichten unseres Volkes eindringt, wahrzunehmen, daß die Arbeiterschaft wie ein ausgequetschter Schwamm den völkischen Gedanken aufnimmt und sich daran labt." (VB 101 3 1 20) - "Trotz aller Demütigungen von außen, trotz aller Bedrängnisse im Innern war es wenigen Tausenden gelungen, die Liebe zu unserm geknechteten und betrogenen Volk wieder anzufachen und den Willen zu erwecken, ein freier Mensch und Deutscher zu werden. (VB 101 3 1 25) - "Der unbekannte Soldat faßt diese Fahne am Schaft und trägt sie einem erwachenden Volk voran" (AN 102 3 1 28) - ein "... Bannerträger des kommenden Deutschlands ..." (AN 102 3 1 29) also.

Auf diese Weise wird jedem Anhänger des Nationalsozialismus suggeriert, etwas ganz Besonderes, Mitglied einer Elitetruppe zu sein, und sich so aus jenem grauen Mittelmaß, aus dem die nationalsozialistische Bewegung ganz überwiegend ihre Anhänger rekrutiert, heraus und in ungeahnte Höhen emporheben zu können. Aus der gleichen Eschatologie von Tod und Zeugung schöpft der Nationalsozialismus sein Bewußtsein, etwas radikal Neues, ausgestattet mit der unwiderstehlichen Kraft der Jugendlichkeit, zu sein, und, daran anknüpfend, seine hypertrophe Siegesgewißheit [*Sieg (E)*]:

Demnach sind es "wir Jungen" (WB 104 3 1 31), "Millionen junge[n] Deutsche[n]" (VB 101 1 1 31), "eine neue Jugend mit lichten Stirnen (...), der kommende Adel des Mutes und der Tapferkeit" (AN 102 3 1 27), die die Zeichen der Zeit erkennen: "Das neue Geschlecht aber fühlt den neuen Taktschlag des Blutes und horcht hin auf das Erwachen" (VB 101 1 1 27). Diese nationalsozialistische "Jugend-Bewegung" wartet auf eine teleologisch gedachte Zeit der Entscheidung: "... bis daß einst der Tag kommt ..." (AN 102 3 1 29) - "Aber es gibt auch Wache im Lande! (...) Ihre Stunde wird noch kommen!" (VB 101 3 1 27) - "Es kommt die Zeit ..." (VB 101 3 2 26) - "Die Stunde ist da" (VB 101 3 3 25). Diese Entscheidung hat finalen Charakter, und der Sieg, den sie bringen soll, kann demnach nichts anderes als ein "Endsieg" sein: "Wir sind nicht Amboß, sondern Hammer! Gegen eine Welt von Feinden hat uns unser Führer dahin gebracht, wo wir heute stehen, wir wissen, daß er uns weiter bis zum endgültigen

Siege führen wird." (VB 101 3 1 31) - "... Endsieg[es] ..." (AN 102 3 2 29) - "... endgültiger Sieg ..." (VB 101 3 2 28)

Eine dominierende Stellung nehmen die *Opfertod-*, *Samenkorn*' und *Sieges*-Symboliken nur in der politischen Deutungskultur des Nationalsozialismus - mit Abstrichen auch in der der militaristischen Rechten, die im Textsample durch den *Stahlhelm* repräsentiert ist - ein. Gleichwohl handelt es sich um Symbole, die in der gesamten weimarischen Rechten wohlsituiert sind. Nicht die Symbole selber also sind genuin nationalsozialistisch, sondern nur ihre privilegierte Stellung im Deutungssystem. Die NS-Ideologie sammelt, kopiert und spitzt zu; ihre Logik aber reproduziert getreulich das mythisch-analogische Schema. Das gilt nicht nur für die bisher beschriebene Strategie der Ein-, sondern auch für die der Ausgrenzung.

Eine dichotomisch in *ingroup* und *outgroup(s)* aufgeteilte politische Welt wurde bereits ausführlich als zwangsläufiges Resultat der Anwendung des mythisch-analogischen Deutungsschemas dargestellt.[65] Aber während die sonstige antirepublikanische Rechte sich immer noch mit einem ganzen Bündel von die Gegenwartsmisere erklärenden Faktoren konfrontiert sieht und sich in einen bedrohlichen Vielfrontenkampf gegen Mörder und Verbrecher, Undeutsche und Verräter, Parteienstreit und Ämterpatronage, Versailles und Weimar, Materialismus, Mechanismus, Liberalismus, Individualismus und Bolschewismus verzettelt fühlt, fokussiert die nationalsozialistische Vorstellungswelt all jene bedrohlichen und desorientierenden Kennzeichen der Zeit auf eine einzige universelle Ursache: die "jüdische Weltverschwörung".

Wie die Deskriptivstatistiken zeigen, wurden im Material der vorliegenden Untersuchung insgesamt 170 Textstellen als antisemitisch kodiert, von denen 147 oder 86 Prozent auf die vier nationalsozialistischen Zeitungen entfallen.[66] Aber auch wenn diese Zahlen die Vermutung nahelegen, ist es nicht so, daß der Nationalsozialismus in Sachen Antisemitismus eine monopolartige Stellung einnimmt. Es muß vielmehr davon ausgegangen werden, daß weite Bevölkerungsteile in der Weimarer Republik antisemitische Ressentiments pflegen, aber die politischen Gedenktage keinen allzu gut geeigneten Anlaß für ihre Objektivation bieten. Wenngleich also auch der Antisemitismus als Prinzip der Distinktion von *in-* und *outgroup* keineswegs genuin nationalsozialistisch ist, so kann die NSDAP doch als der einzige gewichtige Akteur auf der politischen Bühne Weimar-Deutschlands gelten, der ihn strategisch ins Zentrum seiner politischen Vorstellungswelt stellt und alle negativen Elemente seiner Gegenwartsdiagnostik für vollständig reduzibel auf das Wirken einer "jüdischen Verschwörung" erklärt. Für die Deutungslogik entscheidend ist der dadurch erreichte Fokussierungsef-

---

[65] Siehe oben, Kapitel 4.2, Abs. "Die Flucht vor der Moderne: das mythisch-analogische Schema".

[66] Von den verbleibenden 23 *Antisemitismus*-Kodierungen entfallen 21 auf Zeitungen des rechts-antirepublikanischen *cluster* und zwei auf rechts-bürgerliche Blätter.

fekt: Das mythisch-analogische Schema organisiert die Welt prinzipiell nach asymmetrischen Binäroppositionen und bringt daher tendenziell totalitäre Deutungen hervor. Dem nationalsozialistischen Universal-Antisemitismus gelingt mithin, was das mythisch-analogische Schema generell affiziert: die Eliminierung jenes Restes von Ambiguität, der im sonstigen rechts-antirepublikanischen Deuten noch in Form immerhin einer Reihe dichotomischer Distinktionen fortexistiert, und die Bereitstellung eines Prinzips der Ausgrenzung, das tatsächlich total ist. Der Nationalsozialismus konzipiert sein Bild von den Juden als Platzhalterkategorie für alles, was der Rechten als verderbt oder zersetzend, undeutsch oder unsittlich, unehrenhaft oder verbrecherisch gilt, kurz: alles, was in ihr Universum des Schlechten gehört. Und weil deswegen umgekehrt alle Maßnahmen gegen die Juden als probate politische Mittel zur Erreichung eines jeden Zwecks erscheinen, nimmt der universalisierte Antisemitismus deutend vorweg, was ab 1933 zur herrschenden Praxis wird, von der einfachen Diskriminierung über die systematische Ausgrenzung durch die Rassengesetze bis zur planmäßigen Vernichtung in den Lagern.

Im folgenden soll gezeigt werden, daß der nationalsozialistische Antisemitismus nichts anderes ist als eine exakte Projektion sämtlicher Elemente jenes Systems von Feindbildern, das das mythisch-analogische Deutungsschema auf der Grundlage der Dichotomien von 'Ehre *versus* Unehre' und 'fest *versus* flüssig' erzeugt, und es zu einer makaber-grotesken Verschwörungstheorie verdichtet.

Nach dem Modell von 'Ehre *versus* Unehre' werden die Juden mit sämtlichen Zügen des Kraft 'niedriger' Geburt und Veranlagung Minderwertigen - von Verachtungswürdigkeit über Feigheit, Angeberei und Opportunismus bis zur Delinquenz - ausgestattet.

So gilt die Novemberrevolution als "jüdische(n) Komödie" (VB 101 3 2 20) und das SPD-Zentralorgan 'Der Vorwärts' als "(b)ombastisch und großmäulig wie ein Ghettojude ..." (VB 101 3 2 21). Man ortet den "charakterlosesten Tropf aus dem jüdisch-schwarzen Pferch" (VB 101 2 2 21) und beschreibt eine Verfassungsfeier als eine "Hanswurstiade von Juden und Judasknechten (...). Der Saal war spärlich beleuchtet. Es roch und knoblauchte wie in einer galizischen Synagoge. Irgendeiner mauschelte eine 'Fest'-Rede" (STÜ 103 2 1 23). Und als am Rande einer Verfassungsfeier imaginierter oder realer völkischer Zorn sich zu Pogromstimmung verdichtet, heißt es hämisch: "Bleich und zitternd lehnen die feisten Wüstensöhne in ihren Polstern und wagen nicht, sich zu rühren." (AN 102 2 1 26). Oft aber genügt, wie in der folgenden Textstelle, der denunziatorische Wert des Rufs 'Jude!' ohne weitere Attribuierungen: "In Bayerns Hauptstadt hatte ein polnischer Jude das Erbe der Wittelsbacher übernommen" (VB 101 3 2 28). Als Zuspitzung des 'Unehren'-Symbols steht, wie es im Abschnitt über das mythisch-analogische Schema bereits beschrieben wurde, das 'Kriminellen'-Symbol zur Verfügung. "Noch nie wurde ein solcher Staat von einer Bande von Zuhältern und Verbrechern, an der Spitze die Hebräer, in dieser Weise vernichtet." (VB 101 3 2 27)

Im letzen Zitat wird die Strukturgleichheit zwischen den allgemeinen Ausgrenzungsstrategien der antirepublikanischen Rechten und dem nationalsozialistischen Antisemitismus besonders deutlich. Es ist einzig der Einschub "an der Spitze die Hebräer", der die im rechten Lager wohlsituierte Symbolik 'Weimarer Republik : Republik der Schieber, Zuhälter und Verbrecher' in den Kontext einer antisemitischen Verschwörungstheorie stellt.

In gleicher Weise wird der wirkmächtigste antirepublikanische Mythos, die Dolchstoßlegende, antisemitisch transformiert, indem eine simple Identifikation von Revolutionären, bzw. "Profiteuren" der Revolution und Juden vorgenommen wird:

"Dieses freie Volk (das "syrische Wüstenvolk", wie es einen Absatz vorher heißt; D.S.) hat denn auch überall in der Daweskolonie jene ehrlosen Farben gehißt, unter deren Panier es einst der kämpfenden deutschen Front den Dolch feige in den Rücken stieß" (AN 102 2 1 29).

Die Rückführung all dessen, was der Republik als Negativum angelastet wird, auf das Wirken einer jüdischen Verschwörung stößt hier allerdings insofern an eine Plausibilitätsgrenze, als die schlichte Alltagsempirie nachweist, daß die Vielzahl derer, die der Nationalsozialismus zu seinen Feinden kürt, sich unmöglich aus dem jüdischen Bevölkerungsteil Deutschlands rekrutieren kann. Als verbindendes Glied bedarf es einer Agententheorie, die all jene, die keine Juden sind und trotzdem als Feinde ausgegrenzt werden sollen - Kommunisten und Sozialdemokraten, Demokraten, Zentrumskatholiken und Volksparteiler -, als "Judenknechte" denunziert:

"Das Zentrum arbeitet Hand in Hand mit dem Judentum am Ruin Deutschlands." (VB 101 2 2 21) - "Nur wenige von denen, die nicht alle werden, haben sich bereit gefunden, als getreue Knechte ihres Herrn gleichfalls die Judenfahne aus ihren Fenstern zu hängen. " (AN 102 2 1 29) - am Rande einer Demonstration des Reichsbanners zur Feier der Verfassung: "Das Kaffee König sitzt voll fetter Juden, die triumphierend auf ihre paradierenden Knechte herunterblikken." (AN 102 2 1 29) - "Daß der Glaube (an 'deutsche Freiheit', 'deutsches Volkstum', 'deutsche Ehre'; D.S.) ihnen (den Deutschen; D.S.) genommen wurde, ist die Tat jener jüdischen Unterhöhler des deutschen Staates und ihrer Handlanger." (VB 101 3 1 27) - "Das große Deutsche Reich ... sank unter den Schlägen der Juden und ihrer Knechte in Trümmer." (STÜ 103 3 1 28) - und über Gustav Stresemann: "... und es sei gleich, welcher Religion (!) einer angehöre, meinte er, und denkt dabei sicher an das geliebte Judenvolk, dem sein reiches Ehegespons entsammte" (VB 101 1 1 26).

Die Vorstellung von den 'jüdischen Drahtziehern' und ihren 'Knechten' ist stereotyp; die Beweisführung, mit der das angebliche Komplott aufgedeckt wird, hat, dem mythisch-analogischen Schema entsprechend, eine tautologische Struktur: 'Weil die Republik eine Judenrepublik ist, sind die Republikaner - einschließlich der nicht-putschistischen antirepublikanischen Kräfte - Juden und Judenknechte, weshalb die Republik eine Judenrepublik ist.' Den Initialbeweis für die Identifikation der verschiedensten politischen Kräfte mit einer "jüdischen Verschwörung" liefert häufig die Zitation der Namen ihrer prominenten jüdischen Vertreter:

"Kerenski und sein Rassengenosse Trotzki" (VB 101 3 2 20) - "Löwensteine, Hirschfelde und Mendelsöhne" (VB 101 3 2 20) - "die Herren Theodor Wolff und Hugo Preuß in der Jerusalemer Straße" (VB 101 2 2 28)[67] - "schwarzrotgelbe(s) Reklamefähnchen von Mosse" - "Barmat, Kutisker, Parvus-Helphand, Sklarek und wie sie sonst heißen mögen" (WB 104 2 1 32) - "der Rassengenosse des Walter Rathenau, Herr Stefan Zweig" (AN 102 3 2 28) - "der Jude Preuß, nach Rücksprache mit Herrn Theodor Wolff und Isidor Witkowski-Harden in der Jerusalemerstr." (AN 102 3 1 29).

Reihungen von Namen prominenter Juden werden auf diese Weise als Repräsentativsymbole jüdischer Allmacht benutzt.[68] Gleichzeitig imaginieren sie eine Identität der ganz unterschiedlichen Signifikate, für die sie stehen: Die Signifikanten 'Wolff' oder 'Mosse' verwandeln liberale und demokratische Presse - und damit Liberalismus und Demokratie überhaupt - in 'Judenmache'. Der Bolschewismus ('Trotzki'): 'Judenmache'. Die Republik und ihre Verfassung ('Preuß', 'Rathenau'): auch 'Judenmache'. Das 'Börsenkapital' ('Mendelssohn'): 'jüdisch'. Die Sexualreformbewegung ('Hirschfeld', der an anderer Stelle als "alter Päderastenführer" denunziert wird, siehe VB 101 2 1 28): 'jüdische Perversion'. Die Intellektuellen ('Stefan Zweig'): Juden, usf.

Erst die Hypostase des objektiv bedeutungslosen Analogums 'Jude' ermöglicht die Synthetisierung selbst der disparatesten Negativerscheinungen zu einem

---

[67] In der Jerusalemer Straße hat - welch glückliche Fügung für die antisemitischen Symbolproduzenten - das Berliner Tageblatt aus dem Mosse-Verlag (Chefredakteur: Theodor Wolff) seinen Sitz.

[68] Was die Denotation der Symbole behindert, ist die Tatsache, daß bei weitem nicht alle Juden Namen tragen, die vom Leser unzweifelhaft als "jüdisch" erkannt werden. In den vorgestellten Zitaten wird nur bei den Namen "Löwenstein, Hirschfeld, Mendelsohn" auf entsprechende Hinweise verzichtet. Ansonsten glauben die Autoren, nicht auf die Denotation der Subscriptio 'Jude' duch Zusätze wie 'Rassengenosse' oder die 'Jerusalemer Str.' verzichten zu können.
Es sei darauf hingewiesen, daß im August 1938 durchaus folgerichtig dieses Hindernis für die antisemitische Symbolproduktion auf bürokratischem Wege beseitigt wird: Eine Durchführungsverordnung zum Gesetz über die Änderung von Familien- und Vornamen schreibt Juden die zusätzliche Führung eines zweifelsfrei jüdischen Vornamens (Sara oder Israel) vor (vgl. Ernst Nolte 1963: Der Faschismus in seiner Epoche. Action française. Italienischer Faschismus. Nationalsozialismus, München Zürich, Neuausgabe (Taschenbuch) 1984, S.455). Damit wird die uneindeutige und unzuverlässige symbolische Beziehung zwischen Namen und "Rasse" durch eine eindeutige Zeichenrelation ersetzt.

kontingenten Ganzen. Dieses Reduktionsmodell ist es auch, das die Auflösung des offensichtlichen Paradox, daß sowohl der Bolschwismus wie auch das Finanzkapital Elemente ein und desselben jüdischen Ausbeutungsplans seien, ermöglicht. Die antikapitalistische Attitüde des Nationalsozialismus beruht auf der Transformation des vertikalen Klassenkampfes in einen horizontalen "Rassen-" und Nationenkampf:

"... de(r) 9. November, da der Weg für die jüdische Ausbeuterbrut in Banken, Börsen, Händlergesellschaften, Zeitungen usw. vollständig geebnet wurde bis zum Tage der Thronbesteigung des Bankdiebes Dawes." (VB 101 3 1 27) - "Nicht auf ein freies Volk ... stützte sich diese Republik, sondern auf ein Sklavenvolk, das von den 'Siegern' sowohl des Auslandes als auch des Inlandes dazu verurteilt, auf unabsehbare Zeit hinaus zu fronden und zu schuften für die äußerlich kaum sichtbare, aber umso fühlbarere alljüdische Finanzmacht." (VB 101 2 1 26) - "Denn es ist jetzt für uns ... kein Geheimnis mehr und wird auch bald kein Geheimnis mehr für unsere sogenannten Sieger sein, daß die Früchte des Weltkrieges eingeheimst worden sind von dem internationale Kapital, von dessen Hochburgen, den international-jüdischen Banken in New York, die heute das ganze Geld der Welt in ihrem Besitz haben und denen heute Besiegte wie Sieger auf Jahrzehnte hinaus tributpflichtig geworden sind." (VB 101 3 2 25).

Der Effekt ist ein Antikapitalismus, der das Kunststück fertigbringt, gleichzeitig Mittel zur Linderung der objektiven Nöte des Proletariats anzubieten und den Kapitalismus unangetastet zu lassen. Dies vollzieht sich auf dem Wege einer Trennung des Kapitals in "schaffendes" und "raffendes", in einerseits gutes, produktives, deutsches und andererseits böses, zirkulierendes, jüdisches. Für Ausbeutung zuständig ist in diesem Modell selbstverständlich nur das "raffende" Kapital, wohingegen sich "schaffendes" Kapital und Arbeiterschaft in der prästabilierten Harmonie der Volksgemeinschaft zusammenfinden - eine ideologische Konstruktion, die Horkheimer und Adorno wie folgt beschrieben:

"Arbeit schändet nicht, sagten sie, um der anderen rationaler sich bemächtigen zu können. Sie selbst reihten sich unter die Schaffenden ein, während sie doch die Raffenden blieben wie ehedem. Der Fabrikant wagte und strich ein wie Handelsherr und Bankier. Er kalkulierte, disponierte, kaufte, verkaufte. Am Markt konkurrierte er mit jenen um den Profit, der seinem Kapital entsprach. Nur raffte er nicht bloß am Markt, sondern an der Quelle ein (...). Drum schreit man: haltet den Dieb! und zeigt auf den Juden. Er ist in der Tat der Sündenbock, nicht bloß für einzelne Manöver und Machinationen, sondern in dem umfassenden Sinn, daß ihm das ökonomische Unrecht der ganzen Klasse aufgebürdet wird. (...) Der Kaufmann präsentiert ihnen (den Arbeitern; D.S.) den Wechsel, den sie dem Fabrikanten unterschrieben haben. Jener ist der Gerichtsvollzieher fürs ganze System und nimmt das Odium für die andern auf sich. Die

Verantwortlichkeit der Zirkulationssphäre für die Ausbeutung ist gesellschaftlich notwendiger Schein."[69]

Resultat dieser Operation ist die Biologisierung des Klassenkonflikts zum Rassenkonflikt. Und die Anwendung des Symbols 'Volk : Organismus' transformiert die Distinktion von "raffendem" und "schaffendem" Kapital in die von "Parasit" und "Wirtsvolk":

"... von zahllosen Parasiten aus dem Osten ausgesogen ..." (VB 101 3 1 27) - "... gewisse Blutegel jüdischer Nation ..." (VB 101 3 2 20) - "Es ist, als ob ein Fieberschauer die ganze Welt schüttelt. Überall suchen die Volkskörper, überall rennen sie gegen das Gift der Internationale, gegen das in sie eingedrungene Judentum, gegen den Marxismus mit seinem materialistischen volksvergiftenden Denken, mit seinen Theorien und Lehren. Und hier rascher, dort langsamer wird dieses Gift von den in Todeskämpfen ringenden Volkskörpern ausgeschieden und überwunden" (VB 101 3 2 25).

Die "Therapie" für dergleichen Schädlingsbefall erhielt später den negativ auf das 'Endsieg'-Symbol bezogenen Namen "Endlösung", und die IG-Farben lieferte die "Medikamente" nach Auschwitz.

* * *

Die nationalsozialistische Praxis politischer Sinnstiftung kann *cum grano salis* als eine besondere Anwendung des mythisch-analogischen Deutungsschemas beschrieben werden. Insbesondere sind die Logiken der Sinnstiftung, also die strukturellen Arrangements der bedeutungstragenden Elemente, im nationalsozialistischen und im sonstigen rechts-antirepublikanischen Deutungscode die gleichen. Die Unterschiede, die zwischen beiden ausgemacht werden können, sind solche der Gewichtung einzelner Deutungsmodelle. Der nationalsozialistische *code* privilegiert einige politische Symbole auf eine Weise, die ihm gegenüber den anderen Facetten des rechten Antirepublikanismus ein strategisches Plus an Sinnstiftungskompetenz verschafft:

- Erstens gelingt es ihm, die in der mythisch-analogischen Deutungspraxis ansonsten verbleibenden Ambiguitäten zu eskamotieren und einen Überschuß an Konkretheit zu erzeugen.
- Zweitens vermag er die tendenziell kontemplative Haltung der weimarischen Rechten, die nach der Novemberrevolution frustriert und geschwächt ist und sich erst allmählich wieder fängt, durch einen radikal und konkret auf den schließlichen Sieg bezogenen Optimismus zu überbieten.
- Drittens bleiben ihm als erst in der Weimarer Republik sich konstituierende radikal-oppositionelle Bewegung alle stets Kontingenz aufzehrenden Neubestimmungen der politischen Praxis erspart. Während etwa die DNVP antire-

[69] Horkheimer/Adorno, 1947: a.a.O., S. 156.

publikanisch ist und sich an Regierungen der Republik beteiligt, monarchistisch ist und ihre restaurativen Hoffnungen verbraucht, wird der NSDAP keine wesentliche Korrektur ihrer Position abverlangt, vermag sie vielmehr die tatsächlich signifikanten Änderungen ihrer Repräsentationspraxis und ihrer propagandistischen Schwerpunkte, wie sie etwa zwischen ihrem geheimbündlerischen Dasein in der "Kampfphase" bis 1923 und der "Bewegungsphase" liegen, nach eigenem Kalkül zu setzen und als Resultat der ihr eigenen Dynamik konsistent darzustellen. So kommt sie nicht in jenen Geruch des Opportunismus und der Unentschlossenheit, der von einem allein an großen und klaren Gegensätzen orientierten Denken mit dem Entzug der Deutungsautorität bestraft wird.

- Ein vierter und vielleicht der wichtigste Vorteil des Nationalsozialismus gegenüber dem sonstigen rechten Antirepublikanismus liegt in seiner ebenso gewaltigen wie gewalttätigen symbolischen Präsenz auf der Straße. Was anderen die Spalten von Zeitungen, Flugblätter und Wahlplakate sind, ist dem Nationalsozialismus die Pragmasymbolik der Aneignung öffentlicher Räume. Obwohl dieser Aspekt in der vorliegenden Untersuchung nicht systematisch berücksichtigt wurde, sei darauf hingewiesen: Die letztendlich hegemoniale Stellung der NSDAP im Parteienspektrum der Weimarer Republik ist ohne die nahtlose Übereinstimmung zwischen den Symbolen politischer Sinnstiftung und der symbolischen Tat auf der Straße - den Aufmärschen der SA, die konkreten Angriffe auf politische Feinde, die Inszenierung von Kundgebungen - nicht vorstellbar.

4.3 Die Struktur des Raumes politisch-kultureller Deutungen

Insofern es sich bei den Produzenten jener Leitartikel, Kommentare, etc., die das Material dieser Studie abgeben, um Deutungsexperten, berufsmäßige Sinnproduzenten handelt, die nicht mit der Basis, mit denjenigen, die bloß Nutzer und Nachfrager politisch-kultureller Vorstellungen sind, verwechselt werden dürfen, beziehen sich die in den letzten Abschnitten explizierten und interpretierten Ergebnisse der Korrespondenzanalysen zunächst nur auf die Angebotsseite politischer Kultur, oder genauer: sie beschreiben den politischen Kampf um die Deutungsmacht, um die legitime Sicht der politischen Belange, der zwischen politischer Orthodoxie und den mit ihr und untereinander konkurrierenden Heterodoxien ausgetragen wird. Denn um

"Erkenntnis von sozialer Welt und, genauer, die sie ermöglichenden Kategorien; darum geht es letztlich im *politischen Kampf um die Macht* durch Erhalt oder Veränderung der herrschenden Kategorien zur Wahrnehmung dieser Welt."[70]

Was sich also auf der Ebene der politischen Deutungskultur, die hier exemplarisch anhand der Gedenktagstexte untersucht wird, vollzieht, ist ein Wettbewerb der Sinnproduzenten um die Anerkennung von Deutungskompetenzen. Gleichwohl existiert auf der Nachfragerseite eine nur bedingte Freiheit der Wahl zwischen den angebotenen Deutungen - auch im Bereich der politischen Kultur ist der vollständig freie Wettbewerb, wie stets, nur Ideologie. Denn homolog zum Markt der Waren, wo die Entscheidungsfreiheit des Käufers sowohl durch seine finanziellen Ressourcen als auch durch seinen "Geschmack" begrenzt ist, ist im politisch-kulturellen Wettbewerb die Auswahl aus dem Angebot an Deutungskulturen von sowohl der kulturellen Kompetenz als auch der sozialen Position des Nachfragers abhängig.

Das Verhältnis zwischen Sinnproduzenten und den Abnehmern ihrer Produkte läßt sich als eine - labile oder stabile - Koalition zwischen einer politischen Elite und einem Segment der politischen Basis beschreiben, die auf der Grundlage strukturell homologer Aspirationen geschlossen wird. In einem stark vereinfachenden Modell nennt Lowell Dittmer als grundsätzliche Konstellationen die Koalitionsbildungen zwischen einerseits amtsinhabender Elite und saturierter Basis und andererseits *candidate elites* und Deprivierten.[71] Die Homologie zwischen den jeweiligen Koalitionspartnern besteht darin, daß sie in ihrem jeweiligen Feld - dem politischen im Falle der Eliten und dem sozialen im Falle der Massen - strukturell ähnliche Positionen einnehmen, die ähnliche Aspirationen - bei der Koalition der Amtsinhaber mit den Saturierten eine auf Bewahrung, bei der von Kandidaten und Deprivierten auf Verbesserung der Position gerichtete - hervorbringen. Der Anstoß zur Bildung von oppositionellen Koalitionen ist aber stets Sache der heterodoxen Eliten, weil die sozial deprivierten Massen - *für* die und *anstelle* derer sie sprechen - gleichzeitig tendenziell vom Erwerb kultureller Kompetenz ausgeschlossen sind und von daher nicht über das symbolische Kapital verfügen, sich ihren eigenen Sinn zu stiften:

"Den aufgrund ihrer sozialen Stellung Beherrschten ergeht es auch auf der Ebene der symbolischen Produktion nicht anders; und es ist nicht zu sehen, wie sonst sie an die zur Darstellung ihrer ureigensten Perpektive auf die soziale Welt notwendigen symbolischen Produktionsmittel kommen sollten, würde nicht ein Teil der mit Kultur und Bildung professionell Beschäftigten - bedingt durch die spezifische Logik des Feldes der kulturellen Produktion und der darin erzeugten Interessen sowie auf der Basis homologer Positionen - den Beherrschten Mittel an die Hand geben, die mit den Repräsentationen zu brechen helfen,

---

[70] Bourdieu, 1985: a.a.O, S. 18 (Hervorhebung D.S.).

die, aus dem unmittelbaren Zusammenfallen von sozialen und mentalen Strukturen erwachsend, die fortlaufende Reproduktion der Verteilungsstruktur des symbolischen Kapitals gewährleisten."[72]

Die in dieser Studie präsentierten und analysierten Materialen sind also Objektivationen der Tätigkeit symbolproduzierender Eliten[73] - "Professionelle der Repräsentation", wie Bourdieu sie nennt[74] -, und die Untersuchungsergebnisse bieten demzufolge eine Rekonstruktion jener symbolischen Repräsentationen, die ein politisches Deutungsexpertentum entwirft.

Die Korrespondenzanalysen lassen denn auch keine unmittelbaren Aussagen über den je aktuellen Stand des Kampfes um die Deutungsmacht zu, weil der sich letztlich nur im Konsumentenverhalten objektiviert: in Bekundungen der Anerkennung oder Ablehnung von expertenproduzierten Deutungsangeboten, wie sie Wahlentscheidungen, Parteiein- und -austritte, Entscheidungen für oder gegen den Kauf einer Zeitung etc., darstellen.[75]

Was die Untersuchung der politischen Deutungskultur auf der Grundlage expertenproduzierter Deutungsangebote aber sehr wohl ermöglicht und worauf sie geradewegs hinsteuert, ist die Beschreibung der strukturellen Anordnung politisch-kultureller *codes* in einem räumlichen Modell, über Schwellen und Übergänge, Kompatibilitäten und Inkompatibilitäten, um darüber zu Aussagen über die Positionen der politisch-kulturellen Kontrahenden zueinander, über Deutungskoalitionen und -oppositionen,[76] Orthodoxie und Heterodoxie(n), zu gelangen. Während die letzten Abschnitte der Beschreibung je einzelner Enklaven des Raumes politischer Deutungskultur galten, muß jetzt also ein Perspektivwechsel von den Teilräumen zur Synopse des Gesamtraumes vorgenommen werden.

---

[71] Dittmer, 1977: a.a.O., S. 572.

[72] Bourdieu, 1985: a.a.O., S. 30 f.

[73] Der Beleg für diese Aussage könnte unschwer beigebracht werden; es wären nur die Biographien exponierter Repräsentanten der Arbeiterparteien, unter denen die Arbeiter immer die Ausnahme bildeten, zu betrachten.

[74] Ebd., S. 30.

[75] Gleichwohl kann und soll später eine wenigstens impressionistische Abbildung des Systems politisch-kultureller *codes* auf das System der Wahlentscheidungen als Indikator für die Akzeptanz oder Ablehnung, die sie bei den politischen Nicht-Experten finden, vorgenommen werden.

[76] Die immer auch Koalitionen und Oppositionen auf der Ebene politischen Handelns *in Potentialität* sind.

Die Anordnung der Deutungsfelder

Um die synoptische Betrachtung des Gesamtraumes zu erleichtern, scheint es sinnvoll, zunächst die bisher verwandten kleinteiligen Übersichten und Graphiken, in denen jeweils die korrespondenzanalysierten Variablen - Zeitungen und inhaltsanalytische Kategorien - eingetragen sind, durch großmaßstabige Darstellungen zu ergänzen, die statt der Vielzahl von inhaltsanalytischen Kategorien nur noch die Lage der Deutungsfelder und statt der einzelnen analysierten Zeitungen nur noch die Parteien, denen sie zuzurechnen sind, anzeigen. Diese beiden Systeme, das der Deutungsfelder und das der politischen Parteien, sind in der folgenden Graphik aufeinander projiziert, in den Übersichten getrennt ausgewiesen:[77]

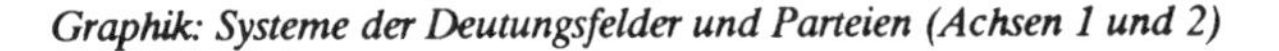
Graphik: Systeme der Deutungsfelder und Parteien (Achsen 1 und 2)

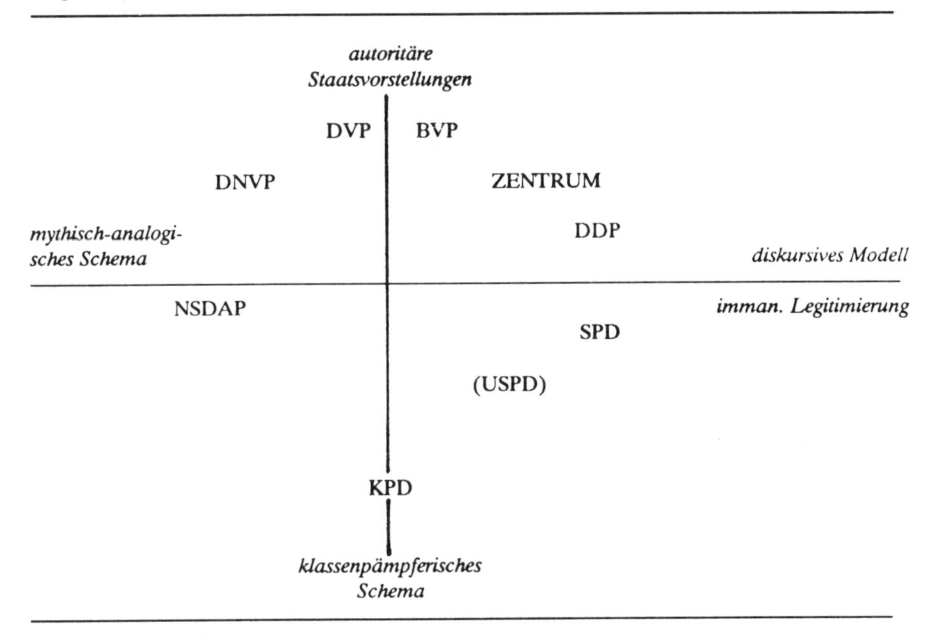

[77] Insofern es sich bei den verschiedenen Deutungsweisen nicht unmittelbar um Resultate statistischer Auswertungen, sondern um interpretatorische Konstrukte auf der Grundlage der Korrespondenzanalyse handelt, können ihnen keine präzisen Orte zugewiesen, sondern ihre Lage nur angedeutet werden. Der Wert der Graphik ist heuristisch; ihr Zweck ist es, eine Vielzahl von Informationen in übersichtlicher Form zusammenzufassen. Ebenso kann die Projektion der Zeitungen auf die Parteien nur heuristischen Wert beanspruchen, weil es sich ja nur bei einem Teil der ausgewerteten Zeitungen um Parteipresseorgane handelt; bei den anderen Zeitungen ist die allerdings nicht immer ganz eindeutige Partei*nähe* das ausschlaggebende Kriterium.

Übersicht: System der Deutungsfelder

1. Achse:	mythisch-analogisches Schema	*versus*	diskursives Modell immanenter Rechtfertigung
2. Achse:	Schema autoritärer Staatsvorstellungen	*versus*	klassenkämpferisches Schema
3. Achse:	Verlust staatlicher Macht	*versus*	Marsch aufs "Dritte Reich"

Übersicht: System der Parteien

1. Achse:	NSDAP, DNVP	*versus*	DDP, SPD/USPD, Zentrum
2. Achse:	DNVP, BVP, DVP (Zentrum, DDP)	*versus*	KPD (USPD/linke SPD)
3. Achse:	DNVP, DVP	*versus*	NSDAP

Zunächst sollen nur die ersten beiden Achsen in Betracht gezogen werden; die dritte, die - wie gezeigt - nur Binnendifferenzierungen im politischen Deuten der weimarischen Rechten aufzeigt, wird erst später herangezogen werden.

Auf der Grundlage der beiden Graphiken, die die Anordnung erstens der Deutungsfelder und zweitens der Parteien im korrespondenzanalytisch konstruierten Raum darstellen, lassen sich die die Achsen konstituierenden Distinktionsprinzipien benennen: Die erste Achse trennt mit dem mythisch-analogischen Schema und dem diskursiven Modell immanenter Legitimierung zwei verschiedene politische Deutungskulturen, die auf unterschiedliche *Produktionsregeln politischer Symbole* rekurrieren. Die zweite dagegen unterscheidet, wie in der Graphik der politischen Parteien erkennbar ist, zwischen bürgerlichen im oberen und proletarischen Parteien im unteren Bereich, oder, bezogen auf das System der Deutungsfelder, zwischen politischen Vorstellungen, die primär Reflex unterschiedlicher *sozialer Positionen* sind. Diese Interpretation wird durch einige weitere Beobachtungen gestützt:

- Erstens dadurch, daß von den beiden NSDAP-Zeitungen *Der Angriff* als das Blatt, in dem der proletarischen Attitüde des Nationalsozialismus eine vergleichsweise privilegierte Stellung eingeräumt wird, ebenfalls im unteren Bereich dieser zweiten Achse zu liegen kommt.
- Zweitens durch die Tatsache, daß unter den fünf am stärksten positiv mit der zweiten Achse korrelierten Blättern sich die drei industrienahen Zeitungen, die *Deutsche Allgemeine* und die *Rheinisch-Westfälische Zeitung* sowie die *Münchener Neuesten Nachrichten* befinden.
- Und drittens dadurch, daß der *Generalanzeiger für Dortmund* als das am ehesten mit sozialistischen Standpunkten sympathisierende unter den linksliberalen Blättern gleichzeitig das einzige von diesen ist, das im unteren Bereich der Achse plaziert ist.

Die beiden ersten Achsen des korrespondenzanalytischen Modells sind also nicht nur Dimensionen im statistischen Sinn, sondern gleichzeitig Ausdruck unterschiedlicher Funktionen der an ihren jeweiligen Enden angesiedelten Deutungsfelder. Übertragen auf die Terminologie Max Webers[78] können jene politischen Vorstellungen, die an einem der beiden Pole der ersten Achse laden, als gleichzeitig Hervorbringungen und Konstruktionselemente primär von *Weltbildern*, jene, die mit der zweiten Achse korreliert sind, vorrangig als Ausdruck von *Interessen* betrachtet werden. Damit ist freilich nicht gemeint, daß die einen das Produkt eines abgehobenen und autonomen Überbaus und die anderen kulturelle Substrate der materiellen Basis seien; vielmehr gilt für politisches Deuten in jedem Fall: "Die Wahrnehmungskategorien resultieren wesentlich aus der Inkorporierung der objektiven Strukturen des sozialen Raumes."[79] Allerdings privilegieren die Deutungsfelder an den Polen der ersten und die an den Enden der zweiten Achse unterschiedliche Dimensionen dieses sozialen Raums: Während die einen auf der Grundlage gegensätzlicher Vorstellungen von der *Struktur geschichtlicher Zeit* und ihrer Bewegungskräfte Deutungslogiken tendenziell universaler Anwendbarkeit anbieten, generieren die anderen ihre Reservoirs politischer Vorstellungen vorrangig auf der Basis konträrer Einschätzungen der je eigenen *sozialen Position* innerhalb der gesellschaftlichen Hierarchie. Anders ausgedrückt: Im Zentrum der mit der ersten Achse korrelierten Deutungsfelder steht das Problem der Stiftung von Kohärenz in der geschichtlichen Dimension, die Definition eines historischen Ortes, wobei die vom mythisch-analogischen Schema angebotene Lösung defensiv und vergangenheitsorientiert, die des diskursiven Modells offensiv und zukunftsorientiert ist. Das für die auf der zweiten Achse ladenden Deutungsfelder konstitutive Problem dagegen ist das der sozialen Position, wobei die autoritären Staatsvorstellungen mit ihrem Primat auf Ruhe und Ordnung auf die Bewahrung (oder Wiederherstellung) tradierter Hierarchien ausgerichtet sind, während das klassenkämpferische Schema die Aussicht auf ihre Revolutionierung avisiert.

Damit aber sind die vier Deutungsfelder an den Polen der ersten beiden Achsen auf doppelte Weise strukturiert: Mythisch-analogisches und diskursives Modell einerseits und autoritäres und klassenkämpferisches Modell andererseits gleichen sich jeweils hinsichtlich der Deutungsdimension, die die Symbolproduktion dominiert; umgekehrt verhalten sich auf der einen Seite mythisch-analogisches und autoritäres Modell und auf der anderen Seite diskursives und klassenkämpferisches Modell homolog hinsichtlich der - defensiv-bewahrenden respektive offensiv-vorwärtsgerichteten - Perspektive, die ihre Symbolsysteme eröffnen. Dieses Verhältnis kann in einer Vier-Felder-Matrix folgendermaßen dargestellt werden:

---

[78] Vgl. Max Weber, 1920a: *Die Wirtschaftsethik der Weltreligionen*, in: ders. 1920 (RS I), S. 237-573, hier: S. 252.

[79] Bourdieu, 1985: a.a.O., S. 17.

		Perspektive *defensiv*	*offensiv*
dominante Dimension	*geschichtliche Position*	1 myth.-analogisches Schema	2 diskursives Modell
	soziale Position	4 autoritäres Modell	3 klassenkämpferi-sches Modell

Schwellen und Übergänge: Über die Chancen der Bildung von "Deutungskoalitionen"

Die Frage nach der Kompatibilität unterschiedlicher Deutungsweisen zielt auf die politisch-kulturellen Voraussetzungen milieuübergreifenden politischen Handelns und damit gewissermaßen auf eines der Kernprobleme der Weimarer Republik, nämlich die Bildung zeitlich stabiler und handlungsfähiger Koalitionen. "Deutungskoalitionen", also die Generierung kohärenter politischer Handlungsoptionen auf der Grundlage unterschiedlicher Modi politischer Sinnstiftung, können als *politische Koalitionen in Latenz* betrachtet werden.

Mit Blick auf die obenstehende Vier-Felder-Matrix müssen aus logischen Gründen Deutungskoalitionen zwischen Feldern, die nebeneinander stehen, also zwischen den Feldern 1 und 2 sowie zwischen 3 und 4, prinzipiell ausgeschlossen werden. Denn diese Felder stehen sich jeweils konkurrierend als Modell und Gegenmodell gegenüber: In der oberen Zeile opponieren als Resultat der objektiven Differenz zwischen tatsächlichen oder potentiellen Modernisierungsverlierern und -gewinnern ein auf vormodernen Vorstellungen und antimodernistischen Affekten beruhendes Schema mythisch-analogischer Konkretheit und das moderne Modell prozeduraler Herstellung von Rationalität und immanenter Legitimierung; und in der unteren Zeile stehen sich in handgreiflicher Unvereinbarkeit die antagonistischen Aspirationen von Akteuren unterschiedlicher sozialer Positionen gegenüber.

Sehr viel wahrscheinlicher scheinen dagegen Koalitionen zwischen den Produzenten und Trägern jener Deutungsweisen, die in der Vier-Felder-Matrix in einer vertikalen Linie stehen, also zwischen den Feldern 1 und 4 sowie 2 und 3, die sich jeweils zwar hinsichtlich der ihre Symbolproduktion dominierenden Erfahrungsdimension unterscheiden, aber homologe Funktionen erfüllen: Das mythisch-analogische Schema wie die autoritären Staatsvorstellungen sind gleichermaßen auf die Stiftung von Verläßlichkeiten und Stabilität, auf Bewahrung und Wiederherstellung ausgerichtet; auf der anderen Seite ist dem diskursiven und dem klassenkämpferischen Modell das Prinzip zukunftsbezogener Legitimierung des politischen Handelns in der Jetzt-Zeit gemeinsam. Bei näherer Betrachtung wird allerdings deutlich, daß die beiden tendenziell konservativen Deutungsfelder 1 und 4 mit sehr viel größerer Wahrscheinlichkeit kohärente Handlungsoptionen hervorbringen als die beiden fortschrittsorientierten, weil sie ihre Utopien aus vergangenen Wirklichkeiten ableiten und mithin ihren Symbolvorrat aus dem gleichen Reservoir - Erinnerungen an deutsche Machtstaatlichkeit und die wohlgefügte Ordnung des "mit Blut und Eisen" geschmiedeten Bismarckreichs - schöpfen, während jene ihre Entwürfe ohne das Kohärenz verbürgende Netz der Berufung auf ein schon einmal Dagewesenes gleichsam vorbildlos in die Zukunft schicken. Und empirisch verhält es sich ja dann auch so, daß das diskursive und das klassenkämpferische Modell, ausgehend von gleichermaßen modernen, auf transzendente Rechtfertigungen verzichtenden Vorstellungen,[80] zu völlig divergierenden Utopien und vor allem zu inkompatiblen Vorstellungen von den legitimen Mitteln ihrer Realisierung gelangen.

Prinzipiell vorhanden sind fernerhin Affinitäten zwischen den - wiederum bezogen auf die obenstehende 2 x 2-Matrix - Feldern in den Diagonalen, also zwischen dem mythisch-analogischen und dem klassenkämpferischen Schema einerseits und dem diskursiven und dem autoritären Modell andererseits.

Im Falle des mythisch-analogischen und des klassenkämpferischen Schemas bestehen Strukturähnlichkeiten hinsichtlich der beiden zueigenen Fähigkeit zur rigiden Dichotomisierung der politischen Welt in Freund und Feind auf der Grundlage asymmetrischer Gegenbegriffe sowie ihrer Neigung zum Denken in heilsgeschichtlichen Kategorien. Allerdings sind sowohl ihre Deutungslogiken wie die Pictura-Reservoirs, aus denen sie ihre Symbole schöpfen, ebenso die politischen Programmatiken ihrer Träger so verschieden, daß Deutungskoalitionen praktisch ausgeschlossen sind. Eher ist es denkbar, daß es auf der Seite der Nachfrager politischer Deutungsangebote Akteure gibt, die aufgrund ihrer Persönlichkeitsstruktur auf genau die Leistungen abonniert sind, die beide Schemata gleichermaßen erbringen: nämlich die radikale Reduktion von Komplexität und die Stiftung von Heilsgewißheiten, und die von daher in der Lage sind, zwischen beiden Deutungsweisen zu wählen, je nachdem, wo aktuell das griffigere Freund-Feind-Bild, das überzeugendere Heilsversprechen geboten wird.

Dagegen ist die Möglichkeit der Bildung von Deutungskoalitionen zwischen Trägern des diskursiven Modells immanenter Rechtfertigung und denen autoritärer Staatsvorstellungen unter gewissen Voraussetzungen durchaus plausibel. Denn beide finden eine gemeinsame kommunikative Grundlage darin, daß sie

---

[80] Von der transzendenten Qualität, die der Historische Materialismus erhält, indem er zur Heilsgewißheit dogmatisiert und vulgarisiert wird, sei in diesem Zusammenhang abgesehen.

im allgemeinen ihr politisches Handeln auf immanenter und rationaler, oder besser: zweckrationaler Grundlage und unter weitgehendem Verzicht auf transzendente Rechtfertigungen bestimmen. Weiterhin werden einige jener Leistungen, die der autoritäre Vorstellungskanon dem Staat abverlangt, wie etwa die Sicherung staatlicher Einheit und Stabilität, die Stärkung des Staates nach außen und die Hervorbringung einer handlungsfähigen Führung, auch auf der Grundlage des diskursiven Modells immanter Legitimierungen generiert. Zwar stehen sich gerade hinsichtlich der Frage staatlicher Führung zwei grundsätzlich distinkte Modelle - hier die Vorstellung einer souveränen Aristokratie der Besten, da die Führerauslese durch vielstufige Abstimmungsverfahren - gegenüber, deren Gegensätzlichkeit freilich praktisch relativiert wird: Die Tatsache, daß bereits ab der sogenannten "Katastrophenwahl" zum 1. Reichstag am 6. Juni 1920 die Bildung regierungsfähiger Mehrheiten sich als problematisch und ab 1930 als unmöglich erweist, erhöht auch in den republikanischen Zeitungen als den Trägern des diskursiven Modells tendenziell und ab der Reichskanzlerschaft Brünings dramatisch die Bereitschaft zur Akzeptanz autoritärer Vorstellungen.

Die zunächst theoretisch hergeleiteten Annahmen über mögliche Deutungskoalitionen oder wenigstens punktuelle Übereinstimmungen zwischen Deutungsfeldern können folgendermaßen zusammengefaßt werden: Von den prinzipiell sechs Möglichkeiten, je zwei Felder einer Vier-Felder-Tafel zu kombinieren, können zwei als logisch undenkbar ausgeschlossen werden. Nur zwei bergen aus politisch-kultureller Perspektive die realistische Chance einer Deutungskoalition in sich; zwischen den beiden anderen scheinen lediglich Strukturähnlichkeiten zu bestehen, die eher auf der Seite der Nachfrager von Deutungsangeboten einen eventuellen Wechsel des Deutungsfeldes zu motivieren als eine politisch handlungsrelevante Deutungskoalition zu stiften vermöchten. Die potentiellen Übergänge und ihre Motivierungen sind im folgenden zusammengestellt:

Übersicht: Übergänge zwischen den Deutungsfeldern

Deutungsfeld 1	*Deutungsfeld 2*	*Motivierung*
Potentielle Deutungskoalitionen:		
myth.-analogisches Schema	autoritäre Staatsvorstellungen	gemeinsame Defensive, starker Staat, Nationalismus
diskursives Modell	autoritäre Staatsvorstellungen	Handlungsfähigkeit des Staates, Zweckrationalität
Attraktion von Deutungskultur-Wechseln:		
myth.-analogisches Schema	klassenkämpferisches Schema	Komplexitätsreduktion, Rigidität
diskursives Modell	klassenkämpferisches Schema	Zukunftsorientierung, Gleichheit, Emanzipation

In der Übersicht wird deutlich, daß die autoritären Staatsvorstellungen ihren Trägern den potentiell breitesten politischen Handlungsspielraum eröffnen, insofern sie auf der politisch-deutungskulturellen Ebene koalitionsfähig sind mit den Trägern beider säkularer politischer "Weltbilder", nämlich sowohl mit den Verfechtern des diskursiven Modells immanenter Legitimierung als auch mit denen des mythisch-analogischen Schemas als dessen ungleichzeitigem Konterpart.

Um den empirischen Korrelaten dieser theoretisch hergeleiteten Übergänge zwischen einzelnen *codes* nachzuspüren, soll nun ein Blick auf jene Zeitungen geworfen werden, die zwischen verschiedenen Deutungsweisen liegen und möglicherweise theoretisch plausible Brücken praktisch realisieren.[81]

Tatsächlich existiert eine ganze Reihe von Zeitungen, deren Zuordnung zu einem der vier Deutungsfelder an den Polen der ersten beiden Achsen nicht ganz eindeutig ist und die gewissermaßen an Nahtstellen plaziert sind - so wurde etwa auf die links-sozialdemokratische *Leipziger Volkszeitung* (QCOR1 = 0.21; QCOR2 = 0.41), die die Brücke zwischen dem klassenkämpferischen und dem diskursiven Modell immanenter Legitimierungen herstellt, bereits hingewiesen.

Den Übergang zwischen dem diskursiven und dem autoritären Modell markieren das nationalliberale *Hamburger Fremdenblatt* sowie die beiden Zentrumsblätter *Kölnische Volkszeitung* und *Germania*. Insbesondere beim *Hamburger Fremdenblatt*[82] (QCOR1 = 0.21; QCOR2 = 0.16) kommen die beiden widerstreitenden Elemente des deutschen Liberalismus zum Tragen. Hier überschneiden sich die Verehrung des autoritären Regiments Bismarcks und die machtstaatlichen Orientierungen des Nationalliberalismus mit einem modernen, den prozeduralen Legitimationstyp der Republik grundsätzlich stützenden Muster der Politikdeutung. Die beiden zentrumskatholischen Blätter, die *Kölnische Volkszeitung* (QCOR1 = 0.65; QCOR2 = 0.16) und die *Germania* (QCOR1 = 0.51; QCOR2 = 0.15), sind ohne Zweifel dem republikanischen *cluster* zuzuordnen und nehmen darin dennoch eine Sonderstellung ein: Während der sozialdemokratische *Vorwärts* mit der zweiten Achse, die tendenziell zwischen distinkten sozialen Positionen trennt, schwach negativ korreliert ist und die linksliberalen Zeitungen, das *Berliner Tageblatt*, die *Frankfurter* und die *Vossische Zeitung* sich ihr gegenüber invariant verhalten, laden die *Kölnische Volkszeitung* und die *Germania* in ihrem positiven Bereich in einer signifikanten Größenordnung.[83] In dieser Stellung der beiden Zentrums-Zeitungen objektiviert sich

[81] Statistisch drückt sich eine solche intermediäre Stellung darin aus, daß Korrelationen mit sowohl der ersten als auch der zweiten Achse - wenngleich meist in unterschiedlich starker Ausprägung - vorliegen.

[82] Das *Hamburger Fremdenblatt* wird allerdings mit einem Anteil aufgeklärter Varianz von 41 Prozent in der Vier-Achsen-Lösung durch das korrespondenzanalytische Modell insgesamt nur unzureichend beschrieben.

[83] Der durch die zweite Achse erklärte Varianzanteil von 0.16 im Falle der *Kölnischen Volkszeitung* bzw. 0.15 bei der *Germania* wird durch einen Vergleich mit den höchsten positiven Ladungen aufgewertet, die in einem Bereich von 0.20 bis maximal 0.30 liegen.

die Ambivalenz zwischen einerseits einem durchaus zuverlässigen Republikanertum auf der Grundlage eines strikten Legalismus und des rasch adaptierten diskursiven Deutungscodes und andererseits dem traditionellen Konservatismus des politischen Katholizismus und seiner Vorstellung von einem straff geleiteten und zuverlässigen Staat:

"Den Staat stark und leistungsfähig zu erhalten oder wieder zu machen, war eine Forderung nicht nur der praktischen Politik, sondern auch des Naturrechtes, da dem Staate Ordnungsfunktionen zukommen, die weder von der Kirche noch von anderen Einrichtungen oder Gruppen übernommen werden können. Die Verfassungsform selber steht bei dieser Auffassung aber nicht im Mittelpunkt."[84]

In der Tat spiegelt die positive Korrelation der Zentrums-Blätter mit der zweiten Achse die Tradition des politischen Katholizismus sehr viel besser wieder, als ihre weit stärkere Ladung im Bereich des diskursiven Modells immanenter Legitimierung. Daß die Zentrumspartei gleichwohl nach 1918 rasch zu einer der republiktragenden Kräfte avancieren konnte,[85] wurde zweifellos dadurch begünstigt, daß dem Katholizismus im Kaiserreich die heterodoxe Stellung einer diskriminierten Minderheit zugemutet wurde und nun die Republikanisierung Deutschlands eine Gelegenheitsstruktur für den Wechsel zur Orthodoxie hervorzubringen schien. Und auch die augenscheinlich widersprüchliche Verbindung von einerseits religiöser Milieuintegration und andererseits dem auf transzendente Rechtfertigungen und Heilsversprechungen verzichtenden diskursiven Deutungsmodell ist durchaus folgerichtig. Denn gerade eine die irdische Existenz absichernde Vorstellung von einer transzendenten Erlösung scheint dort, wo sie tatsächlich noch Überzeugungskraft besitzt, die allfällig beobachtbare Neigung zu diesseitigen Heilsvisionen und zu deterministischen Geschichtsbildern zu begrenzen.

Die engste Vernetzung, die zwischen zwei distinkten Deutungsfeldern registriert werden kann, ist sicherlich die zwischen dem mythisch-analogischen Schema und den autoritären Staatsvorstellungen. Es wurde bereits darauf hingewiesen, daß bis auf den nationalsozialistischen *Angriff* alle Zeitungen des rechts-antirepublikanischen *clusters* oberhalb der ersten und mithin im positiven Bereich der zweiten Achse plaziert sind. Die Übergänge zwischen beiden werden einerseits durch die *Deutsche Tageszeitung* (QCOR1 = 0.48; QCOR2 = 0.16), den *Tag* (QCOR1 = 0.43; QCOR2 = 0.25) und den *Stahlhelm* (QCOR1

---

[84] Kotowski, 1989: a.a.O., S. 162 f.

[85] Was gerade im Falle eines echten Integrationsmilieus, wie es das katholische zweifellos vorstellt, nicht heißt, daß alle ihre Wähler sich flugs in lupenreine Republikaner verwandelt haben müssen. Wie allgemein, so gilt auch hier: der einfache Rückschluß von den Produkten der Deutungsexperten, sei es in den Redaktionsstuben der Parteipresse, sei es in den Führungsgremien der Partei selber, auf die Dispositionen ihrer jeweiligen Klientel ist allenfalls als Tendenzaussage zulässig.

= 0.47; QCOR2 = 0.15) markiert, die ihr "Standbein" im mythisch-analogischen Schema haben, und andererseits durch die *Rheinisch-Westfälische Zeitung* (QCOR1 = 0.12; QCOR2 = 0.23) und die *Münchener Neuesten Nachrichten* (QCOR1 = 0.12; QCOR2 = 0.18), die vorrangig dem System der autoritären Staatsvorstellungen zuzurechnen sind. Ihre Grundlage hat diese dichte Vernetzung darin, daß trotz der Anwendung distinkter Logiken der Symbolproduktion beide Schemata nahezu vollständig kongruente Anforderungen an den Staat erzeugen. Insofern damit die politischen Handlungsoptionen für eines der zentralen Politikfelder weithin zur Übereinstimmung gebracht werden, sind hier die geringsten Widerstände gegenüber der Transformation einer zunächst nur potentiellen politisch-kulturellen Deutungskoalition zu einer tatsächlichen Koalition auf der Ebene politischen Handelns zu erwarten.

Orthodoxie und Heterodoxie

Die Republikanisierung Deutschlands scheint gegenüber dem Kaiserreich zunächst eine exakte Umkehrung des Verhältnisses von politischer Orthodoxie und Heterodoxie herbeizuführen: Während bei den Wahlen zur Verfassungsgebenden Nationalversammlung die Nachfolgeorganisationen des alten konservativ-nationalliberalen Machtkartells gerade 16 Prozent der abgegebenen Stimmen erringen können, setzen sich mit SPD, DDP und dem katholischen Zentrum gerade die politischen Parteien der vormals als Reichsfeinde desavouierten Kräfte überzeugend durch, formieren sich in der Nachfolge des Interfraktionellen Ausschusses zur Weimarer Koalition und vermögen die bisherige politische Heterodoxie in der Institution der republikanischen Verfassung zu sanktionieren. Freilich sollte diese erste gleichzeitig die letzte Wahl der Weimarer Ära sein, die eine zweifelsfrei republikanische Mehrheit hervorbrachte; von einer dauerhaften Hegemonie der demokratischen Kräfte kann also keinesfalls die Rede sein.

Die Tatsache, daß der demokratische Staat nur für einen kurzen, günstigen Moment eine Mehrheit hinter sich scharen konnte und ansonsten der Staat nur einer demokratisch gesonnenen Minderheit blieb, kann unter politisch-kultureller Perspektive so interpretiert werden: Jene politischen Deutungseliten, die im Kaiserreich *candidate elites* gewesen waren und durch ihre dominierende Stellung in der Weimarer Nationalversammlung die Form des neuen Staates entscheidend prägen konnten, vermochten es in der Folgezeit nicht, die Koalitionen, die eine überwiegende Zahl der Wähler im Januar 1919 spontan mit ihnen eingegangen war, zu stabilisieren.[86] Den politischen Kampf um die gültige In-

---

[86] Dies eine Feststellung, die für die verschiedenen Parteien der Weimarer Koalition bekanntermaßen in ganz unterschiedlichem Ausmaß gilt. Bemerkenswert aber und ein nachdrücklicher Hinweis auf den Sonderstatus der Wahl zur Nationalversammlung ist, daß alle drei

terpretation der Welt konnten sie nicht für sich entscheiden; ihre Deutungsmodelle fanden keine ausreichende Akzeptanz. Vielmehr verhält es sich so, daß jene Umkehrung des Verhältnisses von Orthodoxie und Heterodoxie, die sich angelegentlich der Wahlen vom Januar 1919 anzudeuten schien, tatsächlich nicht stattfand.

Belege dafür, daß die republikanischen Kräfte mit ihren Deutungsangeboten auch in der Republik nur die Rolle einer - wenngleich starken - Heterodoxie einnehmen, liefern allerdings nicht nur die Wahlergebnisse. Sie finden sich in der Struktur des politisch-kulturellen Deutungsraumes, wie das korrespondenzanalytische Modell ihn beschreibt, selber. Dieser Raum ist durch mehrfache Asymmetrien gekennzeichnet:

Die zweite Achse zeichnet sich durch auffällig ungleiche Proportionen zwischen ihrem positiven und ihrem negativen Bereich aus. Weil definitionsgemäß der Nullpunkt den Schwerpunkt der Achse markiert (es sei in diesem Zusammenhang noch einmal an den Vergleich des korrespondenzanalytischen Modells mit einer Apothekenwaage erinnert), heißt das, daß eine relativ große Masse mit geringem Hebel im positiven Bereich - das sind vor allem die Vertreter und die Konstruktionselemente des autoritären Modells - durch eine geringere Masse mit langem Hebel im negativen Bereich - also primär kommunistische Zeitungen und das klassenkämpferische Schema - ausbalanciert wird. Nicht ganz so augenfällig, gleichwohl deutlich erkennbar ist die Asymmetrie der ersten Achse. Zwar sind hier positiver und negativer Achsenbereich etwa gleich lang. Aber das Feld der größten Variablendichte rechts des Nullpunktes - also das diskursive Modell immanenter Legitimierung - ist sehr viel weiter vom Schwerpunkt entfernt als das auf der linken Seite. Auch hier wird also eine geringere Masse mit langem Hebel durch eine größere Masse mit kurzem Hebel austariert.

Das Achsenkreuz markiert den Punkt des Raumes, an dem sich sowohl das System der politisch-kulturellen Vorstellungen als auch das der Träger und Produzenten im Gleichgewicht befindet, sich also die Summen der linksdrehenden und der rechtsdrehenden Variablen neutralisieren. Es ist mithin die geometrische Repräsentation des Schwerpunktes jenes Ausschnitts aus dem politischen Diskurs der Weimarer Republik, den das analysierte Textsample bietet. Unter der allerdings nur heuristisch belegbaren Voraussetzung, daß dieser Ausschnitt nicht nur die Vielfalt politischer Vorstellungen in der Weimarer Republik prinzipiell erfaßt, sondern auch ihre Verteilung in der Grundgesamtheit in etwa repräsentiert, kann dieses ruhende Zentrum als der Punkt innerhalb des Raumes politischer Deutungskultur interpretiert werden, an dem Orthodoxie und Hete-

---

Koalitionsparteien hier ihr mit Abstand bestes Wahlergebnis in der Weimarer Republik erzielen.

rodoxie(n) im Gleichgewicht sind.[87] Was orthodoxes, herrschendes und was heterodoxes, herrschen wollendes Deutungsmodell ist, läßt sich dann an den Distanzen der Deutungsfelder zum Nullpunkt ablesen.

Die Asymmetrie des politisch-deutungskulturellen Raumes, wo einerseits im vierten Quadranten die Felder des mythisch-analogischen Schemas und der autoritären Staatsvorstellungen auf engem Raum und in relativ geringer Distanz vom Schwerpunkt beieinander liegen, und andererseits das diskursive Modell und vor allem das klassenkämpferische Schema in sehr viel größerer Entfernung sowohl vom Achsenkreuz als auch von den jeweils anderen Deutungsfeldern plaziert sind, läßt sich also dahingehend interpretieren, daß die Wächter der alten Orthodoxie des Kaiserreichs ihre dominierende Stellung als Interpreten der politischen Welt über Kriegsniederlage, Revolution und Republikanisierung hinweg retten konnten. Die Stellung der sich neu formierenden kommunistischen Teilkultur ist die eines Außenseiters, der, ohne realistische Perspektiven der Koalitionsbildung und außerstande, den Kreis seiner klassenförmig definierten Klientel nachhaltig zu durchbrechen, den Ausgang des Kampfes um die Deutungsmacht bloß negativ beeinflussen kann. Dagegen nehmen die

---

[87] Inwieweit das Textsample repräsentativ ist für den politischen Diskurs in der Weimarer Republik, ist aus zwei Gründen nur heuristisch überprüfbar: 1. Einen brauchbaren Indikator für die Verteilung von politischen Vorstellung in der Grundgesamtheit böten die Parteipräferenzen der Bevölkerung, ausgedrückt in Wahlentscheidungen. Dafür sind aber mehrfache Projektionen von Systemen auf andere Systeme notwendig: Es muß das System der Deutungsfelder auf das der Zeitungen und dieses auf das der Parteien projiziert werden. Diese Systeme sind zwar eng aufeinander bezogen, aber nicht kongruent. 2. Die Korrespondenzanalyse beruht auf Texten, die zwischen dem November 1920 und dem Januar 1932 entstanden und gibt mithin kein Bild, das - wie ein Wahlergebnis, das stets eine Momentaufnahme der Verteilung der Parteipräferenzen bietet - einem präzisen Zeitpunkt zuzuordnen wäre.
Wird eine solche Projektion dennoch versucht, so bietet sich die Hindenburgwahl 1925 an, die meines Erachtens geradezu als Paradigma der aus der politisch-kulturellen Konstellation ableitbaren Koalitionsbildungen gelten kann: Die Träger des mythisch-analogischen Schemas und des autoritären Modells (DNVP, NSDAP, DVP, BVP) formieren sich gegen die Vertreter des diskursiven Modells (SPD, DDP, Zentrum); KPD und ihr klassenkämpferisches Schema verharren fernab vom herrschenden Diskurs in gleichermaßen politischem und politisch-kulturellem Autismus. Nimmt man die Ergebnisse dieser Wahl als Maßstab und vergleicht sie mit den Gewichten, mit denen die den verschiedenden Teilräumen zurechenbaren Zeitungen in die Analyse eingehen, so ergibt sich folgendes Bild:

Schema	*Massen*	*Stimmen*	*Kandidat*
myth.-ana./autoritär	52.1%	48.3%	Hindenburg
diskursiv-immanent	39.1%	45.3%	Wilhelm Marx
klassenkämpferisch	8.8%	6.4%	Thälmann

Unter Berücksichtigung dessen, daß das Ergebnis für Thälmann sehr viel schlechter ist als die Resultate, die seine Partei nach ihrer Konsolidierung bei Reichstagswahlen erzielt (ein Hinweis darauf, daß ein Teil der kommunistischen Wählerschaft nicht bereit ist, das aussichtlose und im Effekt reaktionäre Beharren der KPD auf ihrem Kandidaten zu unterstützen), geben die Gewichte, mit denen die Deutungsblöcke in die Analyse eingehen, die "Massen", die durch die Wahleintscheidung für Hindenburg sich tendenziell zu ihnen bekennen, größenordnungsmäßig recht gut wieder.

republikanischen Parteien die Position einer starken und im Kampf um die Deutungsmacht keineswegs chancenlosen Heterodoxie ein. Daß es ihnen nicht gelang, die 1918/19 errungene politische Vorrangstellung zu stabilisieren und im Laufe der Zeit das diskursive Modell immanenter Rechtfertigung als das allein zeitgemäße und dem Legitimationstyp der Republik adäquate Deutungsmodell durchzusetzen, ist auf ein dreifaches Handikap zurückzuführen: Erstens haben sie als eine politisch-kulturelle Heterodoxie jenes Beharrungsvermögen gegen sich, das der Orthodoxie als der tradierten herrschenden Anschauung aus dem Charakter politischer Kultur als einer Hervorbringung *vergangener* politischer Erfahrungen - die mithin, zu Deutungsstrukturen kondensiert, fortexistieren - zufließt. Zweitens wurden - nicht zuletzt dank der geschickten Choreographie der Obersten Heeresleitung, der es gelang, die fällige Einlösung jenes Schuldscheins, den sie selber den späteren Siegermächten ausgestellt hatten, von einem Vertreter der Republik besorgen zu lassen - die alten Eliten und ihre Symbole durch die Kriegsniederlage zwar geschwächt, aber nicht so gründlich delegitimiert, daß dadurch das Beharrungsvermögen der Orthodoxie gebrochen wäre. Und drittens ist es die - obwohl weder von ihr noch von ihren Vertretern hauptsächlich verschuldete - krisenhafte Entwicklung der Republik selber, die jene Versprechung eines freieren, gerechteren und ökonomisch besseren Lebens praktisch zu widerlegen scheint, die allein die Risiken des modernen Daseins gegenüber den bequemen Gewißheiten des vor- oder antimodernen Denkens rechtfertigen könnte.

Wenngleich es also die alte Orthodoxie vermochte, gleichsam ihren eigenen Tod noch zu überleben, so war sie doch in eine Position der Defensive gedrängt. Ihr Erfolg beschränkte sich auf die Delegitimierung der Republik und der Republikaner; was ihr nicht gelang, ist die Konstruktion einer überzeugenden Zukunftsperspektive auf der Grundlage ihres aus vergangenen Erfahrungen geschöpften Symbolreservoirs. Die - und damit schließlich die Sammlung der vormodernen, antimodernistischen und autoritären Potentiale - blieb dem Nationalsozialismus vorbehalten.

Der Nationalsozialismus und die Überbietung der rechten Orthodoxie

Die Interpretation der ersten beiden Achsen des korrespondenzanalytischen Modells weist die nationalsozialistischen Zeitungen als Mitglieder des rechtsantirepublikanischen *clusters* und Träger des mythisch-analogischen Schemas aus. Diese Eigenschaft teilen sie beispielsweise mit den Blättern aus dem Scherl-Verlag oder der Verbandszeitschrift des "Stahlhelm - Bund der Frontsoldaten". Die hohen negativen Korrelationen der NS-Blätter mit der ersten Achse beschreiben mithin seine traditionale Seite: den mythisch-analogischen Charakter der nationalsozialistischen Deutungskultur, die innerhalb der Grenzen jenes Spielraumes bleibt und jene Spielregeln der Sinnproduktion befolgt, die der alte, überständige Deutungscode, der auch in der Republik noch die herrschende Sicht des Politischen hervorbringt, setzt.

Daß diese traditionale nur eine Seite des Nationalsozialismus ist, zeigt sich erst, wenn die Interpretation des korrespondenzanalytischen Modells dessen dritte Dimension berücksichtigt: Wie weiter oben ausführlich dargestellt wurde,[88] beschreibt die dritte Achse praktisch ausschließlich Binndendifferenzierungen der rechten Deutungskoalition aus Trägern des mythisch-analogischen Schemas und der autoritären Staatsvorstellungen und löst die beiden NS-Zeitungen als auf spezifische Weise distinkt aus jener dichten Punktwolke heraus, die die anderen nationalistisch-rechten Blätter in der graphischen Darstellung des Deutungsraumes bilden.[89]

Was die nationalsozialistischen Zeitungen von den anderen Blättern, die als Träger des mythisch-analogischen Schemas ausgewiesen werden können, unterscheidet, läßt sich nicht auf eine von diesem distinkte Deutungslogik zurückführen, sondern ist nichts als ein trotziges "Noch mehr": Noch mehr Heroismus, noch mehr Opferbereitschaft und Märtyrertum, noch mehr Ehre, noch siegreichere Siege gegen noch gefährlichere und gleichzeitig noch lächerlichere Feinde. Unter den Symbolen, die der Nationalsozialismus zur Interpretation der republikanischen Misere und zur Konstruktion einer Heilsperspektive aufbietet, ist keines, das genuin nationalsozialistisch wäre; sowohl die Logik seiner Symbolproduktion als auch der Bildbereich, aus dem die Analogien geschöpft sind, ist durchaus konventionell.[90]

Gleichwohl gelingt dem Nationalsozialismus in der konkreten Überbietung des rechts-antirepublikanischen und autoritären Denkens die Stiftung einer neuen Sinnwelt, die sich als den Bedürfnissen, die die krisenhafte Gegenwart evoziert, optimal angepaßt erweist. Die entscheidende Transformation besteht darin, daß das politische Deuten des Nationalsozialismus als radikal ungleichzeitiges nicht nur Vergangenheit beschwört, wie es die sonstige nationale Rechte tut, sondern sich von dieser auch - deklamatorisch *und* praktisch - löst, um einer konkretistischen Zukunftsvision Platz zu geben. Hindenburgs, des Ersatzkaisers, Reichspräsidentenschaft ist der letzte Triumph, den die reine Ungleichzeitigkeit feiern kann, ehe ihre Überzeugungskraft aufgezehrt wird und sie zur bloßen Sentimentalität verkümmert; Hitler dagegen steht als Symbol ihrer habituell revolutionär gewendeten Variante.

Die Gründe für die schließliche Hegemoniefähigkeit der nationalsozialistischen Sinnproduktion werden in der Konfrontation von politisch-kultureller Nachfrage - die sich aus den tendenziell Verunsicherung und Desori-

---

[88] Siehe oben, Abschnitt 4.2.3.

[89] Vgl. die Graphiken auf S. 222 und 223.

[90] Gar nicht konventionell, sondern ausgesprochen modernistisch waren freilich die NS-Propagandatechniken, die der Sphäre der *Distribution* von Deutungsangeboten zuzurechnen sind.

entierung erzeugenden Phänomenen der weimarischen Gegenwart ableiten läßt - und jenen politisch-kulturellen Angeboten, die die unterschiedlichen Deutungsschemata machen, transparent: Jener Sinn, den das diskursive Modell immanenter Legitimierungen stiftet, wird von der republikanischen Wirklichkeit hartnäckig konterkariert. Das klassenkämpferische Schema verspricht ohnehin nur einem, dem proletarischen, Segment des sozialen Feldes Satisfaktion - weil andere, obgleich ebenso auf der Verliererseite des Kapitalismus, alles eher sein wollen als proletarisch - und mutet denen, die mit seiner Hilfe die politische Welt deuten wollen, theoretische Schulungen an trockenem, dogmatisiertem Wissen zu. Die Vertreter der traditionellen Orthodoxie können zwar tendenziell ihre Stellung halten, und sind gleichwohl blamiert, vergangenheitsorientiert und unfähig, überzeugende Perspektiven zu entwickeln.

Dabei rufen die enormen Verunsicherungen, die objektiv die Weimarer Periode prägen, ein umso größeres Bedürfnis nach subjektiver Sinnhaftigkeit hervor: Kriegsniederlage und der als "nationale Schmach" interpretierte Versailler Vertrag, Revolution und unvorbereiteter Übergang zur eher anverlorenen als errungenen Demokratie, politische Attentate und Putschversuche, kurzlebige Regierungen ohne kohärente Programmatik, breit gestreute Vermögensverluste in der Hyperinflation und die Deprivationsängste der potentiellen oder tatsächlichen Modernisierungsverlierer werden geradezu zur Signatur eines Zeitabschnittes, in dem die Krisen der Moderne kulminieren. Die alten Sinnkonstruktionen und Deutungsmuster werden untauglich, und die neuen, zeitgemäßen haben keine Zeit, sich zu etablieren.

Was der Nationalsozialismus dagegensetzt, ist nichts weniger als das Versprechen, all diese Wunden mit einem Schlage zu heilen. Was macht, daß es ihm abgenommen wird, ist zweierlei: Einerseits die gesellschaftlich weit verbreitete Bereitschaft, nach allen Kränkungen und Traumatisierungen an Wunder zu glauben, und andererseits eine Reihe von aus der Logik der nationalsozialistischen Sinnwelt ableitbaren strategischen Vorteilen gegenüber den konkurrierenden Deutungsmächten:

- Insofern der Nationalsozialismus auf den mythisch-analogischen Modus der Symbolproduktion rekurriert und sich insofern im Bereich der politisch-kulturellen Orthodoxie aufhält, eignet er sich ein symbolisches Feld an, das traditional abgesichert und gesellschaftlich wohl situiert ist. Die Symbole dieses Feldes rufen mithin auf hoch automatisierte Weise zuverlässig und kalkulierbar die je gewünschten Denotationen und Konnotationen hervor.
- Die Strategie, im Feld der politisch-kulturellen Orthodoxie gegen die orthodoxe Handhabung der Symbole durch konkrete Überbietung zu verstoßen, verschafft dem nationalsozialstischen Deuten einerseits einen Vorsprung hinsichtlich der Stiftung von Kohärenz, weil auf diese Weise Komplexität radikaler reduziert wird, und markiert andererseits die für den nazistischen Erfolg unerläßliche Distinktion zum traditionellen rechten Antirepublikanismus, der als überholt, schlapp und abgewirtschaftet verspottet wird.

- Die Überbietung der konventionellen Handhabung des mythisch-analogischen Schemas führt zwanglos zur Generierung einer Pragmasymbolik (Aufmärsche, Rituale, alle Aspekte symbolischer Präsenz und der symbolischen Aneignung öffentlicher Räume), in der die politischen Deutungen weit wirksamer - weil näher am praktischen Leben - als in der Schriftform von Zeitungartikeln und Wahlplakaten zu praktischer Evidenz gelangen und sinnenfällig gemacht werden.
- Weiterhin appelliert die aktionistische symbolische Praxis des Nationalsozialismus, untersützt durch seine revolutionäre und antikapitalistische Attitüde, in einem weiten Brückenschlag an die Mitglieder der beiden sozialistischen, insbesondere des kommunistischen Milieus, indem er ihnen, statt eine Verbesserung ihrer sozialen Position in der Zukunft anzukündigen, das zwar falsche, aber konkret zu erlangende Gefühl offeriert, einer nationalen Elite zuzugehören.
- Und auf der anderen Seite avisiert die nationalsozialistische Emphase der harmonisierten Volksgemeinschaft die Überwindung des Klassenkampfes, der der bürgerlichen Gesellschaft spätestens seit der russischen Oktoberrevolution als Schreckgespenst im Nacken sitzt.

Die gängige Apostrophierung des Nationalsozialismus als Sammlungsbewegung beschreibt nicht nur die soziale Heterogenität seiner Gefolgschaft, sondern ebenso das Konstruktionsprinzip seiner politischen Deutungskultur: Auf der Grundlage der mythisch-analogischen Symbolproduktion dient die nationalsozialistische Deutungswelt jedem die wohlfeile Chance an, als Mitglied einer Rasse zum Herr zu werden - freilich ohne davon irgendetwas zu haben, außer einem Gefühl von Erhabenheit. Gleichzeitig bündelt sie sämtliche populären negativen Affekte, indem sie Antibolschewisums und Antikapitalismus, Antimaterialismus und Antiintellektualismus, die Angst vor der "westlichen" Zivilisation und vor der "asiatischen" Barbarei, die Wut auf den "Parteienstaat" und den parlamentarischen Betrieb, integriert. Daß durch all diese Negationen sich keine der umworbenen Gruppen abgestoßen fühlen muß, ist das Resultat jenes umfassenden Antisemitismus, der das gesamte Universum des Bösen und Schlechten auf die Juden projiziert, die als Sündenböcke die ganze Last der krisenhaften Gegenwart zu tragen haben. In gewisser Weise ist der Antisemitismus in der Binnenstruktur der nationalsozialistischen Sinnwelt logisch notwendig, weil er es ist, der alle anderen - mit Ausnahme derer, die als "Judenknechte" ausgegrenzt werden - von allen Verfehlungen freispricht. Die nationalsozialistische Gefolgschaft muß gar nicht fanatisch antisemitisch sein; es genügt, wenn sie die Juden wenig genug mag, um sie als Sündenböcke zu akzeptieren und damit den nationalsozialistichen Modus der Dichotomisierung von Freund und Feind in Gang zu setzen.[91]

Schlußbemerkung

X

Daß der Nationalsozialismus letztendlich in politisch-kultureller Hinsicht eine hegemoniale Stellung erringen konnte, war keineswegs der Republik von Anfang an vorgezeichnet, so wenig, wie das Scheitern der Weimarer Demokratie überhaupt. Vielmehr ist davon auszugehen, daß unter der Bedingung einer weniger krisenhaften Entwicklung nach 1918, wenn also jene objektiven Verbesserungen der sozialen und politischen Lebensbedingungen, die allein der Republik Anerkennung über die Kreise der Republikaner hinaus hätte verschaffen können, eingetreten wären, allmählich das strukturell dem prozeduralen Legitimationstyp angemessene diskursive Deutungsmodell sich als Orthodoxie etabliert hätte. So aber vermochten die alten Deutungseliten eine Position zu behaupten, von der aus sie die Legitimation der Republik wirksam attackieren konnten. Weil aber gleichwohl ihre eigenen, vergangenen Herrlichkeiten verhafteten Deutungsmodelle sie nicht in den Stand setzten, überzeugende Perspektiven zu entwickeln, die den Weg aus der als geschichtliche Talsohle interpretierten Gegenwart gewiesen hätten, konnte ihnen mit dem Nationalsozialismus in ihrem eigenen Feld ein Konkurrent erwachsen, der, den orthodoxen Schemata der Symbolproduktion vollständig verhaftet, durch deren bloße Überbietung die Neukonstruktion jener selbstverständlichen Gewißheiten versprach, die durch die verschiedenen Krisen, die des Systems wie die der individuellen Biographien, aufgezehrt worden waren. Um den Preis, daß einer Gruppe von Menschen unter dem blöden Vorwand, daß das falsche Blut in ihren Adern fließe, das Menschsein aberkannt wurde, konnte er den verunsicherten Individuen die Geborgenheit eines mythisch-konkreten Volkskollektivs offerieren. Denen scheint der Preis, für ein Heilmittel gegen die Katastrophen der modernen Gesellschaft, nicht zu hoch gewesen zu sein. Denn

"(d)ie viel berufene Integration, die organisatorische Verdichtung des gesellschaftlichen Netzes, das alles einfing, gewährte auch Schutz gegen die universale

---

91 Es gibt einige Indizien dafür, daß der vulgäre Antisemitismus von den Nationalsozialisten selber in der Phase der rapiden Expansion der Partei als eher kontraproduktiv angesehen wurde: Während in den NS-Artikeln der Jahrgängen 1921 - 1929 durchschnittlich (und mit relativ geringer Varianz) 4.7 antisemitische Stellen registriert wurden, sind es in den Texten der Jahrgänge 1930 - 1933 nur noch 0.3. Dieser dramatische Rückgang kann nur durch eine höhere Order erklärt werden und stützt die These, daß der Nationalsozialismus, zumindest während seiner Entwicklung zur Massenpartei, den Antisemitismus weniger als Werbemittel sondern als logisch notwendiges, das Deutungssystem integrierendes Moment benötigt.

Angst, durch die Maschen durchzufallen und abzusinken. Ungezählten schien die Kälte des entfremdeten Zustandes abgeschafft durch die wie immer auch manipulierte und angedrehte Wärme des Miteinander; die Volksgemeinschaft der Unfreien und Ungleichen war als Lüge zugleich auch Erfüllung eines alten, freilich von alters her bösen Bürgertraums."[92]

* * *

Inwieweit die Studie ihren Ansprüchen - ein theoretisches Konzept politischer Kulturforschung zu entwerfen, seiner Operationalisierung einen Weg zu bahnen, beides an Aspekten der politischen Kultur der Weimarer Republik als eines hochrelevanten Gegenstandes zu erproben und schließlich diesen Gegenstand nicht nur als Spielmaterial einzusetzen, sondern zu theoretisch begründeten und empirisch gesättigten Aussagen über ihn zu gelangen - genügt, sei hiermit zur Diskussion gestellt. Validität können die Ergebnisse vorderhand nur intern, als Konstruktvalidität, beanspruchen. Mir scheint, daß sie einige Plausibilität auf ihrer Seite haben. Versuche externer Validierung konnten im Rahmen dieses Projekts, so reizvoll sie gewesen wären, nicht unternommen werden. Gleichwohl ist zu vermuten, daß jene Struktur des Raumes politisch-kultureller Vorstellungen, die hier auf der Grundlage inhaltsanalytisch erhobener und vorrangig korrespondenzanalytisch ausgewerteter Daten rekonstruiert wurde, durch Untersuchungen an anderen Materialien und/oder unter Einbeziehung anderer Analyseebenen tendenziell bestätigt würde.[93] Denkbar wäre etwa eine Analyse der einschlägigen wissenschaftlichen Diskurse in Philosophie, Staatslehre oder Soziologie, ebenso Analysen von nicht durch bewußte Auswahl, sondern auf der Basis von Stichprobenmodellen gezogenen repräsentativen *samples* aus Pressetexten. Aber auch in ganz anderen Materialien, in Parlamentsdebatten, Leserbriefen, Autobiographien oder Briefwechseln etwa, sollten sich prinzipiell die gleichen Stukturen politischen Deutens erkennen lassen.

Was hier unbeachtet bleiben mußte, sind alle für die Integration politisch-kultureller Milieus freilich konstitutiven Aspekte der politischen Sozio- und Organisationskultur. Desgleichen konnten regionale Differenzierungen nicht be-

---

[92] Adorno, Theodor W. 1959: *Was bedeutet: Aufarbeitung der Vergangenheit*, in: ders. 1963: a.a.O., S. 125-146, hier: S. 134.

[93] In dieser Vermutung bestärken mich die Resultate zweier Korrespondenzanalysen, in die jeweils nur ein Teil der inhaltsanalytischen Variablen einbezogen wurde: eine Analyse auf Basis der Variablen, die die Dimensionen "Geschichtsvorstellungen" und "Freund- und Feindbilder" erfassen, und eine zweite, in die lediglich die "Staatsvorstellungen/Urteile über die Weimarer Republik" einflossen - zwei Analysen also, die auf voneinander unabhängigen Daten zu unterschiedlichen Analyseebenen beruhen. Dennoch führten sie je zur gleichen Struktur des Deutungsraumes, wie sie auch in der Analyse des gesamten Datensatzes ermittelt wurde (die beiden Analysen sind, inklusive der graphischen Lösungen, in Anhang C.2 dokumentiert).

rücksichtigt werden, was allerdings insofern verschmerzbar zu sein scheint, als diese eher quantitativ die Distribution verschiedener Deutungscodes als qualitativ deren innere Struktur und die Relationen, die sie zueinander unterhalten, betreffen dürften.

Die Erforschung der politischen Kultur der Weimarer Republik steht, auch wegen der zählebigen Dominanz der Einstellungsforschung, die auf historische Stoffe nicht anwendbar ist und das Interesse der politischen Kulturforschung an aktuelle Gegenstände fesselt, noch am Anfang. Insofern ging es darum, erste Schneisen zu schlagen, die erst die genauere Inspektion des unübersichtlichen Geländes ermöglichen.

Literaturverzeichnis

Abel, Wilhelm u.a. (Hg.), 1966: *Wirtschaft, Geschichte und Wirtschaftsgeschichte*, Stuttgart.

Adorno, Theodor W. u.a., 1972: *Der Positivismusstreit in der deutschen Soziologie*, Darmstadt und Neuwied, 9. Aufl. 1981.

Adorno, Theodor W., 1957: *Soziologie und empirische Forschung*, in: Adorno u.a., 1972: S. 81-101 (auch in: Adorno 1979, S. 196-216).

Adorno, Theodor W., 1959: *Was bedeutet: Aufarbeitung der Vergangenheit*, in: ders., 1963: S. 125-146.

Adorno, Theodor W., 1963: *Eingriffe. Neun kritische Modelle*, Frankfurt/M., 9.Aufl. der Taschenbuchausgabe 1980.

Adorno, Theodor W., 1972: *Zur Logik der Sozialwissenschaften*, in: Adorno u.a., 1972: S. 125-143.

Adorno, Theodor W., 1979: *Soziologische Schriften I* (Gesammelte Schriften Band 8) Frankfurt/M.

Adorno, Theodor W./Frenkel-Brunswik, Else/Levinson, Daniel J./Sanford, R. Nevitt, 1950: *The Authoritarian Personality* (Studies in Prejudice Vol. I), New York.

Allerbeck, Klaus R., 1978: *Meßniveau und Analyseverfahren - Das Problem "strittiger Intervallskalen"*, in: Zeitschrift für Soziologie 7/3, S. 199-214.

Almond, Gabriel A., 1956: *Comparative Political Systems*, in: The Journal of Politics 18, S. 391-409.

Almond, Gabriel A., 1980: *The Intellectual History of the Civic Culture Concept*, in: Almond/Verba (Hg.) 1980, S. 1-36.

Almond, Gabriel A./Verba, Sidney (Hg.), 1980: *The Civic Culture Revisited*, Boston, Toronto.

Almond, Gabriel A./Verba, Sidney, 1963: *The Civic Culture. Political Attitudes and Democracy in Five Nations*, Princeton.

Antonio Gramsci, 1980: *Zu Politik, Geschichte und Kultur*, Frankfurt/M.

Arbeitsgruppe Bielefelder Soziologen (Hg.), 1973: *Alltagswissen, Interaktion und gesellschaftliche Wirklichkeit. Band 1: Symbolischer Interaktionismus und Ethnomethodologie. Band 2: Ethnotheorie und Ethnographie des Sprechens*, Reinbek.

Bamberg, Günter/Baur, Franz, 1985: *Statistik*, München, Wien, 4., überarbeitete Aufl.

Barthes, Roland, 1964: *Mythen des Alltags*, Frankfurt/M.

Barthes, Roland, 1983: *Elemente der Semiologie*, Frankfurt/M.

Bauer, Wolfram, 1968: *Wertrelativismus und Wertbestimmtheit im Kampf um die Weimarer Demokratie*, Berlin.

Beck, Ulrich, 1986: *Risikogesellschaft. Auf dem Weg in eine andere Moderne*, Frankfurt/M.

Becker, Werner, 1971: *Demokratie des sozialen Rechts. Die politische Haltung der Frankfurter Zeitung, der Vossischen Zeitung und des Berliner Tageblatts 1918-1924*, Göttingen, Zürich, Frankfurt/M.

Bendikat, Elfi, 1989: *"Wir müssen Demokraten sein." Der Gesinnungsliberalismus*, in: Lehnert/Megerle, (Hg.) 1989: S. 139-158.

Berelson, Bernhard, 1952: *Content Analysis in Communication Research*, New York, Neuauflage 1971.

Berg-Schlosser, Dirk, 1972: *Politische Kultur. Eine neue Dimension politikwissenschaftlicher Analyse*, München.

Berg-Schlosser, Dirk/Schissler, Jakob (Hg.), 1987: *Politische Kultur in Deutschland. Bilanz und Perspektiven der Forschung* (PVS-Sonderheft 18), Opladen.

Berg-Schlosser, Dirk/Schissler, Jakob, 1987a: *Perspektiven Politischer-Kultur-Forschung*, in: Berg-Schlosser/Schissler (Hg.), 1987: S. 429-435.

Berger, Peter L./Luckmann, Thomas, 1969: *Die gesellschaftliche Konstruktion der Wirklichkeit. Eine Theorie der Wissensoziologie*, 2. Aufl. der Neuausgabe 1982.

Bergmann, Jürgen, 1989: *"Das Land steht rechts!" Das "agrarische Milieu"*, in: Lehnert/Megerle (Hg.), 1989: S. 181-206.

Black, Max, 1954: *Die Metapher*, in: Haverkamp (Hg.), 1983: S. 55-79.

Black, Max, 1977: *Mehr über die Metapher*, in: Haverkamp 1983, S. 379-413.

Blasius, Jörg, 1987: *Korrespondenzanalyse - ein multivariates Verfahren zur Analyse qualitativer Daten*, in: Historical Social Research. Historische Sozialforschung, Vol.12, Nr. 42/43, S. 172-189.

Blasius, Jörg, 1988: *Zur Stabilität von Ergebnissen bei der Korrespondenzanalyse*, in: ZA-(Zentralarchiv für empirische Sozialforschung-) Information 23, November, S. 47-62.

Blasius, Jörg/Rohlinger, Harald, 1988: *Korrespondenzanalyse - ein multivariates Programm zur Auswertung von zweidimensionalen Kontingenztabellen*, in: Faulbaum/Uehlinger (Hg.), 1988: S. 387-397.

Blasius, Jörg/Winkler, Joachim, 1989: *Gibt es die "feinen Unterschiede"? Eine empirische Überprüfung der Bourdieuschen Theorie*, in: Kölner Zeitschrift für Soziologie und Sozialpsychologie 41/1, S. 72-94.

Bloch, Ernst, 1935: *Erbschaft dieser Zeit*, Frankfurt/M., Neuausgabe 1985.

Blumenberg, Hans, 1960: *Paradigmen zu einer Metapherologie*, in: Archiv für Begriffsgeschichte 6, S. 7-142.

Blumenberg, Hans, 1966: *Die Legitimität der Neuzeit*. Frankfurt/M.

Blumenberg, Hans, 1979: *Schiffbruch mit Zuschauer. Paradigma einer Daseinsmetapher*. Frankfurt/M.

Bohnen, Klaus/Joergensen, Sven-Aage/Schmöe, Friedrich (Hg.), 1981: *Kultur und Gesellschaft in Deutschland von der Reformation bis zur Gegenwart*, (Text&Kontext-Sonderband 11), Kopenhagen, München.

Bömer, Karl, 1928: *Die Geschichte der Berliner politischen Presse in drei Jahrhunderten (1617-1928)*, in: Zeitungs-Verlag (Hg.), 1928: S. 5-17.

Boon, James A., 1972: *Further Operations of Culture in Anthropology*, in: SSQ 53/2, S. 221-252.

Bosch, Michael, 1976: *Liberale Presse in der Krise. Die Innenpolitik der Jahre 1930 bis 1933 im Spiegel des "Berliner Tageblatts", der "Frankfurter Zeitung" und der "Vossischen Zeitung"*, Frankfurt/M., München.

Bourdieu, Pierre, 1974: *Zur Soziologie der symbolischen Formen*, Frankfurt/M.

Bourdieu, Pierre, 1977: *Symbolic Power*, in: Denis Gleeson (Hg.), 1972: Identity and Structure: Issues in the Sociology of Education. Nafferton, Driffield, S. 112-119.

Bourdieu, Pierre, 1979: *Entwurf einer Theorie der Praxis auf der ethnologischen Grundlage der kabylischen Gesellschaft*, Frankfurt/M.

Bourdieu, Pierre, 1984: *Die feinen Unterschiede. Kritik der gesellschaftlichen Urteilskraft*, Frankfurt/M., dritte, durchgesehene Aufl.

Bourdieu, Pierre, 1985: *Sozialer Raum und "Klassen". Leçon sur la leçon. Zwei Vorlesungen*, Frankfurt/M.

Bourdieu, Pierre, 1985b: *Der Kampf um die symbolische Ordnung*. P. B. im Gespräch mit Axel Honneth, Hermann Kocyba und Bernd Schwibs, in: Ästhetik und Kommunikation 16, H. 61/62, S. 142-163.

Bourdieu, Pierre, 1987: *Sozialer Sinn. Kritik der theoretischen Vernunft*. Frankfurt/M.

Bracher, Karl Dietrich, 1955: *Die Auflösung der Weimarer Republik. Eine Studie zum Problem des Machtverfalls in der Demokratie*. Unveränd., mit e. Einl. zur Taschenbuchausg. u. e. Erg. zur Bibliogr. (1978) vers. 2. Nachdr. d. 5. Aufl. 1971 (Villingen), Düsseldorf 1984.

Bracher, Karl Dietrich, 1981: *Geschichte und Gewalt. Zur Politik im 20. Jahrhundert*, Berlin.

Bracher, Karl Dietrich, 1982: *Zeit der Ideologen. Eine Geschichte politischen Denkens im 20. Jahrhundert*, Stuttgart.

Breuning, Klaus, 1969: *Die Vision des Reiches. Deutscher Katholizismus zwischen Demokratie und Diktatur (1929-1934)*, München.

Brosius, Hans, 1930: *Der Anteil der deutschen Presse am Kampf um den deutschen Geist* (hrsg. von der Gesellschaft "Deutscher Staat" in Friedrich Mann's pädagogischem Magazin VII. Reihe/Heft 15), Langensalza.

Brunner, Otto/Conze, Werner/Koselleck, Reinhart (Hg.), 1972 - ?: *Geschichtliche Grundbegriffe. Historisches Lexikon zur politisch-sozialen Sprache in Deutschland*. 7 Bände (bisher erschienen: 6), Stuttgart.

Burnham, W.T., 1972: *Political Immunization and Political Confessionalism: The United States and Weimar Germany*, in: Journal of Interdisciplinary History 3, S. 1-30.

Cassirer, Ernst, 1949: *Der Mythus des Staates. Philosophische Grundlagen politischen Verhaltens*, Frankfurt/M., Taschenbuchausgabe 1985.

Cassirer, Ernst, 1954: *Philosophie der symbolischen Formen* Bd. I, Darmstadt, 7. Aufl. 1977.

Conze, Werner, 1984: *Proletariat*, in: Brunner/Conze/Koselleck, 1972 - ?, Band 5, S. 27-68.

Deak, Istvan, 1968: *Weimar Germany's Left-Wing Intellectuals. A Political History of the Weltbühne and Its Circle*, Berkeley/Los Angeles.

Dias, Patrick, 1971: *Der Begriff "Politische Kultur" in der Politikwissenschaft*, in: Oberndörfer u.a. (Hg.), 1983: S. 409-448.

Diehl, Joerg M./Kohr, Heinz U., 1979: *Deskriptive Statistik* (Methoden in der Psychologie Bd.1), Frankfurt/M., 3. Aufl.

Dittmer, Lowell, 1977: *Political Culture and Political Symbolism. Toward a Theoretical Synthesis*, in: World Politics 29, S. 522-583.

Doerry, Martin, 1986: *Übergangsmenschen. Die Mentalität der Wilhelminer und die Krise des Kaiserreichs* (2 Bände), Weinheim und München.

Dörner, Andreas/Rohe, Karl, 1991: *Politische Sprache und politische Kultur. Diachron-kulturvergleichende Sprachanalysen am Beispiel von Großbritannien und Deutschland*, in: Opp de Hipt/Latniak (Hg.), 1991: S. 38-65.

Dyson, Kenneth H.F., 1980: *The State Tradition in Western Europe. A Study of an Idea and Institution*, Oxford.

Eco, Umberto, 1977: *Zeichen. Eine Einführung in einen Begriff und seine Geschichte*, Frankfurt/M.

Edelman, Murray, 1976: *Politik als Ritual. Die symbolische Funktion staatlicher Institutionen und politischen Handelns*, Frankfurt/M.

Eder, Klaus (Hg.), 1989: *Klassenlage, Lebensstil und kulturelle Praxis. Theoretische und empirische Beiträge zur Auseinandersetzung mit Pierre Bourdieus Klassentheorie*. Frankfurt/M.

Eder, Klaus, 1989a: *Klassentheorie als Gesellschaftstheorie. Bourdieus dreifache kulturtheoretische Brechung der traditionellen Klassentheorie*, in: Eder (Hg.), 1989: S. 15 - 43.

Eickelpasch, Rolf, 1973: *Mythos und Sozialstruktur*, Düsseldorf.

Elias, Norbert, 1969: *Über den Prozeß der Zivilisation. Soziogenetische und psychogenetische Untersuchen* (2 Bände), Frankfurt/M., Taschenbuchausgabe 1976.

Elkins, David J./Simeon, Richard E. B., 1979: *A Cause in Search of Its Effect, or What Does Political Culture Explain*, in: Comparative Politics 11/2, S. 127-145.

Falter, Jürgen W., 1989: *Die Wählerpotentiale politischer Teilkulturen 1920-1933*, in: Detlef Lehnert/Klaus Megerle (Hg.), 1989: S. 281-305.

Falter, Jürgen W./Lindenberger, Thomas/Schumann, Siegfried, 1986: *Wahlen und Abstimmungen in der Weimarer Republik. Materialien zum Wahlverhalten 1919-1933*, München.

Faulbaum, Frank, 1983: *Statistik Analyse System. Eine anwendungsorientierte Beschreibung des Statistikprogrammsystems SAS*, Stuttgart, New York.

Faulbaum, Frank/Uehlinger, Hans-Martin (Hg.), 1988: *Fortschritte der Statistik-Software 1*, Stuttgart.

Fischer, Hans-Dieter, 1981: *Handbuch der politischen Presse in Deutschland 1480-1980. Synopse rechtlicher, struktureller und wirtschaftlicher Grundlagen der Tendenzpublizistik im Kommunikationsfeld*, Düsseldorf.

Fritzsche, Klaus, 1977: *Konservatismus*, in: Neumann (Hg.), 1977, S. 53-85.

Fromm, Erich, 1980: *Arbeiter und Angestellte am Vorabend des Dritten Reiches. Eine sozialpsychologische Untersuchung*, München 1983.

Früh, Werner, 1981: *Inhaltsanalyse. Theorie und Praxis*, München.

Gabriel, Oscar W., 1981: *Politische Kultur - Zum Schlagwort deformiert*, in: PVS 22/2, S. 204-209.

Gailus, Manfred, 1989: *"Seid bereit zum Roten Oktober in Deutschland!" Die Kommunisten*, in: Lehnert/Megerle (Hg.), 1989: S. 61-88.

Gall, Lothar/Koch, Rainer (Hg.), 1981: *Der europäische Liberalismus im 19. Jahrhundert. Texte zu seiner Entwicklung* (4 Bände), Frankfurt/M., Berlin, Wien.

Gay, Peter, 1970: *Die Republik der Außenseiter. Geist und Kultur in der Weimarer Zeit 1918-1933*, Frankfurt/M., Taschenbuchausgabe 1987.

Gebhardt, Jürgen, 1987: *Politische Kultur und Zivilreligion*, in: Berg-Schlosser/Schissler (Hg.), 1987, S. 49-60.

Gerstenberger, Heide, 1981: *Zur Ideologie eines kritischen Begriffs*, in: PVS 22/1, S. 117-122.

Gerstenberger, Heide, 1984: *Zur Konjunktur der "Politische Kultur" in der Politikwissenschaft*, in: Österreichische Zeitschrift für Politikwissenschaft 13/1, S. 5-13.

Grebing, Helga, 1959: *Der Nationalsozialismus. Ursprung und Wesen*, München.

Greenacre, Michael, 1984: *Theory and Applications of Correspondence Analysis*, London.

Habermas, Jürgen, 1971: *Vorbereitende Bemerkungen zu einer Theorie der kommunikativen Kompetenz*, in: Habermas/Luhmann, 1971: S. 101-141.

Habermas, Jürgen, 1976: *Zur Rekonstruktion des Historischen Materialismus*, Frankfurt/M., 3. Aufl. 1982.

Habermas, Jürgen, 1976a: *Legitimationsprobleme im modernen Staat*, in: ders., 1976: S. 271-303.

Habermas, Jürgen, 1976b: *Was heißt heute Krise? Legitimationsprobleme im Spätkapitalismus*, in: ders., 1976: S. 304-329.

Habermas, Jürgen, 1981: *Theorie des Kommunikativen Handelns, Band 1: Handlungsrationalität und gesellschaftliche Rationalisierung; Band 2: Zur Kritik der funktionalistischen Vernunft*, Frankfurt/M., 2. Aufl. 1982.

Habermas, Jürgen, 1985: *Die Neue Unübersichtlichkeit*, Frankfurt/M.

Habermas, Jürgen, 1985a: *Der philosophische Diskurs der Moderne. Zwölf Vorlesungen*, Frankfurt/M., 3. Aufl. 1986.

Habermas, Jürgen/Luhmann, Niklas, 1971: *Theorie der Gesellschaft oder Sozialtechnologie - Was leistet die Systemforschung?* Frankfurt/M.

Hannappel, Hans/Melenk, Hartmut, 1979: *Alltagssprache. Semantische Grundbegriffe und Analysebeispiele*, München.

Haverkamp, Anselm (Hg.), 1983: *Theorie der Metapher* (Wege der Forschung, Bd. 389), Darmstadt.

Hegel, Georg Friedrich Wilhelm, 1805/06: *Jenaer Realphilosophie*, in: ders., 1932: Sämtliche Werke (hg. von Johannes Hoffmeister) Bd. XX, Leipzig, S. 179-273.

Heinemann, Ulrich, 1983: *Die verdrängte Niederlage. Politische Öffentlichkeit und Kriegsschuldfrage in der Weimarer Republik*, Göttingen.

Heller, Hermann, 1921: *Hegel und der nationale Machtstaatsgedanke in Deutschland. Ein Beitrag zur politischen Geistesgeschichte*, Leipzig, Berlin.

Heller, Hermann, 1926: *Die politischen Ideenkreise der Gegenwart*, Breslau.

Heller, Hermann, 1934: *Staatslehre* (in der Bearbeitung von Gerhart Niemeyer; 1934 erschienen in Leiden, Niederlande), Tübingen, 6. rev. Aufl. 1983.

Hennig, Eike, 1987: *Politischer Wandel und parochial-partizipative Politische Kultur-Formen*, in: Berg-Schlosser/Schissler (Hg.), 1987: S. 96-111.

Hermand, Jost/Trommler, Frank, 1978: *Die Kultur der Weimarer Republik*, München.

Holsti, Ole R., 1969: *Content Analysis for the Social Sciences and Humanities*, London.

Horkheimer Max/Adorno, Theodor W., 1947: *Dialektik der Aufklärung*, Frankfurt/M., 9. Aufl. der Neuausgabe von 1971, 1982.

Horkheimer, Max/Flowerman, Samuel H., 1950: *Foreword to Studies in Prejudice*, in: Adorno, Theodor W./Frenkel-Brunswik, Else/ Levinson, Daniel J./Sanford, R. Nevitt, 1950: S. V-IIX.

Inglehart, Ronald, 1977: *The Silent Revolution. Changing Values and Political Styles Among Western Publics*, Princeton/N.J.

Iwand, Wolf Michael, 1985: *Paradigma Politische Kultur. Konzepte, Methoden, Ergebnisse der Political-Culture-Forschung in der Bundesrepublik*, Opladen.

Jakobson, Roman, 1956: *Der Doppelcharakter der Sprache und die Polarität zwischen Metaphorik und Metonymik*, in: Haverkamp (Hg.), 1983: S. 163 - 174.

Jehn, P. (Hg.), 1972: *Toposforschung*, Frankfurt/M.

Kaase, Max, 1983: *Sinn oder Unsinn des Konzepts "Politische Kultur" für die vergleichende Politikforschung, oder auch: Der Versuch, einen Pudding an die Wand zu nageln*, in: Kaase/Klingemann (Hg.), 1983: S. 144-171.

Kaase, Max/Klingemann, Hans-Dieter (Hg.), 1983: *Wahlen und politisches System. Analysen zur Bundestagswahl 1980*, Opladen.

Kapfinger, Hans, 1928: *Die deutschen Zeitungen in der Statistik*, in: Zeitungs-Verlag (Hg.), 1928: S. 141-143.

Keesing, Roger M., 1974: *Theories of Culture*, in: Siegel et al. (Hg.), 1974: S. 73-97.

Kelsen, Hans, 1924: *Marx oder Lasalle. Wandlungen in der politischen Theorie des Marxismus*, Leipzig.

Klingemann, Hans-Dieter (Hg.), 1984: *Computerunterstützte Inhaltsanalyse in der empirischen Sozialforschung* (Monographien Sozialwissenschaftliche Forschung Band 4), Frankfurt/M., New York.

Klingemann, Hans-Dieter, 1984: *Computerunterstützte Inhaltsanalyse und sozialwissenschaftliche Forschung*, in: Klingemann (Hg.), 1984: S. 7-14.

Kolb, Eberhard, 1984: *Die Weimarer Republik* (Oldenbourg-Grundriß der Geschichte, hrsg. von Jochen Bleichen, Bd.16), München, Wien.

König, Helmut (Hg.), 1988: *Politische Psychologie heute* (Leviathan Sonderheft 9), Opladen.

Koselleck , Reinhart (Hg.), 1977: *Studien zum Beginn der modernen Welt* (Industrielle Welt. Schriftenreihe des Arbeitskreises für moderne Sozialgeschichte, hg. von Werner Conze, Bd. 20) Stuttgart.

Koselleck, Reinhart, 1973: *Geschichte, Geschichten und formale Zeitstrukturen*, in: Koselleck, 1979: S. 130-143.

Koselleck, Reinhart, 1975: *Zur historisch-politischen Semantik asymmetrischer Gegenbegriffe*, in: Koselleck, 1979: S. 211-259 [Erstdruck in: Weinrich (Hg.), 1975: S. 65-104].

Koselleck, Reinhart, 1977: *'Neuzeit'. Zur Semantik moderner Bewegungsbegriffe*, in: Koselleck, 1979: S. 300-348 [Erstdruck in: Koselleck, (Hg.): 1977, S. 264-299].

Koselleck, Reinhart, 1979: *Vergangene Zukunft. Zur Semantik geschichtlicher Zeiten*, Frankfurt/M.

Koszyk, Kurt, 1963: *Jacob Stöcker und der Dortmunder "Generalanzeiger" 1929-1933*, in: Publizistik 8, S. 282 ff.

Koszyk, Kurt, 1972: *Deutsche Presse 1914-1945* (Geschichte der deutschen Presse Teil III), Berlin.

Kotowski, Georg, 1989: *Auf dem Boden der gegebenen vollendeten Tatsachen! Der politische Katholizismus*, in: Lehnert/Megerle, (Hg.): 1989, S. 159-180.

Kracauer, Siegfried, 1952: *The Challenge of Qualitative Content Analysis*, in: Public Opinion Quarterly 16, S. 631-642.

Kreuzer, Helmut, 1981: *Kultur und Gesellschaft in der Weimarer Republik*, in: Bohnen/Joergensen/Schmöe (Hg.), 1981, S. 130-154.

Krippendorf, Klaus, 1980: *Content Analysis. An Introduction to Its Methodology* (The Sage COMMTEXT Series Volume 5), Beverly Hills, London.

Krippendorf, Klaus, 1980a: *Clustering*, in: Monge/Capella (Hg.), 1980: S. 259-308.

Kriz, Jürgen, 1973: *Statistik in den Sozialwissenschaften. Einführung und kritische Diskussion*, Opladen, 4. Aufl. 1983.

Kriz, Jürgen, 1975: *Über den Unterschied zwischen Bedeutungsfeldern und Assoziationsstrukturen*, in: KZfS 27, S. 312.

Kriz, Jürgen, 1981: *Methodenkritik empirischer Sozialforschung. Eine Problemanalyse sozialwissenschaftlicher Forschungspraxis*, Stuttgart.

Lakoff, George/Johnson, Mark, 1980: *Metaphors We Live By*, Chicago, London.

Laqueur, Walter, 1977: *Weimar. Die Kultur der Republik*, Frankfurt/M., Berlin, Wien.

Lehnert, Detlef /Megerle, Klaus (Hg.), 1989: *Politische Identität und nationale Gedenktage. Zur politischen Kultur in der Weimarer Republik*, Opladen.

Lehnert, Detlef, 1989: *"Staatspartei der Republik" oder "revolutionäre Reformisten"? Die Sozialdemokratie*, in: Lehnert/Megerle (Hg.), 1989: S. 89-114.

Lehnert, Detlef/Megerle, Klaus (Bearb.), 1985: *Forschungsprojekt "Politische Kultur in der Weimarer Republik. Identitäts- und Konsensprobleme in einer fragmentierten Gesellschaft* (Fachbereich Politische Wissenschaft der FU Berlin, Occasional Papers No. 13), Berlin.

Lehnert, Detlef/Megerle, Klaus (Hg.), 1990: *Politische Teilkulturen zwischen Integration und Polarisierung. Zur politischen Kultur in der Weimarer Republik*. Opladen.

Lehnert, Detlef/Megerle, Klaus, 1989a: *Politische Identität und nationale Gedenktage*, in: Lehnert/Megerle (Hg.), 1989: S. 9-30.

Lenin, W.I., 1917: *Staat und Revolution. Die Lehre des Marxismus vom Staat und die Aufgaben des Proletariats in der Revolution*, in: ders., 1984: Ausgewählte Schriften, Moskau, S. 286-382.

Lepsius, M. Rainer, 1966: *Parteiensystem und Sozialstruktur: zum Problem der Demokratisierung der deutschen Gesellschaft*, in: Abel u.a. (Hg.), 1966: S. 371-393.

Lepsius, Rainer M., 1966: *Extremer Nationalismus. Strukturbedingungen der nationalsozialistischen Machtergreifung*, Stuttgart, Berlin, Köln, Mainz.

Link, Jürgen, 1975: *Die Struktur des literarischen Symbols. Theoretische Beiträge am Beispiel der späten Lyrik Brechts*. München.

Link, Jürgen, 1978: *Die Struktur des Symbols in der Sprache des Journalismus. Zum Verhältnis literarischer und pragmatischer Symbole*, München.

Link, Jürgen/Wülfing, Wulf (Hg.), 1991: *Nationale Mythen und Symbole in der zweiten Hälfte des 19. Jahrhunderts. Strukturen und Funktionen von Konzepten nationaler Identität*, Stuttgart.

Linse, Ulrich, 1983: *Barfüßige Propheten. Erlöser der zwanziger Jahre*, Berlin.

Lipset, Seymour M./Rokkan, Stein (Hg.), 1967: *Party Systems and Voter Alignments: Cross-National Perspectives*, New York, London.

Lipset, Seymour M./Rokkan, Stein, 1967a: *Cleavage Structures, Party Systems, and Voter Alignments: An Introduction*, in: Lipset/Rokkan (Hg.), 1967: S. 1-64.

Lisch, Ralf/Kriz, Jürgen, 1978: *Grundlagen und Modelle der Inhaltsanalyse. Bestandsaufnahme und Kritik*, Reinbek.

Lucács, Georg, 1962: *Die Zerstörung der Vernunft*, Darmstadt und Neuwied, dreibändige Taschenbuchausgabe (Bd. I: Irrationalismus zwischen den Revolutionen; Bd. II: Irrationalismus und Imperialismus; Bd. III: Irrationalismus und Soziologie) 1974.

Machiavelli, Niccolò, 1978: *Der Fürst* (Orig. Il Principe, 1532; übersetzt und herausgegeben von Rudolf Zorn), Stuttgart, 6. Aufl.

Marcuse, Herbert, 1934: *Der Kampf gegen den Liberalismus in der totalitären Staatsauffassung*, in: Zeitschrift für Sozialforschung 1934/3 (Reprint Frankfurt/M. 1980), S. 161-195.

Marcuse, Herbert, 1967: *Der eindimensionale Mensch. Studien zur Ideologie der fortgeschrittenen Industriegesellschaft*, Darmstadt, Neuwied, 16. Aufl. 1981.

Marx, Karl, 1869: *Der achtzehnte Brumaire des Louis Bonaparte*, in: Marx-Engels-Werke Band 8, Berlin, 7. Aufl. der Ausgabe von 1960, 1982, S. 111-207.

Marx, Karl/Engels, Friedrich, 1846: *Die deutsche Ideologie*, in: Marx-Engels-Werke Band 3, Berlin, 4. Aufl. der Ausgabe von 1958, S. 9-530.

Maser, Werner, 1981: *Der Sturm auf die Republik. Frühgeschichte der NSDAP*, Frankfurt/M., Berlin, Wien.

Mayring, Phillip, 1983: *Qualitative Inhaltsanalyse. Grundlagen und Techniken*, Weinheim,Basel.

Mead, Georg Herbert, 1934: *Mind, Self, and Society*, Chicago (deutsch: Geist, Identität und Gesellschaft, Frankfurt/M. 1969).

Megerle, Klaus, 1989: *Aus dem Gefühl der Defensive erwächst keine Führung. Gesellschaftliche Elitengruppen am Beispiel der Industriellen*, in: Lehnert/Megerle (Hg.), 1989: S. 207-230.

Megerle, Klaus/Steinbach, Peter, 1981: *Politische Kultur in der Krise (I)*, in: PVS-Literatur 1981/2, S. 123-157.

Megerle, Klaus/Steinbach, Peter, 1982: *Politische Kultur in der Krise (II)*, in: PVS-Literatur 1982/1, S. 6-26.

Meinck, Jürgen, 1978: *Weimarer Staatslehre und Nationalsozialismus. Eine Studie zum Problem der Kontinuität im staatsrechtlichen Denken in Deutschland 1928 bis 1936*, Frankfurt/M., New York.

Melischek, Gabriele/Rosengren, Karl Erik/Stappers, James (Hg.), 1984: *Cultural Indicators: An International Symposium*, Wien.

Merten, Klaus, 1983: *Inhaltsanalyse. Einführung in Theorie, Methode und Praxis*, Opladen.

Mill, John Stuart, 1859: *Die Freiheit* (On Liberty), übersetzt und mit Einleitung und Kommentar hrsg. von A. Grabowsky, Zürich 1945.

Miller, Max, 1989: *Systematisch verzerrte Legitimationsdiskurse. Einige kritische Bemerkungen zu Bourdieus Habitustheorie*, in: Eder (Hg.), 1989: S. 191-220.

Mohler, Armin, 1972: *Die konservative Revolution in Deutschland. Ein Handbuch*, Darmstadt, 2., völlig neu bearbeitete und erweiterte Fassung.

Mommsen, Wolfgang, 1981: *Triebkräfte und Zielsetzungen des deutschen Imperialismus vor 1914*, in: Bohnen/Joergensen/Schmöe (Hg.), 1981: S. 98-129.

Monge, Peter R./Capella, Joseph N. (Hg.), 1980: *Multivariate Techniques in Human Communication Research*, (Human Communication Research Series) New York, London, Toronto, Sydney, San Francisco.

Müller, Christoph/Staff, Ilse (Hg.), 1985: *Staatslehre in der Weimarer Republik. Hermann Heller zu ehren*. Frankfurt/M.

Müller, Hans-Harald, 1986: *Der Krieg und die Schriftsteller. Der Kriegsroman der Weimarer Republik*, Stuttgart.

Müller, Hans-Peter, 1986: *Kultur, Geschmack und Distinktion. Grundzüge der Kultursoziologie Pierre Bourdieus*, in: Neidhardt/Lepsius/Weiß (Hg.), 1986: S. 162-190.

Münch, Richard, 1982 : *Theorie des Handelns. Zur Rekonstruktion der Beiträge von Talcott Parsons, Emile Durkheim und Max Weber*, Frankfurt/M., Taschenbuchausgabe 1988.

Münch, Richard, 1986: *Die Kultur der Moderne, Band 2: Ihre Entwicklung in Frankreich und Deutschland*, Frankfurt/M.

Münkler, Herfried, 1988: *Siegfrieden*, in: Münkler, Herfried/Storch, Wolfgang: Siegfrieden. Politik mit einem Deutschen Mythos, Berlin.

Neidhardt, Friedhelm, 1986: *"Kultur und Gesellschaft". Einige Anmerkungen zum Sonderheft*, in: Neidhardt/Lepsius/Weiß (Hg.), 1986: S. 10-18.

Neidhardt, Friedhelm/Lepsius, Rainer M./Weiß, Johannes (Hg.), 1986: *Kultur und Gesellschaft* (Sonderheft 27 der Kölner Zeitschrift für Soziologie und Sozialpsychologie), Opladen.

Neumann, Franz (Hg.), 1977: *Politische Theorien und Ideologien. Handbuch*, Baden-Baden, 2. Aufl.

Neumann, Franz, 1967: *Demokratischer und autoritärer Staat. Studien zur politischen Theorie*. Herausgegeben und mit einem Vorwort von Herbert Marcuse, Frankfurt/M., Taschenbuchausgabe 1986.

Nolte, Ernst, 1963: *Der Faschismus in seiner Epoche. Action française. Italienischer Faschismus. Nationalsozialismus*, München, Zürich, Neuausgabe (Taschenbuch) 1983.

Oberndörfer u.a. (Hg.), 1983: *Systemtheorie, Systemanalyse und Entwicklungsländerforschung*, Berlin.

Offe, Claus, 1984: *Arbeitsgesellschaft. Strukturprobleme und Zukunftsperspektiven*, Frankfurt/M.

Opp de Hipt, Manfred, 1987: *Denkbilder in der Politik. Der Staat in der Sprache von CDU und SPD* (Beiträge zur sozialwissenschaftlichen Forschung Band 102), Opladen.

Opp de Hipt, Manfred/Latniak, Erich (Hg.), 1991: *Sprache statt Politik? Politikwissenschaftliche Semantik- und Rhetorikforschung*. Opladen.

Pappi, Franz U., 1977: *Sozialstruktur, gesellschaftliche Wertorientierungen und Wahlabsicht. Ergebnisse eines Zeitvergleichs des deutschen Elektorats 1953 und 1976*, in: PVS 18, S. 195-229.

Parsons, Talcott, 1972: *Culture and Political System Revisited*, in: SSQ 53/2, S. 253-266.

Pasquino, Pasquale, 1985: *Politische Einheit, Demokratie und Pluralismus. Bemerkungen zu Carl Schmitt*, Hermann Heller und Ernst Fraenkel, in: Müller/Staff (Hg.), 1985: S. 114-127.

Paul, Gerhard, 1989: *Der Sturm auf die Republik und der Mythos vom "Dritten Reich". Die Nationalsozialisten*, in: Lehnert/Megerle (Hg.), 1989: S. 255-280.

Paul, Gerhard, 1990: *Der Aufstand der Bilder. Die NS-Propaganda vor 1933*. Bonn.

Petersen, Klaus, 1988: *Literatur und Justiz in der Weimarer Republik*, Stuttgart.

Peukert, Detlev J.K., 1987: *Die Weimarer Repbulik. Krisenjahre der klassischen Moderne*, Frankfurt/M.

Plessner, Helmuth, 1959: *Die verspätete Nation. Über die politische Verführbarkeit bürgerlichen Geistes*, Frankfurt/M., Taschenbuchausgabe 1974.

Plumpe, Gerhard, 1978: *Alfred Schuler. Chaos und Neubeginn. Zur Funktion des Mythos in der Moderne*, Berlin.

Praschl, Bernhard, 1984: *Gibt es eine Politische Kultur?*, in: Österreichische Zeitschrift für Politikwissenschaft 13/1, S. 111-113.

Pross, Harry, 1974: *Politische Symbolik. Theorie und Praxis der öffentlichen Kommunikation*. Stuttgart, Berlin, Köln, Mainz.

Pye, Lucian W., 1972: *Culture and Political Science*, in: SSQ 53/2, S. 285-296.

Pye, Lucian W./Verba, Sidney (Hg.), 1965: *Political Culture and Political Development*, Princeton.

Raphael, Lutz, 1987: *"Die Ökonomie der Praxisformen". Anmerkungen zu zentralen Kategorien P. Bourdieus*, in: ProKla 17/68, S. 152-171.

Raphael, Lutz, 1989: *Klassenkämpfe und politisches Feld. Plädoyer für eine Weiterführung Bourdieuscher Fragestellungen in der Politischen Soziologie*, in: Eder (Hg.), 1989: S. 71 - 107.

Reichel, Peter, 1980: *Politische Kultur - mehr als ein Schlagwort?*, in: PVS 21/4, S. 382-399.

Reichel, Peter, 1981: *Politische Kultur der Bundesrepublik*, Opladen.

Reimus, Klaus, 1989: *"Das Reich muß uns doch bleiben!" Die nationale Rechte*, in: Lehnert/Megerle (Hg.), 1989: S. 231-254.

Richards, Ivor Armstrong, 1936: *Die Metapher*, in: Haverkamp (hg.) 1983: S. 31-52.

Ritsert, Jürgen, 1972: *Inhaltsanalyse und Ideologiekritik. Ein Versuch über kritische Sozialforschung*, Frankfurt/M., 2. Aufl. 1975.

Rohe, Karl, 1966: *Das Reichsbanner Schwarz Rot Gold* (Beiträge zur Geschichte des Parlamentarismus und der politischen Parteien Band 34), Düsseldorf.

Rohe, Karl, 1987: *Politische Kultur und kulturelle Aspekte von politischer Wirklichkeit*, in: Berg-Schlosser/Schissler (Hg.), 1987: S. 39-48.

Rohe, Karl, 1990: *Politische Kultur und ihre Analyse. Probleme und Perspektiven der politischen Kulturforschung*, in: Historische Zeitschrift 250, S. 321-346.

Rosenbaum, Walter A., 1975: *Political Culture*, New York.

Rosenberg, Arthur, 1961: *Entstehung und Geschichte der Weimarer Republik*, Teil 1, Frankfurt/M., Neuauflage 1983.

Rosenberg, Hans, 1967: *Große Depression und Bismarckzeit. Wirtschaftsablauf, Gesellschaft und Politik in Mitteleuropa*, Berlin.

Rosengren, Karl Erik (Hg.), 1981: *Advances in Content Analysis* (Sage Annual Reviews of Communication Research Vol. 9), Beverly Hills, London.

Rosengren, Karl Erik, 1981: *Advances in Scandinavian Content Analysis: An Introduction*, in: Rosengren (Hg.), 1981: S. 9-19.

Rosengren, Karl Erik, 1984: *Cultural Indicators for the Comparative Study of Culture*, in: Melischek/Rosengren/Stappers (Hg.), 1984: S. 11-32.

Rust, Holger, 1980: *Struktur und Bedeutung. Studien zur qualitativen Inhaltsanalyse*, Berlin.

Saage, Richard, 1983: *Rückkehr zum starken Staat? Studien über Konservatismus, Faschismus und Demokratie*, Frankfurt/M.

Sarcinelli, Ulrich, 1987: *Symbolische Politik. Zur Bedeutung symbolischen Handelns in der Wahlkampfkommunikation der Bundesrepublik Deutschland*, Opladen.

Schäfer, E., 1972: *Das Staatsschiff*, in: Jehn (Hg.), 1972: S. 259-292.

Schirmer, Dietmar, 1988: *Strukturen und Mechanismen einer deformierten Wahrnehmung. Der 8. Mai und das Projekt "Vergangenheitsbewältigung"*, in: König (Hg.), 1988: S. 190-208.

Schirmer, Dietmar, 1989: *Politisch-kulturelle Deutungsmuster: Vorstellungen von der Welt der Politik in der Weimarer Republik*, in: Lehnert/Megerle (Hg.), 1989: S. 31-60.

Schmeiser, Martin, 1985: *Pierre Bourdieu - von der Sozio-Ethnologie Algeriens zur Ethno-Soziologie der französischen Gegenwartsgesellschaft. Eine bio-bibliographische Einführung*, in: Ästhetik und Kommunikation 16, H. 61/62, S. 167-183.

Schmitt, Carl, 1922: *Politische Theologie. Vier Kapitel zur Lehre von der Souveränität*, München, Leipzig.

Schmitt, Carl, 1926: *Die geistesgeschichtliche Lage des heutigen Parlamentarismus*, Berlin, 3. Aufl.

Schmitt, Carl, 1963: *Der Begriff des Politischen*. Text von 1932 mit einem Vorwort und drei Corollarien, Berlin, unveränderter Nachdruck 1979.

Schnädelbach, Herbert, 1983: *Philosophie in Deutschland 1831-1933*, Frankfurt/M.

Schöffel, Georg, 1987: *Denken in Metaphern. Zur Logik sprachlicher Bilder*. Opladen.

Schubö, Werner/Uehlinger, Hans-Martin, 1986: *SPSS^{x}. Handbuch der Programmversion 2.2*, Stuttgart, New York.

Schulze, Hagen, 1982: *Weimar. Deutschland 1917-1933* (Die Deutschen und ihre Nation; Band 4), Berlin 2. Aufl. 1983.

Schumann, Hans-Gerd (Hg.), 1974: *Konservativismus*, Köln.

Schumann, Hans-Gerd, 1990: *"Nationalkultur" zwischen Einheitlichkeit und Segmentierung. Methodologische Anmerkungen zur historischen Erforschung "Politischer Kultur"*, in: Lehnert/Megerle (Hg.), 1990: S. 19-25.

Schütz, Alfred/Luckmann, Thomas, 1979: *Strukturen der Lebenswelt. Band 1*, Frankfurt/M.

Searle, John R., 1979: *Expression and Meaning. Studies in the Theory of Speech Acts*, Cambridge, London, New York, Melborune.

Shell, Kurt L., 1981: *Politische Kultur - Ist der Begriff zu retten?* In: PVS 22/2, S. 195-199.

Siegel, Bernhard et al. (Hg.), 1974: *Annual Review of Anthropology*, vol. 3, Palo Alto.

Smid, Stefan, 1988: *Recht und Staat als "Maschine". Zur Bedeutung einer Metapher*, in: Der Staat. Zeitschrift für Staatslehre, Öffentliches Recht und Verfassungsgeschichte 27, S. 325-350.

Sontheimer, Kurt, 1968: *Antidemokratisches Denken in der Weimarer Republik. Die politischen Ideen des deutschen Nationalismus zwischen 1918 und 1933*, München, 2. Aufl. der Tachenbuchausgabe, 1983.

Staff, Ilse, 1985: *Staatslehre in der Weimarer Republik*, in: Müller/Staff (Hg.), 1985: S. 7-23.

Stern, Fritz, 1963: *Kulturpessimismus als politische Gefahr. Eine Analyse nationaler Ideologie in Deutschland*, München, Taschenbuchausgabe 1986.

Theweleit, Klaus, 1980: *Männerphantasien. Bd. 1: Frauen, Fluten, Körper, Geschichte; Bd.2: Männerkörper - Zur Psychoanalyse des weißen Terrors*, Reinbek.

Tillich, Paul, 1933: *Die sozialistische Entscheidung*. Wiederveröffentlichung Berlin 1980.

Topitsch, Ernst, 1981: *Die Sozialphilosophie Hegels als Heilslehre und Herrschaftsideologie*, München, 2., erweiterte Aufl.

Traub, Hans u.a., 1928: *Zeitungs-Chronik des 17. und 18. Jahrhunderts*, in: Zeitungsverlag (Hg.), 1928: S. 149-197.

Verba, Sidney, 1965a: *Germany: The Remaking of Political Culture*, in: Pye/Verba (Hg.), 1965: S. 130-170.

Vondung, Klaus, 1988: *Die Apokalypse in Deutschland*, München.

Weber, Max, 1919: *Politik als Beruf*, in: ders., 1922: Gesammelte Politische Schriften (GPS), Tübingen, 5. Aufl. 1988, S. 505-560.

Weber, Max, 1920: *Die "Objektivität" sozialwissenschaftlicher und sozialpolitischer Erkenntnis*, in: ders., 1922: Gesammelte Aufsätze zur Wissenschaftslehre (WL), Tübingen, 7. Aufl. 1988, S. 146-214.

Weber, Max, 1920a: *Die Wirtschaftsethik der Weltreligionen*, in: ders., 1920: Gesammelte Aufsätze zur Religionssoziologie I (RS I), Tübingen, 9. Aufl. 1988, S. 237-573.

Weber, Max, 1921: *Soziologische Grundbegriffe*, in: ders., 1922: Gesammelte Aufsätze zur Wissenschaftslehre (WL), Tübingen, 7. Aufl. 1988, S. 541-581.

Weber, Max, 1922: *Wirtschaft und Gesellschaft. Grundriß der verstehenden Soziologie*, Tübingen, 5. revidierte Aufl. (besorgt von Johannes Winkkelmann) 1980.

Weber, Robert Phillip, 1984: *Content-Analytic Cultural Indicators*, in: Melischek/ Rosengren/Stappers (Hg.), 1984, S. 301-313.

Wehler, Hans-Ulrich, 1973: *Das Deutsche Kaiserreich 1871-1918* (Deutsche Geschichte, hrsg. von Joachim Leuschner, Band 9), Göttingen.

Weinrich, Harald (Hg.), 1975: *Positionen der Negativität* (Poetik und Hermeneutik IV), München.

Weinrich, Harald, 1963: *Semantik der kühnen Metapher*, in: Haverkamp (Hg.), 1983: S. 316-339.

Wickert, Christl, 1989: *"Zu den Waffen des Geistes... Durchgreifen Republik!" Die Linksintellektuellen*, in: Lehnert/Megerle (Hg.), 1989: S. 115-138.

Will, Wilfried van der/Burns, Rob, 1982: *Arbeiterkulturbewegung in der Weimarer Republik*, 2 Bände, Frankfurt/M., Berlin, Wien.

Willet, John, 1978: *The New Sobriety. Art and Politics in the Weimar Period 1917-1933*, London (deutsch: Explosion der Mitte. Kunst und Politik 1917-1933, Müchen, 1981).

Wolf, G., 1959: *Über die Geschichte der Staatsschiffmetapher*, in: Geschichte in Wissenschaft und Unterricht (GWU), 10, S. 692-698.

Woods, Anthony/Fletcher, Paul/Hughes, Arthur, 1986: *Statistics in Language Studies*, Cambridge.

Wülfing, Wulf/Bruns, Karin/Parr, Rolf, 1991: *Historische Mythologie der Deutschen 1789-1918*, München.

Zeitungs-Verlag (Hg.), 1928: *Die deutsche Zeitung. Ihr Werden, Wesen und Wirken* (anläßlich der Internationalen Presse-Ausstellung in Köln), Berlin, 29. Jg.

Zunkel, Friedrich, 1975: *Ehre*, in: Otto Brunner/Werner Conze/Reinhart Koselleck (Hg.), 1972-?: Band 2, S. 1-63.

ANHANG A: DAS TEXTMATERIAL

A.1 Das Textsample

Der Aufbau der Kenncodes

Der Kenncode am Beginn jedes Nachweises kann folgendermaßen entschlüsselt werden: Die erste, zwei- bis dreistellige Zahl bezeichnet die Zeitung. Die zweite Position macht kenntlich, auf welchen der Gedenktage der Text sich bezieht. Es folgt eine inhaltlich unbestimmte Kennummer (einstellig). Die zweistellige Zahl am Schluß verweist auf den Jahrgang des Textes. So gibt bspw. der Kenncode 42 2 1 23 folgende Informationen:

42	Zeitung	(hier: Vossische Zeitung)
2	Gedenktag	(hier: Verfassungstag)
1	Kenn-Nr.	(ohne inhaltliche Bedeutung)
23	Jahrgang	(hier: 1923)

Die Bedeutungen der Kenncodes für Zeitungen und Gedenktage sind im folgenden aufgeführt:

Kenncodes der Zeitungen:

Die Rote Fahne	11
Bergische Arbeiterstimme	12
Die Rote Front	13
Welt am Abend	14
Generalanz. für Dortmund	21
Die Weltbühne	22
Die Neue Generation	23
Der Vorwärts	31
Leipziger Volkszeitung	32
Frankfurter Zeitung	41
Vossische Zeitung	42
Berliner Tageblatt	43
Hamburger Fremdenblatt	44
Die Hilfe	45
Kölnische Volkszeitung	51
Germania	52
Bayerischer Kurier	53
Deutsche Allg. Ztg.	61
Münchener Neueste Nachrichten	62
Rheinisch-Westfälische Zeitung	63
Deutsche Tageszeitung	71
Der Tag	81
Berliner Lokalanzeiger	82
Der Stahlhelm	91
Dt. Offiziersbund	92
Standarte	93
Völkischer Beobachter	101
Der Angriff	102
Der Stürmer	103
Westdt. Beobachter	104

Kenncodes der Gedenktage:

Reichsgründungstag (18.1.)	1
Verfassungstag (11.8.)	2
Revolutionstag/Tag des Bürgerbräu-Putsches	3

Textverzeichnis:

Die Rote Fahne

11 1 1 21 Der 18. Januar 1871-1921, Die Rote Fahne, Nr. 27/1921, 18. 1.
11 1 1 31 Reichsbannerprolet, was sagst du dazu: Schwarzweißrotgoldener Kaiserkrönungsrummel, Die Rote Fahne, Nr. 13/1931, 16. 1.
11 1 2 21 Politische Übersicht. Der 18. Januar, und: Fritz Ebert zum 18. Januar, Die Rote Fahne, Nr. 28/1921, 18. 1.
11 1 2 31 Zum Reichsgründungsrummel, Die Rote Fahne, Nr. 15/1931, 18. 1.
11 2 1 21 Die Verfassung schützt den Profit, Die Rote Fahne, Nr. 365/1921, 11. 8.
11 2 1 22 'Verfassunsgtag'. Bayern ohrfeigt das Reich. /Die reaktionäre Justiz verhöhnt die Republik, Die Rote Fahne, 1922, 11. 8. (abends).
11 2 1 24 Nieder mit der Verfassung der Ausbeuter! Es lebe die Revolution, Die Rote Fahne, Nr. 97/1924, 10. 8.
11 2 1 26 Zum 11. August, Die Rote Fahne, Nr. 174/1926, 11. 8.
11 2 1 27 Acht Jahre Weimarer Verfassung - Zehn Jahre Sowjetrußland, Die Rote Fahne, Nr. 187/1927, 11. 8.
11 2 1 28 Wessen Verfassung? Die Rote Fahne, Nr. 188/1928, 11. 8.
11 2 1 29 Fort mit der bürgerlichen Republik! Kämpft für die Sowjetmacht!, Die Rote Fahne, Nr. 148/1929, 11. 8.
11 2 1 30 Das Fest des Artikels 48, Die Rote Fahne, Nr. 185/1930, 10. 8.
11 2 1 32 Räteverfassung her! Der einzige 'verfassungsmäßige' Zustand für die Arbeiterklasse, Die Rote Fahne, Nr. 166/1932, 12. 8.
11 2 2 21 'Stahlhelm' ist Trumpf! Der Verzweiflungskampf einer 'sozialistischen' Republik, Die Rote Fahne, Nr. 366/1921, 11. 8.
11 2 3 21 Politische Übersicht. Ihre Verfassungsfeier, Die Rote Fahne, Nr. 367/1921, 12. 8.
11 3 1 20 Zum 9. November, Die Rote Fahne, Nr. 229/1920, 9. 11.
11 3 1 21 Zum 9. November (von A. Th.), Die Rote Fahne, Nr. 514/1921, 9. 11.
11 3 1 24 Zerbrochene Illusionen - zerbrochene Ketten (von R. F.), Die Rote Fahne, Nr. 153/1924, 9. 11.
11 3 1 25 Die Arbeiter ziehen die Bilanz. Zum 7. Jahrestag der deutschen Revolution, Die Rote Fahne, Nr. 259/1925, 8. 11.
11 3 1 26 Acht Jahre deutsche Gegenrevolution, Die Rote Fahne, Nr. 251/1926, 9. 11.
11 3 1 28 Die Geburtsstunde der deutschen Revolution. Von Ernst Thälmann, Die Rote Fahne, Nr. 265/1928, 9. 11.
11 3 1 31 Ebert oder Lenin? Zwei Wege - zwei Weltsysteme, Die Rote Fahne, Nr. 202/1931, 8. 11.
11 3 2 27 Geburtstagsjubiläum in der Hindenburg Republik, Die Rote Fahne, Nr. 265/1927, 10. 11.

Bergische Arbeiterstimme

12 2 1 22 Sie feiern, die Arbeiter wollen Kampf, Bergische Arbeiterstimme, Nr. 185/1922, 11. 8.
12 2 1 23 Verfassungstag, Bergische Arbeiterstimme, Nr. 185/1923, 10. 8.
12 2 1 25 'Das Deutsche Reich ist eine Republik', Bergische Arbeiterstimme, 1925, 12. 8.
12 2 1 28 9 Jahre Ausbeuterverfassung, Bergische Arbeiterstimme, Nr. 187/1928, 11. 8.
12 2 1 29 Der 11. August, Bergische Arbeiterstimme, Nr. 185/1929, 9. 8.
12 2 1 30 Sowjetverfassung gegen Weimarer Verfassung. Zum 11. August, Bergische Arbeiter stimme, 1930, 11. 8.
12 2 2 22 Die Stinnes-Republik gibt die Peitsche statt Brot, Bergische Arbeiterstimme, Nr. 189/1922, 15. 8.
12 2 2 23 Feste statt Brot. Zum 11. August. Von Ernst Meyer, Bergische Arbeiterstimme, Nr. 186/1923, 11. 8.

12 3 1 21 Zum 9. November (von OP), Bergische Arbeiterstimme, Nr. 243/1921, 9. 11.
12 3 1 22 Der Tag der Republik, Bergische Arbeiterstimme, Nr. 260/1922. 9. 11.
12 3 1 24 Für den 7. und 9. November! An das deutsche Proletariat! (Von der Zentrale der KPD), Bergische Arbeiterstimme, Nr. 237/1924, 7. 11.
12 3 1 26 8 Jahre kapitalistische Republik. Von Ernst Meyer. Bergische Arbeiterstimme, Nr. 262/ 1926, 9. 11.
12 3 1 27 9 Jahre Novemberrepublik. Zehn Jahre russische Revolution, Bergische Arbeiter stimme, Nr. 263/1927, 9. 11. (unvollständige Fassung von 1311 27).
12 3 1 29 Zum 9. November, Bergische Arbeiterstimme, Nr. 209/1929, 9. 11.
12 3 2 22 Rückzug statt Kampf, Bergische Arbeiterstimme, Nr. 261/1922, 10. 11.

Die Rote Front

13 2 1 26 Verfassungsfragen sind Machtfragen! Zum 11. August 1926 (von Pz.), Die Rote Front, Nr. 16/1926, August.
13 2 1 27 Acht Jahre Weimarer Verfassung (von A. Sch.), Die Rote Front, Nr. 16/1927, August.
13 2 1 28 Sterben für diese Republik? Neun Jahre Weimarer Verfassung und ihre Lehren, Die Rote Front, Nr. 23/1928, August.
13 3 1 28 1918 - 1928. Wie es war und wie es werden muß. Von Will Leow. Die Rote Front, Nr. 36/1928, November.

Welt am Abend

14 1 1 31 Die Reichsgründungsfeier des Deutschen Reiches, Welt am Abend Nr. 19/1931, 17. 1.
14 2 1 29 Verfassungsfragen. Das Werk von Weimar (von F. R.), Welt am Abend, Nr. 188/1929, 10. 8.
14 3 1 31 Der letzte Noske. Von Hans Hein, Welt am Abend, Nr. 262/1931.

Generalanzeiger für Dortmund

21 1 1 21 Ein Mahntag der deutschen Republik. Zum 18. Januar, Generalanzeiger für Dort mund, Nr. 16/1921, 17. 1.
21 1 1 24 Ein fast vergessener Geburtstag, Generalanzeiger für Dortmund, Nr. 21/1924, 21. 1.
21 1 1 25 Der Tag der Reichsgründung, Generalanzeiger für Dortmund, Nr. 19/1925, 19. 1.
21 1 1 28 Für die freie große deutsche Republik! Zur Wiederkehr der Reichsgründung am 18. Januar, Generalanzeiger für Dortmund, Nr. 18/1928, 18. 1.
21 2 1 22 Der Verfassungstag, Generalanzeiger für Dortmund, Nr. 217/1922, 11. 8.
21 2 1 24 Die Tat von Weimar, Generalanzeiger für Dortmund, Nr. 217/1924, 10. 8.
21 2 1 26 Gedanken zum Verfassungstage. Von Siegfried Richter, Generalanzeiger für Dort mund, Nr. 219/1926, 11. 8.
21 2 1 27 Der Tag der Republik! Zum heutigen Verfassungstag. Von Max Reinheimer, Generalanzeiger für Dortmund, Nr. 220/1927, 11. 8.
21 2 1 28 Der Tag der Republik. Ein Gelöbnis am 11. August. Von Max Reinheimer, Generananzeiger für Dortmund, Nr. 220/1928, 11. 8.
21 2 1 29 Wir stehen noch mitten im Kampf. Von Lothar Persius, Generalanzeiger für Dortmund, Nr. 218/1929, 11. 8.
21 2 1 30 Verfassungsfeier? Von Berthold Jacob, Generalanzeiger für Dortmund, Nr. 219/1930, 11. 8.
21 2 1 31 Frankreich, Volksentscheid, Verfassungstag - und was danach? Von Berthold Jacob, Generalanzeiger für Dortmund, Nr. 219/1931, 11. 8.
21 2 1 32 Zur Geschichte der deutschen Verfassung. Vergangenheit und Zukunft / 'Es wird kein Haupt über Deutschland leuchten...', Generalanzeiger für Dortmund, Nr. 220/1932, 11. 8.
21 2 2 24 Deutsche Verfassungsfragen. Von L. Quidde, Generalanzeiger für Dortmund, Nr. 217/ 1924, 10. 8.

21 2 2 27 Die Garde der Republik! Zum Reichsbannertreffen am 13. und 14. August in Leipzig. Von Max Reinheimer, Generalanzeiger für Dortmund, Nr. 223/1927, 14. 8.
21 2 2 28 Die Lehren des Verfassungstages. Gründliche Republikanisierung des Erziehungswesens erforderlich. Von unserem Berliner Mitarbeiter, Generalanzeiger für Dortmund, Nr. 222/1928, 13. 8.
21 2 2 29 Freiheit und Gerechtigkeit. Von Gerd Darkner, Generalanzeiger für Dortmund, Nr. 218/1929, 11. 8.
21 3 1 26 Zum 9. November. Von L. Persius, Kapitän zur See a.D. , Generalanzeiger für Dortmund, Nr. 309/1926, 9. 11.
21 3 1 27 Neun Jahre Republik. Der historische 9. November. / Rückschau und Ausschau, Generalanzeiger für Dortmund, Nr. 310/1927, 9. 11.
21 3 1 28 Zehn Jahre deutsche Republik. Von Max Reinheimer, Generalanzeiger für Dortmund, Nr. 309/1928, 9. 11.
21 3 1 30 Der 9. November. Von Alfred Wurmbach, Generalanzeiger für Dortmund, Nr. 309/1930, 9. 11.
21 3 2 28 Die Bilanz des 9. November. Was lehrte uns der gestrige Tag? - Die Machtverteilung in der Republik. Von unserem Berliner Mitarbeiter, Generalanzeiger für Dortmund, Nr. 311/1928, 11. 11.

Die Weltbühne

22 1 1 21 Die Bismarck-Legende. Von Richard Lewinsohn, Die Weltbühne, 1921, S. 32-5.
22 1 1 22 Der Geburtstag der Republik. Von Otto Flake, Die Weltbühne, 1922, S. 60-4.
22 1 1 31 Zur Reichsgründungsfeier. Von Carl v. Ossietzky, Die Weltbühne, Nr. 3/1931, 20. 1., S. 79-81.
22 2 1 22 Deutsche Reden. Von Otto Flake. 10. Durchgreifen, Republik!, Die Weltbühne, Nr. 32 1922, 10. 8., S. 129-31.
22 2 1 26 Zum 11. August. Von Carl v. Ossietzky, Die Weltbühne, Nr. 32/1926, 10. 8. , S. 199-202.
22 2 1 29 Zum Geburtstag der Verfassung. Von Carl v. Ossietzky, Die Weltbühne, Nr. 32/1929, 6. 8., S. 189-91.
22 2 1 32 Verfassungsfeier - Leichenfeier. Von Hellmut v. Gerlach, Die Weltbühne, Nr. 33/1932, 16. 8.
22 3 1 22 Restauration, nicht Revolution. Von Wilhelm Michel, Die Weltbühne, Nr. 40/1922, 5. 10., S. 351-3.
22 3 1 28 Deutschland ist... Von Carl v. Ossietzky, Die Weltbühne, Nr. 45/1928, 6. 11. , S. 689-91.
22 3 1 31 Braun und schwarz. Von Carl v. Ossietzky, Die Weltbühne, Nr. 45/1931, 10. 11., S. 693-6.
22 3 2 28 Wo sie blieben. Emil Rabold, Die Weltbühne, Nr. 45/1928, 6. 11. , S. 694-7.
22 3 2 31 Groener funkt dazwischen. Von Carl v. Ossietzky, Die Weltbühne, Nr. 46/1931, 17. 11. , S. 729-31.

Die Neue Generation

23 3 1 28 Zehn Jahre deutsche Republik (von H. St.), Die Neue Generation, Nr. 11/1928 November, S. 378-81.

Der Vorwärts

31 1 1 21 Es lebe die Republik! Bemerkungen zum 18. Januar, Der Vorwärts, Nr. 26/1921, 17. 1.
31 1 1 23 Der 18. Januar. Zwei Kundgebungen, Der Vorwärts, 1923, 19. 1.
31 1 1 31 Tag der Besinnung. Reichsverteidugung, nicht Reichsgründung! Der Vorwärts, Nr. 3 1931, 18. 1.
31 2 1 21 Der republikanische Gedanke, Der Vorwärts, Nr. 373/1921, 10. 8.
31 2 1 22 Verfassungstag, Der Vorwärts, Nr. 3/1922, 11. 8.

31 2 1 23 Arbeiter, schützt die Republik! Der Vorwärts, Nr. 373/1923, 11. 8.
31 2 1 24 Verfassungstag der Deutschen (von Otto Landsberg), Der Vorwärts, 1924, 10. 8.
31 2 1 25 Gefeiert-gebrochen! Verfassungstag 1925 (von Otto Hörsing), Der Vorwärts, Nr. 376 1925, 11. 8.
31 2 1 26 Das Werk von Weimar. Zum 11. August, Der Vorwärts, 1926, 11. 8.
31 2 1 27 Das Werk von Weimar. Von Herrmann Müller-Franken, Der Vorwärts, 1927, 11. 8.
31 2 1 28 Die Republik steht fest! Von Reichsminister Carl Severing, Der Vorwärts, Nr. 237 1928, 11. 8.
31 2 1 30 Tag der Verfassung. 1919 - 11. August - 1930, Der Vorwärts, 1930, 10. 8
31 2 1 31 Hoch die Republik! Verfassungstag 1931. Von Otto Braun, Der Vorwärts, Nr. 371 1931, 11. 8.
31 2 1 32 Berlins Kampf um den Freiheitstag, Der Vorwärts, Nr. 375/1932, 11. 8. (1. Beilage).
31 2 2 21 Verfassung und Recht, Der Vorwärts, Nr. 375/1921, 11. 8.
31 2 2 22 Junge Republik! Von Artur Zickler + Das Deutschlandlied, Der Vorwärts, 1922, 11. 8.
31 2 2 23 Tag der Republik, Der Vorwärts, Nr. 373/1923, 11. 8. (Beilage).
31 2 2 24 Aufmarsch für die Republik! Der Vorwärts, 1924, 12. 8.
31 2 2 25 Gefeiert - gebrochen! Verfassungstag 1925, Der Vorwärts, Nr. 376/1925, 11. 8.
31 2 2 27 Die Republik marschiert, Der Vorwärts, 1927, 11. 8. (Beilage).
31 2 2 28 Volk und Verfassung. Opfer für die Verfassung! Von Ministerpräsident Otto Braun, Der Vorwärts, Nr. 377/1928, 11. 8.
31 2 2 29 Schutz der Republik. Zwang und Freiheit. Von Karl Severing, Der Vorwärts, Nr. 373 1929, 11. 8. (7. Beilage).
31 2 2 30 Gegen Diktaturpläne! Verfassunsgreden von Severing und Hermann Müller. Der Vorwärts, 1930, 12. 8.
31 2 3 29 Severings Festrede. Bei der Reichstagsfeier, Der Vorwärts, Nr. 374/1929 12. 8.
31 3 1 21 Feiert den 9. November! Parteigenossen und -genossinnen! (von den Bezirksverbänden der SPD + USPD Berlin), Der Vorwärts, Nr. 525/1921, 9. 11.
31 3 1 22 Erinnerung/Mahnung/Gelöbnis. Zum 9. November von Clara Bohm-Schuck, Der Vorwärts, 1922, 9. 11.
31 3 1 23 Vor fünf Jahren. Zum 9. November, Der Vorwärts, 1923, 9. 11.
31 3 1 24 Es lebe die Republik! Zum 9. November, Der Vorwärts, Nr. 530/1924, 9. 11.
31 3 1 25 Geburtstag der Republik. Ein Ehrentag der Sozialdemokratie, Der Vorwärts, 1925, 8. 11.
31 3 1 26 Zum 9. November. Die Geburtsstunde der deutschen Republik, Der Vorwärts Nr. 528 1926, 9.11.
31 3 1 27 Neun Jahre Republik! Zum 9. November. Von Carl Severing, Der Vorwärts, 1927, 9. 11.
31 3 1 28 Kampf um den Staat. Der Wirtschaftsputsch zehn Jahre nach der Revolution, Der Vorwärts, Nr. 523/1928, 4. 11.
31 3 1 29 9. November. Vom Zusammenbruch des Kaiserreichs zum Kampf um den Gemeindesozialismus, Der Vorwärts, 1929, 9. 11.
31 3 1 30 Woher und wohin? Bekenntnis eines Republikaners zum 9. November. Von Prof. Dr. Ludwig Bergsträsser, Der Vorwärts, 1930, 9. 11
31 3 1 31 Es lebe die Republik! Deutschland, ein bürgerliches Trauerspiel - Her zur Sozialdemokratie! Der Vorwärts, Nr. 525/1931, 8. 11.
31 3 1 32 9. November, Der Vorwärts, Nr. 529/1932, 9. 11.
31 3 2 21 Geburtstag der Republik. Zum 9. November, Von Otto Braun, Der Vorwärts Nr. 529/ 1921, 9. 11.
31 3 2 28 Zehn Jahre Republik. Von Paul Löbe, Der Vorwärts, Nr. 531/1928, 9. 11
31 3 2 32 9. November! Paul Löbes Rundfunkrede, Der Vorwärts, Nr. 531/1932, 10. 11
31 3 3 24 Gespräch am 9. November. Der Vorwärts, Nr. 530/1924, 9. 11. (4. Beilage).

Leipziger Volkszeitung

32 2 1 22 Der Tag der Republik. Von Otto Jenssen, Leipziger Volkszeitung, Nr. 186/1922, 11. 8.
32 2 1 24 Der Tag der Republik, Leipziger Volkszeitung, Nr. 185/1924, 9. 8.
32 2 1 26 Den Daumen aufs Auge, Leipziger Volkszeitung, Nr. 185/1926, 11. 8.
32 2 1 27 Republik, Demokratie, Gewalt. Gedanken zum Verfassungstag. Von Argus, Leipziger Volkszeitung, Nr. 186/1927, 11. 8.
32 2 1 28 Verfassung und Proletariat. Eine Betrachtung zum 11. August (von F. F.), Leipziger Volkszeitung, Nr. 187/1928, 11. 8.
32 2 1 29 Weiter!, Leipziger Volkszeitung, Nr. 185/1929, 10. 8.
32 2 1 32 Der Verfassungstag, Leipziger Volkszeitung, Nr. 188/1932, 12. 8.
32 3 1 20 Politische und ökonomische Revolution. Von O. Jenssen, Leipziger Volkszeitung, 1920, 8. 11.
32 3 1 22 Der Feiertag der Revolution!, Leipziger Volkszeitung, Nr. 261/1922, 8. 11.
32 3 1 23 Die Theorie in der Revolution. Von O. Jenssen, Leipziger Volkszeitung, Nr. 260/1923, 7. 11.
32 3 1 24 Der November-Schwur, Leipziger Volkszeitung, Nr. 262/1924, 8. 11.
32 3 1 26 Revolutionsgedenktag und Gemeindewahlen, Leipziger Volkszeitung, Nr. 261/1926, 8. 11.
32 3 1 28 Zehn Jahre Revolution, Leipziger Volkszeitung, Nr. 263/1928 (2. Beilage), 10. 11.
32 3 1 29 Der Nationalfeiertag des Proletariats (von R. Laube), Leipziger Volkszeitung, Nr. 261/1929, 8. 11.
32 3 1 32 Neue Novemberstürme?, Leipziger Volkszeitung, Nr. 263/1932, 9. 11.
32 3 2 23 Wir müssen. Wir müssen... Von Apemanius, Leipziger Volkszeitung, Nr. 261/1923, 8. 11.

Frankfurter Zeitung

41 1 1 21 Frankfurt, 18. Januar. Frankfurter Zeitung, 1921, 18. 1.
41 1 1 24 Zum 18. Januar (von Wilhelm Schäfer), Frankfurter Zeitung, 1924, 18. 1.
41 1 1 25 Frankfurt, 19. Januar, Frankfurter Zeitung, Nr. 49/1925, 19. 1.
41 1 1 26 Zum 18. Januar. Frankfurter Zeitung, Nr. 46/1926, 18. 1.
41 1 1 27 Frankfurt, 18. Januar. , Frankfurter Zeitung, Nr. 53/1927, 18. 1.
41 1 1 31 Frankfurt, 17. Januar. Der 18. Januar. Frankfurter Zeitung, Nr. 45/1931, 17. 1.
41 1 1 33 Frankfurt, 20. Januar. Das Gedenken an den Reichsgründungstag, Frankfurter Zeitung, Nr. 54/1933, 20. 1.
41 2 1 21 Frankfurt, 11. August, Frankfurter Zeitung, 1921, 11. 8. (abends).
41 2 1 22 Föderalismus und Reichsverfassung, Frankfurter Zeitung, Nr. 578/1922, 5. 8.
41 2 1 24 Frankfurt, 11. August, Frankfurter Zeitung, Nr. 503/1924, 11. 8.
41 2 1 25 Frankfurt, 11. August, Frankfurter Zeitung, 1925, 11. 8. (abends).
41 2 1 26 Die Deutschen und ihre Verfassung. Zur Besinnung am 11. August (von Cdt.), Frankfurter Zeitung, Nr. 591/1926, 11. 8.
41 2 1 27 Frankfurt, 11. August, Frankfurter Zeitung, 1927, 11. 8. (abends)
41 2 1 28 Frankfurt, 11. August, Frankfurter Zeitung, Nr. 598/1928, 11. 8.
41 2 1 29 Frankfurt, 10. August. Verfassungstag - aber bitte kein Geschwätz, Frankfurter Zeitung, Nr. 592/1929, 10. 8.
41 2 1 31 Der Tag der Verfassung, Frankfurter Zeitung, 1931, 11. 8.
41 2 2 29 Zehn Jahre Weimarer Reichsverfassung (von S. F.), Frankfurter Zeitung, Nr. 593/1929, 11. 8.
41 2 3 29 Frankfurt, 12. August. Ein Fest des Volkes, Frankfurter Zeitung, Nr. 596/1929, 12. 8.
41 3 1 23 Frankfurt, 9. November. Frankfurter Zeitung, 1923, 9. 11.
41 3 1 28 Die geistige Überwindung des Fascismus (von Karl Apfel), Frankfurter Zeitung, Nr. 828/1930, 9. 11.
41 3 1 28 Zehn Jahre (von A. F.), Frankfurter Zeitung, 1928, 9. 11.

41 3 1 32 Frankfurt, 10. November. Vor 14 Jahren. Frankfurter Zeitung, 1932, 10. 11.

Vossische Zeitung

42 1 1 21 Deutsche Einheit. Zum 18. Januar (von Dr. Ernst Troeltsch), Vossische Zeitung, Nr. 27/1921, 18. 1.
42 1 1 31 Der achtzehnte Januar (von Dr. Johannes Zierkusch). Vossische Zeitung, Nr. 15/1931, 17. 1.
42 2 1 21 Das Werk von Weimar. Von Geheimem Legationsrat Dr. Poezsch, Stellvertretendem Mitgliede des Reichsrates, Vossische Zeitung, Nr. A188/1921, 10. 8.
42 2 1 22 Der Verfassungstag, Vossische Zeitung, 1922, 11. 8.
42 2 1 24 Warum Republik? Von Julius Elbau, Vossische Zeitung, 1924, 10. 8.
42 2 1 26 Der 11. August. Vom Dr. jur. Albrecht Graf Montgelas, Vossische Zeitung (Postausgabe), Nr.191/1926, 11. 8.
42 2 1 27 Verfassungen. Von Julius Elbau, Vossische Zeitung (Postausgabe), Nr. 188/1927, 7. 8.
42 2 1 28 Die schönste Feier. Von Julius Elbau, Vossische Zeitung (Postausgabe), Nr. 192/1928, 12. 8.
42 2 1 29 Berlins Gruß. Von Julius Elbau, Vossische Zeitung (Postausgabe), Nr. 190/1929, 10. 8.
42 2 1 30 Der 11. August. Von Julius Elbau, Vossische Zeitung (Postausgabe), Nr. 190/1930, 10. 8.
42 2 1 31 Verfassungsfeier. Von Dr. Franz Schnabel, Prof. an der Technischen Hochschule in Karlsruhe, Vossische Zeitung (Postausgabe), Nr. 189/1931, 9. 8.
42 2 1 32 Und doch Verfassungstag! (von C. M.), Vossische Zeitung, Nr. 383/1932, 11. 8.
42 2 2 24 Ein Jahr. Von Reichsminister a.D. Erich Koch, Vorsitzender der DDP, Vossische Zeitung, 1924, 12. 8.
42 2 2 27 Die Aufgabe der Republik. Von Senator a.D. Dr. Stubmamm, Vossische Zeitung, (Postausgabe), Nr. 191/1927, 11. 8.
42 3 1 21 Der 9. November (von J. E.). Vossische Zeitung, 1921, 9. 11. (a)
42 3 1 24 Die Mannhaften (von Georg Bernhard). Vossische Zeitung, 1924, 9. 11. (a).
42 3 1 27 Der 9. November (von Graf Albrecht Montgelas). Vossische Zeitung, 1927, 10. 11.
42 3 1 28 Die Revolution (von Carl Misch), Vossische Zeitung, Nr. 268/1928, 9. 11.

Berliner Tageblatt

43 1 1 21 Leitartikel (von T. W.), Berliner Tageblatt, Nr. 26/1921, 17. 1.
43 1 1 26 Wie es eigentlich gewesen ist. Zur 55. Wiederkehr des Tages der Reichsgründung (von Dr. Ernst Feder), Berliner Tageblatt, Nr. 27/1926, 16. 1.
43 1 1 31 Gedenktag (von Helmut Sarwey). Berliner Tageblatt, Nr. 29/1931, 17. 1.
43 1 2 21 Vor fünfzig Jahren (von Dr. Ernst Feder), Berliner Tageblatt, Nr. 27/1921, 18. 1.
43 1 2 26 Wünsche an einer noch leeren Wiege (von T. W.), Berliner Tageblatt, Nr. 29/1926, 18. 1.
43 2 1 21 Zum zweiten Jahrestage der republikanischen Reichsverfassung. Von Reichsminister a.D. Hugo Preuss, Berliner Tageblatt, Nr. 374/1921, 11. 8.
43 2 1 22 Drei Jahre Weimarer Verfassung. Verfassungstag. Von Dr. Ernst Feder, Berliner Tageblatt, Nr. 355/1922, 11. 8.
43 2 1 24 Verfassungstag. Von Dr. Ernst Feder, Berliner Tageblatt, Nr. 378/1924, 10. 8.
43 2 1 25 Verfassungstage. Zum heutigen Großdeutschen Tag in Berlin. Von Dr. Ernst Feder, Berliner Tageblatt, Nr. 374/1925, 9. 8.
43 2 1 26 Verfassungstag. Von Dr. Ernst Feder, Berliner Tageblatt, Nr. 375/1926, 11. 8.
43 2 1 27 Verfassungstag. Von Dr. Ernst Feder, Berliner Tageblatt, Nr. 376/1927, 11. 8.
43 2 1 28 Neun Jahre Weimarer Verfassung. Von Dr. Ernst Feder, Berliner Tageblatt, Nr. 377/1928, 11. 8.
43 2 1 29 Zehn Jahre. Von Dr. Ernst Feder, Berliner Tageblatt, Nr. 374/1929, 10. 8.

43 2 1 30 Die Schule der Republik. Zu den bevorstehenden Verfassungsfeiern der Volksschulen und höheren Schulen. Von Rudolf Müller, Berliner Tageblatt, Nr. 365/1930, 5. 8.
43 2 1 31 Tag der Republik (von R. O.), Berliner Tageblatt, Nr. 375/1931, 11. 8.
43 2 1 32 Verfassungstag 1932. Von Dr. Wolfgang Bertholz, Berliner Tageblatt, Nr. 378/1932, 11. 8.
43 2 2 24 Deutsche Tage. Von Dr. Ernst Feder, Berliner Tageblatt, Nr. 381/1924, 12. 8.
43 2 2 25 Der sechste Jahrestag der Verfassung. (von T. W.), Berliner Tageblatt, Nr. 376/1925, 11. 8.
43 2 2 27 Auch Einer (T. W.), Berliner Tageblatt, Nr. 382/1927, 14. 8.
43 2 2 28 Deutsche Eidgenossen (von T. W.), Berliner Tageblatt, Nr. 379/1928, 12. 8.
43 2 2 29 Fest der Freien (von T. W.), Berliner Tageblatt, Nr. 376/1929, 11. 8.
43 3 1 20 Leitartikel (ohne Titel, von T. W.). Berliner Tageblatt, Nr. 513/1920, 8. 11.
43 3 1 28 Vergeßt nicht... (von Dr. Ernst Feder). Berliner Tageblatt, Nr. 531/1928, 9. 11.

Hamburger Fremdenblatt

44 1 1 21 Deutsches Reich. 1871 + 18. Januar + 1921 (von X.), Hamburger Fremdenblatt, Nr. 26/1921, 17. 1.
44 1 1 22 Reichsgründung - Reichswiederaufbau. Hamburger Fremdenblatt, Nr. 29/1922, 18. 1.
44 1 1 23 Sein oder Nichtsein? Zum 18. Januar (von Hw.), Hamburger Fremdenblatt, Nr. 17 1923, 18. 1.
44 1 1 26 Zum 18. Januar (von H-nn.), Hamburger Fremdenblatt Nr. 18/1926, 18. 1.
44 1 1 29 Zum 18. Januar, Hamburger Fremdenblatt, Nr. 17/1929, 17. 1.
44 1 1 31 Des Deutschen Reiches Feiertag. 1871 * 18. Januar * 1931. Hamburger Fremdenblatt, Nr. 17/1931, 17. 1.
44 2 1 26 Verfassungstag. Zum 11. August, Hamburger Fremdenblatt, Nr. 219/1926, 10. 8.
44 2 1 28 Verfassungstag, Hamburger Fremdenblatt, Nr. 221/1928 10. 8.
44 2 1 29 10 Jahre Verfassung. 1919 - 11. August - 1929 (von x.), Hamburger Fremdenblatt, Nr. 220/1929, 10. 8.
44 2 1 31 Verfassungstag, Hamburger Fremdenblatt, Nr. 221/1931, 11. 8.
44 3 1 28 Zehn Jahre. Zum 9. November (von Hw.), Hamburger Fremdenblatt, Nr. 311/1928, 8. 11.

Die Hilfe

45 1 1 31 18. Januar - Vergangenheit und Gegenwart (von Felix Hirsch). Die Hilfe, Nr. 3/1931, 17. 1.
45 2 1 21 Politische Notizen. (von H. W.), Die Hilfe, Nr. 23/1921, 15. 8.
45 2 1 26 Zum Verfassungstag. Sicherung der Demokratie. Von Wilhelm Mommsen, Die Hilfe, Nr. 15/1926, 6. 8.
45 2 1 28 Reichsverfassung und Flagge. Von Gertrud Bäumer, Die Hilfe, Nr. 15/1928, 1. 8.
45 2 1 32 Zum Verfassungstag. Von R. F. Freiherr von Feilitzsch, Die Hilfe, Nr. 33/1932, 13. 8.
45 3 1 21 Drei Jahre nach der Umwälzung (von Anton Erkelenz). Vossische Zeitung, Nr. 31/1921, 5. 11.
45 3 1 28 Zum 9. November. Die Hilfe, Nr. 22/1928, 15. 11.

Kölnische Volkszeitung

51 1 1 21 50 Jahre Deutsches Reich. Von Dr. phil. Gerhard Kallen, Kölnische Volkszeitung, Nr. 44/1921, 17. 1.
51 1 1 22 Zusammenbruch und Wiederaufbau. Eine Rede Fehrenbachs vor Studenten, Kölnische Volkszeitung, Nr. 57/1922, 21. 1.
51 1 1 24 Streiflichter, Kölnische Volkszeitung, Nr. 48/1924, 19. 1.
51 1 1 30 Streiflichter, Kölnische Volkszeitung, Nr. 33/1930, 18. 1.
51 1 1 31 Streiflichter, Kölnische Volkszeitung, Nr. 31/1931, 17. 1.

51 1 1 33 Der Mißbrauch der alten Fahne. Schwarz-Weiß-Rot im politischen Kampf. Drahtbericht unseres Vertreters, Kölnische Volkszeitung, Nr. 19/1933, 19. 1.
51 1 2 21 Einig Volk? Gedanken zum 18. Januar. Von Jul. Weisweiler, Kölnische Volkszeitung, Nr. 47/1921, 18. 1.
51 1 2 31 Das Reich und unsere nationalpolitische Aufgabe, Kölnische Volkszeitung, Nr. 32/1931, 18. 1.
51 2 1 21 Verfassungstag, Kölnische Volkszeitung, Nr. 563/1921, 13. 8.
51 2 1 22 Zum 11. August. Von Dr. K. Hofmann, Kölnische Volkszeitung, Nr. 615/1921, 11. 8.
51 2 1 23 Streiflichter, Kölnische Volkszeitung, Nr. 580/1923, 11. 8.
51 2 1 24 Einig und frei, Kölnische Volkszeitung, Nr. 616/1924, 11. 8.
51 2 1 25 Streiflichter, Kölnische Volkszeitung, Nr. 601/1925, 15. 8.
51 2 1 26 Zum 11. August. Von Dr. rer. pol. W. Hallauer, Kölnische Volkszeitung, Nr. 587/1926, 11. 8.
51 2 1 27 Staat und Kirche. Zum deutschen Verfassungstage, Kölnische Volkszeitung, Nr. 584 1927, 10. 8.
51 2 1 28 Verfassungstag, Kölnische Volkszeitung, Nr. 585/1928, 11. 8.
51 2 1 29 Streiflichter, Kölnische Volkszeitung, Nr. 558/1929, 10. 8.
51 2 1 30 Verfassungstag im Wahlkampf, Kölnische Volkszeitung, Nr. 404/1930, 10. 8.
51 2 1 31 Zwischen Volksentscheid und Verfassungstag, Kölnische Volkszeitung, Nr. 375/1931, 11. 8.
51 2 1 32 Verfassungstag!, Kölnische Volkszeitung, Nr. 219/1932, 11. 8.
51 2 2 22 Von der inneren Einstellung zur deutschen Staatsform, Kölnische Volkszeitung, Nr. 616 1922, 11. 8.
51 2 2 27 Verfassungstag, Kölnische Volkszeitung, Nr. 585/1927, 11. 8.
51 2 2 29 10 Jahre Weimarer Verfassung. Volksstaat und Saatsvolk, Kölnische Volkszeitung, Nr. 559/1929, 11. 8.
51 2 2 30 Die Aufgabe des deutschen Volkes. Von Professor Grebe, M. d. L. , Kölnische Volks zeitung, Nr. 405/1930, 11. 8.
51 2 3 27 Friede und Freiheit!, Kölnische Volkszeitung, Nr. 594/1927, 14. 8.
51 3 1 20 Nach der Revolution, Kölnische Volkszeitung, Nr. 880/1920, 11. 11.
51 3 1 23 Das dritte Verbrechen, Kölnische Volkszeitung, Nr. 619/1923, 9. 11.
51 3 1 26 Gedanken über die Demokratie. Von Franz Fischer, Kölnische Volkszeitung, Nr. 832/ 1926, 10. 11.
51 3 1 28 Köln, 9. November, Kölnische Volkszeitung, Nr. 514/1928, 9. 11.
51 3 1 29 Zwischen 9. und 17. November, Kölnische Volkszeitung, Nr. 791/1929, 10. 11.
51 3 2 23 Streiflichter, Kölnische Volkszeitung, Nr. 812/1923, 10. 11.

Germania

52 1 1 21 50 Jahre deutsche Einheit, Germania, Nr. 27/1921, 18. 1.
52 1 1 28 Der Reichsgründungskommers des K. V. , Germania, Nr. 31/1928, 19. 1.
52 1 1 31 Das Reich (von W. G.), Germania, Nr. 15/1931, 18. 1.
52 1 2 28 Die Reichsgründungsfeier des Berliner C. V. ,Germania, Nr. 34/1928, 21. 1.
52 1 2 31 Demokratie? (von E. B.), Germania, Nr. 17/1931, 21. 1.
52 2 1 22 Der 11. August, Germania, Nr. 487/1922, 11. 8.
52 2 1 27 Die Verfassung des deutschen Volksstaates. Von Dr. Heinrich Vockel, Germania, Nr. 369/1927, 11. 8.
52 2 1 28 Verfassungstag, Germania, Nr. 368/1928, 11. 8.
52 2 1 31 Verfassungstag, Germania, Nr. 185/1931, 11. 8.
52 2 1 32 Verfassungstag (von M. D.), Germania, Nr. 222/1932, 11. 8.
52 3 1 28 Der 9. November, Germania, Nr. 522/1928, 9. 11.

Bayerischer Kurier

53 1 1 21 Zum 18. Januar 1871. Von Dr. Hermann von Grauert, Bayerischer Kurier, Nr. 25/1921, 18. 1.
53 1 1 25 Die Gefallenengedächtnisfeiern an den Hochschulen, Bayerischer Kurier, 1925, 19. 1.
53 1 1 27 Reichsgründungskommers des MCV, Bayerischer Kurier, Nr. 20/1927, 20. 1.
53 1 1 28 Reichsgründungskommers des MCV, Bayerischer Kurier, Nr. 18/1928, 19. 1.
53 1 1 29 Reichsgründungsfeier der Universität, Bayerischer Kurier, Nr. 21/1929, 21. 1.
53 1 1 30 Reichgründungskommers des C. V., Bayerischer Kurier, Nr. 19/1930, 19. 1.
53 1 1 31 Vor 60 Jahren. Von besonderer bayrischer Seite, Bayerischer Kurier, Nr. 17/1931, 17. 1.
53 1 2 26 CV-Reichsgründungs=Kommers (darin Rede von Ministerialrat Dr. Wilhelm Lasoret), Bayerischer Kurier, Nr. 21/1926, 21. 1.
53 1 2 31 Erbe und Aufgabe. Rüchblick und Ausblick am 60. Geburtstag des Deutschen Reiches. (18. Januar). (Von D. D.), Bayerischer Kurier, Nr. 18/1931, 18. 1.
53 2 1 21 Föderalismus und Reichsverfassung. Feststellung zum Ablauf der Sperrfrist des Art. 167 R. -V. 11. August 1921. Von Geh. Hofrat Prof. Dr. K. Beyerle, M. d. R. , Bayerischer Kurier, Nr. 336/1921, 10. 8.
53 2 1 26 Bayern und die Reichsverfassungsfeier (von BVC), Bayerischer Kurier, Nr. 223/1926, 11. 8.
53 2 1 27 Zum 11. August (von BVC), Bayerischer Kurier, Nr. 223/1927, 11. 8.
53 2 1 28 Verfassungsfeier (von BVC), Bayerischer Kurier, Nr. 224/1928, 11. 8.
53 2 1 29 Zur Verfassungsfeier (von BVC), Bayerischer Kurier, Nr. 222/1929, 10. 8.
53 2 1 30 Verfassung und Wahlen. Man schreibt uns, Bayerischer Kurier, Nr. 224/1930, 12. 8.
53 2 2 30 Die Zukunft der Verfassung (von BVC), Bayerischer Kurier, Nr. 223/1930, 11. 8.
53 3 1 20 Zur unmittelbaren Vorgeschichte der bayrischen Revolution. Von geschätzter Seite schreibt man uns, Bayerischer Kurier, Nr. 320/1920, 15. 11.
53 3 1 22 Wie die November-Revolution in München vorbereitet wurde, Bayerischer Kurier, Nr. 396/1922, 4. 11.
53 3 1 26 Novembergedanken (von BVC), Bayerischer Kurier, Nr. 313/1926, 9. 11.
53 3 1 28 Nach zehn Jahren, Bayerischer Kurier, Nr. 312/1928, 7. 11.
53 3 1 29 Wie die Revolution gelang, Bayerischer Kurier, 1929, 12. 11.
53 3 2 28 Nationalsozialistische Revolutionsfeier, Bayerischer Kurier, Nr. 314/1928, 9. 11.

Deutsche Allgemeine Zeitung

61 1 1 21 Der deutsche Einheitswille. Von Professor Friedrich Meinecke, Deutsche Allgemeine Zeitung, Nr. 27/1921, 18. 1.
61 1 1 22 Die Reichsgründung (von E. H.), Deutsche Allgemeine Zeitung, Nr. 29/1922, 18. 1.
61 1 1 23 Zum 18. Januar (von A. N.), Deutsche Allgemeine Zeitung, Nr. 26-27/1923, 18. 1.
61 1 1 24 Das Reich, Deutsche Allgemeine Zeitung, Nr. 29/1924, 18. 1.
61 1 1 29 Unsere Meinung, Deutsche Allgemeine Zeitung, Nr. 29/1929, 18. 1.
61 1 1 30 Die Bismarck-Aufgabe der Gegenwart. Zum 18. Januar (von O. B.), Deutsche Allgemeine Zeitung, Nr. 29/1930, 18. 1.
61 1 1 31 Damals... (von E. M.), Rheinisch-Westfälische Zeitung, Nr. 32/1931, 18. 1.
61 1 1 31 Zum Reichsgründungstag. Von Oekonomierat Dr. h. c. Franz Schiftan, M. d. L. , Deutsche Allgemeine Zeitung, Nr. 27/1931, 17. 1.
61 1 1 32 Unsere Meinung, Deutsche Allgemeine Zeitung, Nr. 27/1932, 17. 1.
61 1 2 31 Der 18. Januar (von O. B.), Deutsche Allgemeine Zeitung, Nr. 29/1931, 18. 1.
61 1 3 31 1871 und wir. Aus einer Rede zur Reichsgründungsfeier. Von Prof. Hermann Onkken, Univ. Berlin, Deutsche Allgemeine Zeitung, Nr. 29/1931, 18. 1.
61 2 1 21 Zwei Jahre Reichsverfassung. Von Eduard Heilfron, Deutsche Allgemeine Zeitung, Nr. 372/1921, 11. 8.
61 2 1 24 Verfassungstag (von B. R.), Deutsche Allgemeine Zeitung, Nr. 374/1924, 10. 8.

61 2 1 26 Demokratische Verwirrung (von Dr. W. P.), Deutsche Allgemeine Zeitung, Nr. 379 1926, 21. 8.

61 2 1 27 Res publica. Gedanken zum Verfassungstage. Von Dr. Ellenbeck, M. d. R. , Deutsche Allgemeine Zeitung, Nr. 371/1927, 11. 8.

61 2 1 28 Ohne Nationalfeiertag. Von Korvettenkapitän a. D. Erich Metzenthin, M. d. L. , Deutsche Allgemeine Zeitung, Nr. 373/1928, 11. 8.

61 2 1 29 10 Jahre Weimarer Verfassung, Deutsche Allgemeine Zeitung, Nr. 370/1929, 11. 8.

61 2 1 31 Unsere Meinung, Deutsche Allgemeine Zeitung, Nr. 365/1931, 12. 8.

61 2 1 32 Dreizehn Jahre Weimarer Verfassung. Von Prof. Dr. Fritz Kern, Univ. Bonn, Deutsche Allgemeine Zeitung, Nr. 373/1932, 11. 8.

61 3 1 21 Zum 9. November, Deutsche Allgemeine Zeitung, Nr. 517/1921, 9. 11.

61 3 1 23 Die Niederlage des Fascismus, Deutsche Allgemeine Zeitung, Nr. 535/1923, 17. 11.

61 3 1 24 Revolutions-Trost, Deutsche Allgemeine Zeitung, Nr. 537/1924, 13. 11.

61 3 1 28 Zum 9. November (von O. B.), Deutsche Allgemeine Zeitung, Nr. 527/1928, 9. 11.

61 3 2 21 Zum 11. November (von y.), Deutsche Allgemeine Zeitung, Nr. 521/1921, 11. 11.

Münchener Neueste Nachrichten

62 1 1 21 Der Nationalstaat. Ein wissenschaftlicher Beitrag von Hans von Hentig, Münchener Neueste Nachrichten, 1921, 18. 1.

62 1 1 23 Der 18. Januar. Für ein freies Reich, Münchener Neueste Nachrichten, Nr. 16/1923, 18. 1.

63 1 1 24 Das Hundertmillionen-Volk. Deutsche Gemeinschaftsgedanken zum 18. Januar, Rheinisch-Westfälische Zeitung, Nr. 44/1924, 18. 1.

62 1 1 26 Nach 55 Jahren. 18. Januar 1871 - 18. Januar 1926, Münchener Neueste Nachrichten, Nr. 18/1926, 18. 1.

62 1 1 30 Der Tag der Deutschen, Münchener Neueste Nachrichten, Nr. 17/1930, 18. 1.

62 1 1 31 Das Reich (von Fritz Büchner), Münchener Neueste Nachrichten, Nr. 17/1931, 18. 1.

62 2 1 21 Die künftige Gestaltung des Reichs, Münchener Neueste Nachrichten, Nr. 331/1921, 9. 8.

62 2 1 25 Die Verfassungsfeier der Reichsregierung, Münchener Neueste Nachrichten, Nr. 222/ 1925, 12. 8.

62 2 1 29 Feier der Reichsverfassung. Eine Jubiläumsbetrachtung (von F. B.), Münchener Neueste Nachrichten, Nr. 217/1929, 11. 8.

62 3 1 21 Zu leicht befunden... Die Versprechungen der Revolutionshelden, Münchener Neueste Nachrichten, Nr. 470/1921, 8. 11.

62 3 1 22 Vier Jahre Revolution (von Dr. F. G.), Münchener Neueste Nachrichten, Nr. 450/1922, 8. 11.

62 3 1 28 Der Krieg als Erlebnis (von Fritz Büchner), Münchener Neueste Nachrichten, Nr. 305 1928, 8. 11.

62 3 2 22 Vier Jahre Revolution. Wie entstand der demokratische Staat? (Von Dr. F. G.), Münchener Neueste Nachrichten, Nr. 453/1922, 11. 11.

Rheinisch-Westfälische Zeitung

63 1 1 21 Reich und Volk. Zum fünfzigsten Jahrestag der Reichsverkündung, Rheinisch-Westfälische Zeitung, Nr. 46/1921, 18. 1.

63 1 1 22 Monarchie oder Republik? Von Professor Dr. H. G. Holle, Rheinisch-Westfälische Zeitung, Nr. 51/1922, 17. 1.

63 1 1 23 Die Reichseinheit als letzter Trumpf. 53 Jahre Deutsches Reich, Rheinisch-Westfälische Zeitung, Nr. 41/1923, 18. 1.

63 1 1 24 Bismarcks mißdeutetes Erbe. Betrachtungen zum Reichsgründungstag, Rheinisch-Westfälische Zeitung, Nr. 47/1924, 18. 1.

63 1 1 25 Der 18. Januar als nationaler Gedenktag, Rheinisch-Westfälische Zeitung, Nr. 43/1925, 18. 1.
63 1 1 27 18. Januar, Rheinisch-Westfälische Zeitung, Nr. 40/1927, 18. 1.
63 1 1 30 Der schöpferische Staat. Von Synthetiens (?), Rheinisch-Westfälische Zeitung, Nr. 37 1930 21. 1.
63 2 1 21 Der wiederlosgelassene Reichsverrat, Rheinisch-Westfälische Zeitung, Nr. 660/1921, 11. 8.
63 2 1 22 Die Verfassungsfeier in Berlin. (Eig. Drahtb.), Rheinisch-Westfälische Zeitung, Nr. 658/1922, 12. 8.
63 2 1 24 Vor der Verfassungsfeier. Ein Jubiläum der Parteiherrschaft, Rheinisch-Westfälische Zeitung, Nr. 607/1924, 10. 8.
63 2 1 27 Die Festrede v. Kardorffs, Rheinisch-Westfälische Zeitung, Nr. 511/1927, 12. 8.
63 2 1 29 Zehn Jahre Weimarer Verfassung, Rheinisch-Westfälische Zeitung, Nr. 407/1929, 11. 8.
63 3 1 22 Republikanische Nebengeräusche, Rheinisch-Westfälische Zeitung, Nr. 901/1922, 8. 11.
63 3 1 23 Der Spuk im Bürgerbräu. Rheinisch-Westfälische Zeitung, Nr. 652/1923, 12. 11.
63 3 1 25 Die Novemberereignisse und der Dolchstoß. Schluß des Gutachtens von Oberst Jochim, Rheinisch-Westfälische Zeitung, Nr. 692/1925, 7. 11.
63 3 1 28 Der Tag der Schande. Zum Gedächtnis des 11. November 1918, Rheinisch-Westfälische Zeitung, Nr. 580/1928, 11. 11.
63 3 1 31 Vor 13 Jahren. Der 9. November (von Dr. Werner Gaede), Rheinisch-Westfälische Zeitung, Nr. 448/1931, 8. 11.

Deutsche Tageszeitung

71 1 1 21 Einst. Von Traub, Deutsche Tageszeitung, Nr. 26/1921, 17. 1.
71 1 1 22 Zum 18. Januar. Von Julius Werner, Deutsche Tageszeitung, Nr. 29/1922, 18. 1.
71 1 1 23 Zum 18. Januar, Deutsche Tageszeitung, Nr. 29/1923, 18. 1.
71 1 1 24 "Lachen links..." (von Matz von Cöllen), Deutsche Tageszeitung, Nr. 18/1924, 11. 1 ("Lachen links" - Satireblatt der SPD, Redaktion Erich Kuttner, gegründet am 15. 1. 1924; D. S.).
71 1 1 25 Der deutsche Tag von Versailles. Reichsgründungsfeiern in Berlin und im Reiche. In der Berliner Universität, Deutsche Tageszeitung, Nr. 30/1925, 19. 1.
71 1 1 26 Zum 18. Januar. Von Professor Hans Haefcke, Deutsche Tageszeitung, Nr. 28/1926, 18. 1.
71 1 1 27 Staatserhaltende Ratten (von eques), Deutsche Tageszeitung, Nr. 25/1927, 16. 1.
71 1 1 31 Der Deutsche Tag (von P. B.), Deutsche Tageszeitung, Nr. 29/1931, 17. 1.
71 1 1 32 Versailles 1871 und 1919. Die Schmiede der deutschen Einheit, Deutsche Tageszeitung, Nr.19/1932, 20. 1.
71 1 1 33 Wir bemerken: Der 18. Januar, Deutsche Tageszeitung, Nr. 18/1933, 18. 1.
71 1 2 21 Vom Kampf um die deutsche Zukunft. Ein Wort zum 18. Januar 1921. Von Julius Werner, Deutsche Tageszeitung, Nr. 27/1921, 18. 1.
71 1 2 24 Zum 18. Januar (von P. B.), Deutsche Tageszeitung, Nr. 29/1924, 17. 1.
71 1 2 31 Sechzig Jahre Deutsches Reich. Von Prof. Dr. Wilhelm Schüßler-Rostock, Deutsche Tageszeitung, Nr. 29/1931, 17. 1.
71 2 1 21 Zum 11. August, Deutsche Tageszeitung, Nr. 372/1921, 11. 8.
71 2 1 22 Grund zum Feiern? (von W. A.), Deutsche Tageszeitung, Nr. 349/1922, 10. 8.
71 2 1 24 Muß man sagen...? (von W. A.), Deutsche Tageszeitung, Nr. 374/1924, 11. 8.
71 2 1 25 Der 11. August in Berlin. Verfassungsfeier mit Mordhetze (von a.), Deutsche Tageszeitung, Nr. 374/1925, 11. 8.
71 2 1 26 Aber, Herr Koch! (von a.), Deutsche Tageszeitung, Nr. 366/1926, 9. 8.
71 2 1 27 Die Limonade ist matt... (von a.), Deutsche Tageszeitung, Nr. 375/1927, 11. 8.
71 2 1 28 So feiern sie Verfassung. Herr Braun und Herr Severing, - und auch Herr Radbruch, Deutsche Tageszeitung, Nr. 377/1928, 11. 8.

71 2 1 29	Reklame und Terror. Die Kennworte der Verfassungsfeier (von W. A.), Deutsche Tageszeitung, Nr. 377/1929, 10. 8.
71 2 2 24	Das fehlende Reichsbanner (von E. M.), Deutsche Tageszeitung, Nr. 376/1924, 12. 8.
71 3 1 21	Die "Dolchstoßlegende". Von Dr. Wolfgang Peters, Deutsche Tageszeitung, Nr. 511 1921, 6. 11.
71 3 1 22	Die Schuld der Revolution. Zum 9. November (von W. H.), Deutsche Tageszeitung, Nr. 252/1922, 9. 11.
71 3 1 23	Die Münchner Vorgänge (von W. A.), Deutsche Tageszeitung, Nr. 521/1923, 9. 11.
71 3 1 24	Vom 9. November zum 7. Dezember (von W. A.), Deutsche Tageszeitung, Nr. 528/1924, 8. 11.
71 3 1 26	Entwicklung des deutschen Parlamentarismus. Ein Wort zum 9. November. Von Dr. Hans Siegfried Weber, Deutsche Tageszeitung, Nr. 524/1926, 9. 11.
71 3 1 27	Das Berliner Schloß in den Revolutionstagen 1918. Erinnerungen zum 9. November. Von Dr. Bogdan Krieger, Deutsche Tageszeitung, Nr. 529/1927, 9. 11. (3. Beiblatt).
71 3 1 28	Deutschlands dunkelste Tage (von W. H.), Deutsche Tageszeitung, Nr. 327/1928, 7. 11.
71 3 1 31	Wir bemerken, Deutsche Tageszeitung, Nr. 502/1931, 10. 11.
71 3 2 21	Unsühnbare Schuld. Ein Gedenkblatt zum 9. November (von W. A.), Deutsche Tageszeitung, Nr. 515/1921, 9. 11.
71 3 2 26	Der "historische" 9. November (von a.), Deutsche Tageszeitung, Nr. 526/1926, 10. 11.
71 3 2 28	Revolution? Ein Wort zum 9. November (von W. A.), Deutsche Tageszeitung, Nr. 531/1928, 9. 11.

Der Tag

81 1 1 21	Zum 18. Januar 1921. Von Dr. Karl Bernhard Ritter, M. d. L. , Der Tag, Nr. 14 A/1921, 18. 1.
81 1 1 22	Kaiser und Reich. Zum 18. Januar (von A.), Der Tag, Nr. 29/1922, 18. 1.
81 1 1 23	Der 18. Januar im Zeichen der Knechtschaft. Ein Fest der Treue und Versöhnung (von J. Z.), Der Tag, Nr. 16/1923, 19. 1.
81 1 1 24	Der 18. Januar und wir. Von Geheimrat Dr. Runkel, M. d. R. , Der Tag, Nr. 16/1924, 18. 1.
81 1 1 25	Fest der Frontkrieger. Von Job Zimmermann, Der Tag, Nr. 17/1925, 20. 1.
81 1 1 30	11. August oder 18. Januar? (Von Dr. S.), Der Tag, Nr. 16/1930, 18. 1.
81 1 1 32	Für freie und reine Ehr. Der Tag (1. Beiblatt), 1932, 19. 1.
81 1 1 33	Das Reich! Von Generaloberst v. Einem, Der Tag, Nr. 15/1933, 18. 1.
81 1 2 31	Vom kommenden Reich. Von Otto Gmelin, Der Tag, Nr. 16/1931, 18. 1. (Beilage 'Unterhaltungsrundschau').
81 2 1 21	Der Jahrestag der Verfassung (von S. B.), Der Tag, Nr. 376/1921, 11. 8.
81 2 1 22	Der Verfassungstag. Von Erich Schwarzer, Der Tag, Nr. 252/1922, 11. 8.
81 2 1 24	Bilanz der Demokratie. Von einem parteilosen Politiker, Der Tag, Nr. 193/1924, 12. 8.
81 2 1 25	Tage der Nation. Von Erich Schwarzer, Der Tag, Nr. 190/1925, 9. 8.
81 2 1 26	Verfassungstag (von Sch-Pf.), Der Tag, Nr. 191/1926, 11. 8.
81 2 1 28	Weimar und was weiter? Von Dr. Karl Bernhard Ritter, Der Tag, Nr. 192/1928, 11. 8.
81 2 1 30	Pessimismus bei der Verfassungsfeier, Der Tag, Nr. 191/1930, 12. 8.
81 2 2 21	Der Weg der Demokratie. Von Friedrich Hussong, Der Tag, Nr. 377/1921, 12. 8.
81 2 2 22	Das Deutschlandlied der Republik. Von Erich Schwarzer, Der Tag, Nr. 252/1922, 12. 8.
81 3 1 21	Die Revolutionsmacher an der Arbeit, Der Tag, Nr. 509/1921, 3. 11.
81 3 1 22	Tag der Schmach. Von Friedrich Hussong, Der Tag, Nr. 327/1922, 9. 11.
81 3 1 23	Dies ater. Von Dr. G. Schultze-Pfaelzer, Der Tag, Nr. 255/1923, 9. 11.
81 3 1 27	Zwei würdige November-Jubiläen (von -i-), Der Tag, Nr. 268/1927, 9. 11.
81 3 1 28	Zehn Jahre Selbstbetrug. Von Dr. Otto Kriegk, Der Tag 1928, 9. 11. (2. Beiblatt)
81 3 1 29	Novembergang. Von Henny Alberta Hansen, Der Tag, Nr. 269/1929, 10. 11.
81 3 1 30	Unser Glaube! Am 9. November 1930 (von Medem), Der Tag, Nr. 268/1930, 9. 11.
81 3 1 31	Das Ende des Jahres XII (von Medem), Der Tag, Nr. 268/1931, 8. 11.

81 3 1 32 Gedanken zum 9. November. Von Generalleutnant a. D. Waechter, Erstem Vorsitzenden des Nationalverbandes Deutscher Offiziere, Der Tag, Nr. 269/1932, 9. 11.
81 3 2 28 Novembersturm über Berlin (von -er.), Der Tag, 1928, 9. 11. 1928, (2. Beiblatt).

Berliner Lokalanzeiger

82 1 1 21 Zum 18. Januar. Von Friedrich Hussong, Berliner Lokalanzeiger, Nr. 27/1921, 18. 1.
82 1 1 22 Der 18. Januar. Von Geh. Justizrat Conrad Bornhak, Professor an der Universität Berlin, Berliner Lokalanzeiger, Nr. 29/1922, 18. 1.
82 1 1 23 Zum 18. Januar. Von Geh. Justizrat Prof. Dr. Bornhak, Berliner Lokalanzeiger, Nr. 29 1923, 18. 1.
82 1 1 24 Reichsgründungstag. Von Johannes W. Harnisch, Berliner Lokalanzeiger, Nr. 30/1924, 18. 1.
82 1 1 25 Der 18. Januar, Berliner Lokalanzeiger, Nr. 30/1925, 18. 1.
82 1 1 31 Der Staat. Von Ludwig Bernhard, Dr. jur, Dr. oec. publ, ord. Professor der Staatswissenschaften an der Universität Berlin, Berliner Lokalanzeiger, Nr. 30/1931, 18. 1.
82 1 1 32 Zum 18. Januar (von j. w. h.), Berliner Lokalanzeiger, Nr. 28/1932, 17. 1.
82 1 2 31 'Das Reich muß uns doch bleiben...' Von Friedrich Hussong, Berliner Lokalanzeiger, Nr. 30/1931, 18. 1.
82 1 3 31 Heute vor 60 Jahren (Gedicht). Von Paul Warncke, Berliner Lokalanzeiger, Nr. 30/ 1931, 18. 1.
82 2 1 24 Verankert? Von Johannes W. Harnisch, Der Montag, Nr. 30/1924, 11. 8.
82 2 1 25 Der 'Nationalfeiertag' und sein Symbol. Von Dr. G. Mühling, Berliner Lokalanzeiger, Nr. 374/1925, 9. 8.
82 2 1 27 Abgesang. Von Friedrich Hussong, Berliner Lokalanzeiger, Nr. 382/1927, 14. 8.
82 2 1 28 Kleines Malheur. Von Friedrich Hussong, Berliner Lokalanzeiger, Nr. 378/1928, 11. 8.
82 2 1 29 Verzweifeltes Fest. Von Friedrich Hussong,. Berliner Lokalanzeiger, 1929, 11. 8.
82 2 2 25 Schwarzrotgelbes Finish. Von Johannes W. Harnisch, Berliner Lokalanzeiger, Nr. 376/ 1925, 10. 8.
82 3 1 21 Zum 9. November (von S. B.), Berliner Lokalanzeiger, Nr. 518/1921, 9. 11.
82 3 1 22 Der 9. November (von S. B.), Berliner Lokalanzeiger, Nr. 495/1922, 9. 11.
82 3 1 25 Jahrgedächtnis. Von Friedrich Hussong, Der Montag, Nr. 43/1925, 9. 11.
82 3 1 28 Deutsche Saturnalien. Der 9. November 1918. Von Friedrich Hussong, Berliner Lokalanzeiger, Nr. 532/1928, 9. 11.
82 3 1 29 Trübes Fest (von F. H.), Berliner Lokalanzeiger, Nr. 530/1929, 9. 11.
82 3 1 31 Dreizehn Jahre. Von Johannes W. Harnisch, Berliner Lokalanzeiger, Nr. 530/1931, 9. 11.

Der Stahlhelm

91 1 1 21 Frontsoldatentag und Reichsgründungsfeier; daraus: Gedicht (von Sanitätsrat Dr. Martin), Der Stahlhelm, Nr. 3/1921 1. 2. , S. 23f.
91 1 1 24 Festakt im Krystallpalast; daraus: Festrede des Vorsitzenden Seldte, Der Stahlhelm, Nr. 3/1924, 1. 2., S. 4 ff.
91 1 1 25 Der Kurs des Stahlhelm (von F. Seldte), Der Stahlhelm, Nr. 3/1925, 18. 1.
91 1 1 26 "Stahlhelmgedanken". Von Franz Seldte, Bundesführer des Stahlhelm, Der Tag, Nr. 16/1926, 19. 1.
91 1 1 27 Reichsgründung. Von Prof. Dr. Hans F. Hemolt, Der Stahlhelm, Nr. 4/1927, 23. 1.
91 1 1 28 Der Bundesführer zum 18. Januar. Rede Franz Seldtes über die Entwicklung der Front soldatenbewegung, Der Stahlhelm (1. Beilage), Nr. 4/1928, 29. 1.
91 1 1 31 Das Reich der Deutschen. Zur 60. Wiederkehr des Reichsgründungstags (von Curt Hotzel), Der Stahlhelm, Nr. 2/1931, 18. 1.

91 1 2 21 Frontsoldatentag und Reichsgründungsfeier; daraus: Rede des Vorsitzdenden Seldte (Teil 1: Geschichte Deutschlands), Der Stahlhelm, Nr. 3/1921 1. 2., S. 25 ff.
91 1 2 25 Zum 18. Januar. Von Dux, Der Stahlhelm, Nr. 3/1925, 1. Beilage. Dux, Der Stahlhelm (1. Beilage), Nr. 3/1925, 18. 1.
91 1 2 26 Zum 18. Januar. Von Generalmajor a. D. von Frankenberg und Proschlitz, Der Stahlhelm, Nr. 3/1926, 17. 1.
91 1 2 27 Stahlhelm und Großdeutsche Idee. Ansprache des Bundesführers Kamerad Seldte bei der Reichsgründungsfeier in Magdeburg, Der Stahlhelm, Nr. 5/1927, 30. 1.
91 1 3 21 Frontsoldatentag und Reichsgründungsfeier; daraus: Rede des Vorsitzdenden Seldte (Teil 2: Weltkrieg, Stahlhelm und Revolution), Der Stahlhelm, Nr. 3/1921 1. 2. , S. 27 ff.
91 1 3 26 Befreiung nach außen und innen. Programmrede des Bundesführers Seldte (im Rahmen der Reichsgründungsfeier des Gau Magdeburg), Der Stahlhelm, Nr. 4/1926, 24. 1.
91 1 3 31 Krone und Zeit. Zum Tage der Reichsgründung. Von Josef Magnus Wehner, Der Stahlhelm, Nr. 2/1931, 18. 1. (3. Beilage).
91 2 1 25 Unser Recht auf den Staat. Verfassung (von W. K.), Der Stahlhelm, Nr. 32/1925, 9. 8.
91 2 1 26 Der Ungeist von Weimar. Der Reichsverfassung zum Geburtstag. Die gefesselte deutsche Seele, Der Stahlhelm, Nr. 33/1926, 15. 8.
91 2 1 27 Die Flaggenfrage. Von Kamerad Dr. Friedrich Everling, M.d.R., Der Stahlhelm, Nr. 34/1927, 21.8.
91 2 1 28 Politik und Kultur. Im Kampfe für die deutschen Werte, Der Stahlhelm, Nr. 33/1928, 12. 8.
91 2 1 32 Zum 11. August: Weimar am Ende! Die Schuld der Parteiherrschaft, Der Stahlhelm, Nr. 32/1932 16.8.
91 2 2 28 Der Feiertag auf Befehl, Der Stahlhelm, Nr. 34/1928, 19.8.
91 2 2 30 'Grundgesetz', Der Stahlhelm, Nr. 32/1930, 10.8.
91 3 1 21 Erinnerung an den 9. November (mit Gedicht 'Lumpen' von Adolf Macke). Von Lehrer E. Krause, Der Stahlhelm, 1921 15.11.
91 3 1 25 Der Dolchstoß, Der Stahlhelm, 1925, 8.11.
91 3 1 26 Frontgeist gegen Revolution (von Dr. Heinz Brauweiler), Der Stahlhelm, 1926, 14.11.
91 3 1 27 Demokratie und Führerschaft, Der Stahlhelm, 1927, 27.11.
91 3 1 28 Die Revolution der Reklamierten (von Theodor Robbers), Der Stahlhelm, 1928, 11. 11. (3. Beilage).
91 3 1 31 Keine echte Revolution, sondern: Novemberrevolte! Abrechnung!, Der Stahlhelm, 1931, 8.11.
91 3 1 32 Zum 9. November (Gedicht). Von Achim Kneis, Der Stahlhelm, 1932, 6.11.
91 3 2 32 Vierzehn Jahre Freiheitskampf. Gedanken zum 13. November. Von Ferdinand Cortez, Der Stahlhelm, 1932, 13.11. (1.Beilage).

Deutscher Offiziersbund

92 1 1 27 Reichsgründungsfeier der Deutschen Vereine in Rio de Janeiro am 18. Januar 1927, Deutscher Offiziersbund, Nr. 10/1927, 5.4.
92 1 1 31 60 Jahre Deutsches Reich! Zum 18. Januar 1931. Von Oberstleutnant a.D. Müller-Loebnitz, Deutscher Offiziersbund, Nr. 2/1931, 15.1.
92 1 2 31 Der 18. Januar (von O.K.), Deutscher Offiziersbund, Nr. 2/1931 15.1.
92 1 3 31 Gedenke, daß du ein Deutscher bist! Von Generalleutnant a.D. von Cramon, Deutscher Offiziersbund, Nr. 4/1931, S. 2.
92 2 1 30 Erinnerung. Von Oberstleutnant a.D. Müller-Loebnitz, Deutscher Offiziersbund, Nr. 25/1930, S. 9.
92 2 1 31 Demokratie, Diktatur, Monarchie (von F.W.), Deutscher Offiziersbund, Nr. 22/1931, 4.8.
92 3 1 22 4 Jahre Deutscher Offiziersbund (von Bundespräsident v. Hutier, General d. Inf. a.D., Nr. 21/1922, 21.12.

92 3 1 26 Gedenke, daß du ein Deutscher bist! Von Generalleutnant a.D. von Cramon, Deutscher Offiziersbund, Nr. 30/1926, 25.10.
92 3 1 28 Der 9. November (Die Bundesleitung), Deutscher Offiziersbund, Nr. 31/1928, 5.11.
92 3 1 31 Wer rettete das Vaterland? Von Oberst a.D. Jochim, Deutscher Offiziersbund, Nr. 24/1931, 25.8.
92 3 2 28 1918 - 28. November - 1928 (von v. Hutier, Bundespräsident), Deutscher Offiziers bund, Nr. 33/1928, 25.11.

Die Standarte

93 2 1 27 Sich in Verfassung befinden. Von Volkmar Bartels, Die Standarte, Nr. 12/1927, 14.8.
93 2 1 29 Traditionsbedürfnis der Republik (von G. Schr.), Die Standarte, Nr. 33/1929, 17.8.
93 2 1 30 Verfassungsfeier und Symbol (H. von Gleichen), Die Standarte, Nr. 33/1930, 16.8.
93 2 2 27 Verfassung und Revolution. Von F.W. Heinz, Die Standarte, Nr. 12 1927, 14.8.
93 2 3 27 Volk in Verfassung. Von Hans Hansen, Die Standarte, Nr. 12 1927, 14.8.
93 2 4 27 Was feiern diese Merkwürdigen? Von Eugen Mossakovsky, Die Standarte, Nr. 12 1927, 14.8.

Völkischer Beobachter

101 1 1 21 Großdeutschland. Zum Gedächtnis des 18. Januar (von A.R.), Völkischer Beobachter, 1921, 16.1.
101 1 1 26 Der 'Bismarck' der Novemberdemokratie (von Pgl.), Völkischer Beobachter, 1926, 19.1.
101 1 1 27 Der Mythus vom Deutschen Reich. Von Alfred Rosenberg, Völkischer Beobachter, Nr. 18/1927, 18.1.
101 1 1 30 Zum 18. Januar! Vom zweiten Reich über die Kolonie 'Deutsche Republik' zum Deutschen Nationalstaat, Völkischer Beobachter, Nr. 15/1930, 19./20.1.
101 1 1 31 Vom neuen Reich. Zum 18. Januar, Völkischer Beobachter, 1931, 18./19.1.
101 1 2 31 Noch ein Gedenkblatt zum 18. Januar, Völkischer Beobachter, 1931, 18./19.1.
101 2 1 23 'Verfassungs'-Feier (von W-s.), Völkischer Beobachter (MB), Nr. 160 1923, 11.8.
101 2 1 26 Ein Tag des Mißvergnügens, Völkischer Beobachter, Nr. 133 1926, 11.8.
101 2 1 27 Verfassungsfeier (von A.R.), Völkischer Beobachter, 1927, 11.8.
101 2 1 28 Die Verfassung von Versailles. Bemerkungen zum Zwangs-Verfassungstag. Von Alfred Rosenberg, Völkischer Beobachter, 1928, 11.8.
101 2 1 29 Die Knechte küssen ihre Peitsche, Völkischer Beobachter, Nr. 185/1929, 11./12.8.
101 2 1 32 Abschied von Weimar. Von Dr. Walther Schmitt, Völkischer Beobachter, Nr. 227/1932, 14./15./16. 8.
101 2 2 21 Der Bastard von Weimar und die 'Germania' (von Hsi.), Völkischer Beobachter, 1921, 21.8.
101 2 2 28 Nachträgliches zum Verfassungstag. Von Ernst Röhm, Hptm. a.D., Völkischer Beobachter, 1928, 15./16.8.
101 2 2 29 Weimarer 'Wirtschaftsphilosophie'. Von Dr. Hans Buchner, Völkischer Beobachter, Nr. 185/1929, 11./12.8.
101 3 1 21 Zum 9. November (von R.), Völkischer Beobachter, Nr. 85/1921, 9.11.
101 3 1 25 Der 9. November 1923, Völkischer Beobachter, Nr. 259/1925, 8./9.11
101 3 1 26 'Es lebe die Revolution'. Eine Betrachtung zum November 1918 (von Gregor Straßer), Völkischer Beobachter, Nr. 259/1926, 9.11.
101 3 1 27 Die Börsenrevolte des Judentums. Von Alfred Rosenberg, Völkischer Beobachter, Nr. 258/1927, 9.11.
101 3 1 28 Der Eisner-Putsch. Zur Erinnerung an den 7./8.November 1918. Von Wilhelm Weiss, Völkischer Beobachter, Nr. 260/1928, 8.11.
101 3 1 30 Der 9. November. Ein Trauertag des deutschen Deutschlands. Von J. Frank, Völkischer Beobachter, 1930, 9./10.11.
101 3 1 31 Zum 9. November, Völkischer Beobachter, Nr. 313/1931, 8./9.11.

101 3 2 21 Wie der 'Vorwärts' den deutschen Arbeiter verhöhnt (von Hsi.), Völkischer Beobachter, Nr. 85/1921, 9.11.
101 3 2 25 Weltenwende! Von Dr. Max von Scheubner-Richter, Völkischer Beobachter, Nr. 259/1925, 8./9.11.
101 3 2 26 Die Totenfeiern unserer Helden, Völkischer Beobachter, Nr. 259/1926, 9.11.
101 3 2 27 'Die Toten des 9. November 1923' (Feierbericht mit Hitler-Rede), Völkischer Beobachter 1927, 11.11.
101 3 2 28 9. November (von J.B.), Völkischer Beobachter, Nr. 261/1928, 9.11.
101 3 3 25 An die Gebildeten deutschen Blutes. Von Landgerichtsrat v. d. Pfordten. (Ermordet am 9. November 1923), Völkischer Beobachter, Nr. 259/1925, 8./9.11.

Der Angriff

102 1 1 31 Das Reich (von Dr. G.), Der Angriff, Nr. 15/1931, 19.1.
102 2 1 29 'Das Fest des freien Volkes' (von Dax.), Der Angriff, 1929, 19.8.
102 2 1 31 Unbegreiflichkeiten (von Bz.), Der Angriff, 1931, 13.8.
102 3 1 27 Wir gedenken der Toten (von Dr. G.), Der Angriff, Nr. 19/1927, 7.11.
102 3 1 28 Ein Toter spricht (von Dr. G.), Der Angriff, Nr. 45/1928, 5.11.
102 3 1 29 Der 9. November (von Dr. L.), Der Angriff, 1929, 7.11.
102 3 1 30 Tag der Schande. Betrachtungen zum 9. November, Der Angriff, Nr. 94/1930, 8.11.
102 3 1 31 Unsere Aufgabe: Aufbruch gegen die Revolte. Dreizehn Jahre Nacht - der deutsche Morgen steigt empor! Von Dr. Goebbels, Der Angriff, 1931, 7.11.
102 3 1 32 Wir wollen leben, wofür sie starben! Der Geist der toten Kameraden lebt in uns. Von H. Otto, Der Angriff, Nr. 232/1932, 9.11. (1.Beilage).
102 3 2 28 Die jüdische Revolte. Zum 9. November 1918 (von Erich Beyer), Der Angriff, Nr. 45/1928, 5.11.
102 3 2 29 Die Toten rufen uns zu neuem Kampf! Von SA-Mann Weise, Der Angriff, 1929, 7.11.
102 3 2 31 Unsere Toten mahnen. Wir müssen uns ihrer würdig zeigen!, Der Angriff, Nr. 203/1931, 9.11.
102 3 2 32 Wir gedenken unserer Toten. (Von Jost Karnick), Der Angriff, Nr. 232/1932, 9.11. (2. (Beilage)
102 3 3 32 Kampf für den deutschen Sozialismus. Am 9. November hat die SPD. das deutsche Arbeitertum dem Kapitalismus ausgeliefert (von Dr. G.), Der Angriff, Nr. 232/1932, 9.11. (2. Beilage).

Der Stürmer

103 2 1 23 Verfassungsfeier, Der Stürmer, Nr. 11/1923 (im August).
103 3 1 26 Wir gedenken der Toten. Zum 9. November (von der Reichsparteileitung der NSDAP), Der Stürmer, Nr. 45/1926 (im November).
103 3 1 28 Gedenkt der Toten, Der Stürmer, Nr. 45/28 (im November).
103 3 1 30 Den Unvergessenen, Der Stürmer, Nr. 45/1930 (im November).

Westdeutscher Beobachter

104 1 1 31 Vom Deutschen Reich zur Youngkolonie. Der tragische Schicksalsweg eines grossen Volkes / Eine einigende Staatsidee und Wehrgeist tut not! (von Dr. Winkelnkemper), Westdeutscher Beobachter, Nr. 14/1931, 17.1.
104 3 1 31 Von der Revolte zur Revolution. Von Gregor Strasser, Westdeutscher Beobachter, 1931, 7.11.

A.2 Eckdaten des Textsamples

Verteilung der Texte auf die drei politischen Gedenktage

Gedenktag	*Texte* *N*	*%*
Reichsgründungstag	139	27.1
Verfassungstag	213	41.6
9. Nov. 1918/23	160	31.3

Verteilung der Texte auf die verschiedenen journalistischen Stilformen:

Journalistische Form	*Texte* *N*	*%*
Leitartikel	355	69.3
Beilage, leitartikelartig	16	3.1
Reden-Dokumentation	15	2.9
Kommentar	53	10.4
Bericht	23	4.5
Beilage, Erinnerung	9	1.8
Gedicht	4	.8
Sonstige	37	7.2

Verteilung der Texte auf Zeitungen und Zeitschriften:

Zeitung	*Texte* *N*	*%*	
Die Rote Fahne	23	4.5	*
Die Bergische Arbeiterst	15	2.9	*
Die Rote Front	4	.8	
Welt am Abend	3	.6	
Gen.Anzeiger f. Dortmund	22	4.3	*
Die Weltbühne	12	2.3	
Die Neue Generation	1	.2	
Der Vorwärts	40	7.8	*
Leipziger Volkszeitung	16	3.1	*
Frankfurter Zeitung	21	4.1	*
Vossische Zeitung	19	3.7	*
Berliner Tageblatt	23	4.5	*
Hamburger Fremdenblatt	11	2.1	*
Die Hilfe	7	1.4	
Kölnische Volkszeitung	31	6.1	*
Germania	11	2.1	*
Bayerischer Kurier	22	4.3	*
Deutsche Allgemeine Zeitung	23	4.5	*
Münchener Neueste Nachrichten	12	2.3	*

(wird fortgesetzt)

(Fortsetzung)

Rheinisch-Westf. Zeitung	19	3.7	*
Deutsche Tageszeitung	33	6.4	*
Der Tag	29	5.7	*
Berliner Lokalanzeiger	21	4.1	*
Der Stahlhelm	28	5.5	*
Deutscher Offiziersbund	11	2.1	*
Die Standarte	6	1.2	
Völkischer Beobachter	28	5.5	*
Der Angriff	14	2.7	*
Der Stürmer	4	.8	
Westdeutscher Beobachter	3	.6	

Die mit (*) gekennzeichneten Zeitungen wurden in die Korrespondenzanalyse einbezogen.

Verteilung der Texte nach Jahrgängen

Jahr		*Anzahl*	
	Dezennien	*N*	*%*
1920		5	1.0
1921	(5. Reichsgründung)	59	11.5
1922		39	7.6
1923		25	4.9
1924		37	7.2
1925		30	5.9
1926		43	8.4
1927		46	9.0
1928	(1. Nov.revolution)	65	12.7
1929	(1. Verfassungstag)	40	7.8
1930		29	5.7
1931	(6. Reichsgründung)	63	12.3
1932		27	5.3
1933		4	.8

Für das Jahr 1920 wurden lediglich die Texte zum Revolutionstag, für 1933 nur die zum Reichsgründungstag erhoben.

ANHANG B: DIE INHALTSANALYSE

B.1 Kategorienschema

Auf den folgenden Seiten ist das inhaltsanalytische Kategorienschema dokumentiert. Entsprechend den drei Analyseebenen - Geschichtsvorstellungen, Freund- und Feindbilder, Staatsvorstellungen - gliedert es sich in drei Teile. Festgehalten sind in der jeweils ersten Spalte ein zwei- bis vierstelliges Kürzel, unter dem die Kategorie in der Inhaltsanalyse geführt wurde (der Buchstabe verweist auf die Analyseebene). Die zweite Spalte bezieht sich auf die Variable, der die Kategorie in den Korrespondenzanalysen zugewiesen wurde. Es ist zu beachten, daß für die korrespondenzanalytischen Auswertungen häufiger mehrere Kategorien zu einer neuen Variablen zusammengefaßt wurden, andere dagegen unberücksichtigt blieben. In der dritten Spalte steht der Name der Kategorie, in der vierten die als Kodieranweisung zu verstehende Kategoriendefinition.

1 Analyseebene: Geschichtsbilder:

G1	X01	modernes	Geschichte als Entwicklungsprozeß, durch tätigen und rationalen Einsatz gestaltbar. G.-Prozeß unumkehrbar. - *Bahnen, Linien der Geschichte*. Dimensionen: Tage, Wochen, Monate, Jahre, Jahrzehnte, Epoche. Perspektiven: *eine neue Zeit, eine neue Epoche*.
G2	X02	teleologisch, deterministisch apokalyptisch	zur Gegenwartserklärung: *Weltenlenker, Schicksal, Gottesplan, Weltenplan* u.a. deterministische Vorstellungen vom Gang der Geschichte. Geschichte als handlungsmächtiges Subjekt; Unausweichlichkeit. als Heilshoffnung: säkularisierte, (pseudo-) religiöse Heilsvorstellungen, *Sendung, Mission, Bestimmung*; Vorstellungen vom Ende der Geschichte in Erfüllung.
G3	X03	mythisch	zyklische Struktur der Zeit, *ewige Wiederkehr, Ursprung und Zeugung*, Opfermythen; *Volks- und Blutskräfte, Volksgeister* als geschichtsmächtige Subjekte, *Wachsen statt Werden*; Geschichte als Natur.

---

2. Analyseebene: Freund- und Feindbilder

2.1 Selbstbilder

Kategoriengruppe *Vernunft, Freiheit, Zukunft*

E11	X04	Gerechtigkeit	Gerechtigkeit, Ausgleich, Vernunft, Besonnenheit, Umsicht, geistige Reife, und Vernunft, Einsicht, Erkenntnis.
E12	X05	Zukunft	Fortschritt, Zukunft, neue Wege gehen, zukunftsgestaltende Arbeit
E13	X04	Freiheit	Freiheit des Individuums, Emanzipation, Eigenverantwortlichkeit, Selbstbestimmung. *Nicht: Freiheit von Kollektiven (Nation, Rasse, Klasse)!*

Kategoriengruppe *Hingabe und Größe*

E21	X06	Deutschtum	Deutsches Wesen, deutsche Kraft, Hypostase eines deutschen Idealismus (etwa im Gegensatz zu westlichem Materialismus).
E22	X07	Hingabe, Tiefe	Hingabe, Ideal, Glaube, Sehnsucht, Tiefe, das *flammende Herz*, Liebe, Treue (und gerechter Haß), Glut, Wahrheit, Weisheit, Bereitschaft zur Unterordnung, Selbstbesinnung, Einkehr, Bescheidenheit.
E23	X08	Größe	Größe, Wille, Ziel, Stolz, Würde, Ehre, Achtung gebietend, Entschlossenheit, *der aufrechte Gang*.
E24	X09	Samenkorn	Saat, Samenkorn einer wachsenden, immer mächtiger werdenden Bewegung, Vorreiter, Kristallisationskern eines Werdenden.

Kategoriengruppe *Macht und Tat*

E31	X10	Macht	Macht, Durchsetzungsfähigkeit, Kompromißlosigkeit, furchteinflößend für den Feind. *Autoritäre Aggression*.
E32	X11	Tat	Tat, Kampf, Heldentum, Mut, die Entscheidung suchend, Kühnheit. Emphase des Kampfes, Dezisionismus.

E33	X12	Sieg	Siegesgewißheit: *die Stunde wird kommen*, unaufhaltsam, *das begeisternde Feuer*, im Bunde mit Geschichte und Vorsehung, Jugendlichkeit, jugendliche Kraft und Begeisterung.
E34	X13	Opfertod	Todesbereitschaft (und -sehnsucht), Opfermythologie, Märtyrertum; Tod als Quelle der Kraft für die Eigengruppe.

Kategoriengruppe *Schwäche und Unterdrückung*

E41	X14	Leiden/ Demütigung	verunglimpft, beschimpft, verhöhnt, gedemütigt, leidend, im Stich gelassen, verfolgt.
E42	X15	Uneinigkeit	Streit in der Eigengruppe, Mangel an Geschlossenheit: uneins, schwach, gespalten.
E43	X16	Ausbeutung	ausgebeutet, unterdrückt, geknechtet, erpreßt, entrechtet, ausgeliefert. *Die Kategorie faßt materiell wirksame Unterdrückung und antikapitalistische Attitüden (auch von rechts!) in passiver ("ausgebeutet") wie aktiver ("Ausbeuter") Formulierung.*

2.2 Feindbilder

Kategoriengruppe *Politische Gegner*

F11	X04	Unvernunft	unvernünftig, unreif, ein Hasardeur, lernbedürftig (d.h. auch prinzipiell lernfähig); keine Problemlösungskompetenz, kein taugliches Programm.
F12	X05	rückständig	historisch überholt, rückwärtsgewandt, ist stehengeblieben, klammert sich an Vergangenes, stemmt sich *gegen den Fluß der Zeit.*
F13	X17	Staatsfeinde	vom *Gegner* zum *Feind* nach dem Kriterium des Antirepublikanismus: *der Feind der Republik*; die *Weimarer Totalitarismusgleichung.*

Kategoriengruppe *Verachtung für den Feind*

F21	X18	Verblendete	verblendet, verwirrt, vom Haß geblendet, irre, unzurechnungsfähig, unbelehrbar, Phantasten.
F22	X19	Versager/Feiglinge	Versager, Jammergestalten, Feiglinge, Angsthasen, Drückeberger, ohne Erfolg, *ohne Macht und Tat (d.h. die in E31 bis E34 gefaßten Eigenschaften werden dem Feind abgesprochen).*
F23	X20	Kleinkrämer	Kleinkrämer, Parteigänger, Opportunisten, Vorteilsnehmer, an den *bedeutenden* Dingen desinteressiert; *ohne Größe (d.h. E23 wird dem Feind abgesprochen).*
F24	X20	Angeber und Ehrlose	Prahler, Schwätzer, *Hinterfronthelden*, eitel und rechthaberisch, frech, dreist, ehrlos, würdelos; *ohne Hingabe (d.h. E22 wird dem Feind abgesprochen)*, unehrlich, schwülstig.
F25	X21	Untertanen	Zuträger, Kulis, Marionetten, Werkzeuge eines Mächtigeren; Epigonen, Nachäffer, Speichellecker, voller Untertanengeist.
F26	X22	Gesindel	Pöbel, Mob, Unterschichtler, Zukurzgekommene; die *Gasse*, die *Gosse.*
F27	X23	Juden	Verachtung für Juden.

Kategoriengruppe *Der gefährliche Feind*

F31	X06	Undeutsche	Rationalisten, Internationalisten, verwestlicht, wider deutsches Wesen und deutsche Kraft; *Antimaterialismus, Antiintellektualismus.*
F32	X24	Demagogen	Demagogen, Manipulateure, Propagandisten, Fälscher, Lügner.
F33	X25	Nutznießer	Ein mächtiger Feind als berechnender und eigensüchtiger Nutznießer bspw. des pol. Systems; *Revolutionsgewinnler*.
F34	X26	Militaristen/ Reaktionäre	Militärschädel, Säbelrassler, aggressive Nationalisten, Kriegsverherrlicher; Deutschtümelei, Chauvinismus; das Kaiserreich als *Joch*, *Diktatur* etc.; die Reaktion, Beharrung als Feindbild, das zum Kampf herausfordert.

Kategoriengruppe *Der kriminelle Feind*

F41	X27	Terror	Mörder, Terroristen, Todfeinde.
F42	X28	Verbrechen	Diebe, Schieber, Hehler, Räuber, Plünderer.
F43	X29	Verrat	Verräter, Meuterer, Deserteure, Saboteure; *der Dolchstoß*.

Kategoriengruppe *Der Feind als Dämon und die Angst vor der Auflösung*

F51	X30	Verschwörung/ Finsternis	der mächtige Verschwörer im Hintergrund, Drahtzieher, Fratzen, Nachtgestalten der Hölle und der Finsternis, voller Heimtücke und Hinterlist.
F52	X31	Auflösung	*Aggregatszustände des Feindes und seines Terrains:* Gewimmel, Brut, Horde, Ströme,; Schlamm, Flut, Morast, Kot, Seuche, und Fäulnis.
F53	X31	Parasiten	Blutsauger, Parasiten, Schädlinge, Maulwürfe; Vergiftung, Zersetzung, Unterhöhlung.
F54	X23	Jüdische Gefahr	jüdische Weltverschwörung und Allmacht.

3. Analyseebene: Staatsvorstellungen und Urteile über die Weimarer Republik

Auf dieser Analyseebene werden nicht nur Staatsvorstellungen, sondern darüberhinaus auch die Resultate ihrer Anwendung auf die Realität der Weimarer Republik erfaßt. Einschlägige Textstellen können so entweder als allgemeine Staatsvorstellung (3.1) kodiert werden, sofern sie kein explizites Urteil über die Weimarer Republik enthalten. Häufig aber werden positiv formulierte Staatsvorstellungen sogleich - mit positivem oder negativem Ergebnis - der politischen Realität Weimars konfrontiert. Um die so produzierten Bilder von der Weimarer Republik erfassen zu können, korrespondieren jeder kategorial definierten Staatsvorstellung zwei weitere Kategorien, in denen die entweder positiven ("die Republik erfüllt die Staatsvorstellung") oder negativen ("die Republik widerspricht der Staatsvorstellung") Urteile über die Weimarer Demokratie ihren Platz finden (3.2).[1]

[1] Diese Konstruktionslogik bringt es mit sich, daß auch Kategorien entstehen, die offenkundig kein empirisches Korrelat haben. So entspricht etwa der Staatsvorstellung von der Diktatur des Proletariats zwangsläufig im Bereich der positiven Urteile über die Weimarer Republik eine Kategorie des Inhalts "Die Weimarer Republik ist die Verwirklichung der Diktatur des Proletariats" - ein Urteil, das empirisch schwerlich auffindbar sein wird.

3.1 Staatsvorstellungen: Staatslegitimierung und Staatsziele

S01	X32	Arbeiterstaat	Sowjetrepublik, Staat der Arbeiterklasse, Diktatur des Proletariats, Rätedemokratie; Vorbild Sowjetunion.
S02	X33	Sozialstaat	Gesellschaftliche Integration als wirtschaftliche Integration, Mitbestimmung, Wirtschaftsdemokratie.
S03	X33	Gemeinwille	Gesellschaftliche Integration im Gemeinwillen und Gemeinwohl; emphatischer Begriff der Volkssouveränität, Selbstregierung des Volkes, aktive Partizipation. *Das Volknimmt sein Geschick in die eigene Hand.*
S04	X34	Parl. Demokratie	Legitimation durch Führungsauslese qua Mehrheit; Kontrolle/ Absetzung der Führung qua Mehrheit; Delegation, Repräsentation.
S06	X35	Grundrechte	Staat als Garant liberaler Grundrechte: Freiheit des Einzelnen, Meinungs-, Organisationsfreiheit etc. Rechtsgleichheit, Rechtssicherheit.
S07	X36	Auf- und Ausbau	Staat dynamisch als "work in progress", Auf- und Ausbau der Demokratie, Reformorientierung; Beseitigung von Fehlern und Schwächen.
S07a	X36	Working System	Staat als rationale Verwaltung, Organisation, Institution, Rechtsgebilde, Anstaltsstaat.
S08	X37	Stabilität	Ruhe, Ordnung, Festigkeit, Dauerhaftigkeit. Staat *schützend, ein festes Haus*; Verfassung ein *Flußbett*, das *Fundament* des Staates.
S09	X38	Einheit	Integration nationalstaatlich, mit Blick auf die nationalstaatliche Integration der europäischen Nachbarn; Bewahrung der deutschen Einheit.
S10	X39	Achtung	Achtung der anderen Staaten, Sicherung einer gebührenden Stellung im Rat der Völker; Anerkennung, Respekt, Souveränität.
S11	X40	Kultur/Religion/ Tradition	Integration durch Berufung auf gemeinsame Geschichte; deutsche Kultur als Staatsbegründung, Kulturvolk. Staat ruht auf religiösen und traditionellen Wurzeln; Staat symbolisch erhaben.
S12	X39	Dienst am Staat	Staat will bedient werden, er erlegt den Staatsbürgern Pflichten auf, verlangt Disziplin.
S13	X41	Organismus	Staatsorganismus, Volksorganismus; Bürger als Glieder des Staates/Volkes; organologische Deutungen, Genealogien.
S14	X42	Großdeutschland	Großdeutschland, nationaler Chauvinismus, deutsches Wesen, deutsches Denken, deutscher Nationalchrakter als Staatsgrundlage.
S15	X43	Aristokratie	Führung durch eine Aristokratie. Führung in voller Freiheit und Verantwortung; keine oder weitestgehend reduzierte Kontrollmechanismen.
S16	X44	Macht/Militär	Staat legitimiert durch seine Stärke nach außen: staatliche Freiheit, Weltgeltung, militärische Potenz.
S17	X45	Reichsmythos	Berufung staatlicher Machtansprüche auf Reichsmythen: z.B. die Abfolge Römisches Reich - Hl. Röm. Reich Dt. Nation - Drittes Reich o.ä.; Kyffhäusermythos etc.
S18	X23	Rasse/Blut	Integration erfolgt über die Merkmale der Rassen- und Blutszugehörigkeit.

3.2 Urteile über die Weimarer Republik

		positive			*negative*
W01+		WR ein Arbeiterstaat	W01-	X32	WR ein Ausbeuterstaat, Klassenstaat, Diktatur der Minderheit, imperialistisch.
W02+	X46	WR ein sozialer Staat	W02-	X52	WR wirtschaftlich und sozial ungerecht.
W03+	X46	WR realisiert den Gemeinwillen	W03-	X52	WR versus Gemeinwille/-wohl; Volkssouveränität ein Schwindel oder eine Täuschung.
W04+	X47	WR eine parlament. Demokratie	W04-	X53	Mehrheiten unwirksam, Demokratie eine Phrase.
W05+	X51	WR ein friedlicher Staat	W05-	X53	WR ein (nach außen und innen) aggressiver Staat.
W06+	X47	WR verwirklicht Grundrechte	W06-	X53	WR verweigert Grundrechte, Verfassung ständig gebrochen, *die Republik des Art. 48.*
W07+	X48	WR auf- und ausbaufähig	W07-	X54	WR ohne Zukunft, morsch, ein Notbau, dem Tode nahe, eine Totgeburt.
W07a+	X48	WR ein Working System	W07a-	X54	WR ineffizient, unrationell, unzulänglich.
W08+	X49	WR ein stabiler Staat	W08-	X55	WR unzuverlässig, der Staat ist Konjunkturen ausgeliefert, nur eine Fassade, ein Kramladen, Verfassung bloß eine Paragraphensammlung.
W09+	X50	WR sichert die nat. Einheit	W09-	X56	WR zersplittert, Parteistaat, *ein Graben im Volk*, Verf. nicht Ausdruck nationalen Wollens.
W10+	X51	WR ein geachteter Staat	W10-	X59	WR steht für Verachtung, Armut, Elend, Abhängigkeit.
W11+	X51	WR Ausdruck/Ausfluß von Kultur/Tradition/Religion	W11-	X58	WR kulturlos, traditionslos, geg. die Religion, den christl. Glauben; sittelnlos, bloß leerer Formalismus.
W12+	X51	Bürger dienen der WR, fühlen sich ihrem Staat verpflichtet	W12-	X56	WR bringt nur Egoismen hervor, ein Staat, dem keiner dienen will, ohne Autorität.
W13+	X51	WR ein gesunder Organismus	W13-	X58	WR ein kranker/toter Organismus, blutleer, in Verwesung.
W14+	X51	WR der Staat wahren Deutschtums	W14-	X42	WR, die Demokratie undeutsch, dem deutschen Nationalcharakter fremd, ein *Weststaat.*
W15+	X51	WR aristokratisch	W14-	X59	WR bringt keine Führungspersönlichkeiten hervor, ein Regime der Dilletanten, gleichmacherisch, die Masse/der Mob regiert.

		positive			*negative*
W16+	X51	WR ein Machtstaat	W16-	X59	WR ein Vasallenstaat, machtlos, kastriert, *im Würgegriff der Feide*, Resultat der *Selbstentmannung eines Volkes*.
W17+	X51	WR ein neues Reich	W17-	X51	WR ein unmythischer Staat.
W18+		WR der Staat der germanischen Rasse	W18-	X23	Judenrepublik

B.2 Ergebnisse der Reliabilität-Tests

Intercoder-Reliabilität:

Testmodell: Kolmogorov-Smirnov-2-Sample Test

Zahl der in den Test einbezogenen Texte:

Kodierer 1 (BEARB1 = 1)	152
Kodierer 2 (BEARB1 = 2)	159
Gesamt	311

Testergebnisse:

		Most Extreme Differences			
	Absolute	*Positive*	*Negative*	*K-S Z*	*2-tailed P*
G1	.02284	.02048	-.02284	.201	1.000
G2	.04171	.03480	-.04171	.368	0.999
G3	.02971	.00000	-.02971	.262	1.000
E11	.02756	.02756	-.01887	.243	1.000
E12	.01626	.01353	-.01626	.143	1.000
E13	.01576	.01576	.00000	.139	1.000
E21	.04750	.04750	-.00542	.419	0.995
E22	.04622	.04622	-.01742	.407	0.996
E23	.03356	.03356	-.03000	.296	1.000
E24	.04924	.04924	-.01734	.434	0.992
E31	.08987	.08987	-.00600	.792	0.557
E32	.05871	.05871	.00000	.518	0.952
E33	.03049	.02147	-.03049	.269	1.000
E34	.04237	.04237	-.03021	.374	0.999
E41	.02147	.02147	-.01887	.189	1.000
E42	.06024	.06024	.00000	.531	0.941
E43	.05925	.02979	-.05925	.522	0.948
F11	.03641	.00658	-.03641	.321	1.000
F12	.05011	.05011	.00000	.442	0.990
F13	.02342	.00658	-.02342	.206	1.000
F21	.03318	.03318	-.03294	.293	1.000
F22	.05631	.00000	-.05631	.496	0.966
F23	.06004	.06004	-.00455	.529	0.942
F24	.05069	.05069	-.02152	.447	0.988

(wird fortgesetzt)

Fortsetzung:

		Most Extreme Differences			
	Absolute	Positive	Negative	K-S Z	2-tailed P
F25	.01870	.01374	-.01870	.165	1.000
F26	.03165	.01345	-.03165	.279	1.000
F27	.02458	.01005	-.02458	.217	1.000
F31	.05437	.05437	-.00600	.479	0.976
F32	.06091	.06091	-.03716	.537	0.935
F33	.09401	.09401	-.01626	.829	0.498
F34	.05156	.05156	.00000	.454	0.986
F41	.04237	.04237	.00000	.374	0.999
F42	.05611	.05611	.00000	.495	0.967
F43	.04721	.04721	.00000	.416	0.995
F51	.02474	.02474	-.01258	.218	1.000
F52	.06153	.06153	.00000	.542	0.930
F53	.02371	.00000	-.02371	.209	1.000
F54	.01229	.00658	-.01229	.108	1.000

Reliablilätstests nach split-half-technique:

Testmodell: Kolmogorov - Smirnov 2-Sample Test
Sample-Splitting durch Generierung einer Zufallsvariablen KREUZVAL, die in 50 Porzent der Faelle den Wert 1, sonst den Wert 0 annimmt und so die beiden Haelften des Textsamples definiert; daraus Ziehung zweier Stichproben, in denen die Variable PRESSE gleich verteilt ist.

Zahl der in den Test einbezogenen Texte:

Teilsample 1 (KREUZVAL = 1)		152
Teilsample 2 (KREUZVAL = 2)		159
Gesamt	311	

Testergebnisse:

		Most Extreme Differences			
	Absolute	Positive	Negative	K-S Z	2-tailed P
G1	.04668	.04668	-.00331	.472	0.979
G2	.02758	.00999	-.02758	.279	1.000
G3	.02087	.01857	-.02087	.211	1.000
E11	.02250	.00091	-.02250	.227	1.000
E12	.03729	.01344	-.03729	.377	0.999
E13	.01050	.00695	-.01050	.106	1.000
E21	.02305	.01026	-.02305	.233	1.000
E22	.05696	.05696	-.00467	.575	0.895
E23	.05591	.04934	-.05591	.565	0.907
E24	.05085	.00261	-.05085	.514	0.955
E31	.09348	.00000	-.09348	.944	0.335
E32	.03247	.03247	-.01574	.328	1.000
E33	.03932	.03463	-.03932	.397	0.997
E34	.02200	.00592	-.02200	.222	1.000
E41	.01356	.00513	-.01356	.137	1.000

(wird fortgesetzt)

Fortsetzung:

	Absolute	Most Extreme Differences Positive	Negative	K-S Z	2-tailed P
E42	.03055	.00000	-.03055	.309	1.000
E43	.04742	.00793	-.04742	.479	0.976
F11	.04958	.00000	-.04958	.501	0.963
F12	.02868	.02868	-.02063	.290	1.000
F13	.05332	.05332	-.01824	.539	0.934
F21	.01526	.01526	-.01174	.154	1.000
F22	.03568	.03561	-.03568	.360	0.999
F23	.03125	.01670	-.03125	.316	1.000
F24	.07788	.00513	-.07788	.787	0.566
F25	.02816	.01606	-.02816	.284	1.000
F26	.01229	.01229	-.00661	.124	1.000
F27	.02655	.02655	.00000	.268	1.000
F31	.03501	.00000	-.03501	.354	1.000
F32	.04500	.04500	-.03801	.455	0.986
F33	.01745	.01117	-.01745	.176	1.000
F34	.03192	.00498	-.03192	.322	1.000
F41	.06135	.00513	-.06135	.620	0.837
F42	.03602	.02140	-.03602	.364	0.999
F43	.01344	.01344	-.00467	.136	1.000
F51	.02221	.02221	-.00048	.224	1.000
F52	.03132	.03132	-.01265	.316	1.000
F53	.02336	.00000	-.02336	.236	1.000
F54	.02461	.02461	-.00376	.249	1.000
S01	.02770	.00137	-.02770	.280	1.000
S02	.01071	.01071	.00000	.108	1.000
S03	.04115	.00000	-.04115	.416	0.995
S04	.00968	.00968	-.00467	.098	1.000
S05	.02485	.00000	-.02485	.251	1.000
S06	.04819	.04819	.00000	.487	0.972
S07	.03432	.00000	-.03432	.347	1.000
S07a	.03808	.00137	-.03808	.385	0.998
S08	.02562	.02562	-.00889	.259	1.000
S09	.03611	.03611	-.03103	.365	0.999
S10	.03578	.03578	.00000	.361	0.999
S11	.02883	.02883	-.00834	.291	1.000
S12	.04476	.04476	-.01186	.452	0.987
S13	.03010	.00513	-.03010	.304	1.000
S14	.04582	.00000	-.04582	.463	0.983
S15	.06020	.00046	-.06020	.608	0.853
S16	.02780	.02780	.00000	.281	1.000
S17	.03729	.00000	-.03729	.377	0.999
S18	.01948	.01948	.00000	.197	1.000
W01+	.00000	.00000	.00000	.000	1.000
W02+	.01733	.01526	-.01733	.175	1.000
W03+	.03180	.00000	-.03180	.321	1.000
W04+	.02543	.00410	-.02543	.257	1.000
W05+	.01071	.01071	.00000	.108	1.000

(wird fortgesetzt)

Fortsetzung

	Most Extreme Differences				
	Absolute	*Positive*	*Negative*	*K-S Z*	*2-tailed P*
W06+	.02015	.02015	-.00422	.204	1.000
W07+	.02255	.02255	-.01836	.228	1.000
W07a+	.03180	.00000	-.03180	.321	1.000
W08+	.02823	.02823	-.01939	.285	1.000
W09+	.06482	.06482	.00000	.655	0.785
W10+	.02713	.02358	-.02713	.274	1.000
W11+	.01733	.00000	-.01733	.175	1.000
W12+	.00728	.00728	.00000	.074	1.000
W13+	.02109	.00000	-.02109	.213	1.000
W14+	.01117	.01117	-.00467	.113	1.000
W15+	.00935	.00228	-.00935	.094	1.000
W16+	.00000	.00000	.00000	.000	1.000
W17+	.00000	.00000	.00000	.000	1.000
W18+	.00000	.00000	.00000	.000	1.000
W01-	.02622	.01423	-.02622	.265	1.000
W02-	.04649	.04649	.00000	.470	0.980
W03-	.03110	.03110	.00000	.314	1.000
W04-	.02303	.00000	-.02303	.233	1.000
W05-	.02952	.00091	-.02952	.298	1.000
W06-	.02418	.00513	-.02418	.244	1.000
W07-	.01584	.01584	-.00139	.160	1.000
W07a-	.01630	.01630	-.01289	.165	1.000
W08-	.01526	.01526	-.00798	.154	1.000
W09-	.02749	.01208	-.02749	.278	1.000
W10-	.01129	.00604	-.01129	.114	1.000
W11-	.02725	.00000	-.02725	.275	1.000
W12-	.01414	.01026	-.01414	.143	1.000
W13-	.05286	.05286	-.01038	.534	0.938
W14-	.01766	.01766	.00000	.178	1.000
W15-	.02212	.00558	-.02212	.223	1.000
W16-	.03566	.03566	-.00935	.360	0.999
W17-	.00331	.00000	-.00331	.033	1.000
W18-	.00844	.00513	-.00844	.085	1.000

ANHANG C: KORRESPONDENZANALYSEN

C.1 Korrespondenzanalyse auf Basis des gesamten Datensatzes

EXPLAINED VARIANCE

EVAR	COL1	EVAR	COL1
1.AXIS	40.70	12.AXIS	0.93
2.AXIS	26.62	13.AXIS	0.80
3.AXIS	10.88	14.AXIS	0.72
4.AXIS	3.77	15.AXIS	0.58
5.AXIS	3.20	16.AXIS	0.53
6.AXIS	2.51	17.AXIS	0.38
7.AXIS	1.85	18.AXIS	0.35
8.AXIS	1.81	19.AXIS	0.28
9.AXIS	1.41	20.AXIS	0.24
10.AXIS	1.19	21.AXIS	0.16
11.AXIS	1.09	22.AXIS	0.00

Gereral Statistics

GENSTAT	MASS	SQCOR	INR	LOC1	QCOR1	INR1	LOC2	QCOR2	INR2	LOC3	QCOR3	INR3	LOC4	QCOR4	INR4
RF	.0055	0.976	0.130	-0.343	0.063	0.020	1.278	0.870	0.423	0.283	0.043	0.051	-0.038	0.001	0.003
BAS	0.033	0.977	0.084	-0.328	0.053	0.011	1.339	0.885	0.279	0.275	0.037	0.029	-0.045	0.001	0.002
DGA	0.042	0.797	0.047	0.821	0.758	0.088	0.148	0.025	0.004	-0.092	0.009	0.004	0.067	0.005	0.006
VW	0.092	0.850	0.071	0.662	0.709	0.125	0.200	0.064	0.017	-0.197	0.063	0.041	0.093	0.014	0.026
LVZ	0.028	0.703	0.032	0.433	0.205	0.016	0.615	0.414	0.050	0.030	0.001	0.000	0.276	0.083	0.071
FZ	0.043	0.841	0.040	0.776	0.811	0.080	-0.094	0.012	0.002	-0.095	0.012	0.004	-0.068	0.006	0.007
VOSS	0.039	0.836	0.038	0.774	0.785	0.073	-0.148	0.029	0.004	-0.071	0.007	0.002	-0.110	0.016	0.016
BT	0.046	0.756	0.050	0.765	0.680	0.083	0.013	0.000	0.000	-0.123	0.018	0.008	-0.223	0.058	0.077
HF	0.018	0.409	0.016	0.375	0.209	0.008	-0.325	0.157	0.009	0.150	0.033	0.005	0.079	0.009	0.004
KVZ	0.057	0.811	0.046	0.644	0.652	0.073	-0.315	0.156	0.027	0.013	0.000	0.000	-0.034	0.002	0.002
GER	0.026	0.597	0.020	0.514	0.423	0.021	-0.304	0.148	0.011	0.122	0.024	0.005	0.034	0.002	0.001

(wird fortgesetzt)

(Fortsetzung)

GENSTAT	MASS	SQCOR	INR	LOC1	QCOR1	INR1	LOC2	QCOR2	INR2	LOC3	QCOR3	INR3	LOC4	QCOR4	INR4
BAYK	0.027	0.303	0.015	0.058	0.008	0.000	-0.355	0.289	0.016	0.037	0.003	0.000	0.039	0.004	0.001
DAZ	0.038	0.500	0.023	-0.074	0.012	0.001	-0.325	0.224	0.019	0.353	0.264	0.055	0.010	0.000	0.000
MNN	0.021	0.452	0.013	-0.236	0.118	0.004	-0.293	0.182	0.009	0.236	0.119	0.014	-0.124	0.033	0.011
RWZ	0.040	0.650	0.027	-0.253	0.119	0.008	-0.349	0.227	0.023	0.388	0.281	0.070	-0.109	0.022	0.016
DTZ	0.065	0.711	0.033	-0.436	0.479	0.038	-0.248	0.155	0.019	0.093	0.022	0.007	-0.148	0.055	0.048
TAG	0.059	0.835	0.033	-0.441	0.433	0.035	-0.335	0.250	0.031	0.252	0.141	0.043	0.071	0.011	0.010
BLA	0.042	0.706	0.035	-0.472	0.336	0.029	-0.232	0.081	0.011	0.410	0.254	0.082	-0.152	0.035	0.033
STA	0.082	0.931	0.056	-0.502	0.468	0.064	-0.287	0.153	0.032	0.020	0.001	0.000	0.408	0.309	0.459
DOB	0.022	0.407	0.020	-0.439	0.271	0.013	-0.249	0.087	0.007	0.181	0.046	0.008	-0.046	0.003	0.002
VB	0.085	0.947	0.099	-0.748	0.603	0.147	-0.052	0.003	0.001	-0.508	0.278	0.254	-0.242	0.063	0.166
AN	0.040	0.861	0.072	-0.702	0.345	0.061	0.166	0.019	0.005	-0.823	0.475	0.316	0.173	0.021	0.040
G.modern	0.019	0.813	0.020	0.818	0.792	0.040	0.026	0.001	0.000	-0.075	0.007	0.001	0.107	0.014	0.007
G.teleologisch	0.017	0.813	0.009	-0.471	0.548	0.012	-0.113	0.032	0.001	-0.212	0.111	0.009	0.223	0.123	0.028
G.mythisch	0.009	0.908	0.015	-0.911	0.657	0.024	-0.344	0.094	0.005	-0.413	0.135	0.018	0.167	0.022	0.008
Vernunft (EF)	0.043	0.903	0.026	0.622	0.825	0.052	-0.179	0.068	0.007	0.068	0.010	0.002	-0.007	0.000	0.000
Zukunft (EF)	0.051	0.963	0.046	0.818	0.929	0.106	0.060	0.005	0.001	-0.134	0.025	0.011	0.053	0.004	0.005
Deutsch (EF)	0.028	0.793	0.023	-0.536	0.437	0.025	-0.473	0.340	0.029	0.075	0.009	0.002	0.071	0.008	0.005
Unterord (E)	0.113	0.646	0.011	-0.058	0.043	0.001	-0.216	0.596	0.025	0.020	0.005	0.001	-0.011	0.001	0.000
Groesse (E)	0.034	0.350	0.008	0.168	0.150	0.003	-0.127	0.086	0.003	0.042	0.010	0.001	0.140	0.105	0.023
Samenkorn (E)	0.010	0.785	0.012	-0.467	0.232	0.007	0.208	0.046	0.002	-0.434	0.200	0.022	0.537	0.307	0.099
Macht (E)	0.013	0.745	0.008	-0.210	0.089	0.002	0.367	0.269	0.008	-0.175	0.061	0.005	0.403	0.326	0.071
Kampf (E)	0.028	0.933	0.018	-0.447	0.401	0.018	0.360	0.260	0.018	-0.091	0.017	0.003	0.356	0.255	0.121
Sieg (E)	0.006	0.950	0.010	-0.751	0.447	0.011	0.579	0.266	0.010	-0.540	0.232	0.022	0.082	0.005	0.001
Opfertod (E)	0.013	0.814	0.045	-0.863	0.269	0.030	-0.073	0.002	0.000	-1.188	0.510	0.211	0.298	0.032	0.038
Leiden (E)	0.017	0.639	0.006	-0.378	0.517	0.008	-0.174	0.110	0.003	-0.053	0.010	0.001	-0.027	0.003	0.000
Schwäche (E)	0.016	0.610	0.005	-0.003	0.000	0.000	0.020	0.001	0.000	0.327	0.400	0.020	0.236	0.209	0.030
Ausbeutung (EF)	0.032	0.946	0.074	-0.341	0.063	0.011	1.261	0.857	0.238	0.219	0.026	0.018	-0.041	0.001	0.002
Staatsfeinde	0.018	0.822	0.034	1.092	0.782	0.066	0.018	0.000	0.000	-0.210	0.029	0.009	-0.127	0.011	0.010
Verblendung (F)	0.017	0.579	0.004	0.189	0.182	0.002	-0.243	0.303	0.005	0.132	0.090	0.004	-0.028	0.004	0.000

(wird fortgesetzt)

(Fortsetzung)

GENSTAT	MASS	SQCOR	INR	LOC1	QCOR1	INR1	LOC2	QCOR2	INR2	LOC3	QCOR3	INR3	LOC4	QCOR4	INR4
Versager (F)	0.037	0.456	0.009	-0.218	0.252	0.005	0.056	0.017	0.001	-0.072	0.027	0.002	-0.174	0.160	0.038
Kraemer (F)	0.025	0.717	0.010	-0.326	0.334	0.008	-0.301	0.285	0.011	0.097	0.029	0.003	-0.148	0.069	0.018
Untertan (F)	0.013	0.833	0.019	-0.242	0.053	0.002	0.876	0.691	0.049	0.139	0.017	0.003	-0.282	0.072	0.035
Gesindel (F)	0.006	0.450	0.006	-0.501	0.328	0.004	-0.237	0.073	0.002	-0.175	0.040	0.002	0.085	0.009	0.001
Hetzer (F)	0.026	0.271	0.007	-0.121	0.072	0.001	0.004	0.000	0.000	0.019	0.002	0.000	-0.201	0.197	0.035
Nutznießer (F)	0.018	0.669	0.007	-0.139	0.066	0.001	0.354	0.429	0.011	-0.075	0.019	0.001	-0.212	0.154	0.028
Reaktionäre (F)	0.019	0.951	0.056	0.373	0.059	0.008	1.439	0.874	0.185	0.156	0.010	0.005	0.138	0.008	0.012
Gewalt (F)	0.015	0.866	0.017	-0.267	0.076	0.003	0.842	0.753	0.049	0.078	0.007	0.001	-0.171	0.031	0.014
Verbrecher (F)	0.011	0.766	0.007	-0.511	0.488	0.009	0.018	0.001	0.000	-0.257	0.123	0.008	-0.288	0.155	0.030
Verrat (F)	0.014	0.915	0.015	-0.803	0.735	0.028	0.227	0.059	0.003	-0.270	0.083	0.012	-0.184	0.039	0.016
Verschwörung (F)	0.009	0.748	0.007	-0.693	0.691	0.013	-0.004	0.000	0.000	-0.188	0.051	0.004	-0.065	0.006	0.001
Zersetzung (F)	0.013	0.740	0.009	-0.520	0.521	0.011	-0.265	0.135	0.004	-0.199	0.077	0.006	-0.063	0.008	0.002
Antisemitismus (F)	0.009	0.938	0.053	-1.205	0.299	0.039	-0.075	0.001	0.000	-1.654	0.564	0.275	-0.596	0.073	0.103
Sozialstaat	0.014	0.758	0.013	0.715	0.671	0.022	0.071	0.007	0.000	-0.159	0.033	0.004	0.189	0.047	0.016
Parl. Demokratie (S)	0.015	0.904	0.026	1.105	0.870	0.055	0.026	0.000	0.000	-0.207	0.031	0.007	0.060	0.003	0.002
Rechtsstaat	0.005	0.691	0.006	0.765	0.618	0.010	-0.251	0.066	0.002	-0.078	0.006	0.000	0.008	0.000	0.000
Working System (S)	0.005	0.501	0.006	0.637	0.399	0.006	-0.309	0.094	0.002	0.068	0.005	0.000	-0.063	0.004	0.001
Stabilität (S)	0.010	0.315	0.007	0.212	0.077	0.001	-0.282	0.136	0.004	0.219	0.082	0.005	0.110	0.021	0.004
Einheit (S)	0.014	0.654	0.009	0.323	0.198	0.005	-0.386	0.283	0.010	0.206	0.080	0.007	-0.221	0.093	0.023
Achtung (S)	0.008	0.254	0.003	0.073	0.019	0.000	-0.193	0.131	0.001	0.130	0.060	0.002	-0.112	0.045	0.003
Kulturstaat	0.010	0.693	0.010	-0.289	0.108	0.003	-0.540	0.378	0.014	0.390	0.197	0.018	0.092	0.011	0.003
Organismus (S)	0.014	0.570	0.008	-0.179	0.068	0.001	-0.440	0.413	0.013	0.203	0.088	0.007	-0.001	0.000	0.000
Großdeutschland	0.008	0.637	0.005	-0.116	0.031	0.000	-0.501	0.570	0.010	0.120	0.033	0.001	0.040	0.004	0.000
Aristokratie (S)	0.011	0.749	0.014	-0.350	0.117	0.004	-0.595	0.337	0.018	0.389	0.144	0.019	0.399	0.151	0.057
Machtstaat	0.029	0.914	0.027	-0.662	0.596	0.040	-0.398	0.215	0.022	0.231	0.072	0.018	-0.151	0.031	0.023
Staat mythisch	0.014	0.814	0.019	-0.635	0.363	0.017	-0.557	0.280	0.020	0.369	0.123	0.022	0.231	0.048	0.025
Sozialstaat (WR+)	0.012	0.812	0.032	1.245	0.755	0.059	0.065	0.002	0.000	-0.335	0.055	0.016	-0.019	0.000	0.000
Rechtsstaat (WR+)	0.007	0.905	0.012	1.119	0.849	0.025	0.080	0.004	0.000	-0.250	0.042	0.005	0.114	0.009	0.003
Work. System (WR+)	0.006	0.679	0.013	1.005	0.629	0.020	-0.242	0.037	0.002	-0.043	0.001	0.000	-0.140	0.012	0.004

(wird fortgesetzt)

(Fortsetzung)

GENSTAT	MASS	SQCOR	INR	LOC1	QCOR1	INR1	LOC2	QCOR2	INR2	LOC3	QCOR3	INR3	LOC4	QCOR4	INR4
Stabilität (WR+)	0.019	0.923	0.033	1.098	0.875	0.071	-0.117	0.010	0.001	-0.163	0.019	0.006	-0.163	0.019	0.017
Einheit (WR+)	0.011	0.745	0.016	0.876	0.647	0.025	-0.302	0.077	0.005	0.027	0.001	0.000	-0.157	0.021	0.009
Autorität (WR+)	0.012	0.758	0.023	1.067	0.716	0.041	-0.225	0.032	0.003	-0.117	0.009	0.002	-0.044	0.001	0.001
Sozialstaat (WR-)	0.006	0.902	0.022	-0.260	0.021	0.001	1.648	0.843	0.071	0.335	0.035	0.007	0.091	0.003	0.002
Repression (WR-)	0.017	0.926	0.036	-0.356	0.076	0.007	1.091	0.713	0.096	0.460	0.127	0.042	-0.126	0.009	0.009
Work. System (WR-)	0.015	0.711	0.009	-0.317	0.213	0.005	-0.175	0.065	0.002	0.451	0.431	0.034	-0.021	0.001	0.000
Fassade (WR-)	0.008	0.433	0.008	-0.332	0.134	0.003	-0.319	0.125	0.004	0.374	0.171	0.012	-0.051	0.003	0.001
Einheit (WR-)	0.008	0.644	0.017	-0.267	0.042	0.002	-0.590	0.206	0.013	0.797	0.376	0.058	-0.187	0.021	0.009
Tradition (WR-)	0.006	0.688	0.012	-0.849	0.499	0.014	-0.503	0.176	0.008	0.128	0.011	0.001	-0.048	0.002	0.000
kranker Staat (WR-)	0.006	0.596	0.004	-0.358	0.250	0.002	-0.307	0.183	0.003	0.253	0.124	0.004	0.141	0.039	0.004
Autorität (WR-)	0.011	0.781	0.011	-0.536	0.381	0.010	-0.363	0.175	0.007	0.406	0.218	0.022	-0.066	0.006	0.002

C.2 Korrespondenzanalysen mit Teildatensätzen

Um die Stabilität der korrespondenzananlytischen Ergebnisse zu überprüfen und gleichzeitig Aufschlüsse über eventuelle Veränderungen in den strukturellen Arrangements der Deutungs-Ensembles zu erhalten, wurde der Datensatz nach verschiedenen Kriterien - erstens nach einem zeitlichen, zweitens nach Analyseebenen - geteilt. Die Teildatensätze wurden dann separaten Analysen unterzogen.

Zunächst wurden Korrespondenzananlysen für zwei Teildatensätze durchgeführt, deren Trennkriterium ein zeitliches ist: Teil 1 umfaßte die Texte bis einschließlich des Jahrgangs 1926, Teil 2 alle 1927 und später erschienen Texte. Wie sich dabei zeigte, bleibt die Struktur des analytisch rekonstruierten Deutungsraumes stabil; was sich änderte, ist der Erklärungswert der Achsen: In den Jahren 1919 bis 1926 war das NS-Pressewesen - das die 1. Achse des Gesamtsystems nicht unerheblich determiniert - noch unentwickelt, während die analysierten kommunistischen Zeitungen - maßgeblich für die 2. Achse des Gesamtsystems - bereits als Tageszeitungen erschienen. Infolgedessen wechselt die durch den erklärten Varianzanteil definierte Reihenfolge der Achsen: Anders als im gesamten Erhebungszeitraum ist in den Jahren 1919 bis 1926 die durch den Gegensatz von klassenkämpferischem Schema und autoritären Staatsvorstellungen festgelegte Achse etwas erklärungskräftiger als die, die durch die Opposition von mythisch-analogischem Schema und prozeduralem Modell definiert wird. Weil es sich bei diesen Teilanalysen lediglich um einen Test der Modellstabilität handelt, der keine die Struktur des Deutungsraumes betreffenden zusätzlichen Aufschlüsse gibt, weil zweitens die einzige maßgebliche Differenz in den Ergebnissen nur auf unterschiedlichen Verteilungen der Materialmengen beruht, wird auf die Dokumentation der statistischen Ergebnisse wie der graphischen Lösung verzichtet.

Von viel größerer Relevanz als die Ergebnisse dieser Teilanalysen, die lediglich die Frage nach der Stabilität der Deutunsmodelle *in der Zeit* aufwarfen und positiv beantworteten, sind zwei im folgenden dokumentierte Analysen, die praktisch auf zwei verschiedenen Inhaltsanalysen beruhen: Im ersten Durchgang fließen lediglich die Kategorien zur Erfassung von Geschichtsvorstellungen sowie von Freund- und Feindbildern ein, im zweiten Durchgang werden nur die Staatsvorstellungen und die Urteile über die Weimarer Republik analysiert. Damit wird entschieden die Frage nach der Struktur der

Deutungsmodelle und den - in der Interpretation unterstellten - Isomorphiebeziehungen zwischen den Analyseebenen gestellt. Es zeigt sich ein verblüffendes Maß an Stabilität des Deutungsraumes: Die beiden Graphiken ähneln sich fast so, als handelte es sich nicht um zwei getrennte, sondern um die getrennt ausgeplotteten Ergebnisse ein und derselben Analyse - wodurch die These, daß die beschriebenen Felder des Deutungsraumes nicht durch je ähnliche politische Ansichten, sondern durch eine je spezifische und vom Analyseinhalt ganz unabhängige Deutungslogik konstituiert werden, nachhaltig gestützt wird. Die gleichwohl vorhandenen Differenzen sind allerdings aufschlußreich:

- Der auffälligste Unterschied zwischen den beiden Graphiken besteht darin, daß die "Freund- und Feindbilder"-Variablen gleichmäßiger in dem durch die ersten beiden Achsen aufgespannten Deutungsraum verteilt sind als die Staatsvorstellungen. Damit bestätigt sich die in die Gesamtkonzeption der Analyse eingeflossene These, derzufolge die expliziten politischen Stellungnahmen das politische Feld stärker polarisieren, als es die dem politischen Tagesstreit weiter entfernten Deutungsmuster der Distinktion von Freund und Feind tun (s.o., S. 105 f.).
- Zweitens bestätigt ein Vergleich der beiden Graphiken die Behauptung, daß das mythisch-analogische Schema und das System autoritärer Staatsvorstellungen auf der Basis unterschiedlicher Deutungslogiken zu etwa den gleichen politischen Stellungnahmen führen und von daher ihren Trägern die besten Chancen zur Bildung von *Deutungskoalitionen* bieten (s.o., S. 244 ff.): In dem allein durch explizit politische Bekenntnisse konstituierten Raum der Staatsvorstellungen und der Urteile über die Republik besetzen diese beiden Schemata ein und dasselbe Feld. Erst auf den Ebenen der Geschichtsvorstellungen und der Freund-Feind-Distinktionen wird die Unterscheidung sichtbar: *RWZ, MNN, DAZ* als Träger des Systems autoritärer Staatsvorstellungen werden durch die Absenz atavistischer Geschichtsvorstellungen und mythisch-konkretistischer Freund-Feind-Unterscheidungen [*Opfertod (E), Samenkorn (E), Verschwörung (F), Zersetzung (F), Antisemitismus (F)*] aus dem Feld des mythisch-analogischen Schemas herausgelöst.

Korrespondenzanalyse der Geschichtsvorstellungen und der Freund- und Feindbilder:

EXPLAINED VARIANCE

EVAR	COL1		
		11.AXIS	0.93
1.AXIS	40.82	12.AXIS	0.74
2.AXIS	28.64	13.AXIS	0.61
3.AXIS	9.97	14.AXIS	0.52
4.AXIS	5.29	15.AXIS	0.36
5.AXIS	2.76	16.AXIS	0.29
6.AXIS	2.56	17.AXIS	0.23
7.AXIS	1.82	18.AXIS	0.13
8.AXIS	1.73	19.AXIS	0.09
9.AXIS	1.27	20.AXIS	0.08
10.AXIS	1.13	21.AXIS	0.03

GENERAL STATISTIC

GENSTAT INR4	MASS	SQCOR	INR	LOC1	QCOR1	INR1	LOC2	QCOR2	INR2	LOC3	QCOR3	INR3	LOC4	QCOR4	INR4
RF	0.064	0.977	0.137	-0.195	0.028	0.010	1.114	0.924	0.442	0.181	0.024	0.034	0.008	0.000	0.000
BAS	0.039	0.981	0.092	-0.193	0.025	0.006	1.171	0.929	0.297	0.191	0.025	0.023	0.055	0.002	0.004
DGA	0.037	0.814	0.045	0.748	0.726	0.081	0.147	0.028	0.004	-0.213	0.059	0.027	-0.031	0.001	0.001
VW	0.099	0.864	0.060	0.524	0.729	0.106	0.143	0.054	0.011	-0.160	0.068	0.041	-0.067	0.012	0.014
LVZ	0.030	0.804	0.028	0.480	0.390	0.027	0.438	0.324	0.032	-0.105	0.019	0.005	-0.205	0.071	0.038
FZ	0.039	0.805	0.036	0.660	0.754	0.066	-0.114	0.022	0.003	-0.122	0.026	0.009	0.042	0.003	0.002
VOSS	0.035	0.891	0.034	0.688	0.788	0.065	-0.199	0.066	0.008	-0.105	0.018	0.006	0.105	0.018	0.012
BT	0.044	0.691	0.052	0.645	0.563	0.072	-0.061	0.005	0.001	-0.151	0.031	0.016	0.261	0.092	0.091
HF	0.015	0.454	0.012	0.348	0.241	0.007	-0.254	0.129	0.005	0.120	0.029	0.003	-0.167	0.055	0.013
KVZ	0.048	0.855	0.045	0.623	0.654	0.073	-0.342	0.197	0.031	-0.046	0.004	0.002	-0.010	0.000	0.000
GER	0.021	0.737	0.020	0.582	0.568	0.028	-0.302	0.153	0.011	0.042	0.003	0.001	-0.086	0.012	0.005
BAYK	0.026	0.480	0.016	0.071	0.013	0.001	-0.402	0.419	0.024	0.134	0.047	0.008	-0.018	0.001	0.000
DAZ	0.032	0.386	0.012	0.125	0.067	0.002	-0.197	0.164	0.007	0.190	0.153	0.018	-0.020	0.002	0.000
MNN	0.020	0.409	0.009	-0.128	0.058	0.001	-0.220	0.170	0.005	0.226	0.180	0.016	0.022	0.002	0.000
RWZ	0.034	0.539	0.018	-0.050	0.007	0.000	-0.267	0.214	0.013	0.282	0.239	0.043	0.162	0.079	0.027
DTZ	0.068	0.756	0.036	-0.314	0.300	0.026	-0.248	0.187	0.023	0.216	0.142	0.051	0.204	0.127	0.086
TAG	0.056	0.807	0.032	-0.300	0.248	0.020	-0.305	0.257	0.029	0.319	0.282	0.092	-0.086	0.020	0.012
BLA	0.036	0.601	0.021	-0.234	0.152	0.008	-0.221	0.135	0.010	0.325	0.292	0.062	0.090	0.022	0.009
STA	0.084	0.913	0.060	-0.415	0.383	0.057	-0.249	0.138	0.029	0.091	0.018	0.011	-0.411	0.374	0.427
DOB	0.025	0.587	0.019	-0.254	0.138	0.006	-0.194	0.080	0.005	0.401	0.344	0.064	0.107	0.024	0.009
VB	0.098	0.953	0.125	-0.759	0.722	0.222	-0.118	0.017	0.008	-0.330	0.136	0.172	0.249	0.077	0.184
AN	0.051	0.901	0.090	-0.764	0.530	0.116	0.020	0.000	0.000	-0.604	0.331	0.297	-0.207	0.039	0.066
G.modern	0.027	0.843	0.042	0.863	0.775	0.080	-0.041	0.002	0.000	-0.238	0.059	0.025	-0.085	0.008	0.006
G.teleologisch	0.024	0.789	0.013	-0.428	0.543	0.017	-0.178	0.094	0.004	-0.014	0.001	0.000	-0.227	0.152	0.038
G.mythisch	0.013	0.883	0.023	-0.882	0.696	0.040	-0.409	0.149	0.012	-0.092	0.008	0.002	-0.183	0.030	0.013
Vernunft (EF)	0.062	0.902	0.060	0.696	0.805	0.117	-0.240	0.096	0.020	-0.021	0.001	0.000	0.019	0.001	0.001
Zukunft (EF)	0.073	0.969	0.095	0.846	0.878	0.204	-0.024	0.001	0.000	-0.269	0.089	0.084	-0.033	0.001	0.002

(wird fortgesetzt)

(Fortsetzung)

GENSTAT	MASSSQCOR		INR	LOC1QCOR1		INR1	LOC2	QCOR2	INR2	LOC3	QCOR3	INR3	LOC4QCOR4		INR4
Deutschtum (EF)	0.040	0.800	0.043	-0.444	0.293	0.031	-0.493	0.361	0.054	0.304	0.137	0.059	-0.074	0.008	0.007
Unterordnung (E)	0.162	0.773	0.030	0.021	0.004	0.000	-0.273	0.652	0.067	0.116	0.118	0.035	-0.001	0.000	0.000
Groesse (E)	0.049	0.540	0.018	0.237	0.248	0.011	-0.184	0.149	0.009	0.116	0.059	0.011	-0.139	0.084	0.028
Samenkorn (E)	0.015	0.716	0.018	-0.466	0.275	0.012	0.111	0.015	0.001	-0.276	0.096	0.018	-0.511	0.330	0.115
Macht (E)	0.019	0.601	0.011	-0.165	0.072	0.002	0.268	0.189	0.007	-0.085	0.019	0.002	-0.350	0.322	0.069
Kampf (E)	0.041	0.897	0.024	-0.382	0.390	0.023	0.273	0.199	0.017	0.035	0.003	0.001	-0.337	0.304	0.140
Sieg (E)	0.009	0.938	0.014	-0.757	0.596	0.021	0.450	0.211	0.010	-0.342	0.122	0.017	-0.090	0.008	0.002
Opfertod (E)	0.018	0.873	0.063	-0.950	0.422	0.065	-0.216	0.022	0.005	-0.891	0.372	0.234	-0.349	0.057	0.068
Leiden (E)	0.025	0.556	0.011	-0.306	0.340	0.009	-0.222	0.180	0.007	0.098	0.035	0.004	0.018	0.001	0.000
Schwäche (E)	0.023	0.505	0.012	0.135	0.057	0.002	-0.017	0.001	0.000	0.312	0.302	0.036	-0.216	0.145	0.032
Ausbeutung (EF)	0.045	0.951	0.107	-0.237	0.038	0.010	1.149	0.893	0.332	0.176	0.021	0.022	0.006	0.000	0.000
Staatsfeinde	0.026	0.843	0.067	1.096	0.730	0.121	-0.080	0.004	0.001	-0.381	0.088	0.060	0.182	0.020	0.026
Verblendung (F)	0.025	0.703	0.011	0.278	0.283	0.008	-0.294	0.316	0.012	0.167	0.102	0.011	0.022	0.002	0.000
Versager (F)	0.053	0.478	0.012	-0.155	0.165	0.005	-0.018	0.002	0.000	0.070	0.033	0.004	0.201	0.277	0.065
Krämer (F)	0.035	0.745	0.020	-0.227	0.149	0.007	-0.337	0.327	0.022	0.251	0.181	0.036	0.174	0.088	0.033
Untertan	0.019	0.815	0.027	-0.149	0.025	0.002	0.771	0.665	0.063	0.152	0.026	0.007	0.299	0.100	0.052
Gesindel	0.008	0.434	0.009	-0.439	0.290	0.006	-0.298	0.133	0.004	0.056	0.005	0.000	-0.066	0.007	0.001
Hetzer (F)	0.037	0.414	0.011	-0.047	0.012	0.000	-0.063	0.022	0.001	0.155	0.132	0.014	0.212	0.248	0.051
Nutznießer (F)	0.026	0.595	0.009	-0.078	0.027	0.001	0.262	0.306	0.010	-0.033	0.005	0.000	0.240	0.257	0.046
Reaktionäre (F)	0.027	0.930	0.089	0.453	0.099	0.022	1.307	0.826	0.256	-0.067	0.002	0.002	-0.066	0.002	0.003
Gewalt (F)	0.021	0.820	0.024	-0.177	0.043	0.003	0.737	0.746	0.064	0.075	0.008	0.002	0.128	0.023	0.010
Verbrecher (F)	0.015	0.721	0.011	-0.473	0.504	0.013	-0.069	0.011	0.000	-0.077	0.014	0.001	0.292	0.193	0.040
Verrat (F)	0.020	0.911	0.022	-0.751	0.823	0.043	0.137	0.027	0.002	-0.036	0.002	0.000	0.201	0.059	0.024
Verschwörung (F)	0.012	0.687	0.012	-0.634	0.665	0.019	-0.073	0.009	0.000	0.019	0.001	0.000	0.088	0.013	0.003
Zersetzung (F)	0.019	0.751	0.014	-0.469	0.487	0.017	-0.334	0.247	0.012	0.041	0.004	0.001	0.078	0.014	0.004
Antisemitismus (F)	0.012	0.959	0.079	-1.361	0.466	0.090	-0.252	0.016	0.004	-1.252	0.395	0.311	0.569	0.082	0.121

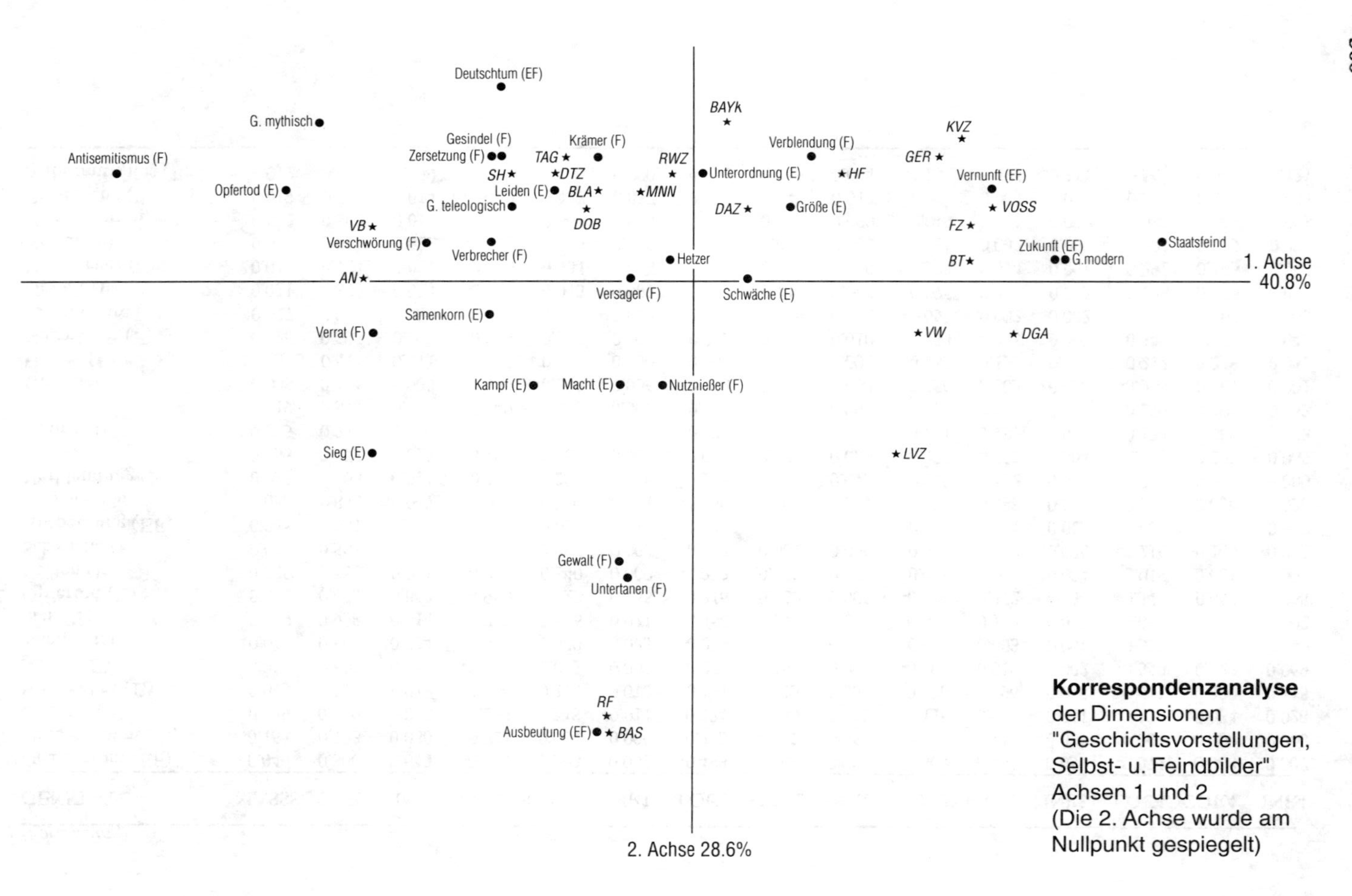

Korrespondenzanalyse
der Dimensionen
"Geschichtsvorstellungen,
Selbst- u. Feindbilder"
Achsen 1 und 2
(Die 2. Achse wurde am
Nullpunkt gespiegelt)

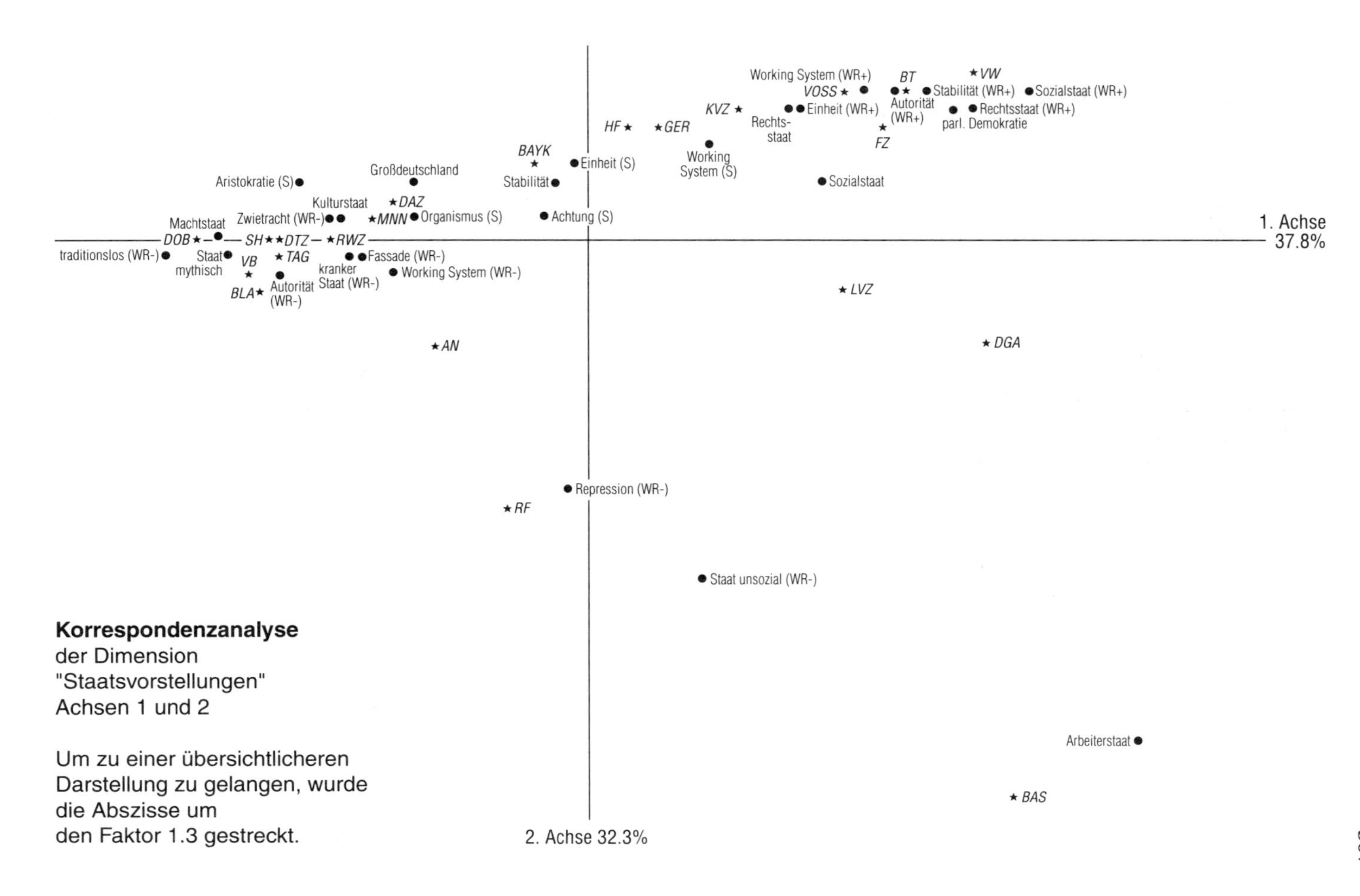

Korrespondenzanalyse
der Dimension
"Staatsvorstellungen"
Achsen 1 und 2

Um zu einer übersichtlicheren
Darstellung zu gelangen, wurde
die Abszisse um
den Faktor 1.3 gestreckt.

Korrespondenzanalyse der Staatsvorstellungen:

EXPLAINED VARIANCE

EVAR	COL1	EVAR	COL1
1.AXIS	37.8	12.AXIS	0.68
2.AXIS	32.32	13.AXIS	0.40
3.AXIS	12.87	14.AXIS	0.34
4.AXIS	3.58	15.AXIS	0.28
5.AXIS	2.76	16.AXIS	0.26
6.AXIS	2.20	17.AXIS	0.18
7.AXIS	1.78	18.AXIS	0.09
8.AXIS	1.41	19.AXIS	0.08
9.AXIS	1.19	20.AXIS	0.04
10.AXIS	0.95	21.AXIS	0.02
11.AXIS	0.73	22.AXIS	0.00

GENERAL STATISTIC

GENSTAT	MASS	SQCOR	INR	LOC1	QCOR1	INR1	LOC2	QCOR2	INR2	LOC3	QCOR3	INR3	LOC4	QCOR4	INR4
RF	0.032	0.985	0.120	-0.189	0.007	0.002	-1.126	0.251	0.093	-1.903	0.718	0.669	-0.210	0.009	0.029
BAS	0.042	0.998	0.241	1.034	0.138	0.088	-2.517	0.818	0.610	0.552	0.039	0.074	-0.140	0.003	0.017
DGA	0.068	0.969	0.068	0.967	0.696	0.124	-0.432	0.139	0.029	0.373	0.103	0.054	0.201	0.030	0.057
VW	0.072	0.966	0.085	0.958	0.575	0.130	0.654	0.268	0.071	-0.172	0.018	0.012	0.409	0.105	0.250
LVZ	0.023	0.688	0.035	0.623	0.193	0.018	-0.242	0.029	0.003	-0.918	0.420	0.113	0.304	0.046	0.045
FZ	0.053	0.868	0.032	0.726	0.644	0.055	0.414	0.210	0.021	0.061	0.005	0.001	-0.091	0.010	0.009
VOSS	0.046	0.805	0.033	0.632	0.413	0.036	0.595	0.366	0.038	-0.072	0.005	0.001	-0.141	0.021	0.019
BT	0.048	0.833	0.041	0.774	0.517	0.057	0.575	0.285	0.036	-0.185	0.029	0.009	-0.042	0.002	0.002
HF	0.025	0.528	0.012	0.110	0.018	0.001	0.444	0.299	0.011	0.140	0.030	0.003	-0.345	0.181	0.063
KVZ	0.074	0.837	0.032	0.368	0.237	0.020	0.532	0.494	0.049	0.072	0.009	0.002	-0.235	0.096	0.086
GER	0.035	0.621	0.013	0.167	0.055	0.002	0.413	0.332	0.014	0.041	0.003	0.000	-0.345	0.231	0.087
BAYK	0.027	0.277	0.012	-0.126	0.026	0.001	0.294	0.145	0.005	0.084	0.012	0.001	-0.237	0.094	0.032
DAZ	0.049	0.540	0.022	-0.482	0.384	0.023	0.139	0.032	0.002	0.162	0.044	0.008	-0.220	0.080	0.050
MNN	0.024	0.521	0.014	-0.536	0.372	0.014	0.097	0.012	0.001	0.129	0.021	0.002	-0.299	0.116	0.045

(wird fortgesetzt)

(Fortsetzung)

GENSTAT	MASSSQCOR		INR	LOC1QCOR1		INR1	LOC2	QCOR2	INR2	LOC3	QCOR3	INR3	LOC4QCOR4		INR4
RWZ	0.052	0.641	0.025	-0.623	0.608	0.040	0.017	0.000	0.000	0.110	0.019	0.004	-0.094	0.014	0.010
DTZ	0.055	0.875	0.027	-0.744	0.838	0.060	-0.037	0.002	0.000	0.107	0.017	0.004	0.111	0.018	0.014
TAG	0.062	0.878	0.030	-0.748	0.853	0.068	-0.039	0.002	0.000	0.119	0.022	0.005	0.017	0.000	0.000
BLA	0.053	0.760	0.036	-0.791	0.691	0.066	-0.208	0.048	0.005	-0.116	0.015	0.004	0.075	0.006	0.006
STA	0.076	0.795	0.048	-0.782	0.725	0.091	-0.004	0.000	0.000	0.203	0.049	0.018	0.133	0.021	0.028
DOB	0.016	0.592	0.021	-0.947	0.498	0.028	0.028	0.000	0.000	0.366	0.074	0.012	0.189	0.020	0.012
VB	0.051	0.787	0.043	-0.846	0.643	0.073	-0.173	0.027	0.004	-0.012	0.000	0.000	0.361	0.117	0.140
AN	0.016	0.497	0.008	-0.382	0.203	0.005	-0.435	0.264	0.007	-0.142	0.028	0.002	0.040	0.002	0.001
Arbeiterstaat	0.043	1.000	0.266	1.340	0.218	0.153	-2.328	0.658	0.541	1.011	0.124	0.256	-0.027	0.000	0.001
Sozialstaat	0.044	0.690	0.023	0.587	0.497	0.030	0.232	0.078	0.005	-0.132	0.025	0.004	0.249	0.090	0.057
Parl. Demokratie (S)	0.047	0.898	0.043	0.889	0.637	0.072	0.494	0.197	0.026	-0.166	0.022	0.007	0.226	0.041	0.050
Rechtsstaat	0.017	0.655	0.010	0.488	0.302	0.008	0.518	0.340	0.011	0.078	0.008	0.001	0.063	0.005	0.001
Working System (S)	0.016	0.517	0.008	0.292	0.127	0.003	0.368	0.203	0.005	0.051	0.004	0.000	-0.349	0.182	0.041
Stabilität (S)	0.031	0.379	0.010	-0.080	0.015	0.000	0.193	0.089	0.003	-0.062	0.009	0.001	-0.334	0.266	0.071
Einheit (S)	0.045	0.688	0.010	-0.019	0.001	0.000	0.327	0.345	0.011	0.020	0.001	0.000	-0.325	0.340	0.099
Achtung (S)	0.025	0.160	0.005	-0.092	0.033	0.000	0.062	0.015	0.000	0.029	0.003	0.000	-0.166	0.108	0.015
Kulturstaat	0.032	0.581	0.017	-0.597	0.499	0.023	0.099	0.014	0.001	0.211	0.062	0.008	-0.069	0.007	0.003
Organismus (S)	0.044	0.656	0.013	-0.455	0.540	0.018	0.086	0.019	0.001	0.171	0.076	0.007	-0.089	0.021	0.007
Großdeutschland	0.027	0.650	0.008	-0.425	0.432	0.010	0.219	0.114	0.003	0.175	0.073	0.005	-0.113	0.030	0.007
Aristokratie (S)	0.034	0.580	0.027	-0.691	0.455	0.032	0.115	0.013	0.001	0.340	0.110	0.023	-0.038	0.001	0.001
Machtstaat	0.094	0.880	0.066	-0.874	0.811	0.141	-0.100	0.011	0.002	0.094	0.009	0.005	0.214	0.049	0.089
Staat mythtisch	0.044	0.830	0.036	-0.904	0.757	0.071	-0.010	0.000	0.000	0.252	0.059	0.016	0.123	0.014	0.014
Sozialstaat (WR+)	0.039	0.912	0.052	1.073	0.656	0.090	0.514	0.151	0.024	-0.010	0.000	0.000	0.430	0.106	0.152
Rechtsstaat (WR+)	0.021	0.924	0.023	0.945	0.599	0.037	0.543	0.198	0.014	-0.189	0.024	0.004	0.391	0.103	0.067
Working System (WR+)	0.020	0.732	0.018	0.672	0.371	0.018	0.613	0.308	0.018	0.008	0.000	0.000	-0.256	0.054	0.028
Stabilität (WR+)	0.061	0.910	0.052	0.828	0.596	0.082	0.599	0.312	0.050	-0.033	0.001	0.000	-0.027	0.001	0.001
Einheit (WR+)	0.034	0.872	0.021	0.530	0.337	0.019	0.552	0.366	0.024	0.070	0.006	0.001	-0.368	0.163	0.096
Autorität (WR+)	0.037	0.823	0.032	0.750	0.481	0.041	0.604	0.312	0.031	0.063	0.003	0.001	-0.177	0.027	0.024

(wird fortgesetzt)

(Fortsetzung)

GENSTAT	MASSSQCOR		INR	LOC1QCOR1		INR1	LOC2 QCOR2		INR2	LOC3 QCOR3		INR3	LOC4QCOR4		INR4
Sozialstaat (WR-)	0.018	0.960	0.060	0.271	0.016	0.003	-1.400	0.428	0.080	-1.535	0.514	0.241	-0.105	0.002	0.004
Repression (WR-)	0.055	0.978	0.100	-0.050	0.001	0.000	-1.062	0.458	0.142	-1.130	0.519	0.405	-0.039	0.001	0.002
Working System (WR-)	0.047	0.709	0.014	-0.480	0.584	0.021	-0.169	0.072	0.003	-0.114	0.033	0.003	-0.089	0.020	0.008
Fassade (WR-)	0.024	0.486	0.012	-0.547	0.454	0.014	-0.090	0.012	0.000	0.052	0.004	0.000	0.102	0.016	0.005
Einheit (WR-)	0.025	0.445	0.022	-0.637	0.337	0.020	0.102	0.009	0.001	0.186	0.029	0.005	-0.291	0.070	0.044
Tradition (WR-)	0.021	0.804	0.026	-1.031	0.630	0.043	-0.109	0.007	0.001	0.155	0.014	0.003	0.508	0.153	0.110
kranker Staat (WR-)	0.018	0.659	0.007	-0.566	0.641	0.011	-0.063	0.008	0.000	0.020	0.001	0.000	0.067	0.009	0.002
Autorität (WR-)	0.036	0.832	0.018	-0.738	0.798	0.039	-0.123	0.022	0.001	0.091	0.012	0.002	0.012	0.000	0.000

Aus dem Programm Sozialwissenschaften

Alfred Bellebaum

Langeweile, Überdruß und Lebenssinn

Eine geistesgeschichtliche und kultursoziologische Untersuchung.

1990. 247 S. Kart.
ISBN 3-531-12206-1

Es gibt banale Langeweile, z. B. in Freizeit, Beruf, Schule, Ehe, Altenheim, Militär . . . Es gibt aber auch tiefsitzende Langeweile, die anlagebedingt sein und durch widrige Umstände ausgelöst, verstärkt und am Leben erhalten werden kann. Darauf verweist Acedia-Trägheit, jahrhundertelang als eine der sieben Hauptsünden angeprangert, die später als Melancholie, Ennui, Hypochondrie, Spleen, existentielle Langeweile oder endogene Depression stetig aufgetreten ist und nach wie vor unbesiegt auftritt. Auch für diese andere Langeweile bietet die moderne Gesellschaft einen guten Nährboden. Der Autor beschreibt die vielfältigen Formen von Langeweile und deren Nutzen und Schaden in unserer Gesellschaft, Kultur und Geschichte.

Alfred Bellebaum

Schweigen und Verschweigen

Bedeutungen und Erscheinungsvielfalt einer Kommunikationsform.

1992. 239 S. Kart.
ISBN 3-531-12357-2

Gesprochene und geschriebene Sprache sind zwar weit verbreitete Arten des Umgangs miteinander, Schweigen ist deswegen aber kein unbedeutendes Mittel der Kommunikation. Schweigende Kontakte mit Gott, Göttern, Geistern, Pflanzen, Tieren und Menschen gibt es seit jeher – und dabei gilt der Verzicht auf Sprechen als Voraussetzung für ein angemessenes Verstehen.
Schweigen ist eine nuancenreiche Erscheinung: So gibt es das beredte Schweigen, mit dem vieles ausgedrückt werden kann, und das unverstanden bleibende Schweigen, dessen Botschaft unerkannt bleibt. In vielen Situationen will Schweigen gelernt sein, muß man also wissen, ob gesprochen oder geschwiegen werden darf.

Ulrich Sarcinelli (Hrsg.)

Demokratische Streitkultur

Theoretische Grundpositionen und Handlungsalternativen in Politikfeldern.

1990. 494 S., Kart.
ISBN 3-531-12240-1

Den politischen Streit als ein Grundelement der pluralistischen Demokratie zu begreifen, dies fällt gerade in Deutschland offensichtlich immer noch schwerer als anderswo. Wenn aber in zunehmendem Maße Normenvielfalt zur Norm wird und wir es mit seinem sich verschärfenden Wettbewerb von Rationalitäten zu tun haben, dann wird die Austragung von Konflikten, wird eine demokratische Streitkultur zum Bewährungsfeld für die Demokratie schlechthin. Der Band faßt zum einen kontroverse Beiträge zusammen, in denen dazu unterschiedliche theoretische Begründungen geliefert werden. Zum anderen wird demokratische Streitkultur dadurch auch politisch-inhaltlich exemplifiziert, daß jeweils zwei Problemlösungsalternativen in den zehn wichtigsten Politikfeldern gegenübergestellt werden.

WESTDEUTSCHER VERLAG

OPLADEN · WIESBADEN